Helmut Schlick

Außenhandel

Internationale Handelsgeschäfte

4. Auflage

Bestellnummer 55000

Bildungsverlag EINS

Haben Sie Anregungen oder Kritikpunkte zu diesem Produkt?
Dann senden Sie eine E-Mail an 55000_004@bv-1.de
Autoren und Verlag freuen sich auf Ihre Rückmeldung.

www.bildungsverlag1.de

Bildungsverlag EINS GmbH
Hansestraße 115, 51149 Köln

ISBN 978-3-427-**55000**-6

Vorwort

Die Globalisierung der Märkte und die sich daraus zwangsläufig ergebende länderübergreifende Mobilität der volks- und betriebswirtschaftlichen In- und Outputfaktoren erfordern neue Lerninhalte und Ausbildungsformen in der beruflichen Aus- und Fortbildung. Durch eine handlungsorientierte Vermittlung dieser Inhalte sollen die Lernenden die Fähigkeit erhalten, eigenverantwortlich und im Team Aufgaben, die im Rahmen von internationalen Handelsgeschäften anfallen, zu erfüllen.

Das Buch ist deshalb nach Lernfeldern konzipiert, die sich an konkreten betrieblichen Aufgabenstellungen und Handlungsabläufen orientieren. Konkrete Aufgabenstellungen im Außenhandel sind die Abwicklung von Export- und Importvorgängen.

Im Lernfeld ‚Exportprozesse planen, durchführen und kontrollieren' wird der vollständige Exportprozess ausgehend von den vorbereitenden Maßnahmen im Rahmen des Exportmarketings über den Abschluss des Kaufvertrages nach internationalem Kaufvertragsrecht, die Ausfuhrkontrollmechanismen und das zolltechnische Ausfuhrverfahren bis hin zur Darstellung und Absicherung der Exportrisiken in der Theorie dargestellt. Das Ende dieses Lernfeldes bilden sehr umfangreiche Fallbeispiele, bei denen die Lernenden reale Exportprozesse, inklusive aller notwendigen Formulare und Dokumente, selbstständig planen und durchführen können.

Theorie und Praxis werden im Lernfeld ‚Importprozesse planen, durchführen und kontrollieren' genauso dargestellt wie im Lernfeld ‚Exportprozesse'. Der Importprozess beginnt mit den Überlegungen zur internationalen Beschaffungsmarktforschung und Lieferantenauswahl, stellt anschließend Logistikprozesse im Rahmen der Beschaffung, den Prozess der Einfuhrkontrolle, das zolltechnische Einfuhrverfahren, einschließlich der Berechnung und Buchung aller Einfuhrabgaben, und die speziellen Importrisiken und deren Absicherung dar. Am Ende dieses Lernfeldes kann der Lernende wiederum mithilfe umfangreicher Fallbeispiele den Importprozess selbstständig durchführen. Zielvorgabe dieses Buches ist es, den Lernenden in den einzelnen Lernfeldern eine berufliche Handlungskompetenz zu vermitteln, d. h., dass sie Export- und Importvorgänge selbstständig planen und durchführen können. Damit wählt dieses Buch gegenüber der rein funktionalen Darstellung in anderen Lehrbüchern einen vollständig anderen und weitergehenden Ansatz.

Neuerungen in der 4. Auflage sind u. a. die aktuellen Abläufe des elektronischen Ein- und Ausfuhrverfahren mithilfe der Zollsoftware ATLAS inklusive aller notwendigen Dokumente, eine ausführlichere Beschreibung der rechtlichen Besonderheiten bei Außenhandelsgeschäften, die Neuregelung der Incoterms sowie Neuerungen bei der Umsatzsteuer bei innergemeinschaftlicher Beförderung von Gütern.

Anregungen und Verbesserungsvorschläge nimmt der Verfasser gerne entgegen. Ich wünsche Ihnen eine erfolgreiche Arbeit mit diesem Buch.

Der Verfasser

Inhalt

Lernfeld 1

Bedeutung, Probleme und Formen des Außenhandels erarbeiten

1 Bedeutung des Außenhandels

1.1 Begriff

Unter Außenhandel versteht man alle wirtschaftlichen Beziehungen zwischen dem Inland und dem Ausland, die auf der Grundlage eines grenzüberschreitenden Waren-, Dienstleistungs- oder Rechteverkehrs zustande kommen. Zum grenzüberschreitenden wirtschaftlichen Verkehr zählen nicht nur der Wirtschaftsverkehr mit Drittstaaten (Nicht-EU-Mitgliedsländer), sondern auch wirtschaftliche Transaktionen mit anderen Staaten der Europäischen Union. Es existieren zwar keine Zollgrenzen mehr zwischen den Ländern dieser Wirtschaftsgemeinschaft, wohl aber Staatsgrenzen (vgl. Kapitel 4.1, S. 145 ff). Durch die fehlenden Zollschranken ist der Wirtschaftsverkehr mit den Ländern der EU in Bezug auf die Abwicklung sehr stark vereinfacht; er zählt aber nach wie vor zu den Außenhandelsleistungen.

Umfang des Begriffs Außenhandels

Wirtschaftsverkehr mit anderen EU-Ländern **= innergemeinschaftlicher Wirtschaftsverkehr**	+	Wirtschaftsverkehr mit Nicht-EU-Mitgliedsstaaten **= Wirtschaftsverkehr mit Drittstaaten**

1.2 Geschichtlicher Hintergrund und Ursachen der weltwirtschaftlichen Verflechtungen (Globalisierung)

Seit einigen Jahren taucht in den Medien der Begriff „Globalisierung" auf. Globalisierung wird in den Medien in Verbindung mit dem weltumspannenden Internet, mit gewaltigen Transaktionen an den Geld- und Kapitalmärkten und vor allem mit dem Entstehen immer größerer multinationaler Unternehmen wie Coca-Cola, Exxon und anderen verwendet, die überall auf der Welt Produktionsstätten errichten und damit eine enorme Bedeutung erlangen.

Tatsächlich ist Globalisierung ein Prozess zunehmender Integration von zuvor räumlich getrennten Wirtschaften. In eine immer größer werdende Zahl von Ländern fließen immer ungehinderter Güter und Dienstleistungen sowie Produktionsfaktoren wie Kapital, Technologie, Information und Arbeitskräfte. Versteht man Globalisierung als einen Integrationsprozess, ist dies keine neue Erscheinung. Multinationale Unternehmen, Revolutionen in der Transport- und Nachrichtentechnik, riesige Kapitalbewegungen in andere Länder und globale Arbeitsmärkte gab es schon in früheren Zeiten. Auch Schulden- und Währungskrisen sind schon eine geschichtliche Erfahrung.

Geschichte der Globalisierung

Auch wenn der Begriff der Globalisierung und die damit verbundenen Prozesse neu und revolutionär erscheinen, gibt es multinationale Unternehmen, gravierende Veränderungen in Transport- und Kommunikationssystemen, sogar gewaltige, länderübergreifende Kapitalbewegungen bereits lange. Auch globale Schulden- und Währungskrisen hat es in der Geschichte bereits gegeben.

Erste Ansätze eines globalen Handels gab es bereits im Mittelalter, als Kaufleute großräumige, weltumspannende Wirtschaftsbeziehungen mit Ost- und Zentralasien, mit dem Orient, mit Afrika und, nach seiner Entdeckung, auch mit Amerika unterhielten. Schon im 13. Jahrhundert verband ein engmaschiges Handelsnetz selbst die entferntesten Märkte auf der damals bekannten Welt. Gewürznelken von den Molukken fanden über 12000 km ihren Weg nach Schottland; Gold aus den Gruben Südafrikas wurde unter anderem auch in Burma und Vietnam verkauft; Seide aus China war in Deutschland äußerst begehrt. Mit den Waren wanderten auch die Menschen. Diese Zeit zeigte eine überraschende Mobilität der Arbeitskräfte: Deutsche Färber arbeiteten in Florenz; flämische Weber in England; die Venezianer unterhielten große Kaufmannskolonien in Konstantinopel; Genueser Kaufleute errichteten Niederlassungen in Südchina.

Dieser **erste große Schub der Globalisierung** im Mittelalter verursachte soziale Verwerfungen, schuf Gewinner und Verlierer. Die Sieger jener Zeit sind die aufblühenden Metropolen wie Florenz, Venedig, London, Antwerpen, Hamburg, Lübeck etc. und ihre selbstbewussten Kaufmannsfamilien wie beispielsweise die Medici, die Fugger sowie der Kaufmannsbund der Hanse.

Aber spätestens im 16. Jahrhundert zerfiel diese mittelalterliche Weltwirtschaft. Die Gründe dafür waren das Entstehen der Territorialstaaten und die Unterwerfung der Kaufleute durch die Herrscher der Territorialstaaten. Diese verfügten über die Machtmittel, um die kaufmännische Tätigkeit zu reglementieren. Die Vielzahl der Zollstätten, die an jedem Kleinstaat und an den einzelnen Handelswegen errichtet wurden, behinderte den freien Güter- und Warenaustausch (am Rhein gab es bis zu 50 Zollstellen; an der Loire über 70). Funktionierende Marktorganisationen und Rechtssysteme wie die der Hanse, die länderübergreifend funktionierten, brachen zusammen.

Die **zweite Globalisierungswelle** entwickelte sich mit dem Entstehen der kolonialen Weltmächte England, Spanien, Portugal und Holland. Im Unterschied zum Mittelalter entwickelte sich aber in dieser Phase kein freier Welthandel, vielmehr war es ein herrschaftlich organisierter Handel zwischen einem Zentrum und den jeweiligen Kolonien.

Eine **dritte Phase der Globalisierung** entstand im 19. Jahrhundert. Schon 1870 exportierten spezielle Kühlschiffe argentinisches Rindfleisch nach Europa, und vor 1914 gab es bereits neuseeländische Butter in Deutschland zu kaufen. Die weltwirtschaftliche Verflechtung nahm vor allem im zweiten Teil des 19. Jahrhunderts gewaltig zu. So wuchs die Wirtschaft zwischen 1870 und 1914 weltweit um 2,7 %, das Volumen des internationalen Handels nahm in dieser Zeit aber um durchschnittlich 3,5 % pro

Jahr zu. Im Jahr 1913 lag die durchschnittliche Exportquote der mittel- und westeuropäischen Länder bei 18 %. Im Vergleich dazu erreichten die USA heute gerade eine Exportquote von 7 %.

Bei der Suche nach den Ursachen dieser Globalisierungswelle im ausgehenden 19. Jahrhundert zeigen sich erstaunliche Parallelen zu den Ursachen der heutigen Globalisierungswelle.

Im 19. Jahrhundert erhöhte sich mit der Verlegung der ersten Telegrafenkabel im Atlantik die Geschwindigkeit der Übermittlung von Eilnachrichten zwischen Europa und Amerika um ein Vielfaches. Die Börsen und Handelsplätze in Europa und den USA waren telegrafisch verbunden; kurs- und preisbestimmende Ereignisse konnten in Minuten rund um den Globus mitgeteilt werden.

Eine weitere Ursache waren die enormen Summen an Kapital, die außerhalb der nationalen Grenzen angelegt wurden. Beispielsweise legten die Briten vor dem 1. Weltkrieg ein Drittel ihrer Ersparnisse im Ausland an. Der Umfang des Kapitalexports erreichte in England 9 % des Bruttosozialprodukts; ein Wert, den heute kein Land mehr erreicht. Entsprechend erhielten die damaligen Entwicklungsländer, zu denen auch die USA gehörten, gewaltige Summen an Kapital. Bezeichnenderweise waren im 19. Jahrhundert auch die Finanzkrisen weltumspannend. Die Krise, die 1856 bis 1859 die Neue Welt und Europa erfasste, wurde von Historikern bereits als die „erste Weltwirtschaftskrise" bezeichnet. Den 1890 erklärten Staatsbankrott Argentiniens haben zahlreiche englische Großbanken nur überlebt, weil die Bank von England massive Liquiditätshilfen zur Verfügung gestellt hat.

Es stellt sich nun die Frage nach der Mobilität der Arbeitskräfte. Von 1820 bis 1914 wanderten etwa 60 Millionen Menschen von Europa in die USA, nach Süd- und Mittelamerika, nach Australien und Neuseeland aus. Auch innerhalb Europas ging die Zahl der Auswanderer in die Millionen. Bereits in dieser Phase gab es also einen globalen Arbeitsmarkt.

Der so weit gediehene Prozess der Globalisierung wurde durch den Ausbruch des 1. Weltkriegs gestoppt und kam auch in den folgenden Jahren nicht mehr in Gang; noch im Jahr 1938 lag die durchschnittliche Exportquote der mittel- und westeuropäischen Länder nur bei 7 %. Verantwortlich dafür waren die Maßnahmen, die nach dem 1. Weltkrieg von den einzelnen Ländern zum Einsatz kamen: Die Zölle bei der Einfuhr wurden erhöht, Waren aus anderen Ländern wurden diskriminiert, die Zuwanderung von Menschen wurde stark reglementiert und die Kapitalströme in andere Länder versiegten. Nach dem 2. Weltkrieg wurden von den nationalen Regierungen genau die gleichen Rezepte verwendet.

Globalisierung war jedenfalls nie ein durchgängiger, sich fortentwickelnder Prozess. Alle früheren Wellen der Globalisierung haben ein Ende gefunden – mehr oder minder abrupt. Dies lässt vermuten, dass auch die gegenwärtige Welle der Globalisierung nicht unumkehrbar ist.

Auf der Suche nach den Ursachen der vergangenen Globalisierungswellen stößt man immer auf dieselben Faktorenbündel: revolutionäre Veränderungen in der Produktionstechnik, die völlig neue Produkte und veränderte Kostenstrukturen ermöglichen; Revolutionen im Verkehrswesen, die den Güteraustausch über große Entfernungen in akzeptabler Zeit ermöglichen, und vor allem die Liberalisierung der Märkte. Dabei zeigt sich, dass die Ursachen der vergangenen mit denen der gegenwärtigen Globalisierungswelle identisch sind. Schlussfolgernd lässt sich deshalb feststellen, dass für den **Prozess der zunehmenden Integration der Weltwirtschaft folgende Maßnahmen und Ereignisse ursächlich sind:**

1. **Eine zunehmende Liberalisierung der Märkte:** Öffnung der nationalen Märkte für Güter und Dienstleistungen aus anderen Ländern, freier Kapitalverkehr, Senkung der Zölle und Abbau der sonstigen, nichttarifären Handelsbeschränkungen.

2. **Tief greifende Veränderungen (Revolutionen) in der Technik:** Ursächlich für die derzeitige Globalisierungswelle sind hauptsächlich enorme Fortschritte in der Transporttechnik (Logistik) sowie mit der Erfindung des Internets eine Revolution auf dem Gebiet der Kommunikationssysteme.

   Die Folgen der Globalisierung sind ein stärker steigendes Wirtschaftswachstum in den beteiligten Ländern sowie ein weltweit ansteigender Lebensstandard. Durch die Ausweitung des Handels entstehen den Unternehmen Kostenvorteile in Milliardenhöhe. Für den Verbraucher bringt dies niedrigere Preise mit sich und vergrößert Menge und Vielfalt der angebotenen Konsumgüter.

   Die Investitionen fließen in die Regionen der Welt, wo sie den höchsten Ertrag abwerfen; zum Nutzen für Sparer und Investoren, aber auch der Arbeitskräfte. Deren Produktivität wird durch die Zufuhr von Kapital und den weltweiten Technologietransfer enorm gesteigert.

   Neben diesen positiven Effekten der Globalisierung gibt es auch negative Auswirkungen. Insbesondere in den Bereichen soziale Sicherung und Umweltschutz besteht bei vielen die Befürchtung, dass die Globalisierung einen Wettlauf „nach unten" auslöst. Die gleiche Befürchtung besteht bei der Entwicklung der Löhne, insbesondere bei den Löhnen der ungelernten Kräfte, die der direkten Konkurrenz aus den Entwicklungsländern ausgesetzt sind.

1.3 Außenhandelsstatistik

1.3.1 Entwicklung des Welthandels

Ein Rückblick auf die Entwicklung des Welthandels seit der zweiten Hälfte des 20. Jahrhunderts macht dessen Ausbau und Umfang deutlich: Während sich die weltweite Produktion an Gütern seit dem Jahre 1950 fast versiebenfacht hat, hat sich das Welthandelsvolumen mehr als verzwanzigfacht. Gerade die Steigerung des Welthandels ist es aber, die ein weiteres starkes Wachstum der Weltwirtschaft erst ermöglicht. Jede Volkswirtschaft kann sich auf die Produktion jener Güter und Leistungen konzentrieren, die sie beherrscht und die ihr den höchsten Ertrag garantieren. Die anderen Güter kauft man auf dem Weltmarkt bei den Ländern ein, die sie bei vergleichbarer Qualität am billigsten anbieten. Der weltweiten Konkurrenz der Unternehmen sind keine Grenzen mehr gesetzt.

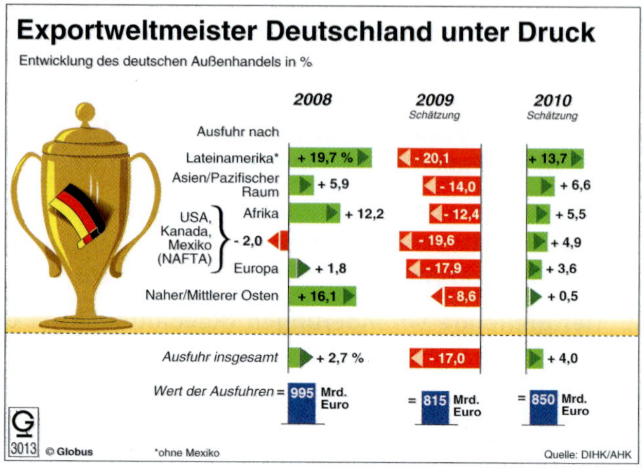

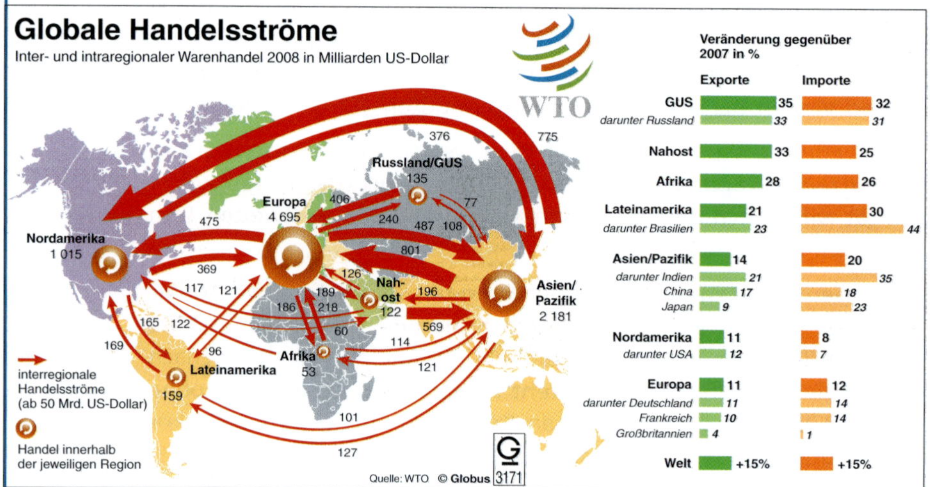

Untersucht man diesen boomenden Welthandel etwas genauer, zeigt sich, dass der Welthandel vor allem ein Handel der Industrieländer untereinander ist. Vom weltweiten Exportvolumen fielen zwei Drittel des Handels auf den Handel unter den Industrieländern. Die Ex- und Importe der Industrieländer mit den Entwicklungsländern bewegen sich bei ca. 25 % gemessen am Handel der Industrieländer untereinander. Der Handel mit den östlichen Reformstaaten ist dagegen noch recht schwach ausgeprägt.

Die wichtigsten im internationalen Güterverkehr gehandelten Waren sind Maschinen, Kraftwerke, Flugzeuge, Schiffe, Fahrzeuge u. Ä. Weitere Warengruppen, die auf den Weltmärkten rege gehandelt werden, sind die Bereiche EDV, Telekommunikation und Büromaschinen sowie Energie, Rohstoffe, Nahrungsmittel und Agrarprodukte.

In den vergangenen Jahren sind unverändert dieselben Länder die größten Ex- und Importeure auf den Weltmärkten. Abwechselnd rangierten die USA, Deutschland und Japan an der Spitze der Exportnationen. Seit einigen Jahren explodiert förmlich das chinesische Exportvolumen. Seit 2009 ist China die größte Exportnation der Welt.

1.3.2 Bedeutung des Außenhandels für die Bundesrepublik Deutschland

Länder Statistische Daten (in Mrd. USD)	Deutschland	USA	China
Wirtschaftsleistung	3 012,8	14 256,3	4 908,9
Exportvolumen	1 121,3	1 067,1	1 201,7
Exportquote	37,2 %	7,41 %	24,5 %
Importvolumen	933,8	1 558,2	1 005,63
Importquote	31,16 %	10,9 %	20,5 %
Exportüberschuss	187,5	–	196,07
Importüberschuss	–	501,1	–

(Zahlenwerte aus dem Jahr 2009, Quelle: Bundesministerium für Wirtschaft und Technologie)

Wie die Statistik zeigt, ist Deutschland ein Land mit einer sehr hohen und in der Tendenz der vergangenen Jahre stark zunehmenden Außenhandelstätigkeit. Während beispielsweise im Jahr 1965 nur ca. 15 % der Wirtschaftsleistung exportiert wurden, sind es im Jahr 2007 bereits knapp 44 % der Wirtschaftsleistung. In den USA liegt die Exportquote bei ca. 12 % der Wirtschaftsleistung. Im Schnitt der restlichen Euroländer beträgt die Exportquote dagegen ca. 35 %.

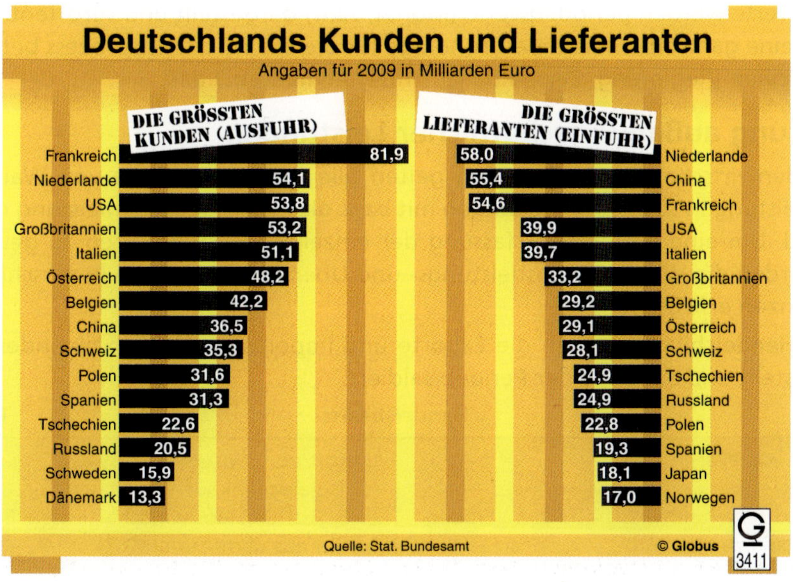

Geht man der Herkunft der Warenimporte bzw. der Zielrichtung der Warenexporte nach, so stellt man fest, dass ein ganz wesentlicher Teil des Außenhandels, den die EU-Länder durchführen, mit den Partnerländern in der EU abgewickelt wird. Die Ursachen hierfür sind im Wesentlichen in den Handelserleichterungen (u. a. im Abbau der Zollsätze und -schranken) zu suchen, die die EU ihren Mitgliedsländern einräumt (vgl. S. 157 ff.) Zusätzlich spielt sicherlich auch die räumliche Nähe der anderen europäischen Staaten eine entscheidende Rolle.

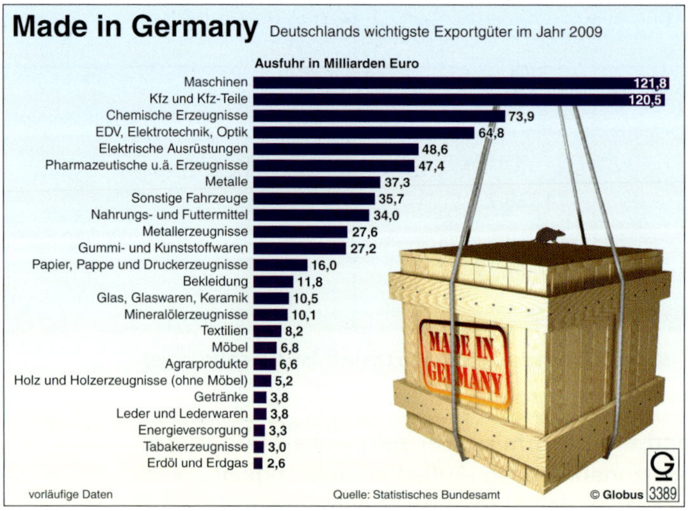

„Exportschlager" der deutschen Unternehmen sind Autos, Maschinen und chemische Erzeugnisse. Vergleicht man die Exportquote der Industrie in den einzelnen Bundesländern, liegen die Länder Bremen, Saarland, Baden-Württemberg und Bayern mit über 40 % in Front. Die östlichen Bundesländer Brandenburg und Mecklenburg-Vorpommern haben dagegen nur einen Exportanteil von unter 20 %.

1.4 Zahlungsbilanz

In der Zahlungsbilanz werden alle Waren-, Dienstleistungs- und Kapitalströme, die zwischen dem Inland und dem Ausland stattfinden, statistisch erfasst und in Form von Teilbilanzen einheitlich dargestellt. Mithilfe der Zahlungsbilanz lässt sich ein Überblick gewinnen über die Leistungen und Kapitalbewegungen, die eine Volkswirtschaft mit dem Ausland hat. Die Zahlenwerte werden periodenweise (Monat, Jahr) dargestellt und veröffentlicht. Sie stellen eine ganz entscheidende Grundlage für die am Wirtschaftsprozess beteiligten Institutionen (Regierung, Zentralbank, Unternehmen etc.) dar.

Erfassung außenwirtschaftlicher Leistungen

Als außenwirtschaftliche Leistungen gelten alle Im- und Exporte von Waren und Dienstleistungen sowie die Leistungen mit bzw. ohne direkte Gegenleistung mit dem Ausland. Um eine getrennte Erfassung der einzelnen Leistungsarten zu gewährleisten, werden die Waren-, Dienstleistungs- und Übertragungsströme in verschiedenen Teilbilanzen erfasst.

In der **Handelsbilanz** werden die Exporte und Importe von Waren einander gegenübergestellt und am Ende der Periode saldiert.

Aktiva **Handelsbilanz**	**Passiva**
Export von Waren (Beispiele: Verkauf von Maschinen, Autos, RHB-Stoffen, landwirtschaftlichen Erzeugnissen an das Ausland)	Import von Waren (Beispiele: Einkauf von Maschinen, Autos, RHB-Stoffen, landwirtschaftlichen Erzeugnissen aus dem Ausland)

Ist der Export von Gütern größer als der Import, spricht man von einer **aktiven Handelsbilanz**; ist der Import größer, liegt eine **passive Handelsbilanz** vor.

In der **Dienstleistungsbilanz** werden die Exporte und Importe von Dienstleistungen gegenübergestellt und saldiert.

Aktiva **Dienstleistungsbilanz**	**Passiva**
Export von Dienstleistungen (Beispiele: Verkauf von inländischen Lizenzen, Montageleistungen, Transportleistungen, Versicherungsleistungen, Ausgaben ausländischer Touristen im Inland)	Import von Dienstleistungen (Beispiele: Einkauf ausländischer Lizenzen, Montageleistungen, Transportleistungen, Versicherungsleistungen, Ausgaben inländischer Touristen im Ausland)

Überwiegt der Export von Dienstleistungen, handelt es sich um eine **aktive Dienstleistungsbilanz**, im umgekehrten Fall spricht man von einer **passiven Dienstleistungsbilanz**.

In der Übertragungsbilanz werden die erhaltenen und empfangenen Übertragungen einander gegenübergestellt.

Aktiva **Bilanz der laufenden Übertragungen**	**Passiva**
Empfangene Leistungen (Beispiele: EU-Umsatzsteuer- und Zollanteil des Landes)	Abfließende Leistungen (Beispiele: Zahlungen an die EU, Überweisungen ausländischer Arbeitnehmer in ihre Heimatländer)

Empfängt ein Land mehr Leistungen aus dem Ausland, als es abfließen lässt, liegt eine **aktive Übertragungsbilanz** vor, überwiegen die Leistungen an das Ausland, spricht man von einer **passiven Übertragungsbilanz**.

Fasst man die Salden der einzelnen Bilanzen der Leistungen zusammen, ergibt sich die **Leistungsbilanz** eines Landes. In der Leistungsbilanz erhält man in einer Bilanz zusammengefasst einen Überblick über die Leistungen, die ein Land mit dem Ausland hat.

Aktiva **Leistungsbilanz**	**Passiva**
Saldo der aktiven Handelsbilanz Saldo der aktiven Dienstleistungsbilanz Saldo der aktiven Übertragungsbilanz **Passive Leistungsbilanz**	Saldo der passiven Handelsbilanz Saldo der passiven Dienstleistungsbilanz Saldo der passiven Übertragungsbilanz **Aktive Leistungsbilanz**

Eine aktive Leistungsbilanz (Leistungsbilanzüberschuss) wird häufig mit mehr Arbeitsplätzen, mehr Einkommen und mehr Wohlstand im Inland gleichgesetzt und positiv bewertet. Dies stimmt, sofern der Leistungsbilanzüberschuss auf steigenden Exporten bei gleichzeitig stagnierenden Importen beruht.
Der Überschuss kann aber auch das Resultat rückläufiger Exporterlöse bei noch stärker rückläufigen Importen sein. Dies wäre ein Zeichen einer ausgesprochen schwachen Inlandskonjunktur, die auf einer Investitions- und Wachstumsschwäche beruht. Isoliert betrachtet sind diese Salden also wenig aussagekräftig.

Mögliche Auswirkungen einer unausgeglichenen Leistungsbilanz

Leistungsbilanzdefizit	Leistungsbilanzüberschuss
– Inländischer Geldumlauf verringert sich – Zinsniveau steigt – Zahl der Arbeitslosen erhöht sich bzw. Beschäftigung geht zurück – Rückgang der Inflationsrate – Außenwert des Geldes nimmt ab	– Inländischer Geldumlauf erhöht sich – Zinsniveau fällt – Zahl der Arbeitslosen geht zurück bzw. Beschäftigung steigt an – Anstieg der Inflationsrate – Außenwert des Geldes steigt

Erfassung der Kapitalströme

Die Kapitalströme zwischen dem Inland und dem Ausland werden in der Kapitalbilanz erfasst. Bei der Erfassung der Kapitalströme zwischen der inländischen und den ausländischen Volkswirtschaften muss man zwischen zwei verschiedenen Arten unterscheiden. Einerseits sind Kapitalbewegungen die Folge der Leistungsimporte und -exporte. Beispielsweise muss einem Export von Waren der Import von Kapital folgen, da der ausländische Importeur die Waren bezahlen muss (Ausnahme: Kompensations- bzw. Gegengeschäfte liegen vor). Buchhalterisch hat folglich die Buchung auf der Aktivseite der Handelsbilanz eine Gegenbuchung auf der Passivseite der Kapitalbilanz zur Folge.

Andererseits sind aber auch viele Kapitalbewegungen autonom, d.h., sie sind nicht die Folge von gewährten oder bezogenen Leistungen, sondern sie fließen aus anderen Gründen. Unter anderem versteht man unter autonomen Kapitalbewegungen Investitionen von Inländern im Ausland oder umgekehrt von Ausländern im Inland und Wertpapierkäufe oder -verkäufe bzw. Zinsanlagen von Inländern im Ausland oder umgekehrt. Die Kapitalbilanz erfasst also alle Kapitalbewegungen mit dem Ausland, nicht nur die zwangsläufigen Kapitalströme aufgrund erfolgter Leistungen.

Aus Gründen der Vereinfachung werden diese autonomen Kapitalbewegungen im Folgenden nicht berücksichtigt, ebenso wie die „statistisch nicht aufgliederbaren Positionen". Für die weitere Betrachtung gilt also der Sachverhalt, dass einem Güter-, Dienstleistungs- oder Übertragungstransfer ein entsprechender Transfer in der Kapitalbilanz gegenübersteht.

Aktiva — Kapitalbilanz	Passiva
Verbindlichkeiten von Inländern (Kapitalexport) (Beispiele: Verbindlichkeiten der Inländer aus dem Einkauf von Waren/Dienstleistungen, Investitionen im Ausland)	Forderungen von Inländern (Kapitalimport) (Beispiele: Forderungen der Inländer aus dem Verkauf von Waren/Dienstleistungen, Investitionen von Ausländern im Inland)

Überwiegen die Kapitalimporte, spricht man von einer **aktiven Kapitalbilanz**; wird mehr Kapital exportiert, handelt es sich um eine **passive Kapitalbilanz**. Die von der Zentralbank angekauften bzw. von ihr verkauften ausländischen Zahlungsmittel werden auf der **Bilanz der Netto-Auslandsaktiva der Bundesbank** erfasst. Bei den autonomen Kapitalbewegungen werden die Gegenbuchungen zu den Buchungen auf der Kapitalbilanz auf der Devisenbilanz erfasst.

Auf der **Zahlungsbilanz** werden zum Abschluss alle einzelnen Teilbilanzen zusammengefasst. Auf den Teilbilanzen, die buchhalterisch keine Bilanzen, sondern Konten darstellen, sind Ungleichgewichte bzw. Salden möglich. Die Zahlungsbilanz als Zusammenfassung aller Teilbilanzen ist immer ausgeglichen. Spricht man von einer aktiven oder einer passiven Zahlungsbilanz, meint man eine aktive oder eine passive Leistungsbilanz.

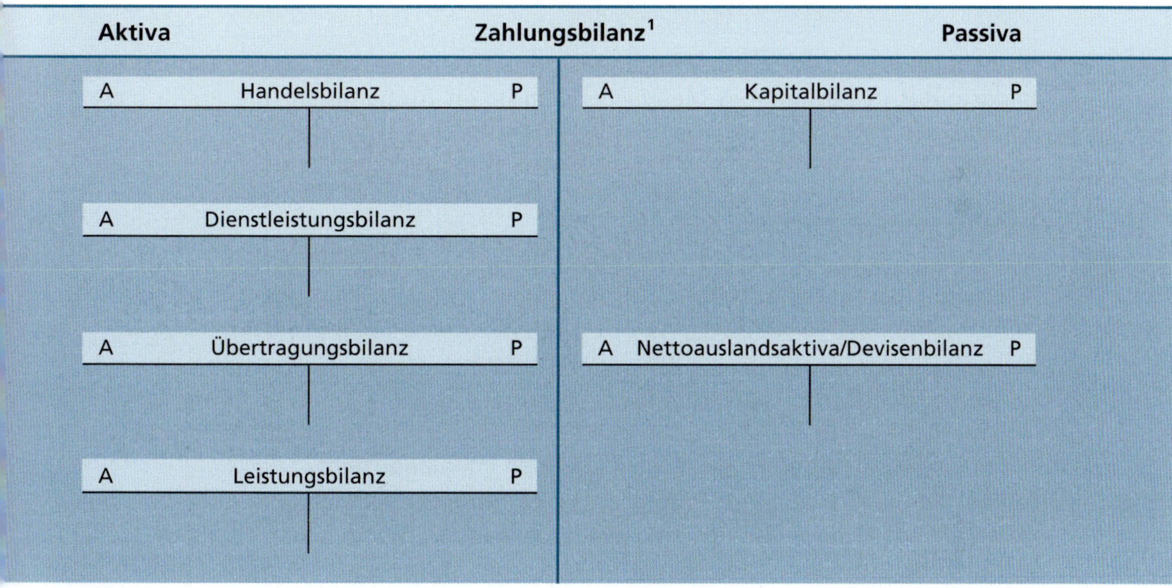

Auf der Zahlungsbilanz bedeutet ein Leistungsbilanzdefizit spiegelbildlich einen Kapitalexportüberschuss in gleicher Höhe. Das Inland muss sich gegenüber dem Ausland verschulden, da es mehr Leistungen importiert als exportiert. Eine passive Leistungsbilanz (Leistungsbilanzdefizit) wird gelegentlich auch als „Ersparnislücke" bezeichnet, da die privaten Inlandsersparnisse nicht ausreichen, um die Investitionen und das Staatsdefizit zu finanzieren.

In einer prosperierenden Volkswirtschaft kann es sehr wünschenswert sein, im Ausland Kredite aufzunehmen, um notwendige Rohstoffe- und Investitionsgüter zu importieren. Wettbewerbsfähige Exportunternehmen können die Kredite in Zukunft ohne Probleme tilgen. Gerade in Entwicklungs- und Schwellenländern können Leistungsbilanzdefizite also ökonomisch sinnvoll sein.

1 Vereinfachte Zahlungsbilanz, ohne die Bilanz der Erwerbs- und Vermögenseinkommen, die Vermögensübertragungsbilanz und die Bilanz der statistisch nicht aufgliederbaren Transaktionen.

Resultiert eine passive Leistungsbilanz dagegen aus zunehmendem Privat- oder Staatskonsum, der mit ausländischen Krediten finanziert werden muss, fehlt die investive Verwendung des geliehenen Kapitals und die Beurteilung fällt ganz anders aus. Diese Grundregeln der Zahlungsbilanzinterpretation sind ein guter Wegweiser zur Interpretation der Zahlungsbilanzen verschiedener Länder.

1.5 Terms of Trade

Die Terms of Trade geben das Austauschverhältnis der Güter im Außenhandel an. In ihrer gebräuchlichsten Form werden die Terms of Trade durch das Verhältnis des Index der Ausfuhrpreise zum Index der Einfuhrpreise – jeweils in der Währung des betrachteten Landes – ausgedrückt.

$$\text{Terms of Trade} = \frac{\text{Preisindex für Exportgüter}}{\text{Preisindex für Importgüter}}$$

Vorgehensweise: Das Statistische Bundesamt nimmt die wichtigsten Export- und Importgüter in bestimmten Mengen und misst im Ausgangsjahr die Preise dieser Güter. Dann setzt man den ermittelten Gesamtpreis aller Exportgüter gleich 100; genauso macht man es bei den Importgütern. Die folgenden Jahre misst man dann immer wieder die Preise derselben Export- und Importgüter und setzt den Wert in Bezug zum Ausgangswert 100.

Beispiel: Ausgangsjahr: Exportpreise 50.000 GE = 100; Importpreise 40.000 GE = 100.
Folgejahr: Exportpreise 52.000 GE = 104; Importpreise 41200 GE = 103.
Terms of Trade im Folgejahr: 104/103 = 1,01

Steigen die Ausfuhrpreise bei konstanten Einfuhrpreisen oder sinken die Einfuhrpreise bei konstanten Ausfuhrpreisen, verbessern sich die Terms of Trade für eine Volkswirtschaft. Für die gleiche Menge an Exportgütern können dann mehr Importgüter eingekauft werden; das Realeinkommen im Inland steigt.

Mit den Terms of Trade können folglich die Wohlstandswirkungen des Außenhandels gemessen werden. Allerdings sind die Wohlstandswirkungen der Terms of Trade abhängig von der Größe des Exportsektors einer Volkswirtschaft. Beispielsweise ist der Einfluss der Terms of Trade für die USA (Exportquote unter 10 %) wesentlich geringer als in Deutschland bei einer Exportquote von ca. 30 %.

Bei der Interpretation der Terms of Trade als Wohlstandsindikator des Außenhandels gilt es aber, bestimmte Voraussetzungen zu beachten. Steigt etwa die inländische Produktivität im Exportsektor als Folge des technischen Fortschritts, hat das sicherlich einen positiven Effekt auf den Wohlstand im Inland. Trotzdem kann dies zu sinkenden Ausfuhrpreisen führen und somit zu einer Verschlechterung der Terms of Trade.

Auch kann der Anstieg der Importgüterpreise (Verschlechterung der Terms of Trade) mit einer wohlstandserhöhenden Qualitätssteigerung dieser Güter einhergehen. Damit wird die Aussagekraft des Indikators eingeschränkt. Diese starken Einschränkungen haben zur Entwicklung alternativer Terms of Trade geführt, die nicht mehr auf Güter-, sondern auf Faktor- oder Nutzenbasis berechnet werden.

Um die Veränderungen der Terms of Trade besser erfassen zu können, setzt man für ein bestimmtes Ausgangsjahr (Basisjahr) den Exportwarenkorb und den Importwarenkorb gleich. Im Ausgangsjahr sind also die Terms of Trade 1 : 1 oder 100 %.

- → Steigen die Ausfuhrpreise bei gleichbleibenden Einfuhrpreisen, dann können für den Erlös einer bestimmten Menge an Exportgütern mehr Importgüter gekauft werden. Die Terms of Trade des Inlands verbessern sich. Fallende oder steigende Ausfuhr- oder Einfuhrpreise sind nicht nur das Resultat von Preissteigerungen, sondern auch von Wechselkursänderungen.
- → Fallen die Ausfuhrpreise bei gleichbleibenden Einfuhrpreisen, dann müssen mehr Exportgüter verkauft werden, um eine bestimmte Menge an Importgütern kaufen zu können. Die Terms of Trade verschlechtern sich also.

1.6 Probleme und Formen des Außenhandels

1.6.1 Bedeutung der Handelsblöcke für die internationalen Handelsgeschäfte

Überblick über die wichtigsten Handelsblöcke auf der Welt

Europa	Amerika	Asien
1. **Europäische Union (EU)** **Mitgliedsländer:** Spanien, Portugal, Italien, Griechenland, Frankreich, Deutschland, Niederlande, Belgien, Irland, Großbritannien, Luxemburg, Dänemark, Schweden, Finnland, Österreich, Litauen, Lettland, Estland, Polen, Tschechien, Slowakei, Ungarn, Slowenien, Rumänien, Bulgarien, Zypern, Malta 2. **EFTA (Europäische Freihandelszone)** **Mitgliedsländer:** Schweiz, Liechtenstein, Norwegen, Island 3. **EWR (Europäische Wirtschaftsvereinigung)** **Mitgliedsländer:** EU-Staaten, EFTA-Staaten mit Ausnahme der Schweiz	1. **NAFTA (Nordamerikanische Freihandelszone)** **Mitgliedsländer:** USA, Mexiko, Kanada 2. **Mercosur (Südamerikanische Zollunion)** **Mitgliedsländer:** Argentinien, Brasilien, Uruguay, Paraguay, Venezuela	1. **Asean (Wirtschaftsvereinigung asiatischer Staaten)** **Mitgliedsländer:** Thailand, Malaysia, Singapur, Indonesien, Brunei, Philippinen, Vietnam, Kambodscha, Laos, Myanmar. Im Jahr 1992 wurde die Asean-Freihandelszone „Afta" gegründet. Die getroffenen Vereinbarungen bezüglich der Liberalisierung des Handels wurden aber bisher nicht in die Praxis umgesetzt. 2. **Apec (Asiatisch-pazifische Wirtschaftsvereinigung)** **Mitgliedsländer:** Nafta- und Asean-Staaten, Australien, Hongkong, Chile, China, Korea, Neuseeland, Taiwan, Neuguinea 3. **GCC (Zollunion der Golfanrainerstaaten)** **Mitgliedsländer:** Saudi-Arabien, Kuwait, Bahrain, Katar, Oman, Vereinigte Arabische Emirate 4. Freihandelszone China – Länder des Asean (gemessen an der Bevölkerungszahl ist dies die größte Freihandelszone der Welt)

Wie aus internationalen Statistiken hervorgeht, wird ein großer Teil des Außenhandels der Nationen im regionalen Handel, d. h. im Handel unter benachbarten Ländern, erzielt. Zur Förderung dieses Handels schlossen sich im Verlauf der letzten Jahre bzw. Jahrzehnte immer mehr Länder auf der Welt zu sogenannten „Handelsblöcken“ zusammen. Die in den Handelsblöcken zusammengeschlossenen Länder gewähren sich gegenseitig Handelserleichterungen in Form von Zollermäßigungen (**tarifäre Handelserleichterungen**) und dem Abbau von sonstigen Handelshindernissen (**nicht-tarifäre Handelserleichterungen**).

Dies führte einerseits zu einem sprunghaften Anstieg des regionalen Handels dieser Länder, andererseits aber auch zu einer Art regionalem Protektionismus. Während der Außenhandel der im jeweiligen Handelsblock zusammengeschlossenen Länder gezielt gefördert wurde, wurden die Importe aus anderen Ländern durch Aufbau weiterer Handelshemmnisse eher behindert. Handelsblöcken

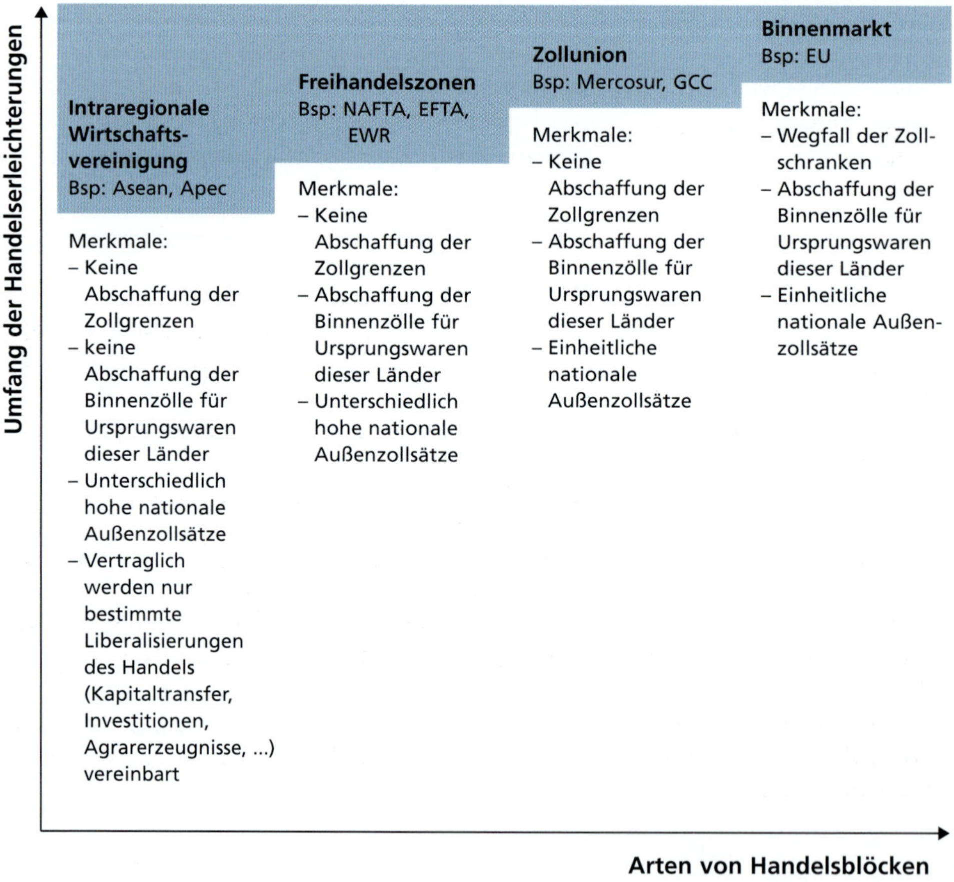

1.6.2 Welthandelsorganisation (WTO) – Kontrollorgan des Welthandels?

Geschichte der Entstehung des GATT und der WTO

Die aufkommende Weltwirtschaftskrise Ende der 20er-Jahre des letzten Jahrhunderts wurde von vielen Staaten unter anderem durch die Erhebung hoher Zölle bekämpft. Die Folge war in den 1930er-Jahren eine Verkümmerung des Welthandels bis hin zur nationalen Autarkie. Wirksame Vereinbarungen, um zwischenstaatliche Konflikte zu regeln, gab es nicht. Nach dem Willen der maßgeblichen Mächte, insbesondere der USA, sollte eine neue liberale Weltwirtschaftsordnung, an der möglichst alle Staaten beteiligt sein sollten, den Welthandel wieder ankurbeln und auch den Frieden sicherer machen.

Allerdings dauerte es bis zum Ende des Zweiten Weltkriegs, bis ein richtiges Ordnungssystem des Welthandels geschaffen wurde. 1947 wurde das Allgemeine Zoll- und Handelsabkommen „GATT“ (General Agreement on Tarifs and Trade) geschaffen. Ziel des GATT war es, einen freien Welthandel auf der Grundlage von möglichst geringen Zöllen und Handelsbarrieren zu garantieren. GATT war ausschließlich ein Abkommen, das von über 100 Ländern auf der Welt unterzeichnet wurde, nie eine Institution.

Grundregeln des GATT

1. Meistbegünstigung: Der Staat, der einem anderen Staat Handelsvorteile einräumt, ist verpflichtet, diese auch anderen Mitgliedsstaaten des GATT einzuräumen.
2. Grundsatz der Nichtdiskriminierung: Kein einzelnes Land sollte beim Zugang zum Inlandsmarkt diskriminiert werden.
3. Transparenz: Handelsbeschränkende Maßnahmen müssen klar erkennbar sein. Zölle sind die klassische Form der Handelsbarrieren. Zölle sind in aller Regel den Importeuren bekannt, deshalb sind Zölle in der Regel transparent. Neue Zölle oder die Erhöhung alter Zölle ist laut den GATT-Regeln verboten.
   Nicht transparent sind aber die nichttarifären Handelshemmnisse. Folglich zielt dieser Grundsatz vor allem auf den Abbau dieser Handelshemmnisse. Das Ergebnis dieser Bemühungen ist bekannt.
4. Inländerbehandlung: Importierte Waren müssen genauso wie inländische Waren behandelt werden, d. h., sie unterliegen den gleichen steuerlichen und rechtlichen Vorschriften.

Aufgaben und Organisation der WTO

Das Provisorium GATT wurde mit dem 01. 01. 1995 zur Welthandelsorganisation WTO mit mehr Kompetenzen. Die Aufgaben der WTO sind festgelegt durch das alte GATT-Abkommen und die Inhalte sämtlicher neu hinzugekommener Abkommen. Die Organisation verhandelt darüber hinaus nicht nur über weitere Zollsenkungen und neue

Regeln, sondern sie möchte auch Handelsstreitigkeiten zwischen einzelnen Handelspartnern schneller und mit mehr Durchsetzungsvermögen schlichten.

Die WTO ist, im Gegensatz zum GATT, eine Institution mit mehreren Hundert Mitarbeitern und einem ständigen Sitz in Genf. An der Spitze der WTO steht der Generaldirektor, der von allen Mitgliedsstaaten gewählt werden muss. Die vielleicht wichtigste Einrichtung der WTO ist das Schiedsgericht, das Streitfälle im internationalen Handel schlichten soll. Die WTO erhält damit eine Schlichtungsstelle, die in ihrer Bedeutung einem internationalen Handelsgericht gleichkommt.

Aufnahme von Mitgliedsländern

Wer neu in die WTO eintreten will, benötigt eine Zweidrittelmehrheit der Stimmen der bisherigen Mitgliedsländer. Wird das Land dann aufgenommen, können aber die Gegner des Beitritts dieses Land wie ein Nicht-Mitglied der WTO behandeln.

Grenzen der WTO

1. Länder können bei Handelsstreitigkeiten oder bei Verstößen gegen GATT- oder WTO-Regeln andere Mitgliedsstaaten vor das Schiedsgericht der WTO bringen. Allerdings kann das Schiedsgericht, im Unterschied zu einem regulären Gericht, keine Geldstrafen über ein Land verhängen, das gegen die Bestimmungen verstoßen hat. Es kann dem Kläger lediglich Vergeltungsmaßnahmen gegen den anderen Staat einräumen.
   Beispiel: Die USA verhängen einen Strafzoll beim Import europäischer Autos; der EU wird danach möglicherweise erlaubt, gegen die USA Strafzölle beim Import amerikanischer Computer zu erheben.
2. Bei der Verabschiedung der Verhandlungsergebnisse verschiedener WTO-Tagungen haben bestimmte Handelsmächte den Vertrag nur unterschrieben, weil einige Abkommenstexte bewusst unpräzis formuliert wurden. Verpflichtungen können so umgangen werden, ohne dass ein offener Vertragsbruch zutage tritt.
3. Einige größere Handelsnationen, wie beispielsweise Russland, gehören der WTO noch nicht an.
4. Viele Handelsblöcke unterlaufen Grundregeln der WTO, ohne dass die WTO dagegen einschreitet bzw. einschreiten kann, weil ihr die Verstöße wegen des geringen Umfangs nicht bekannt sind.

1.6.3 Handelshemmnisse

Die Weltwirtschaft wird zunehmend von Handelsblöcken beherrscht. Schon heute wird über die Hälfte des Welthandels innerhalb von Handelsblöcken abgewickelt. Sieht man diese starke Entwicklung des Handels innerhalb von Handelsblöcken, muss man sich auch fragen, ob die Folgen eher positiv oder negativ zu sehen sind. Neben den bereits erwähnten positiven Folgen der starken Ausdehnung des Handels zwischen bestimmten Ländern besteht die Gefahr einer Fragmentierung der Weltwirtschaft durch die Benachteiligung der nicht in großen Handelsblöcken zusammengeschlossenen Länder.

Verstärkt werden solche Tendenzen durch sogenannte **„Local-Content-Vorschriften"**, die vorschreiben, dass bei der Herstellung bestimmter Fertigwaren mindestens ein bestimmter Prozentsatz der Teile aus dem jeweiligen Land bzw. dem Handelsblock stammen. Beispielsweise wird in der NAFTA den Fahrzeugherstellern vorgeschrieben, dass über 60 % der Teile aus den Mitgliedsländern der NAFTA stammen müssen. Durch derartige Regeln wird die weltweite Beschaffung verhindert, das Ergebnis ist eine Verlagerung der Investitionen in den eigenen Handelsblock.

Im Einzelnen lassen sich insbesondere die folgenden Problembereiche feststellen:

Zunahme der Präferenzzonen

Durch die Einrichtung von Handelsblöcken nimmt die Gewährung von Präferenzen (Zollvorteile oder andere nichttarifäre Vorteile) für die Mitgliedsländer zu, obwohl damit massiv gegen den Grundsatz der Meistbegünstigung des alten Welthandelsabkommens GATT verstoßen wird. Danach versprechen alle Mitgliedsländer des GATT-Abkommens, sich gegenseitig die jeweils günstigsten Handelsbedingungen einzuräumen. Vereinbaren beispielsweise die NAFTA-Staaten mit den Mercosur-Staaten, dass Kakao und Produkte aus Kakao in die NAFTA-Staaten zollfrei eingeführt werden können, müsste dieser Handelsvorteil eigentlich allen GATT-Mitgliedsstaaten eingeräumt werden. Durch die Legalisierung von Präferenzzonen wird also die weltweite Meistbegünstigung massiv unterlaufen.

Aufbau von Handelshemmnissen

Handelshemmnisse werden unterschieden in tarifäre Handelshemmnisse (Zolltarife) und nichttarifäre Handelshemmnisse (Importkontingente, Exportsubventionen, umständliche Grenzkontrollen, Lizenzprozeduren, Qualitätsvorschriften bezüglich der Warenqualität, Antidumping-Aktionen, ...). Die meisten dieser Mittel sind legal und vom GATT bzw. der WTO (World Trade Organization) gebilligt, sofern sie transparent, d. h. für die Importeure bekannt sind. Man versucht zwar seitens der WTO diese Handelshemmnisse zu begrenzen, weltweit steigen aber insbesondere die nichttarifären Handelshemmnisse an. Mittlerweile registriert man ca. 800 dieser nichttarifären Handelshemmnisse, mit steigender Tendenz, etwa 20 % der weltweiten Importe sind davon betroffen.

Beispiel: Antidumping-Maßnahmen
Antidumping-Maßnahmen werden von vielen Ländern eingeleitet, wenn sie Anlass zu der Vermutung haben, dass Importeure Erzeugnisse unter ihren Selbstkosten auf dem Importmarkt verkaufen wollen, um damit die heimischen Hersteller langfristig aus dem Markt zu drängen. Erfahrungsgemäß werden diese Maßnahmen auch ohne das Vorliegen von Antidumping-Beweisen benutzt, um sich gegen störende Importe zu schützen.

Beispiel: Maßnahmen des *Neoprotektionismus*
Darunter versteht man Mittel wie Umweltvorschriften, Arbeitsnormen (Sozialklauseln) sowie politische und menschenrechtliche Vorbedingungen für den freien Handel. Allein in den bis-

herigen UNO-Entschließungen finden sich Tausende menschenrechtlicher, sozialer, wirtschaftlicher und politischer Verhaltensempfehlungen, welche den Nährboden für neoprotektionistische Maßnahmen abgeben können. Nimmt man beispielsweise die Arbeitsnormen der UNO zum Vorwand, lassen sich Sanktionen gegen die meisten der Entwicklungsländer rechtfertigen.

1.6.4 Direkter Export und direkter Import

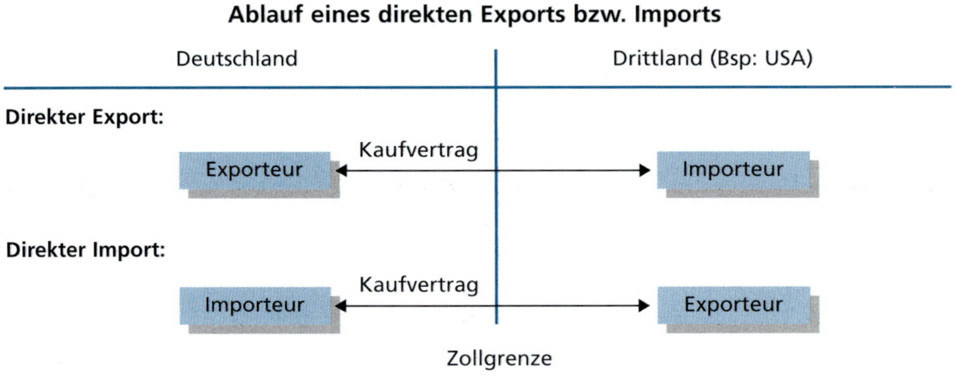

Ablauf eines direkten Exports bzw. Imports

Den direkten Export und Import kennzeichnen folgende Merkmale:

- ➔ Der Kaufvertrag wird vom Exporteur und vom Importeur ausgehandelt und unterschrieben.
- ➔ Sämtliche Leistungen aus dem Kaufvertrag sind von den beiden Vertragspartnern selbst vorzunehmen oder durch Dritte (Beispiel: Spediteure) zu veranlassen.
- ➔ Sämtliche Ansprüche aus Kaufvertragsstörungen richten sich folglich nur gegen den jeweiligen Vertragspartner.
- ➔ Die Abwicklung der Zollformalitäten und der außenwirtschaftsrechtlichen Notwendigkeiten (Genehmigungen etc.) wird beim direkten Export vom Exporteur, beim direkten Import vom Importeur bzw. dem beauftragten Spediteur vorgenommen.

Außenhandelsgeschäfte werden vor allem in folgenden Fällen direkt abgewickelt:

- ➔ Bei Investitionsgütergeschäften, bei denen möglicherweise die Installation der Güter und Einweisungen der Mitarbeiter vorgenommen werden müssen.
- ➔ Das Unternehmen hat bereits sehr gute Kenntnisse des jeweiligen Ländermarktes (Zollvorschriften, Sprache, Mentalitäten, Vertriebswege etc.).
- ➔ Eine eigene Marktpflege (Kundendienst, Ersatzteillager etc.) ist notwendig.
- ➔ Im Europageschäft wird fast ausschließlich direkter Export/Import durchgeführt.
- ➔ Ein unmittelbarer Kundenkontakt (direkte Übermittlung der Wünsche, Bedürfnisse und Reklamationen der Kunden) wird ausdrücklich gewünscht.

1.6.5 Indirekter Export und indirekter Import

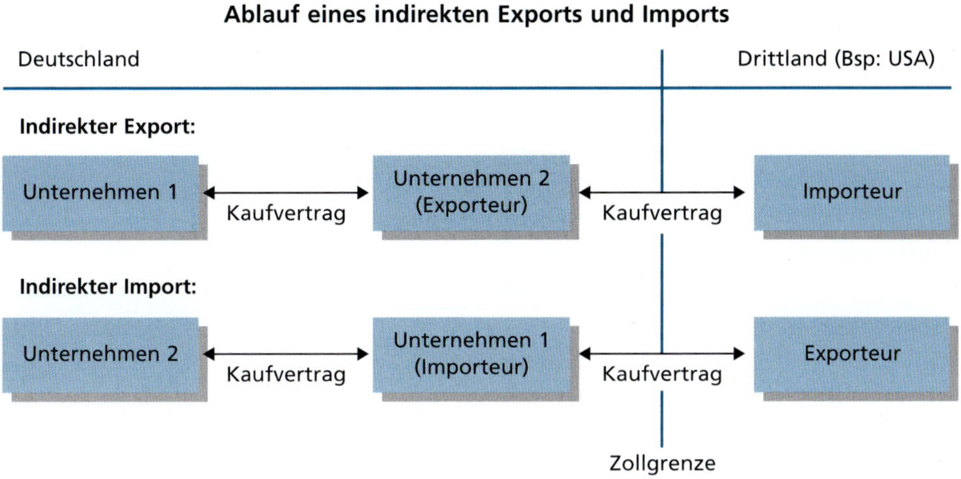

Ablauf eines indirekten Exports und Imports

Den indirekten Export und Import kennzeichnen folgende Merkmale:

- Beim indirekten Export verkauft das Unternehmen 1 das Produkt an ein inländisches Unternehmen. Dieses Unternehmen exportiert das Produkt ins Ausland.
- Beim indirekten Import importiert das Unternehmen 1 das Produkt aus dem Ausland. Das Unternehmen 2 kauft diese importierten Produkte.
- Vertragsstörungen werden vom ausländischen Unternehmen bei dem eigentlichen Ex- oder Importeur reklamiert und umgekehrt.
- Die Abwicklung der Zollformalitäten und der außenwirtschaftsrechtlichen Notwendigkeiten wird ausschließlich vom eigentlichen Ex- oder Importeur durchgeführt. Für das andere inländische Unternehmen ist dieses Geschäft ein normales Inlandsgeschäft.

Außenhandelsgeschäfte werden vor allem in folgenden Fällen indirekt abgewickelt:

- Landesspezifische Kenntnisse sind nicht oder nicht ausreichend vorhanden. Deshalb schaltet man ein auf dieses Land spezialisiertes Export- oder Importunternehmen ein.
- Kundendienst und/oder Ersatzteillieferungen sind nicht notwendig.
- Das Unternehmen führt nur selten Export- oder Importvorgänge durch.
- Dem Hersteller sind die Kosten für den Aufbau eines Vertriebsnetzes im Ausland zu hoch.
- Es handelt sich um einfache, standardisierte Produkte (**Beispiele**: Schrauben, Rohstoffe etc.), bei denen ein ständiger Kontakt mit dem Kunden nicht notwendig ist.

1.6.6 Innergemeinschaftlicher Warenverkehr

Innergemeinschaftlicher Warenverkehr

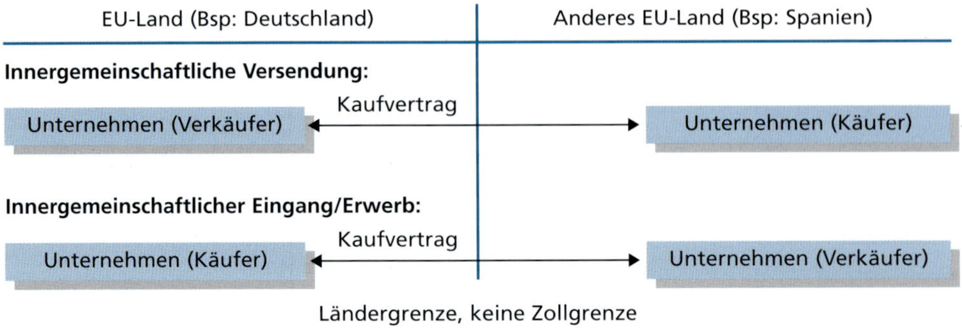

Die Merkmale entsprechen den Merkmalen beim direkten Export und Import, mit Ausnahme der entfallenden Zollformalitäten. Die Vorschriften des Außenwirtschaftsrechts (Ex- und Importverbote oder -genehmigungen) bestehen aber auch im Handel mit EU-Staaten, vgl. 123 ff, 214 ff.

1.6.7 Transithandel

Beim Transithandel handelt es sich ebenfalls um ein Außenhandelsgeschäft, bei dem allerdings Exporteur und Importeur nicht direkt miteinander in Kontakt treten. Das Außenhandelsgeschäft wird vielmehr organisiert von einem Händler in einem dritten Land. Dieser Händler bestellt die Ware bei einem Unternehmen (Exporteur) in einem Land A und verkauft sie an ein anderes Unternehmen (Importeur) in einem Land B.

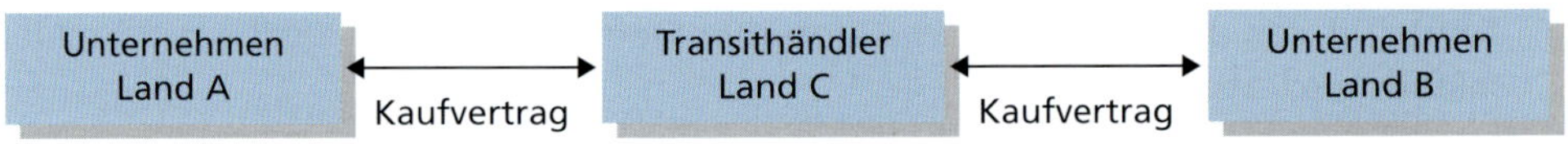

Von **aktivem Transithandel** spricht man, wenn der Transithändler im Inland seinen Sitz hat und Exporteur und Importeur in anderen Ländern ihren Unternehmenssitz haben.

Von **passivem Transithandel** spricht man, wenn der Transithändler im Ausland sitzt und im Inland produzierte Waren an ausländische Unternehmen verkauft bzw. ausländische Waren an inländische Unternehmen verkauft.

Warenfluss bei Transithandelsgeschäften

Warenfluss bei Transithandelsgesschäften

1.6.8 Kooperationen im Außenhandel

Unter Kooperationen im Außenhandel versteht man die Zusammenarbeit von wirtschaftlich und rechtlich selbstständigen Unternehmen im Rahmen von Außenhandelsgeschäften. Die kooperierenden Unternehmen können ihren Firmensitz im gleichen Land haben oder in verschiedenen Ländern. Insbesondere die Kooperation zwischen einheimischen und ausländischen Unternehmen zur Einführung bestimmter Güter auf dem einheimischen Markt kann für alle beteiligten Unternehmen große Vorteile haben. So können sich beispielsweise die spezifischen Marktkenntnisse des einheimischen Unternehmens und das Know-how des ausländischen Unternehmens hervorragend ergänzen.

Kooperationen sind dabei für viele Formen von Außenhandelsgeschäften denkbar, u. a.:

- Bei der gemeinsamen Ausführung von Großaufträgen, bei denen der Umfang des Auftrags insbesondere kleinere und mittlere Unternehmen überfordern würde.
  Beispiele: Bau eines Großflughafens, Bau von Kraftwerken etc.
- Im Rahmen einer Zusammenlegung bestimmter Außenhandelsfunktionen durch verschiedene Unternehmen, die in denselben Ländermärkten aktiv sind.
  Beispiele: Gemeinsames Distributionsnetz bestimmter Autohersteller in einem Land, gemeinsame Markterkundung und Werbung, gemeinsame Lagerhaltung und Transport von Gütern.

Kooperationsformen

1. **Horizontale Kooperationen:** Unternehmen der gleichen Produktionsstufe arbeiten zusammen.
   Beispiel: Mehrere Automobilhersteller
2. **Vertikale Kooperationen:** Unternehmen aus vor- oder nachgelagerten Produktionsstufen arbeiten zusammen.
   Beispiel: Automobilhersteller und -zulieferer
3. **Komplementäre Kooperationen:** Unternehmen mit Produkten, die sich ergänzen, arbeiten zusammen.
   Beispiel: Hardware- und Softwareunternehmen
4. **Heterogene Kooperationen:** Unternehmen aus den verschiedensten Bereichen arbeiten zusammen.
   Beispiel: Softwareunternehmer und Automobilhersteller

1.6.9 Joint Ventures

Bei den Joint Ventures handelt es sich um eine besondere Form der Kooperation zwischen Unternehmen. Zwei oder mehrere selbstständige Unternehmen gründen ein neues Unternehmen, an dem sie kapitalmäßig beteiligt sind. Die Höhe und der prozentuale Kapitalanteil der einzelnen Firmen an dem neuen Unternehmen sind dabei vertraglich festzulegen. Dieses Gemeinschaftsunternehmen kann von Unternehmen eines Landes gegründet werden oder von Unternehmen aus verschiedenen Ländern.

Auch bei einem Joint Venture von Unternehmen eines Landes ist eine internationale Ausrichtung für den Fall gegeben, dass das neue Gemeinschaftsunternehmen seinen Standort in einem dritten Land hat.

Von einem Joint Venture versprechen sich die beteiligten Unternehmen in der Regel folgende Vorteile:

- → Billige Arbeitskräfte im jeweiligen Land und damit Kostenvorteile.
- → Durch ein Gemeinschaftsunternehmen mit Sitz in diesem Land erfolgt möglicherweise keine Diskriminierung, was die Leistung von Zöllen und Abgaben betrifft.
- → Einfacherer Zugang zu diesem Ländermarkt durch die Einstellung inländischer Mitarbeiter, die die Mentalität und die Sprache des Landes kennen.
- → Im Falle einer Joint Venture-Vereinbarung mit einem Unternehmen des betreffenden Landes könnten die Vertriebskanäle dieses Unternehmens genutzt werden.
- → Aus dem Joint Venture ergeben sich für die beteiligten Unternehmen höhere Absatzzahlen. Höhere Absatzzahlen bedeuten Kostenvorteile u. a. durch die größeren Rabatte beim Einkauf der Teile.

1.6.10 Kompensationshandel

Der Begriff des Kompensationshandels umfasst verschiedene Geschäftstypen, die sich im Laufe der Zeit im Bereich der Austauschbeziehung „Ware gegen Ware" herausgebildet haben. In diesem Geschäftsbereich ist wegen der nicht einheitlich verwendeten Bezeichnungen Vorsicht bei der Einordnung der Geschäfte geboten, da die Bezeichnung allein noch nichts über den rechtlichen Charakter der Austauschbeziehung aussagt.

Rechtliche Formen des Kompensationshandels

1. **Bartergeschäfte:** Bei Bartergeschäften handelt es sich um reine Tauschgeschäfte. In einem konkreten Vertrag wird der Austausch von Ware gegen Ware vereinbart. Geldbewegungen finden nicht statt.
   Beipiel: Unternehmen A in Deutschland verkauft Maschinen an Unternehmen B in Thailand; Unternehmen B in Thailand liefert statt Geld Reis an Unternehmen A.
2. **Gegengeschäfte (Offsetgeschäfte):** Dies sind Handelsabkommen zwischen zwei oder mehreren Partnern aus verschiedenen Ländern, bei denen neben einem bzw. mehreren Unternehmen in der Regel zumindest eine Regierungsstelle eingebunden ist. In dem Handelsabkommen wird vereinbart, dass ein Kauf von Waren durch irgendein Gegengeschäft kompensiert werden muss. Im Unterschied zum Bartergeschäft findet also kein direkter Warentausch zwischen Importeur und Exporteur statt, sondern der Importeur verlangt in irgendeiner Form Kompensation. Gegengeschäfte kommen sehr häufig im Rahmen von Rüstungskäufen vor.
   Beispiel: Ein großer deutscher Lkw-Hersteller bewirbt sich um einen Millionenauftrag, den die britische Armee ausgeschrieben hat. Der Auftrag umfasst 8000 Transportfahrzeuge. Konkurrenten sind ein weiterer großer deutscher und zwei amerikanische Lkw-Hersteller. Der Auftrag ist hochpolitisch und besonders prestigeträchtig, allerdings hatte man bereits im vergangenen Jahr bei einem anderen Auftrag auf der Insel gegenüber dem größeren deutschen Konkurrenten das Nachsehen. Aber dieses Mal sind die Chancen wesentlich größer, den Auftrag zu erhalten. Hier kommt eine Besonderheit bei Rüstungsgeschäften

ins Spiel – Parallelgeschäfte oder Offsetverpflichtungen. Der Kampfjet Eurofighter, an dem Großbritannien beim Bau beteiligt ist, wurde an Österreich verkauft. Österreich verlangte im Gegenzug Investitionen im eigenen Land. Großbritannien muss nun Milliarden in Österreich investieren. Bei einer Vergabe an den betreffenden deutschen Lkw-Hersteller wäre diese Verpflichtung erfüllt, da dieser eine Niederlassung in Österreich hat und einen Teil des Auftrags hier fertigen könnte.

3. **Rückkaufgeschäfte:** Diese Form des Kompensationshandels wird beim Kauf von Industrieanlagen oder Großprojekten gewählt. Die Bezahlung erfolgt langfristig über die mit diesen Investitionsgütern hergestellten Waren.
   Beispiel: Erdgas-Röhren-Geschäft der Firmen Mannesmann, Ruhrgas und dem russischen Staat, bei dem Mannesmann die Röhren lieferte und Russland bzw. die beauftragten russischen Unternehmen aus der Gasförderung Deutschland und Westeuropa jahrzehntelang mit Erdgas beliefern, das über die gekauften Röhren geleitet wird. Abnehmer in Deutschland ist die Firma Ruhrgas, die die Verrechnung des gelieferten Gases mit der Firma Mannesmann vornimmt.

Probleme bei Kompensationsgeschäften

Problematisch bei Kompensationsgeschäften ist die Eignung der Ware für den Exporteur. Insbesondere westliche Exporteure achten darauf, dass sie Gegenware erhalten, die am Markt abzusetzen ist. Bevorzugt werden Waren, die einen Börsen- oder Marktpreis haben, z. B. Rohstoffe. Teilweise wird auch die Lieferung der Gegenware vorgezogen, um sicherzugehen, dass die Marktfähigkeit der Waren auch tatsächlich gegeben ist (Junktim-Geschäft).

Die Verwertung der Gegenware ist für den Exporteur mit zusätzlichen Kosten verbunden, die seinen Gewinn schmälern. Hierzu zählen Kosten, die bei der Suche nach einem geeigneten Abnehmer anfallen. Die Einschaltung eines Handelshauses zieht die Zahlung einer Prämie nach sich, deren Höhe sich nach der Verwertbarkeit der Ware richtet.

Damit der Exporteur nicht minderwertige Ware erhält, sollte er sich im Abnahmevertrag das Recht einräumen lassen, die Ware selbst oder durch einen neutralen Dritten vor der Versendung untersuchen zu lassen. Ebenfalls im Abnahmevertrag sollte die Möglichkeit alternativer Gegenprodukte vereinbart werden, falls die vereinbarte Gegenware nicht erhältlich ist. Im Übrigen muss darauf geachtet werden, dass bezüglich der weiteren Vermarktung der Ware keinerlei Beschränkungen vorhanden sind.

1.6.11 Veredlungsgeschäfte

Passive Veredlung

Eine passive Veredlung liegt in der EU dann vor, wenn Waren, die zoll- und steuerrechtlich zum freien Verkehr in der EU zugelassen sind, in ein fremdes Wirtschaftsgebiet zur Weiterverarbeitung oder zur Reparatur gebracht werden. Die passive Veredlung wird bei der zuständigen Zollstelle beantragt (eigenes Zollformular). Die Zollstelle sorgt dafür, dass genau die beantragte Ware ausgeführt und dieselbe Ware wieder eingeführt wird (dies geschieht durch das Anbringen von Zollplomben oder das Festhalten von Seriennummern).

Nach der Durchführung der Veredlungsarbeiten werden die „veredelten" Waren wieder in das Wirtschaftsgebiet der EU eingeführt. Bei der Einfuhrabfertigung benötigt das zuständige Zollamt eine Handelsrechnung des ausländischen Lieferanten, auf der der Wert der Veredlungsarbeiten angegeben sein muss. Der Mehrwert, der bei den Veredlungsarbeiten entsteht, ist abgabenpflichtig.

Beispiel: Ein deutsches Unternehmen aus Ulm bringt Stahlrohre, die in Deutschland hergestellt wurden, zum Verzinken (= veredeln) in die Ukraine,
- → der Wert der in die Ukraine ausgeführten Rohre beträgt 100000,00 EUR.
- → der Wert der verzinkten Rohre bei der Wiedereinfuhr in die EU beträgt 120000,00 EUR.
- → der Zollsatz für die Einfuhr verzinkter Rohre in die EU beträgt 6 %.
- → der Einfuhrumsatzsteuersatz in Deutschland beträgt 19 %.
- → die Transportkosten von der EU-Grenze bis Ulm betragen 500,00 EUR.

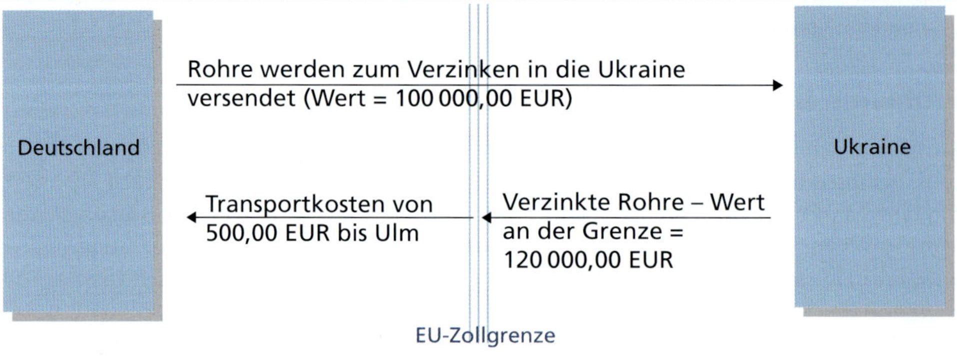

Berechnung der Abgaben im Rahmen einer passiven Veredlung

Ein deutsches Unternehmen bringt Stahlrohre, die in Deutschland hergestellt werden, aus Kostengründen grundsätzlich zum Verzinken in die Ukraine. Der Zollsatz für die Einfuhr von Stahlrohren in die EU beträgt beispielsweise 6 %, der Einfuhrumsatzsteuersatz beträgt 19 %.

Zollwert der ausgeführten Waren	100000 EUR
Zollwert der wiedereingeführten Waren	120000 EUR
Differenzbetrag	20000 EUR
Zollbetrag	6 % von 20000 = 1200 EUR
Transportkosten von der Grenze bis zum ersten inländischen Bestimmungsort	500 EUR
Einfuhrumsatzsteuer	19 % von 21200 = 4028 EUR
Umsatzsteuer (Transportleistung)	= 95 EUR
Summe der Abgaben	5323 EUR

Aktive Veredlung

Im Gegensatz zur passiven Veredlung erfolgt die Weiterverarbeitung von Drittlandswaren im genannten Beispiel in Deutschland. Der aktive Veredlungsverkehr muss ebenfalls bei der zuständigen Zollstelle angemeldet werden. Die zuständige Zollstelle überwacht ebenfalls die Ein- und Ausfuhr der Waren, die zum aktiven Veredlungsverkehr zugelassen wurden. Waren, die nach der Bearbeitung in Deutschland wieder ausgeführt werden, sind bei der Ausfuhr grundsätzlich abgabenbefreit. Die Abgaben werden erst bei der Wiedereinfuhr in das Ursprungsland erhoben.

1.7 Außenhandelsinstitutionen

Es gibt in Deutschland eine Vielzahl an Institutionen, wie Fachverbände, Industrie- und Handelskammern, Banken, Bundesämter etc., die Auskünfte und Hilfen zu Fragen des Außenhandels geben könnten. Die meisten dieser Institutionen haben sich aber auf bestimmte Fach- bzw. Themengebiete spezialisiert, für einen Hilfesuchenden ist es deshalb nicht einfach die richtige Anlaufstelle zu finden. Für jemand, der sich in diesen Fragen nicht auskennt, sollte deshalb die erste Anlaufstelle immer die örtliche IHK sein, die entweder mit ihrer Außenhandelsabteilung selbst weiterhelfen kann oder den Hilfesuchenden an die richtige Institution weitervermittelt.

Industrie- und Handelskammern

Jede der deutschen Industrie- und Handelskammern (IHK) hat zumindest ein Außenhandelsreferat und ist damit in der Lage, bei Fragen des Außenhandels zu beraten und zu informieren.

Auszug aus dem Leistungsangebot der Industrie- und Handelskammern (IHK)

- → Hilfe bei der Herstellung von Geschäftsverbindungen zu ausländischen Unternehmen (Import oder Export)
- → Hilfe bei Fragen zum Zoll- oder zum Außenwirtschaftsrecht
  (**Beispiele:** Art des Zollverfahrens, Genehmigungsverfahren beim Im- oder Export)
- → Hilfe bei Fragen zu technischen Normen oder behördlichen Vorschriften
- → Informationen über die Förderprogramme des Bundes und der Länder
- → Beglaubigen von Handelsrechnungen, Ursprungszeugnissen etc.
- → Organisation von Seminaren zu wichtigen Sachfragen in Zusammenhang mit dem Außenhandel

Außenhandelskammern

Die Außenhandelskammern sind Anlaufstellen der deutschen Wirtschaft im Ausland. Sie sind mittlerweile auf allen fünf Kontinenten und in den wichtigsten Absatzmärkten der deutschen Unternehmen vertreten. Im Unterschied zu den IHKs (Körperschaften des öffentlichen Rechts) handelt es sich um private Vereinigungen nach dem Recht des jeweiligen Landes, in dem sie ihren Sitz haben. Sie finanzieren sich aus Zuschüssen der IHKs und des Bundeswirtschaftsministeriums, Mitgliedsbeiträgen von Unternehmen sowie Gebühren von Unternehmen, die nicht Mitglied sind und Auskünfte und Beratung wollen.

Auszug aus dem Leistungsangebot der Außenhandelskammern

- → Vermittlung von Bezugsquellen (Adressen, Informationen über die Unternehmen etc.)
- → Rechtsberatung (Einfuhrformalitäten, steuerliche Auskünfte etc.)
- → Marktanalysen des jeweiligen Ländermarktes
- → Informationen über Messen und Ausstellungen

- Investitionsberatung, Beratung über Förderprogramme bei Investitionen
- Hilfe bei öffentlichen Ausschreibungen
- Informationen über Handelshemmnisse bei der Einfuhr und Umweltstandards und -richtlinien

Bundesämter

Neben den Ministerien (Bundeswirtschaftsministerium, Wirtschaftsministerien der Länder), die hauptsächlich für Beschwerden bei Behinderungen bei der Einfuhr, bei Lizenzgeschäften und bei Auslandsinvestitionen Ansprechpartner sind, gibt es viele Bundesämter, die ausschließlich für bestimmte Sachbereiche im Außenhandel zuständig sind. Die folgende Aufzählung nennt die wichtigsten Bundesämter:

- Das **Bundesamt für Wirtschaft und Ausfuhrkontrolle (BAFA)** ist zuständig für Genehmigungen und Verbote beim Import und Export.
- Das **Bundeszentralamt für Steuern** ist zuständig für die Umsatzsteueridentifikationsnummer, die Unternehmen beim innergemeinschaftlichen Wirtschaftsverkehr benötigen.
- Das **Statistische Bundesamt** gibt Informationen über den Außenhandel. Diese Informationen sind gegliedert nach Ländern bzw. Ländergruppen.
  (**Beispiele:** Export- und Importzahlen von Deutschland bzw. der Europäischen Union, auch gegliedert nach Waren und Warengruppen wie Autos, Maschinen oder chemische Erzeugnisse)

Bundesstelle für Außenhandelsinformation (BfAI)

Wer auf dem Weltmarkt Geschäfte macht, braucht ausgezeichnete Kenntnisse über Land, Leute und Märkte. Insbesondere in Deutschland, dem Land mit dem höchsten Außenhandel der Welt, sind diese Kenntnisse unbedingt notwendig. Unternehmen haben oft nicht die Zeit und das Geld, um diese Informationen zusammenzutragen. Deshalb wurde in Deutschland bereits im Jahr 1951 die Bundesstelle für Außenhandelsinformation (BfAI) gegründet. Ihr Auftrag war und ist bis heute, Wirtschaft und Staat mit Informationen über fremde Länder zu versorgen.

Die BfAI mit Sitz in Köln hat viele eigene Mitarbeiter am Standort Köln und Korrespondenten im Ausland, die ausschließlich für die Bereitstellung von Auslandsinformationen tätig sind, die aber nicht bei der Geschäftsanbahnung vor Ort helfen; dafür sind die Auslandskammern zuständig. Die fach- und landeskundlichen Mitarbeiter garantieren, dass ihre Erkenntnisse der Wahrheit entsprechen. Viele Länder mit anderen Kulturen sind nicht daran interessiert, Informationen über ihr Land an andere Länder weiterzugeben. Informationen sind für diese Staaten eher ein Mittel der jeweiligen Regierungspolitik.

Die Bundesstelle für Außenhandelsinformationen ist eingebunden in deutsches Haushaltsrecht und muss ihre Informationen zu vorgegebenen Regelsätzen abrechnen. Diese Gebühren dürften allerdings kaum den tatsächlichen Marktpreisen entsprechen, da sie sich eher der Allgemeinheit verpflichtet fühlt. Die Informationen der

BfAI werden hauptsächlich von den IHKs, den Verbänden, von Banken und Regierungsstellen abgefragt. Für Unternehmen besteht sogar die Möglichkeit, Nutzerprofile zu hinterlegen, anhand derer dann die BfAI die neuesten Informationen zu den gewünschten Themen und Ländern individuell zusammenstellt.

Auch die Art der Informationswünsche ändert sich. Vorbei ist die Zeit, wo man für makroökonomische Daten noch Geld bekommt. Informationen über Marktvolumina, Konkurrenzlage und allgemeine Daten wie Inflationsrate, Bruttoinlandsprodukt etc. reichen den Unternehmen nicht mehr aus. Immer stärker werden Informationen für unternehmensspezifische Produkte verlangt, für die kein allgemeines Interesse besteht.

Beispielsweise will man heute wissen, welche Vorschriften bei der Beschriftung der Verpackung beachtet werden müssen, um den Bestimmungen des jeweiligen Landes zu entsprechen, oder welche Vertriebskanäle für ein bestimmtes Produkt bestehen und wie man den Zugang zu diesen Kanälen schafft. Diese Informationen kann die BfAI nicht mehr als Wissensgrundlage für die Allgemeinheit vorhalten, solche Aufträge sind dann Auftragsrecherchen gegen Entgelt.

Die BfAI ist eine nationale Institution. Mit vergleichbaren Institutionen in Frankreich, Großbritannien und Österreich wird intensiv zusammengearbeitet. Die Informationen aus diesen Ländern werden in den eigenen Berichten verwertet, was eine Doppelarbeit vermeidet. Leider sind nicht in allen Ländern solche Behörden eingerichtet. Italien beispielsweise hat keine vergleichbare Institution, die Zusammenarbeit mit der spanischen Behörde gestaltete sich in der Vergangenheit äußerst schwierig.

Auszug aus dem Leistungsangebot der BfAI

- *Märkte der Welt:* Wöchentlich erscheinende Zeitschrift mit aktuellen Berichten über Branchen und Märkte in allen wichtigen Ländern
- *Weltwirtschaft Kompakt:* Zweimal im Monat erscheinende Zeitschrift mit Kurzberichten über wichtige Auslandsmärkte
- *Recht, Zoll und Verfahren:* Diese Monatszeitschrift berichtet aktuell über Zoll- und Außenwirtschaftsrecht, Kaufrecht, Produkthaftung, Investitions- und Steuerrecht in anderen Ländern.
- *Projekte:* In dieser Wochenzeitschrift wird über staatliche Investitionsvorhaben und Entwicklungsprojekte in einem sehr frühen Stadium berichtet.
- *Geschäftswünsche:* Über Anfragen und Angebote nach Waren und Dienstleistungen, Kooperations- und Joint Ventures-Wünsche wird in dieser Wochenzeitschrift berichtet.
- *Datenbanken:* Alle Informationen der BfAI über Projekte, Länder und Märkte, Ausschreibungen, Geschäftswünsche etc. werden in Datenbanken gespeichert und laufend aktualisiert.

Daneben bietet die BfAI, wie oben bereits beschrieben, Nutzerprofile für Unternehmer an, die spezielle Wünsche wie Geschäftskontakte, Projekte oder sonstige individuelle Informationen haben.

Weitere Außenhandelsinstitutionen

- Die **Deutsche Investitions- und Entwicklungsgesellschaft (DEG)** ist ein Finanzierungs- und Beratungsinstitut bei Investitionswünschen in Entwicklungsländern. Die DEG ist auf langfristige Investitionsfinanzierungen spezialisiert. Sie bietet von einfachen Krediten bis zur umfangreichen Projektfinanzierung alles im Bereich der Finanzierung an. Das Finanzierungsangebot richtet sich dabei grundsätzlich an das Unternehmen im Investitionsland. Die DEG finanziert folglich Auslandstöchter deutscher Unternehmen, lokale Unternehmen mit deutscher Kapitalbeteiligung und Joint Ventures mit deutschen Unternehmen.
- Die **Gesellschaft für Technische Zusammenarbeit (GTZ)** ist ein Dienstleistungsunternehmen, dessen Aufgabe es ist, Entwicklungs- und Reformprojekte in Landwirtschaft, Wissenschaft und Technologie, gewerblicher Wirtschaft und Infrastruktur zu fördern. Aufgabe der GTZ ist die Planung der Vorhaben, die Auswahl der Mitarbeiter vor Ort, die Aus- und Fortbildung etc. Ihren Sitz hat die GTZ in Eschborn bei Frankfurt.
- **InWent (Internationale Weiterbildung und Entwicklung gGmbH)** ist ein gemeinnütziger Verein, dessen Aufgabe in der Personalaus- und -weiterbildung liegt. Aufgabenschwerpunkte sind praxisorientierte Trainingsprogramme, Austausch- und Fremdsprachenprogramme für Fach- und Führungskräfte aus aller Welt. Sie hat ihre Zentrale in Köln.

Aufgabe 1

LOTHAR MEYER KG

KERNELS, NUTS AND DRIED FRUITS

Oldesloher Str. 86 Phone: +49 (0)40 448677-0
22457 Hamburg Fax: +49 (0)40 44867714

Kontrakt / Contract
No. 14638/23

Verkäufer/Seller:	International Agricola ltda, Luis Thayer Ojeda 0130, of 902 Providenca, Santiago/Chile
Käufer/Purchaser:	Wenz GmbH, Sonnenstr. 12, 89077 Ulm
Ware/Commodity:	Chile walnut kernels extra light halves, 100 % halves first-class quality, specially selected and sized, moisture content of the kernels must not be higher than 6 %
Menge/Quantity:	1 (One) 20f Container = Abt. 500 Cartons of 5 × 4 kg Net Polybags Nitrogen Flushed
Preis/Price:	USD 1,000 (one thousand) per 100 kgs net original – weights, cif Hamburg
Abladung/shipment:	End of August 20... from origin to Hamburg preferably with Maersk B/l. Container must be stowed below the waterline.
Bestimmungsort/ Destination:	Hamburg
Zahlung/Payment:	By irrevocable and confirmed letter of credit payable at sight, to be opened by August 10, 20... in favour of the shipper.
Sonstige Vereinbarung/ Other Conditions:	Product cracked from sizes in shell – 28–30 mm, 30–32 mm, 32–34 mm and 34–36 mm. Kernels from size 36+ are not allowed. All sizes have to be packed separately. Certificate of origin form A has to be attached to the documents.

Datum/Date: March 20... Lothar Meyer

a) Um was für eine Form des Außenhandelsgeschäfts handelt es sich bei diesem Vertrag?

b) Nennen Sie mögliche Gründe, warum diese Form des Außenhandelsgeschäfts im vorliegenden Fall gewählt wurde.

Aufgabe 2

Automobilunternehmen gründen Gemeinschaftsunternehmen für den Einkauf von Autoteilen über das Internet

Renault und der japanische Autokonzern Nissan gründen ein Gemeinschaftsunternehmen, das Autoteile über das Internet einkaufen soll. Auch eine Beteiligung der anderen japanischen Automobilunternehmen gilt als sicher. Die Autohersteller erhoffen sich von diesem Gemeinschaftsunternehmen eine Reduzierung der Kosten, Zeitersparnis und eine verbesserte Effizienz. Das neue Unternehmen wird der bisher größte Marktplatz im Internet sein. Es soll eine Art Online-Auktionsplattform werden, über den die Autohersteller jährlich Teile im Wert von ca. 250 Mrd. USD einkaufen werden. Auch GM, Ford und Daimler haben bereits Online-Plattformen für den Einkauf gebildet.

Die Unternehmen erwarten jetzt, dass sich die Lagerbestände reduzieren und einheitliche Standards für die gesamte Industrie entstehen, was die Produktivität erheblich steigern dürfte. Zusätzlich wird mit diesen Marktplätzen, bei denen die Einkäufe in Form von Auktionen stattfinden, erheblicher Druck auf die Gewinnmargen der Zulieferer ausgeübt.

Die Autohersteller werden an dem neuen Gemeinschaftsunternehmen die gleichen Anteile halten. Bei dem entstehenden Unternehmen handelt es sich um eine unabhängige Firma, bei der die beteiligten Firmen anschließend Kunden sind.

a) Beschreiben Sie mithilfe einiger Merkmale die Art der internationalen Kooperation, die die Unternehmen in diesem Fall eingehen.
b) Welche Vorteile versprechen sich die Unternehmen von dieser Kooperation?

Aufgabe 3

Die folgenden Texte sind Berichte über bereits durchgeführte bzw. geplante Kompensationsgeschäfte:

Bericht 1:
Nach Angaben internationaler Rüstungskonzerne lassen sich größere Waffengeschäfte mit vielen Ländern nur noch mit der Zusage von Kompensationsgeschäften abschließen. So kaufte Polen amerikanische Jets für 3,5 Mrd. Dollar bei der Firma Locksheed Martin in den USA und verlangte im Gegenzug rund 6,3 Mrd. Dollar in Form von Investitionen, Technologietransfer und Einfuhrgeschäften in die USA. Da Locksheed Martin allein aber nicht so viel in Polen investieren kann, bezahlt das Unternehmen andere Firmen dafür, dass sie Geld in Polen investieren. Konkret bezahlte Locksheed Martin die Firma General Motors dafür, dass sie die Produktion des Opels „Zafira“ teilweise von Deutschland nach Polen verlagerte.

Bericht 2:
Nach einem US-Bericht steht an der Spitze der Staaten, die international bei Kompensationsgeschäften die Hand aufhalten, die Republik Österreich. Die Alpenrepublik verlangte bei jedem Kauf von US-Waffensystemen Kompensationen in Höhe von 174 % der importierten Waren. Um Österreichs Regierung in Wien zum Kauf des Eurofighters zu bewegen, musste die Firma EADS zusichern, dass sie über einen Zeitraum von 15 Jahren 4 Mrd. EUR in Österreich investiert – das Doppelte von dem Wert der gekauften Eurofighter. Unter anderem vergibt Daimler als Anteilseigner von EADS Zulieferaufträge verstärkt nach Österreich, u. a. an die Firma Magna Steyr.

Bericht 3:
Die Volksrepublik China bekommt die Nachteile ihres stürmischen Wirtschaftswachstums zu spüren. Neben anderen Problemen, wie der inflationären Preisentwicklung, wird insbesondere die ausreichende Versorgung der Industrie mit Rohstoffen ein Problem. Aus diesem Grund macht China nun dem rohstoffreichen Land Brasilien folgendes Angebot: China investiert mehrere Milliarden Dollar in die teilweise maroden Bergwerke und die umliegende Infrastruktur in Brasilien. Als Gegenleistung garantiert Brasilien über viele Jahre hinweg eine gesicherte Versorgung mit Eisenerz und anderen Rohstoffen.

a) Welche Form der Kompensationsgeschäfte wird in diesen Beispielen beschrieben? Begründen Sie Ihre Meinung.

b) Welche Probleme ergeben sich aus dieser Art von Geschäften?

Aufgabe 4

Sie sind in der Außenhandelsabteilung der örtlichen IHK angestellt und spezialiert auf die Beratung von Unternehmen in Außenhandelsfragen. Im Laufe eines Vormittags kommen Mitarbeiter aus verschiedenen Unternehmen mit folgenden Fragen auf Sie zu:

- → Ein Unternehmen überlegt, einen weiteren Produktionsstandort für die Produktion von Kunststoffartikeln in einem südostasiatischen Staat zu eröffnen. Das Land, in dem die Investition erfolgen soll, ist kein Entwicklungsland mehr, sondern ein Land mit einer der höchsten Wirtschaftsleistungen in Asien. Die Investitionskosten belaufen sich auf ca. 15 Mio. EUR. Das Unternehmen möchte von Ihnen Auskunft über mögliche Förderprogramme und Informationen über Umweltvorschriften, was die Kunststoffverarbeitung betrifft.
- → Ein Auszubildender einer großen ortsansässigen Firma möchte 20 Ursprungszeugnisse beglaubigen lassen.
- → Ein Vertriebsmanager, der in sechs Monaten die Leitung eines Unternehmens in Brasilien übernehmen soll, möchte Informationen über praxisorientierte Trainingsprogramme zur Vorbereitung auf seinen Auslandsaufenthalt.
- → Ein Unternehmen möchte ein Joint Venture mit einem Unternehmen in Russland gründen und sucht Adressen und Informationen.
- → Ein anderes Unternehmen möchte bei einem Kunden aus einem EU-Land die Umsatzsteueridentifikationsnummer überprüfen lassen, da der Verdacht auf-

kommt, dass es sich bei dem Kunden um einen Privatmann handelt, der möglicherweise Umsatzsteuer hinterzieht.

→ Ein großes Unternehmen aus der Luft- und Raumfahrtindustrie ist sich bei einem neuen Produkt nicht sicher, ob es beim Export dieses Gutes eine Exportgenehmigung beantragen muss.

Beraten Sie die Hilfe suchenden Personen und Unternehmen, indem Sie sie an die für ihre Bedürfnisse zuständigen Außenhandelsinstitutionen weiterleiten.

Aufgabe 5

EU-Bananenmarktverordnung

Die EU-Ratsverordnung 404/93 über die gemeinsame Marktordnung für Bananen trat im Juli 1993 in Kraft. Um Bananenbauern aus der EU und den ehemaligen Kolonialgebieten bestimmter europäischer Länder zu schützen, wurden die Einfuhren der Bananen aus Mittel- und Südamerika (Dollarbananen) begrenzt. Nur ca. 2,5 Millionen Tonnen Dollarbananen können zum niedrigeren Zollsatz von derzeit 75 EUR je Tonne eingeführt werden. Darüber hinausgehende Mengen werden mit einem Strafzoll von 739 EUR je Tonne belegt.

a) Beschreiben Sie die Folgen für die mittel- und südamerikanischen Länder und bestimmte Unternehmen in Europa.

b) Gegen welche Grundsätze des GATT-Abkommens wurde mit der Bananenmarktverordnung verstoßen?

c) Welche Vorgehensweise würden Sie diesen betroffenen Ländern empfehlen?

Aufgabe 6

Geschäftsvorgänge mit dem Ausland innerhalb eines Jahres:

1. Export von Waren	500 Mrd. EUR
2. Import von Waren	400 Mrd. EUR
3. Ausgaben deutscher Touristen im Ausland	150 Mrd. EUR
4. Ausgaben ausländischer Touristen in Deutschland	130 Mrd. EUR
5. Zuschüsse für die deutsche Landwirtschaft aus dem EU-Agrarfonds	10 Mrd. EUR
6. Überweisungen von ausländischen Arbeitnehmern in ihre Heimatländer zur Unterstützung ihrer Familien	30 Mrd. EUR
7. Umtausch von Devisen aus Exporterlösen bei der Zentralbank	100 Mrd. EUR

a.) Bilden Sie für die einzelnen Vorgänge die Buchungssätze

1. ______________________________

2. ______________________________

3. ______________________________

4. ______________________________

5. ______________________________

6. ______________________________

7. ______________________________

b.) Übertragen Sie die Buchungen in die einzelnen Teilbilanzen

Zu = Devisenzufluss; Ab = Devisenabfluss

Aktivkonten	**Zahlungsbilanz**	**Passivkonten**
A Handelsbilanz P		A Kapitalbilanz P
A Dienstleistungsbilanz P		A Veränderung Währungsreserven (Devisenbilanz) P
A Übertragungsbilanz P		

Aufgabe 7

Die Terms of Trade eines Landes haben sich in einem Jahr von 104 % auf 110 % erhöht.
Beurteilen Sie mögliche Auswirkungen dieser Veränderung für das betreffende Land.

Lernfeld 2

Exportprozesse planen, durchführen und kontrollieren

1 Exportmarketing

1.1 Erschließung und Bearbeitung internationaler Märkte

Die zunehmende Internationalisierung der Unternehmenstätigkeit ist bei den Großunternehmen der wichtigen Industrieländer schon seit geraumer Zeit ein bedeutender Eckpfeiler bei der strategischen Unternehmensplanung. Mit der Einrichtung regionaler Präferenzzonen (Binnenmarkt, Zollunionen, Freihandelszonen etc.), den allgemeinen Zoll- und Handelserleichterungen, die bei verschiedenen Welthandelsabkommen unter Mitarbeit der WTO zustande kamen, den neuen Möglichkeiten der Kommunikation (Datenfernübertragung, Internet etc.) und den Errungenschaften der internationalen Logistik, die nicht zuletzt zu einer erheblichen Verbilligung der weltweiten Transporte geführt haben, hat sich nun auch eine große Zahl an mittelständischen Unternehmen zu einer Internationalisierung ihrer Beschaffungs- und Absatzbemühungen entschlossen.

Am Beginn dieser Bemühungen um eine Internationalisierung der Geschäftstätigkeit steht die Erschließung und Bearbeitung neuer internationaler Ländermärkte. Voraussetzung für die Erschließung von Märkten ist die Gewinnung und Verarbeitung von relevanten Informationen. Diese Informationsphase ist wegen des größeren Risikos bei der Erschließung von ausländischen Märkten besonders wichtig. Im Unternehmen übernimmt diese Aufgabe der Marketingbereich „Marktforschung".

1.1.1 Aufgaben und Ziele der internationalen Marktforschung

Unter internationaler Marktforschung versteht man die systematische Suche, Sammlung, Aufbereitung und Interpretation von Informationen, die für die Erschließung von ausländischen Beschaffungs- und/oder Absatzmärkten relevant sein könnten.

Beschäftigt man sich mit der internationalen Marktforschung, stellt sich zu Beginn die Frage, welche Ziele man mit der Erforschung der internationalen Märkte verfolgt.

Ziele der internationalen Marktforschung

1. Aus der Fülle der Informationen die für das Unternehmen relevanten Informationen herausfiltern (Informationsanalyse).
2. Risiken auf ausländischen Märkten frühzeitig erkennen (Risikoanalyse).
3. Chancen und Entwicklungen aufdecken (Perspektivanalyse).

Um diese Ziele zu erreichen, z. B. die Chancen und Risiken auf ausländischen Märkten zu erkennen, muss die Marktforschung nun tätig werden und für konkrete Länder, die einen potenziellen Absatzmarkt darstellen könnten, relevante Informationen ermitteln.

Aufgaben der internationalen Marktforschung

Länderanalysen erstellen

Vor einem möglichen Markteintritt in ein neues Land müssen zuallererst grundlegende Informationen (politische Verhältnisse, Rechtssystem, Wirtschaftsdaten etc.) über dieses Land beschafft werden. Zeigen sich bei der Analyse dieser Basisdaten gravierende Mängel, z. B. ein nicht nachvollziehbares oder nicht vorhandenes Rechtssystem, muss von einem Markteintritt abgeraten werden. Informationen über folgende Merkmale gelten als grundlegend für die Erstellung einer Länderanalyse:

1. Kulturelle Umwelt:
Unter Kultur versteht man die Summe der kollektiven Verhaltensweisen/-muster eines Landes, die über Generationen weitergegeben werden. Dazu zählen u. a. die Sprache(n) des jeweiligen Landes, die Ausprägung des Nationalbewusstseins, das Sozialverhalten (**Beispiel**: Rollenverteilung von Mann und Frau), die Religion(en) (Beispiel: Einfluss der Religion auf das Konsumverhalten) und die Konventionen in einem Land (**Beispiel**: länderspezifische Tier- und Farbsymbole, Statussymbole etc.).

2. Politische Umwelt:
Dabei sind u. a. folgende Fragen zu klären: Welches politische System ist in dem Land vorherrschend? Wie stark ist die Verankerung dieses politischen Systems? Ist dieses politische System weltweit anerkannt oder wurden gegen dieses System Sanktionen erhoben?

3. Rechtliche Umwelt:
Unter der Rechtsordnung eines Staates versteht man die Gesamtheit aller schriftlich fixierten Rechtsnormen sowie der gewohnheitsrechtlichen Regelungen. In unterschiedlichen Ländern gibt es teilweise erhebliche Unterschiede in den zugrunde liegenden Rechtsordnungen. Beispielsweise liegt der amerikanischen und englischen Rechtsprechung das sogenannte Fallrechtssystem zugrunde. In den meisten europäischen Staaten (u. a. in Deutschland, Frankreich, Italien etc.) gibt es ein kodifiziertes Rechtssystem.
Neben dieser Analyse der grundlegenden Rechtsvorschriften ist es für ein Unternehmen wichtig, noch weitergehende Informationen über unternehmensrelevante Rechtsvorschriften wie das Gesellschafts-, das Arbeits-, Sozial-, Steuer-, Währungs-, Außenwirtschafts- und Wettbewerbsrecht zu erhalten.

4. Ökonomische Umwelt:
Die ökonomischen Daten sollen vor allem Auskunft über die Größe und die Eigenschaften eines Marktes beantworten (Marktvolumen/-potenzial). Indikatoren dafür sind u. a.:
- Bevölkerungszahl und -wachstum
- Bruttoinlandsprodukt/Kopf
- Pro-Kopf-Einkommen
- Einkommensverteilung

- → Protektionistische Maßnahmen dieses Landes (Subventionen, Importbeschränkungen, Schutzzölle, Antidumpingmaßnahmen, ...)
- → Mitgliedschaft in einer Wirtschaftsvereinigung (EU, NAFTA, ...)
- → Zahlungsbilanz
- → Währungskonvertibilität
- → Inflationsrate

5. Natürliche Umwelt:
Dazu zählen vor allem die topografischen Gegebenheiten (Seen, Gebirge, Wüsten, die Größe des Landes und seine Entfernungen etc.), klimatische Gegebenheiten, Ressourcenausstattung, die vorhandene Infrastruktur (Verkehrsnetz, soziale Einrichtungen etc.), Kommunikationsmöglichkeiten und die Energieversorgung.

Kundenverhalten ermitteln

Ein Ansatzpunkt hierfür ist die Fragestellung, inwieweit Konsumentenbedürfnisse in allen Ländern auf der Welt gleich sind, was zur Folge hätte, dass ein einheitliches Marketing (Produkt-, Preis-, Kommunikationspolitik etc.) möglich wäre. Sind die Konsumentenbedürfnisse dagegen unterschiedlich, ist auch ein differenziertes Vorgehen im Marketing notwendig. Die Marketingpraxis zeigt, dass die Bedürfnisse der Verbraucher sehr differenziert sind, was ein globales Marketing nicht einfach macht. Trotz stärkerem Zusammenwachsen, beispielsweise in den Ländern der EU, zunehmender Mobilität und verbesserten Kommunikationsmöglichkeiten wird die kulturelle Vielfalt der Konsumenten in den einzelnen Ländern auf nicht absehbare Zeit noch bleiben.

In den einzelnen Ländern gibt es verschiedene Konsumententypen (Aufsteiger, Trendsetter, Traditionalisten etc.), deren Konsumverhalten länderübergreifend ähnlich ist. Im Marketing werden deshalb oft länderübergreifende Konsumententypen gebildet, auf die die Unternehmen u. a. ihre Produkte und Preise ausrichten. Aufgrund der individuellen und länderspezifischen Kundenbedürfnisse ist eine globale Marketingstrategie oft nicht erfolgreich.

Branchenberichte erstellen und Wettbewerbsinformationen aufzeigen

Bei der Erstellung der Branchenberichte geht es darum, dass die Marktforschung aufzeigt, wie die Branchendaten (Umsatz, Anbieter, Preise etc.) im jeweiligen Land sind und wie intensiv der Wettbewerb in dieser Branche ist.

Beispielsweise ist im Handel die Situation zurzeit in vielen Ländern durch zunehmende Konzentrationen und Kooperationen gekennzeichnet. Nur wenige große Konzerne beherrschen den Markt. In diesem System ist es wichtig, in bestimmten Märkten einen Mindestmarktanteil zu halten bzw. zu erreichen, damit das Unternehmen beispielsweise auf preisaggressive Maßnahmen der Wettbewerber aufgrund seiner Größe angemessen reagieren kann.

1.1.2 Datenerhebung im internationalen Marketing

Der Datenerhebung auf ausländischen Märkten liegen – wie bei der Datenerhebung auf dem inländischen Markt auch – Formen der Sekundär- und Primärforschung zugrunde.

Sekundärforschung

Bei der Sekundärforschung liegen die Daten bereits vor, es gilt sie nur noch für die unternehmensspezifischen Zwecke auszuwerten. Sekundärforschung ist deshalb weitestgehend Quellenforschung.

Quellen bei der Sekundärforschung

Interne Quellen

Daten, die im Unternehmen bereits vorliegen und für den unternehmensspezifischen Zweck nur noch aufbereitet werden müssen.

Beispiele:
- Umsatzstatistiken vom jeweiligen Land
- Berichte von Außendienstmitarbeitern
- Korrespondenz mit Kunden

Externe Quellen

Nichtkommerzielle Quellen:
- Statistisches Bundesamt
- Industrie- und Handelskammern
- Bundesverband der Deutschen Industrie
- UNO-Informationsdienst
- Weltbank
- Internationaler Währungsfonds
- OECD

Kommerzielle Quellen
- Nationale Marktforschungsinstitute
- Internationale Marktforschungsinstitute
  Beispiel: Nielsen Handelspanel – hier werden ständig alle wichtigen Handelsdaten eines Produktes (Umsatz, Preise) ermittelt.

Kriterien zur Beurteilung der Sekundärdaten

1. Aktualität der Daten
2. Vergleichbarkeit der Daten (Erhebungsmethoden, Begriffsdefinition, ...)
3. Qualität der Daten (Form der Datenerhebung)

Primärforschung

Die Datenerhebung erfolgt durch eigens vom Unternehmen bzw. von beauftragten Marktforschungsinstituten am Markt durchgeführte Untersuchungen. Die Methoden der Primärforschung (Befragung, Beobachtung, Experiment) sind im nationalen wie im internationalen Marketing dieselben. Allerdings ist die Erhebung der Daten im internationalen Bereich weitaus schwieriger und aufwendiger.

Möglichkeiten der Primärforschung

Ermittlung der Verbraucherbedürfnisse	Beurteilung der Produktleistung	Feststellung der Kommunikationswirksamkeit	Bestimmung des Marktpotenzials
→ Untersuchungen von **Kauf- und Verbrauchsgewohnheiten** im jeweiligen Land → Repräsentative Studien zur **Bedürfnisermittlung** → **Imagestudien**	**Produkttests,** in denen der Konsument das neue Produkt zu Hause im Vergleich zu Wettbewerbsprodukten testen kann	→ **Konzepttest** Umfrage, ob ein bestimmtes Konzept bzw. Leistungsversprechen verstanden wird → **Kommunikationstest** Umfrage, inwieweit die Kommunikation beim Verbraucher ankommt bzw. Einfluss auf die Kaufentscheidung hat	Beispielsweise könnte mit der Einrichtung eines oder mehrerer **Testmärkte** das Marktpotenzial in diesem Land bestimmt werden.

Probleme bei der Datenerhebung mittels Primärforschung

1. Problem **Sprache**: Ein Problembereich ist hier die unterschiedliche Bedeutung von Wörtern und Wortinhalten.
   Beispiel: Die Bedeutung der Kuh in Indien („heilig") und in Europa („dumm").
2. Die Vergleichbarkeit der **Befragungsmethoden**.
   Beispiele: Unterschiedliche Umgebung beim Interview (Wohnzimmer, Straße, auf dem Weg zur Arbeit), Einzel- oder Gruppeninterviews.
3. Bei der **Auswahl der Stichproben** können Auswahlfehler auftreten.
   Beispiel: Mangelnde Repräsentanz der befragten Personen.
4. Problem **Rücklaufquote**: Je nach Land gibt es eine unterschiedliche Bereitschaft der befragten Personen, einen Fragebogen zurückzuschicken.
5. Ist eine länderübergreifende **Vergleichbarkeit der Erhebungssachverhalte** gegeben? Darunter versteht man, dass ein und dasselbe Produkt bzw. Objekt in verschiedenen Ländern nicht unbedingt die gleiche Bedeutung hat bzw. die gleiche Rolle spielt.
   Beispiel: Der Umweltschutz und alle Maßnahmen, die damit in Verbindung stehen, haben in Deutschland und einigen anderen entwickelten Ländern einen sehr hohen Stellenwert in der öffentlichen Meinung; in Osteuropa, in großen Teilen Asiens, auch in Südeuropa und besonders in allen Entwicklungs- und Schwellenländern spielt dieses Thema noch eine untergeordnete Rolle. Umfrageergebnisse, die in diesem Bereich erhoben werden, sind also trotz gleicher Erhebungsmethode, Stichprobe etc. nicht unbedingt vergleichbar.

1.2 Markteintritt in internationale Märkte

Grundlegend für die Entscheidung, ob ein Unternehmen den Schritt in einen fremden Ländermarkt wagen sollte, sind die Informationen der Marktforschung. Die Marktforschung stellt der Geschäftsleitung Daten zur Verfügung, die eine Analyse der Umwelt bzw. des Landes, der Wettbewerbssituation und des Kundenverhaltens ermöglichen. Auf der Basis dieser Informationen trifft die Geschäftsleitung anschließend die Entscheidung über den Markteintritt.

1.2.1 Entscheidungskriterien für den internationalen Markteintritt

Faktoren, die einen Markteintritt begünstigen

Unternehmensexterne Faktoren

- **Marktpotenzial**
  Durch den Markteintritt in einem anderen Land steht dem Unternehmen ein größerer Absatzmarkt zur Verfügung.
- **Faktorkosten**
  Durch niedrigere Faktorkosten (Arbeit, RHB-Stoffe etc.) können Investitionen in einem anderen Land wirtschaftlich sehr sinnvoll sein.
- **Wettbewerbsintensität**
  Ist die Zahl der Wettbewerber auf diesem Markt geringer als auf dem heimischen Markt, so ist der Preiswettbewerb nicht mehr so intensiv; die Gewinnmargen sind möglicherweise höher.
- **Steuern und Abgaben**
  Die Steuer- und Abgabenhöhe ist im internationalen Vergleich niedrig. Die Steuerermittlung ist transparent und nicht willkürlich.
- **Wirtschaftliche Entwicklung**
  Die wirtschaftliche Entwicklung des Landes (BIP, Inflationsrate, Einkommens- und Kaufkraftentwicklung der Bevölkerung etc.) ist überdurchschnittlich.
- **Rechtssystem**
  Das Land hat ein funktionierendes Rechtssystem (Gesellschafts-, Arbeits-, Vertragsrecht, ...).
- **Politisches System**
  Das Land hat eine stabile, demokratisch gewählte Regierung.

Unternehmensinterne Faktoren

- **Kosteneffekte**
  Mit höheren Produktionszahlen sinken die fixen Kosten/Stück; zusätzlich sinken die Vertriebskosten durch eine Produktion vor Ort.
- **Zeitvorteile**
  Ohne große räumliche Entfernung zwischen Herstellungs- und Absatzort fallen die Nachteile der räumlichen und zeitlichen Überbrückung dieser Distanzen weg. (Produktion bzw. Vertrieb vor Ort)
- **Kontrollierbarkeit**
  Die Möglichkeit der Einflussnahme auf die Preis-, Distributions-, Kommunikationspolitik der eigenen Produkte in diesem Land ist größer.

Faktoren, die einen Markteintritt behindern (Markteintrittsbarrieren)

Tarifäre Barrieren
- Hohe Zolltarife
- Hohe Steuer- und Abgabequoten

Nichttarifäre Barrieren
- Importquoten
- Mindest-/Höchstpreise
- Normen und Standards
- Local Contents

Marktseitige Barrieren
- Sprache
- Distributionssysteme
- Administrative Hemmnisse

Politische und rechtliche Barrieren
- Verbot der Unternehmensgründung
- Risiko der Enteignung
- Mangelhaftes Rechts- und Steuersystem
- Devisenkontrollen

1.2.2 Formen des Markteintritts

Ist die Entscheidung für einen Markteintritt gefallen, stellt sich die Frage, in welcher Form der Markteintritt in diesen Markt möglich, sinnvoll und Erfolg versprechend ist. Einen Überblick über die verschiedenen Möglichkeiten des Markteintritts gibt folgende tabellarische Übersicht:

Markteintritt ohne Kapitaleinsatz im Ausland	**Markteinsatz mit Kapitaleinsatz im Ausland**
→ Indirekter Export	→ Joint Venture
→ Direkter Export	→ Tochtergesellschaft im Ausland mit Produktionsstätte
→ Lizenzvergabe	→ Vertriebsgesellschaft im Ausland
→ Markteintritt mithilfe des Internets	
→ Strategische Allianz ohne Kapitaleinsatz	→ Strategische Allianz mit Kapitaleinsatz

Indirekter Export

Beim indirekten Export verkauft der inländische Hersteller/Händler ein Produkt an ein inländisches Absatzorgan, das dieses Produkt ins Ausland verkauft. Für den inländischen Hersteller/Händler ist dieses Geschäft ein Inlandsverkauf (vgl. Lernfeld 1, Kapitel 1.6.5).

Beispiele:
- → Inländischer Exporthändler
- → Filiale des ausländischen Unternehmens im Inland
- → Exportkommissionär

Nachteil: Es fehlt der direkte Kontakt zum ausländischen Absatzmarkt.
Vorteil: Der Exporteur übernimmt sämtliche Kosten, Funktionen und Risiken.

Direkter Export

Verkauf direkt an den ausländischen Abnehmer:
Der Exporteur übernimmt oder organisiert sämtliche Funktionen, bis die Ware beim ausländischen Kunden ist (u. a. Vertragsgestaltung, Logistik, Dokumente erstellen – vgl. Lernfeld 1, Kapitel 1.6.4).
Dies erfordert eine gute Kenntnis des ausländischen Marktes, insbesondere der Sprache, der Mentalität, der Rechtsverhältnisse, der Verkehrs- und Infrastruktur. Dafür besteht ein unmittelbarer Kontakt mit dem ausländischen Kunden (Kenntnis der aktuellen Bedürfnisse, Erfahrungsaustausch, Möglichkeit für Kundenservice und Werbung).

Lizenzvergabe

Die Rechte an Produkten oder Dienstleistungen werden einem ausländischen Unternehmen zeitlich befristet und gegen Entgelt zur Verfügung gestellt.

Beispiele:
- → Produktionslizenz = Recht, die Produkte vollständig oder in Teilen herzustellen. Weitergabe von technischen Know-how ist notwendig.
- → Vertriebslizenz = Recht, den Absatz der Produkte eigenverantwortlich zu übernehmen; i. d. R. mit technischer Beratung und Kundendienst.
- → Markenlizenz = Recht, die eingetragene Marke eines anderen Unternehmens zu benutzen. Eine Übertragung der Marke auf andere Produkte ist möglich.

Sonderform: Franchising

Gegen Bezahlung einer Franchisinggebühr stellt der nationale Franchisegeber seinem ausländischen Franchisenehmer eine Lizenz zur selbstständigen Nutzung bestimmter Rechte an Produkten oder Dienstleistungen zur Verfügung.

- → **Merkmale des Franchisings:**
  1. vertikale Kooperation zwischen Franchise-Geber und Franchisenehmer;
  2. die Franchisenehmer bleiben rechtlich selbstständig; sie handeln in eigenem Namen und auf eigene Rechnung;
  3. der Franchisenehmer erhält vertraglich das Recht, das Produkt des Franchisegebers zu vertreiben.
- → **Leistungen des Franchisegebers:** Zum typischen Angebot des Franchisegebers gehören betriebswirtschaftliche Beratung (Standortberatung, Rentabilitätsberechnungen, Sortimentsfestlegung), die Erlaubnis, die Marke oder andere Schutzrechte zu nutzen, und die Weitergabe des systemspezifischen Know-hows durch Aus- und Fortbildung, Werbung, Verkaufsförderung und Public Relations, Betriebsplanung, Betriebseinrichtung, zentraler Einkauf, Gewährung eines Gebietsschutzes, Erfolgskontrolle und Betriebsvergleiche.
- → **Leistungen des Franchisenehmers:** Zum „Leistungsangebot" des Franchise-Nehmers gehören eine einmalige Einstandsgebühr, laufende Gebühren für die Systemnutzung, eine Bezugsverpflichtung für bestimmte Waren, die Duldung von Kontrollen und die Akzeptanz der Weisungsbefugnis des Franchisegebers, die

Verpflichtung zu einer festgelegten Geschäftsausstattung, die Teilnahme an Schulungs- und Trainingskursen und das Verbot, Geschäftsgeheimnisse weiterzugeben.

→ **Franchisesysteme in der Praxis:**
1. Herstellerbereich: Coca-Cola, Pepsi-Cola, Sinalco;
2. Handelsbereich: Nordsee, Salamander, Edeka;
3. Dienstleistungsbereich: Holiday-Inn, Hilton, McDonald's.

Beurteilung des Franchising

Vorteile

- Durch einheitliches Auftreten sehr werbewirksames Absatzkonzept
- Stärkung der kleinen Unternehmen durch die vertikale Bindung
- Starke Kosteneinsparungseffekte durch die vielfältigen Leistungen des Franchisegebers
- Hohes Umsatzpotenzial bei gut eingeführtem Franchisekonzept (z. B. McDonald's)

Nachteile

- Immer gleich bleibendes und uniformes Angebot birgt die Gefahr der Langeweile für den Verbraucher
- Beim Franchising wird i. d. R. der Großhandel ausgeschaltet
- Starke Abhängigkeit des Franchisenehmers vom Franchisegeber

Markteintritt mithilfe des Internets

Im weltweiten Netz werden Informationen, Dienstleistungen oder Produkte angeboten. Der Markteintritt mittels Internet ist ein virtueller, weltweiter Markteintritt, bei dem man jeden Kunden mit Internetanschluss erreichen kann. Der Vertrieb der Produkte muss allerdings noch organisiert werden.

Joint Venture

Kapitalmäßige Beteiligung von mehreren in- und ausländischen Unternehmen an einem neu zu gründenden Unternehmen (vgl. Lernfeld 1, Kapitel 1.6.9).

Tochtergesellschaften im Ausland

Das inländische Unternehmen gründet ein neues Unternehmen bzw. übernimmt die Kapitalmehrheit an einem bereits bestehenden Unternehmen im Ausland. Die intensivste Form ist eine genaue Abbildung der inländischen Zentrale hinsichtlich aller Unternehmensfunktionen.

Beispiele: Ford Deutschland, Opel – Tochter von GM

Der Grad der Selbstständigkeit der Auslandstöchter richtet sich nach folgenden Kriterien:
1. Umfang des Leistungsprogramms
2. Umfang der Kompetenzen des Vorstands

3. Art der Steuerung der ausländischen Tochter (Gewinnvorgaben, Investitionsbudgets etc.)
   Ausländische Tochterunternehmen stellen die intensivste Form der Internationalisierung eines Unternehmens dar; mit der größten Chance zur Unternehmensexpansion, aber auch dem größten Risiko einer Pleite.

Strategische Allianzen

Merkmale:

→ Rechtlich selbstständige Unternehmen, die wirtschaftlich miteinander kooperieren.

→ Im Rahmen der Unternehmenskooperation werden bestimmte Leistungen ausgetauscht.

→ Im Mittelpunkt steht der gemeinsame Wettbewerbsvorteil gegenüber anderen Unternehmen.
   Beispiel: Luftfahrtgesellschaften verschiedener Länder (z. B. Star Alliance mit der deutschen Lufthansa).

Unterscheidungskriterien bei den einzelnen Formen des Markteintritts:

1. Höhe des Kapitaleinsatzes im Ausland.
2. Umfang des Kontrollmöglichkeiten durch das inländische Unternehmen.
3. Werden Kooperationen mit ausländischen Unternehmen eingegangen?
4. Werden persönliche und /oder sachliche Ressourcen verstärkt aus dem Inland oder verstärkt aus dem Ausland eingesetzt? (Institutionelle Ansiedlung der Auslandsaktivitäten)

Aufgabe 1

Kennzeichnen Sie die folgenden Markteintrittsformen mithilfe der vier genannten Kriterien. Beschreiben Sie die Ausprägung der Kriterien Kapitaleinsatz, Kontrolle und Kooperationsabhängigkeit mit den Begriffen „sehr gering, gering, mittel, hoch, sehr hoch" und die instutionelle Ansiedlung des Unternehmens mit „Inland" bzw. „Ausland".

Unterscheidungskriterien / **Formen des Markteintritts**	**Kapitaleinsatz**	**Kontrolle**	**Kooperationsabhängigkeit**	**Institutionelle Ansiedlung**
Direkter Export				
Indirekter Export				
Vertriebsniederlassung				
Lizenzierung				
Ausländische Tochter mit allen Funktionen				
Joint Venture				

Aufgabe 2

Die Firma Gardena AG ist ein großes, weltweit agierendes Unternehmen, das im Produktbereich Gartengeräte tätig ist. Bestimmte Länder gehören aufgrund unterschiedlicher Markteintrittsbarrieren (politische Verhältnisse, mangelnde Infrastruktur, fehlendes Marktpotenzial etc.) bisher nicht zu den Absatzmärkten der Gardena AG. Im Rahmen der immer stärkeren Globalisierung der Absatz- und Beschaffungsmärkte möchte die Gardena AG den Eintritt in neue Ländermärkte wagen. Im Visier der Marketingabteilung sind u. a. die im Folgenden beschriebenen Länder.

Ländersteckbriefe

Kanada

Daten zur Landesstruktur:

Fläche: 9984670 Quadratkilometer

Bevölkerung: ca. 33 Mio. Einwohner kanadischer, britischer, französischer und anderer Abstammung; die Lebenserwartung der Bevölkerung liegt bei ca. 79 Jahren, das jährliche Bevölkerungswachstum bei ca. 1 %.

Sprachen: Für 60 % der Bevölkerung ist die Muttersprache Englisch, für 23 % Französisch, daneben wird noch Italienisch, Deutsch, Ukrainisch, Portugiesisch etc. gesprochen.

Analphabetenrate: unter 5 %
Religion: Die größte Kirchengemeinschaft bilden die Katholiken neben einer Vielzahl anderer Religionsgemeinschaften.
Städtische Bevölkerung: Ca. 79 % der Bevölkerung leben in den großen Städten (z. B. Toronto, Montreal, Vancouver, Otawa, Edmonton, Calgary, Quebec).
Daten zur Politik:
Seit 1931 gibt es in Kanada eine parlamentarische Demokratie; das Parlament ist das Unterhaus mit maximal 301 gewählten Mitgliedern, davon sind 75 Mitglieder der größten Provinz, dem französischsprachigen Quebec, vorbehalten; Wahlrecht ab 18 Jahren. Wahlen finden alle 5 Jahre statt.
Verwaltung: 10 Provinzen und 3 Territorien unter Bundesverwaltung, in der größten Provinz Quebec ist die Amtssprache Französisch, in allen anderen Provinzen und Territorien Englisch.
Staatsoberhaupt ist der jeweilige englische König bzw. die Königin vertreten durch den Generalgouverneur.
Die Regierung und der Regierungschef werden vom Parlament auf 5 Jahre gewählt.
Daten zur Wirtschaft:
Währung: CAD = ca. 0,95 USD
Bruttoinlandsprodukt: ca. 1,6 Bio. USD, Zuwachs: ca. 2,0 %.
Erwerbstätigkeit: Landwirtschaft ca. 3 %; Industrie ca. 22 %; Dienstleistungen ca. 72 %, der Rest ist z. B. im öffentlichen Dienst etc. beschäftigt.
Arbeitslosigkeit: ca. 6 %.
Inflationsrate: 2 %.
Außenhandelsquote: ca. 30 %; Importgüter: Fahrzeuge (20 %), Maschinen (30 %), Produktionsgüter (20 %), Konsumgüter (10 %), landwirtschaftliche Produkte (6 %) etc.; Exportgüter: Maschinen/Ausrüstungen (25 %), Fahrzeuge (22 %), Produktionsgüter (20 %), land- und forstwirtschaftliche Erzeugnisse (20 %) etc.
Tourismus: Der Tourismus ist eine wichtige Einnahmequelle in Kanada.
Rechtssystem: Es gibt ein funktionierendes Rechtssystem, dies gilt auch für das Wirtschaftsrecht. Allerdings ist das Rechtssystem an das amerikanische Fallrechtssystem angelehnt. Dies hat bei Vertragsverstößen möglicherweise erhebliche Schadensersatzansprüche der Klägers zur Folge.

Ägypten

Daten zur Landesstruktur:
Fläche: 1002000 Quadratkilometer
Bevölkerung: ca. 81 Mio. Einwohner ägyptischer, sudanesischer, syrischer und anderer Abstammung; die Lebenserwartung liegt bei 71 Jahren; das jährliche Bevölkerungswachstum bei ca. 1,7 %.
Sprachen: Die Handelssprachen sind Englisch und Französisch; die Umgangssprachen sind Arabisch (Ägyptisch, Sudanesisch), verschiedene nubische und Berbersprachen.
Analphabetenrate: 42 %
Religion: 94 % Muslime, der Rest sind Kopten, Orthodoxe, Katholiken, Protestanten.
Städtische Bevölkerung: ca. 45 % mit steigender Tendenz; große Städte: Kairo, Alexandria, Gise (Millionenstädte)

Daten zur Politik:
Seit 1953 ist Ägypten eine Präsidialrepublik; das Parlament hat 454 gewählte Mitglieder; die Wahlen finden alle 5 Jahre statt; Wahlpflicht ab 18 Jahre.
Verwaltung: 26 Provinzen
Staatsoberhaupt: Das Staatsoberhaupt wird alle 6 Jahre in einer Direktwahl vom Volk gewählt.
Die Regierung und der Regierungschef werden vom Parlament auf 5 Jahre gewählt.
Daten zur Wirtschaft:
Währung: 1 Ägypt. Pfund; 1 Ägypt. Pfund = 0,12 Euro
Bruttoinlandsprodukt: ca. 440 Mrd. USD, Zuwachs: ca. 6,8 %.
Erwerbstätigkeit: Landwirtschaft: 15 %, Industrie 40 %, Dienstleistungsgewerbe 45 %.
Arbeitslosigkeit: ca. 10,3 % (ein größerer Anteil an Unterbeschäftigung wird vermutet)
Bevölkerung unter der Armutsgrenze: 20 %
Inflationsrate: über 6,5 %
Außenhandelsquote: ca. 10 %; Importgüter: Maschinen, Fahrzeuge (22 %); Nahrungsmittel (25 %), Erdölprodukte (10 %); Exportgüter: Erdöl/-produkte (über 50 %), Textilien/Garn (über 10 %), Agrarprodukte (6 %).
Der Import übersteigt den Export ca. um das 1,5-Fache.
Tourismus: Der Tourismus ist eine extrem wichtige Einnahmequelle; die Einnahmen aus dem Tourismus entsprechen in ihrer Höhe in etwa den gesamten Einnahmen aus dem Export.
Rechtssystem: Insbesondere das Wirtschaftsrecht ist völlig unterentwickelt; es dominiert das Strafrecht, zur Beurteilung von Kaufvertragsstörungen sind kaum ausgebildete Juristen vorhanden. Bis Wirtschaftsprozesse zur Verhandlung kommen, vergehen im Schnitt mehrere Jahre.

Ecuador

Daten zur Landesstruktur:
Fläche: 283560 Quadratkilometer
Bevölkerung: ca. 14 Mio. Einwohner, davon 35 % Mestizen, 25 % Weiße, 20 % Indianer, 15 % Mulatten, 5 % Schwarze; die Lebenserwartung der Bevölkerung liegt bei 70 Jahren; das jährliche Bevölkerungswachstum bei ca. 0,9 %.
Sprachen: Die Amtssprache ist Spanisch, auch ein Großteil der städtischen Bevölkerung spricht Spanisch, auf dem Land sind indianische Sprachen allerdings noch sehr verbreitet.
Religion: über 90 % Katholiken, Minderheiten von Protestanten, Juden und indianischen Naturreligionen.
Analphabetenrate: liegt bei ca. 10 %
Städtische Bevölkerung: Ca. 60 % der Bevölkerung leben in großen Städten (Guayaquil und Quito sind Millionenstädte).
Daten zur Politik:
Seit 1978 gibt es eine Präsidialrepublik; das Parlament hat 100 gewählte Mitglieder, Wahlpflicht ab dem 18. Lebensjahr; gewählt wird alle 4 Jahre.

Verwaltung: 21 Provinzen einschließlich der Galapagos-Inseln
Der vom Parlament gewählte Regierungschef ist gleichzeitig Staatsoberhaupt des Landes Ecuador.

Daten zur Wirtschaft:
Währung: USD.
Bruttoinlandsprodukt: über 100 Mrd. USD; Zuwachs: ca. 1,8 %.
Erwerbstätigkeit: Landwirtschaft ca. 10 %, Industrie ca. 35 %, Dienstleistung 54 %,
Arbeitslosigkeit: offiziell unter 10 % (ca. 40 % Unterbeschäftigung)
Bevölkerung unter der Armutsgrenze: 38,3 %
Inflationsrate: ca. 2,2 %
Außenhandelsquote: ca. 30 %; Importgüter: Rohstoffe (40 %), Maschinen und Industrieausrüstungen (30 %), Konsumgüter (20 %); Exportgüter: ca. 80 % Primärprodukte (Bananen, Garnelen, Rohöl)
Tourismus: Aufgrund der Unterentwicklung des Landes in vielen Bereichen bringt der Tourismus noch nicht die erhofft hohen Einnahmen, obwohl Ecuador ein enormes Potenzial an touristischen Attraktionen hat.
Rechtssystem: Vergleichbar mit Ägypten ist das Rechtssystem, insbesondere das Vertragsrecht, völlig unterentwickelt.

a. Führen Sie eine Länderanalyse dieser Staaten durch.
b. Entscheiden Sie begründet, ob das Unternehmen in diesen Ländern den Markteintritt wagen sollte.
c. Sollten Sie sich für einen Markteintritt entscheiden, geben Sie an, in welcher Form dieser Markteintritt erfolgen sollte.
d. Welche Möglichkeiten hat das Unternehmen, um Informationen über die Neigung der Konsumenten zur Gartenarbeit und ihre Bedürfnisse in diesem Marktsegment zu erhalten?

1.3 Internationale Produktpolitik

Aufgabe der Produktpolitik ist die marktgerechte Konzeption von Produkten; d. h., Produkte müssen so konzipiert werden, dass sie den aktuellen Erfordernissen des Marktes entsprechen. Ohne eine marktgerechte Produktpolitik sind alle anderen Marketinginstrumente wirkungslos, denn auch eine kreative Werbung oder ein günstiger Preis können einen Kunden nicht dazu bringen, ein Produkt zu kaufen, dass nicht seinen Erfordernissen entspricht. Die Produkt- und die in Verbindung mit dem Produkt stehende Markenpolitik sind die zentralen Instrumente des Marketings, auf die sich alle anderen Marketinginstrumente beziehen.

Ausgangspunkt der Überlegungen zur Produktpolitik ist die Frage, welche relevanten Eigenschaften ein Produkt haben muss, um sich am Markt zu behaupten. Sind diese Eigenschaften für den nationalen Markt ermittelt, wird anschließend überprüft, ob diese Eigenschaften auch internationalen Ansprüchen genügen. Geht man einmal davon aus, dass die **Grundfunktion** eines Produktes feststeht (beispielsweise muss ein Auto fahren, ein Messer schneiden), gilt es für das Unternehmen, die weiteren Funktionen zu ermitteln, welche ein Produkt haben muss, um sich auf internationalen Märkten durchzusetzen.

Weitere Eigenschaften eines Produkts

Technische/funktionale Eigenschaften

- Materialien
- Konstruktion
- Haltbarkeit
- Leistungsfähigkeit
  Beispiel: Sind länderspezifische Normen, Abgasvorschriften, Stromspannungen etc. im Ausland berücksichtigt worden?

Ästhetische Eigenschaften

- Design
- Farbe
  Beispiel: Entsprechen die Güter im Design dem Geschmack amerikanischer Käufer?

Zusatzleistungen

Inwieweit sind bei diesem Produkt Beratung, Montage, Reparaturen, Mitarbeiterschulung notwendig und auf internationalen Ländermärkten überhaupt zu gewährleisten?

Symbolische Eigenschaften

- Markenname
  Beispiel: Verfügt die Marke über weltweite Bekanntheit?

1.3.1 Produktpolitische Entscheidungen

Nachdem die Funktionen des Produkts, die einen internationalen Einsatz ermöglichen, festgelegt wurden, werden in der Folge die produktpolitischen Entscheidungen getroffen. Dabei geht es zunächst um die Einführung des Produkts auf dem Markt, die Produktinnovation. Nach der Markteinführung ergibt sich, möglicherweise Jahre später, die Notwendigkeit der Produktvariation, d. h. der Veränderung der Produkteigenschaften auf der Grundlage geänderter Marktbedingungen. Ist ein Produkt auf dem Markt nicht erfolgreich oder ist es am Ende seines Lebenszyklus angelangt, muss über eine Elimination des Produkts nachgedacht werden.

Produktinnovation auf internationalen Märkten

Von einer Produktinnovation spricht man, wenn es sich um ein völlig neues Produkt handelt oder wenn das Produkt mindestens eine wesentliche technische Neuerung gegenüber einem bereits auf dem Markt befindlichen Produkt besitzt.

Eine Produktinnovation, insbesondere eine internationale Produktinnovation, ist ein zentrales Ereignis für ein Unternehmen. Ist nämlich diese Produktneueinführung ein Erfolg für das Unternehmen, sind Wachstum und Ertrag des Unternehmens gesichert. Im Falle eines Misserfolgs kann das Überleben einer Unternehmung bedroht sein. Trotz dieses Misserfolgsrisikos muss ein Unternehmen Produktinnovationen durchführen, da Umsatzzuwächse auf dem Markt im Prinzip nur mit neuen Produkten erreicht werden können. Zusätzlich lässt sich empirisch der Zusammenhang zwischen der Innovationstätigkeit eines Unternehmens und dessen Börsenwert belegen.

Kommt ein Produkt neu auf den internationalen Markt, stellt sich die Frage, ob dieses Produkt komplett neu konzipiert wurde oder ob es schon in irgendeiner Form auf dem nationalen Markt eingeführt war. Für die Einführung von Produkten auf internationalen Märkten gibt es folgende Möglichkeiten:

1. Für den internationalen Markt wird ein völlig neues Produkt geschaffen.
2. Ein bereits auf dem nationalen Markt eingeführtes Produkt wird für den internationalen Markt verändert.
3. Ein bereits auf dem internationalen Markt angebotenes Produkt wird verändert.

In der Praxis ist der Regelfall die Variante 2, da das Unternehmen bereits auf Marketingerfahrungen aus dem Inland zurückgreifen kann.
Wird ein Produkt auf dem internationalen Markt neu eingeführt, gibt es zwei Möglichkeiten der Produkteinführung:

Mögliche Vorgehensweisen bei der Produktinnovation im Ausland

Sprinklerstrategie	**Wasserfallstrategie**
Gleichzeitige Einführung der Neuprodukte auf allen Auslandsmärkten. Diese Strategie bedeutet ein höheres Risiko. Voraussetzungen: • hohe Produktionskapazität • ausreichende Auslandserfahrung • niedrige Markteintrittskosten	Zeitlich gestaffelte Neuprodukteinführung auf den Auslandsmärkten. Diese Strategie bedeutet ein geringeres Risiko. Voraussetzungen: • geringe Produktionskapazität • geringe Auslandserfahrung • begrenzte finanzielle Ressourcen

Produktvariation auf internationalen Märkten

Unter einer internationalen Produktvariation versteht man die Veränderung von Produkten, die bereits auf internationalen Märkten eingeführt sind. Erhalten bleibt bei der Produktvariation auf jeden Fall die Grundfunktion des Produkts, es werden lediglich ästhetische, physikalische oder funktionale Eigenschaften verändert, aber es werden keine wesentlichen technischen Neuerungen eingeführt. Bei allen Formen der Produktvariation bleibt das Produktprogramm (Produktbreite) unverändert.

Eine **Ursache der Produktvariation** kann sein, dass bei Produkten mit längerem Lebenszyklus das Produkt den neueren Entwicklungen der Technik oder veränderten Ansprüchen an das Design angepasst werden muss, damit es gegenüber Konkurrenzprodukten noch wettbewerbsfähig ist. Eine andere Ursache liegt in der zunehmenden Individualisierung der Konsumentenbedürfnisse, die die Unternehmen zwingt, immer mehr Varianten eines Produkts auf den Markt zu bringen.

Ziele einer Produktvariation sind in erster Linie:

1. Anpassung der Produkte an die aktuellen Wünsche der Verbraucher
2. Wachstum von Umsatz und Gewinn
3. Bessere Kapazitätsauslastung beispielsweise durch die Erhöhung der Produktvielfalt

4. Begründung für eine Preisdifferenzierung, da auf verschiedenen Ländermärkten verschiedene Ausprägungen von Produkten auf dem Markt sind

Arten der Produktvariation

Produkt-Relaunch bzw. -modifikation	Produktpflege
Umfassende Veränderung bestimmter Produkteigenschaften. Relaunchs werden in der Regel bei Markenprodukten eingesetzt, die seit vielen Jahren/Jahrzehnten auf dem Markt sind und bei denen die Umsatz- und Gewinnentwicklung stagniert bzw. zurückgeht. **Beispiel:** Persil hat seit seiner Einführung im Jahr 1907 zahlreiche Relaunchs erfahren (phosphatfrei, Konzentrat, Megaperls etc). Maßnahmen der Produktmodifikation können die Lebensdauer eines Produkts verlängern und eine Produktelimination hinausschieben oder ganz verhindern.	Unter Produktpflege versteht man die laufende Verbesserung auf dem Markt eingeführter Produkte während ihres normalen Produktlebenszyklusses. Bei der Produktpflege handelt es sich um kleinere Veränderungen, wie beispielsweise die Korrektur von Konstruktionsfehlern oder die Anpassung von Design, Technik, ... an die aktuellen Erfordernisse. **Beispiel:** Während des Produktlebenszyklus eines Pkw wird i. d. R. zumindest ein „Facelifting" vorgenommen und u. U. aufgetretene Konstruktionsfehler werden beseitigt.

Produkteliminierung auf internationalen Märkten

Darunter versteht man, dass ein Unternehmen Produkte, die auf internationalen Märkten eingeführt sind, aus dem Produktprogramm nimmt. Eine Produktelimination führt deshalb immer zu einem schmäleren oder flacheren Produktprogramm.

Hauptursache für eine Produktelimination ist, dass ein Produkt am Ende seines Lebenszyklus angelangt ist. Kriterien dafür sind u.a. technische Veralterung, sinkende Umsätze, zurückgehende Marktanteile, nicht mehr zeitgemäßes Design und möglicherweise Verluste beim Verkauf dieser Produkte. Eine weitere Ursache könnte darin zu suchen sein, dass das Produkt einfach nicht den Verbraucherwünschen genügt und deshalb schon vor dem Ende seines Lebenszyklus vom Markt genommen werden muss.

Voraussetzung für das sinnvolle Einsetzen dieses Instruments der Produktpolitik ist eine ständige Kontrolle der oben genannten Kriterien durch die Marketingabteilung.

Entscheidungskriterien für die Aussonderung von Produkten

Quantitative Kriterien	Qualitative Kriterien
• Sinkender Umsatz • Sinkender Marktanteil • Geringerer Umsatzanteil • Sinkender Deckungsbeitrag • Sinkende Rentabilität • Ungünstige Kosten-/Umsatz-Relation	• Änderungen von gesetzlichen Vorschriften • Einführung von Konkurrenzprodukten • Negativer Einfluss auf das Image • Änderung der Bedarfsstruktur

Weitere Entscheidungskriterien im internationalen Produktmarketing

- → Local-Content-Mindestanteile, die ein Land bei der Einführung des Produkts verlangt
- → Umweltvorschriften eines Landes
- → Produkt- und Produzentenhaftungsregelungen in bestimmten Ländern

1.3.2 Standardisierung der internationalen Produktpolitik

Unter der Standardisierung von Produkten versteht man, dass in verschiedenen Ländern identische Produkte angeboten werden. Die Möglichkeit der Standardisierung hängt dabei in starkem Maß von der Art des Produkts ab. Bei Investitionsgütern (Maschinen, Industriefahrzeuge wie Gabelstapler, Lkw etc.) ist oft ein hohes Maß an Standardisierung möglich. Aber selbst bei dieser Art von Gütern müssen beim Export in fremde Länder am Standardprodukt oft Änderungen vorgenommen werden. Das Maß der möglichen Standardisierung ist bei langlebigen Konsumgütern (Kühlschrank, Fernseher etc.) ebenfalls sehr hoch, bei kurzlebigen Konsumgütern (Kleidung, Nahrung etc.) und Dienstleistungen oft weniger stark ausgeprägt.

Das höchste Maß an Standardisierung erreicht man bei Sportartikeln (Schuhe, Sportgeräte, Kleidung), bei Lifestyle-Produkten (Jeans etc.), bei sogenannten kulturunabhängigen Gütern (Flugzeuge, Uhren etc.) und hochwertigen Markenprodukten (Parfums, Designerkleidung etc.).

Im Einzelnen bieten sich folgende Möglichkeiten an, bestimmte Einzelheiten von Produkten zu standardisieren:

Möglichkeiten der Standardisierung von Produkten

Ästhetische Eigenschaften	Physikalische Eigenschaften	Funktionale Eigenschaften	Symbolische Eigenschaften
Bsp.: Bekleidung • Form • Farbe	**Bsp.:** Lebensmittel • Haltbarkeit • Geschmack	**Bsp.:** Autos • Benzinverbrauch • Sicherheit	**Bsp.:** Lebensmittel • Markenname • Verpackung
↓	↓	↓	↓
Grenzen			
• Unterschiedliche Maß-, Gewichts- und Normensysteme • Unterschiedliche Gewohnheiten • Unterschiedliche Körpergrößen	• Vorschriften über Alkohol- und Nikotingehalt • Präferenzunterschiede der Konsumenten	• Umweltschutz- und Sicherheitsvorschriften • Nationale Stromstärken	• Verständlichkeit des Markennamens (linguistisches Problem)

1.4 Internationale Markenpolitik und Markenrecht

Marken sind Zeichen, Formen, Begriffe etc., die dazu dienen, bestimmte Waren, Dienstleistungen oder Unternehmen von gleichartigen Waren, Dienstleistungen oder Unternehmen zu unterscheiden. Hat ein Produkt eine Marke, wird das Produkt individualisiert und vom Kunden überall auf der Welt als Marke identifiziert. Die Markierung von Produkten wird damit zum wichtigsten Mittel der Produktidentifikation national und international. Ist die Marke z. B. aufgrund ihres hohen Qualitätsanspruchs sehr bekannt, entsteht **Markentreue**. Markentreue bedeutet, dass Kunden immer wieder dasselbe Produkt kaufen. Je größer die Markentreue, desto größer der Geschäftserfolg des Unternehmens.

Zusätzlich ist mit dem Besitz bestimmter Markenprodukte für viele Käufer ein Image- bzw. **Prestigegewinn** verbunden. Vor allem beim Kauf von Konsumprodukten, wie beispielsweise Kleidung, Autos, Möbeln, Sportartikeln etc., wird sehr stark auf die Marke geachtet. Die Markierung von Produkten schafft damit **Präferenzen**. Folglich hat der Markenartikelhersteller bei seiner **Preispolitik** auch weitaus größere **Handlungsspielräume**. Absatzerfolge sind nicht zuletzt auch die Folge eines bekannten Markennamens.

Grundlagen einer internationalen Markierung sind u. a.:
1. ein einheitlicher Markenname
2. ein identisches Markenzeichen
3. ein einheitliches Design
4. eine einheitliche Verpackung

Neben den bereits beschriebenen Vorteilen bietet die internationale Marke für den Eintritt in neue Ländermärkte den Vorteil, dass mit dem Image der Marke der Markteintritt weitaus einfacher und kostengünstiger möglich ist und darüber hinaus auch der Erwerb von adäquaten Mitarbeitern einfacher ist.

Grundformen des internationalen Markenauftritts

Global Brands	**Lokale Marken**
Einheitlicher, länderübergreifender Markenauftritt bezüglich Qualität, Verpackung, Preis-, Kommunikations-, Distributionspolitik **Beispiel:** Coca-Cola, Microsoft, Sony	Der Markenauftritt beschränkt sich auf ein Land bzw. die angrenzenden Länder **Beispiel:** Hipp, Ritter Sport

Neben der Entscheidung für einen globalen oder lokalen Markenauftritt ist für ein Unternehmen, das mehrere Produkte im Produktprogramm führt, eine Entscheidung darüber notwendig, ob alle Produkte unter einer Marke geführt werden oder ob für jedes Produkt ein eigener Markenauftritt angestrebt werden soll. Diese Überlegungen bilden zusammen mit dem Konzept des Markenauftritts die Markenstrategie eines Unternehmens.

Markenstrategie im internationalen Marketing

Einzelmarkenstrategie

= Jedes Produkt eines Produktbereiches wird als eigene Marke geführt. Diese Marke spricht aber nur ein bestimmtes Marktsegment bzw. eine bestimmte Kundengruppe an. Der Name des Unternehmens bleibt im Hintergrund.

Beispiele: Verlag Gruner & Jahr Marken:
- Geo
- Capital
- Stern
- Schöner Wohnen

Mehrmarkenstrategie

= In einem Produktbereich gibt es mindestens zwei Marken, die parallel geführt werden. Der Name des Unternehmens ist ebenfalls eine bekannte Marke.

Beispiele:
- VW (VW, Skoda, Seat, Porsche, Audi, Lamborghini ...)
- Philipp Morris (Marlboro, Benson & Hedges, Merit etc.)

Markenfamilienstrategie

= Mehrere Produkte aus einem Produktbereich werden unter einer Marke geführt. Der Name des Unternehmens bleibt im Hintergrund.

Beispiele:
- Nivea (Creme, Milch, Shampoo, Duschgel, After Shave Lotion)
- Tesa (tesa Klebeband, tesa Dichtungsband, tesa Kreppband etc.)

Dachmarkenstrategie

= Sämtliche Produkte eines Unternehmens werden unter einer Marke geführt. Die Dachmarke entspricht in der Regel der Firma des Unternehmens.

Beispiele:
- Sony
- IBM
- Allianz
- Hewlett Packard

Vorteile der **Einzelmarkenstrategie** sind u.a., dass die Zielgruppen ganz präzise angesprochen werden können (Kommunikationspolitik, Distributionspolitik etc.), dass mögliche negative Meldungen über eine Einzelmarke auf eine andere Einzelmarke nicht ausstrahlen und dass Veränderungen beim Marketingkonzept einer anderen Einzelmarke in der gleichen Unternehmung keinen Koordinationsbedarf notwendig machen. Die Nachteile der Einzelmarkenstrategie liegen vor allem im Kostenbereich. Bei der Neueinführung jedes neuen Produkts als Einzelmarke entstehen jeweils hohe Kosten für die Markeneinführung und den Markenaufbau, die z.B. bei einer Dachmarkenstrategie nicht anfallen. Auch die hohen Kommunikationskosten sprechen eindeutig gegen eine Einzelmarkenstrategie, die konsequenterweise in den letzten Jahren bei der Neueinführung von Marken auch kaum mehr Anwendung fand.

Positiv an der **Mehrmarkenstrategie** ist die Tatsache, dass Markenwechsler auf andere Marken des Unternehmens im gleichen Produktbereich und nicht mangels Alternativen zu Produkten der Konkurrenz überwechseln. Daneben bietet die Mehrmarkenstrategie die große Chance, innerhalb eines Produktbereichs verschiedene Marken mit verschiedenen Preis- und Distributionsstrategien zu positionieren. Negativ bei der Verfolgung der Mehrmarkenstrategie ist, dass neue Marken im gleichen Bereich oft nicht immer die gewünschten Umsatzzuwächse bringen und man leichter die finanziellen und personellen Ressourcen auf einzelne starke Marken konzentriert. Ein weiteres Problem stellen „Kannibalisierungseffekte"[1] innerhalb der einzelnen Marken dar.

1 Effekt, der eintritt, wenn man sein eigenes Produkt durch Niedrigpreise mit sich selbst in Konkurrenz setzt.

Für das Konzept einer **Markenfamilienstrategie** spricht, dass sich ein positives Image eines Produkts der Markenfamilie auf ein anderes übertragen lässt, damit dieses neue Produkt eine schnellere Akzeptanz im Handel und bei Kunden erlangt und das Risiko eines „Produktinnovationsflops" geringer wird. Gegen dieses Konzept spricht, dass negative Meldungen über ein Produkt sehr stark auf die anderen Produkte ausstrahlen und der Koordinationsbedarf zwischen den Produkten sehr hoch ist.

Die positiven und negativen Effekte einer **Dachmarkenstrategie** sind im Großen und Ganzen identisch mit denen der Markenfamilienstrategie.

Die weltweit bekanntesten und damit auch wertvollsten Marken sind u. a.:

Marke	Branche	Land
Coca-Cola	Getränke	USA
Microsoft	Software	USA
Sony	Unterhaltungselektronik	Japan
IBM	Computer	USA
General Electric	Diverses	USA
Ford	Autos	USA
Disney	Unterhaltung	USA
Intel	Chips	USA
McDonald's	Gastronomie	USA
Marlboro	Zigaretten	USA
Nokia	Telefone	Finnland
Mercedes-Benz	Autos	Deutschland

Markenrecht – national und international

Erhebliche Probleme bereitet die internationale Produktpiraterie. Darunter versteht man die Nachahmung von Marken ohne Einverständnis des Markenherstellers.

Wer sich einen solchen Markennamen aufgebaut hat und ihn im Geschäftsverkehr nutzt, muss sich deshalb gegen Nachahmung und Missbrauch schützen. Die Marke kann als Kennzeichnung von Waren und Dienstleistungen angemeldet und eingetragen werden. Dafür gibt es drei Möglichkeiten:

1. Die nationale Markenanmeldung beim Deutschen Patentamt in München.
   Folge: Nationaler Schutz der Marke
2. Die Anmeldung einer EU-Gemeinschaftsmarke in Alicante (Spanien).
   Folge: Schutz der Marke in der EU
3. Die internationale Markenanmeldung bei der WIPO (World Intellectual Property Organization) in Genf.
   Folge: Internationaler Schutz der Marke

Internationales Markenrecht am Beispiel der EU-Gemeinschaftsmarke

Mit der Verordnung Nr. 40/94 über die Gemeinschaftsmarke aus dem Jahr 1994 trat in den EU-Ländern neben das nationale Markenrecht ein europäisches Markenrecht, die EU-Gemeinschaftsmarke. Die nationalen Markenrechte bestehen zwar weiter, stimmen aber mittlerweile mit dem EU-Markenrecht in allen wichtigen Punkten überein.

Für Unternehmen ist es damit möglich, durch die Anmeldung einer EU-Gemeinschaftsmarke beim „Harmonisierungsamt für den Binnenmarkt" in Alicante einen Markenschutz zu erhalten, der in allen Mitgliedsländern der EU gleichermaßen gilt. Die Eintragung einer nationalen Marke – etwa beim Patentamt in München – ist aber nach wie vor möglich.

Inhaber einer Marke können natürliche und juristische Personen sowie Körperschaften des öffentlichen Rechts sein. Hinsichtlich des Standortes bzw. der Staatsangehörigkeit des Inhabers genügt es, wenn er seinen Firmensitz in einem Land der EU oder in einem Land hat, das Mitglied der WTO ist.

Der Weg zur Gemeinschaftsmarke

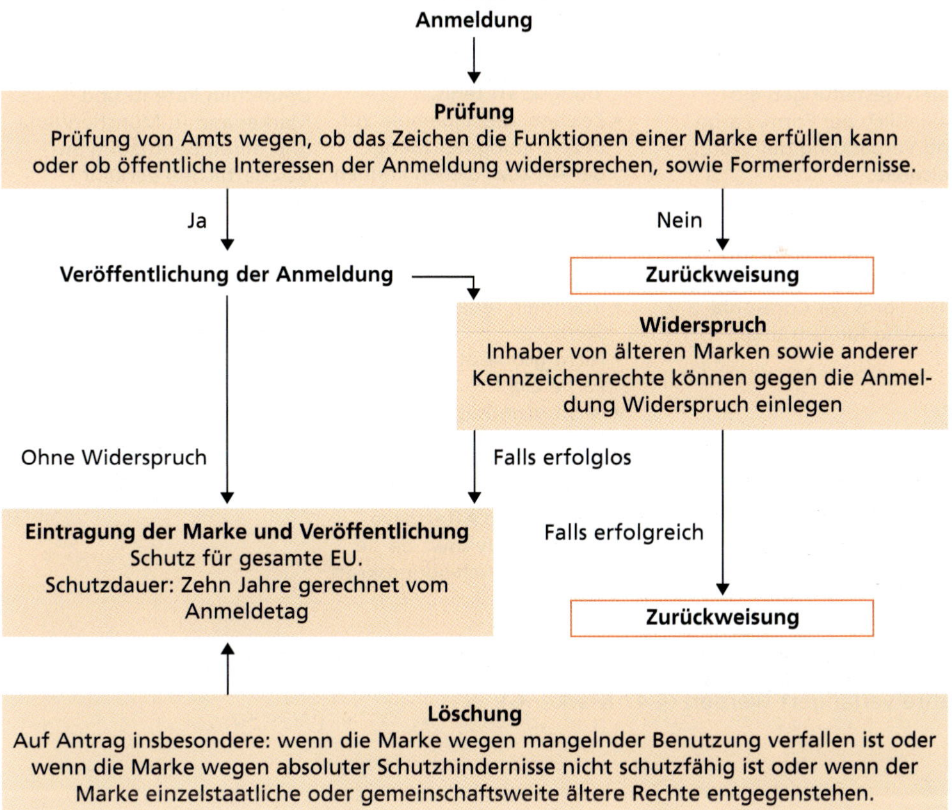

Die auf die EU begrenzte Geltung des EU-Markenrechts („Erschöpfung") hat aber nicht nur Befürworter. Durch die Eintragung einer Marke in der EU und gleichzeitig in den USA kann ein Unternehmen die gleiche Ware in Europa teuer und in den USA billiger anbieten. Die protektionistische Ausrichtung des EU-Markenrechts erlaubt dem Handel in der EU nicht, die billigere Ware aus den USA einzuführen. Er muss die Ware zum teureren EU-Preis einkaufen. Die Erschöpfung des Markenrechts auf die EU erlaubt der Industrie also weltweit, mit zwei Preissystemen zu arbeiten.

Auch der Rechtsausschuss des Europaparlaments spricht sich für die Einführung eines globalen Markenrechts aus. Er ist der Überzeugung, dass dadurch insbesondere bei Bekleidung, Schuhen und Sportartikeln die Preisdifferenzierung nicht mehr so stark wäre. Ein Beispiel für unterschiedliche Preise ist die Levis-Jeans, die in den USA erheblich billiger als in Europa angeboten wird.

Markenschutz
§ 3 Abs. 1, § 8 Abs.1, 2, § 4 MarkenG

Als Marke schutzfähige Zeichen

Alle Namen, Abbildungen, Buchstaben, dreidimensionalen Gestaltungen einschließlich der Form, Farbe und Verpackung der Ware.

Beispiele:
- Der Mercedes-Stern
- Farbe „Lila" für Schokolade
- Der Name „Diesel" für Herrenbekleidung
- Die Form der Coca-Cola-Flasche für Getränke

Absolute Schutzhindernisse

- Waren/Dienstleistungen, denen jede Unterscheidungskraft fehlt.
- Zeichen, die allgemein zur Bezeichnung der Menge, der Art usw. dienen können bzw. die im allgemeinen Sprachgebrauch üblich geworden sind.

Beispiele:
- Irgendein regelmäßiger Stern
- Nicht grundsätzlich die Farbe Lila
- Nicht grundsätzlich der Name Diesel
- Keine regelmäßige Form einer Flasche
- Die Begriffe Aftershave, super, Handy usw., da sie keine Unterscheidungskraft haben

Entstehung des Markenschutzes

Durch die Eintragung eines Zeichens als Marke beim Deutschen Patent- und Markenamt in München/Jena und deren Benutzung im geschäftlichen Verkehr

Folge:
Nationaler Schutz der Marke. Nicht vom deutschen Markenrecht geregelt werden die Eintragung einer EU-Gemeinschaftsmarke in Alicante oder der internationale Markenschutz durch die Eintragung einer Marke bei der WIPO (World Intellectuel Property Organization) in Genf.

Die **Schutzdauer** einer Marke endet nach zehn Jahren und kann um jeweils zehn Jahre verlängert werden (§ 47 MarkenG).

Wenn Marken kollidieren

Der Inhaber einer geschützten Marke hat grundsätzlich das Recht, einem anderen die Verwendung der Marke zu verbieten (§ 14 MarkenG).

Formen

Identische Marken

- Für identische Waren/Dienstleistungen ist die Verwendung eines identischen Zeichens verboten.

Ähnliche Marken

- Für identische Waren/Dienstleistungen ist die Verwendung einer ähnlichen Marke verboten, wenn wegen der Benutzung des Zeichens die Gefahr von Verwechslungen besteht.

Bekannte Marken

- Bekannte Marken sind grundsätzlich davor geschützt, dass jemand ein gleiches oder ähnliches Zeichen benutzt.
  Beispiel: Sony, IBM

Der Markeninhaber kann vom Markenverletzer Unterlassung verlangen. Entsteht dem Markeninhaber ein Schaden, kann er von dem Markenverletzer auch Schadensersatz verlangen und dessen Ware beschlagnahmen oder sogar vernichten lassen (§ 14 Abs. 5, 6 MarkenG).

Musterschutz

Unter **Mustern** versteht man Schutzrechte zur alleinigen gewerblichen Nutzung von Gebrauchsgegenständen, Arbeitsgeräten und Designmustern bzw. -modellen.

Musterschutz

Gebrauchsmuster

- Unter Gebrauchsmuster versteht man ein Schutzrecht zur gewerblichen Nutzung von Arbeitsgeräten und Gebrauchsgegenständen.
- **Voraussetzung** für die Erteilung des Schutzrechts ist die Erfindung von Gegenständen, deren Funktion durch eine neue Gestaltung oder Anordnung verbessert wird.
  Beispiel: ein komplett aus nachwachsenden Rohstoffen hergestellter Autositz
- **Eintragung** in die Gebrauchsmusterrolle beim Deutschen Patentamt in München
- **Schutzdauer:** 3 Jahre (Verlängerung um maximal 5 Jahre)

Geschmacksmuster

- Unter Geschmacksmuster versteht man ein Schutzrecht zur gewerblichen Nutzung von Design, Mustern oder Modellen.
- **Voraussetzung** für die Erteilung des Schutzrechts ist die Erfindung eines Modells oder Musters, das eine neue Form aufweist oder einen neuen Geruch bzw. eine neue Geschmacksnote aufweist.
  Beispiel: Möbeldesign, Parfümgeruch
- **Eintragung** in die Zeichenrolle beim Deutschen Patentamt in München
- **Schutzdauer:** 5 Jahre (Verlängerung um maximal 20 Jahre)

1.5 Kommunikationspolitik im internationalen Marketing

Die Kommunikationspolitik eines Unternehmens beschäftigt sich damit, Informationen an in- und ausländische Märkte weiterzugeben. Zweck der Kommunikationspolitik ist die Steuerung des Konsumentenverhaltens im Sinne einer positiven Beeinflussung hinsichtlich des Unternehmens bzw. Produkts. Mittel der Kommunikationspolitik sind die klassische Werbung, Instrumente der Verkaufsförderung, Public Relations und die vielfältigen Methoden des Direktmarketings.
Am Anfang aller Überlegungen zum internationalen Einsatz der Instrumente der Kommunikationspolitik müssen jedoch die Grundlagen für den Einsatz dieser Instrumente gelegt und Kommunikationsziele definiert wurden.

1.5.1 Kommunikationsziele

Die Kommunikationsziele eines Unternehmens leiten sich aus den übergeordneten Unternehmens- bzw. Marketingzielen ab. Wichtig ist die eindeutige Festlegung von Inhalt, Ausmaß, Zeitbezug und Zielgruppenbezug (Operationalisierung der Ziele).

Unabhängig von der Auswahl und dem Einsatz der einzelnen Kommunikationsinstrumente (Werbung, Public Relations etc.) legt das Unternehmen vorher fest, welche Ziele es mit dem Einsatz dieser Kommunikationsinstrumente erreichen will.

Kommunikationsziele

Ökonomische Ziele

- Gewinnsteigerung
- Umsatzsteigerung
- Steigerung des Marktanteils
- Steigerung des Kommunikationsbudgets
- Steigerung der Kommunikationswirkung (Erfolgskontrolle der Werbung, des Sponsoring, ...)

Psychografische Ziele

- Verbesserung des Firmen-, Marken-, Produktimages
- Profilierung des Produkts oder der Marke gegenüber der Konkurrenz
- Verbesserung der Platzierung von Produkten am POS

Vorgehensweisen zur Erreichung der Kommunikationsziele

→ **Wecken von Emotionen** beim Kunden durch den Einsatz bestimmter Mittel und Methoden der Kommunikation (emotionale Kommunikation auf gesättigten Märkten; Beispiel: Pkw, Bier, Süßwaren, Zigaretten, ...)

→ **Reine Information über das Produkt bzw. das Unternehmen**
(Sachlich, informative Kommunikation auf noch nicht gesättigten Märkten; Beispiele: Altersvorsorgeprodukte, Pharmaprodukte, ...)

Für die Formulierung der Kommunikationsziele auf einem bestimmten ausländischen Markt ist zunächst eine Analyse folgender Faktoren notwendig (als Modellunternehmen dient ein Hersteller von Gartengeräten):

1. Feststellung des aktuellen **Ländermarktvolumens** in dem Marktsegment, in dem das Unternehmen tätig ist.
   Beispiel: Der Gesamtumsatz für „Gartengeräte" im letzten Jahr lag im betreffenden Land bei 240 Mio. EUR.
2. Ermittlung der eigenen Umsatzerlöse und des **Marktanteils** im entsprechenden Land sowie der Marktanteile der Konkurrenten.
   Beispiel: Der EUR Umsatz im letzten Jahr lag bei 60 Mio. EUR; der Marktanteil betrug 25 % der Anteil des Marktführers lag bei 28 %.
3. Prognose des **Marktpotenzials** dieses Ländermarktes; darunter versteht man die Vorhersage der künftigen Entwicklung der Umsatzerlöse dieses Marktes. Die Bestimmung des Marktpotenzials hängt u. a. von der Einkommens- und Kaufkraftentwicklung der Bevölkerung und von dem Grad der Sättigung des Marktes in diesem Bereich ab.
   Beispiel: Im Unterschied zum deutschen Markt, wo schon eine weitgehende Marktsättigung erreicht ist, weist dieser Markt noch ein enormes Umsatzpotenzial auf. Auch die Einkommens- und Kaufkraftentwicklung spricht für eine weitere Erhöhung der zukünftigen Umsätze.

Aus dieser Analyse von Marktvolumen, Marktanteil und Marktpotenzial legt das betreffende Unternehmen folgende Kommunikationsziele für das kommende Jahr fest:

1. Ökonomische Ziele:
Steigerung des Umsatzes von 60 auf 80 Mio. EUR und Erhöhung des Marktanteils von 25 auf 28 %. Gleichzeitig versucht man in diesem Land unbedingt Marktführer zu werden.
2. Psychografische Ziele:
Steigerung der Markenbekanntheit bei der eigentlichen Zielgruppe.

1.5.2 Kommunikationsstrategie

Kommunikationsstrategien sind langfristige Pläne für die Durchführung und Ausrichtung von Kommunikation. Im Rahmen eines langfristigen Kommunikationsplans sind zunächst die **Objekte der Kommunikation** festzulegen. Objekte der Kommunikation können das Produkt, die Marke in all ihren Ausprägungen oder das Unternehmen sein. Danach gilt es, den **Einsatzbereich der Kommunikation** in Bezug auf Personen, Zeit und Raum festzulegen. Anschließend werden die **Instrumente der Kommunikation** (Werbung, PR, Sponsoring etc.), die **mediale Ausrichtung** dieser Instrumente und die **Gestaltungselemente** in Form von Musik, Farbe etc. definiert.

Inhalte einer Kommunikationsstrategie

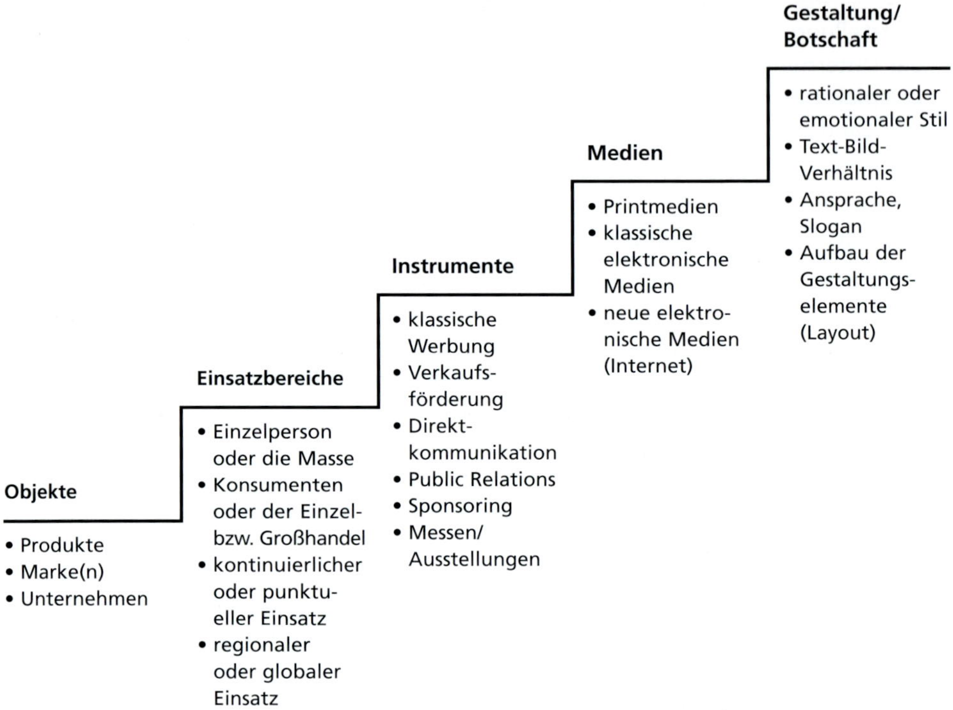

Unser Gartengerätehersteller hat sich in diesem Ländermarkt für folgende Kommunikationsstrategie entschieden:

1. Objekte der Kommunikation:

Entsprechend den formulierten Kommunikationszielen sollen sowohl die Produkte als auch die Marke im Mittelpunkt der Kommunikation stehen. Dies kann beispielsweise durch den Einsatz verschiedener Instrumente (klassische Werbung zur Ankurbelung der Produktverkäufe und Sponsoring zur Verbesserung der Markenbekanntheit erreicht werden).

2. Einsatzbereiche der Kommunikation

Bei der Zielgruppenanalyse hat unser Gartengerätehersteller festgestellt, dass die Käufer in diesem Land im Wesentlichen Hobbygärtner sind. Hobbygärtner ist jeder, der einen Garten hat und im Garten mehr oder weniger mit Gartengeräten arbeitet. Dabei wurde festgestellt, dass die Kernzielgruppe für größere Gartengeräte männlich, über 40 Jahre alt ist und ein mittleres bis höheres Einkommen hat; für kleinere Gartengeräte (Scheren, Besen, ...) ist die Zielgruppe weiblich und ebenfalls über 40 Jahre alt. Eine weitere Zielgruppe der Kommunikation sind die Entscheidungsträger im Handel.

Der Einsatz der Kommunikationsinstrumente kann räumlich zwar nicht begrenzt werden, da die Geräte im ganzen Land verkauft werden. Zeitlich ist eine Beschränkung auf die Monate April bis August (Zeitraum, in dem Gartengeräte hauptsächlich gekauft werden) möglich.

3. Instrumente der Kommunikation
Alle Kommunikationsinstrumente stehen in diesem Land grundsätzlich und in ausreichendem Umfang – auch das Internet – zur Verfügung.

4. Medien
Unter **internationalen Aspekten** ist die Auswahl der Medien ungleich schwieriger, weil u.a. die Medienlandschaft in verschiedenen Ländern völlig unterschiedlich ist und die Möglichkeit Werbeaktionen durchzuführen, nicht überall im gleichen Umfang gegeben ist. Beispielsweise gibt es in Frankreich, Holland und England sehr viele überregionale Zeitungen, in Deutschland und Japan nur eine Handvoll.
Vor dem Einsatz bestimmter Medien in ausgewählten Ländern ist unbedingt der Anteil der Medien am Werbeaufkommen im jeweiligen Land zu ermitteln. So ist seit vielen Jahren der Anteil der Printmedien am Werbeaufkommen in der Schweiz, in den USA, in Frankreich und auch in Deutschland relativ hoch, während in Polen und Japan beispielsweise Fernsehwerbung einen sehr hohen Anteil am Werbeaufkommen hat. In Ländern mit relativ niedrigem Entwicklungsstand haben Funk- und Kinowerbung, mangels Alternativen und sehr hohen Analphabetenraten in der Bevölkerung, eine hohe Bedeutung.
Unser Gartengerätehersteller entscheidet sich für klassische Werbung im Fernsehen und für die Werbung in Printmedien (Frauenzeitschriften und Gartenzeitschriften). Kriterien dafür waren das begrenzte Werbebudget, das eine Auswahl notwendig machte, die optimale Erreichbarkeit der Zielgruppe über diese Medien in diesem Land und die Eignung zur akustischen und visuellen Vermittlung bestimmter Kommunikationsinhalte.
Um die Zielgruppe „Entscheidungsträger im Handel" noch detaillierter über die Produkte informieren zu können, wird zusätzlich klassische Werbung in Fachzeitschriften gemacht.

5. Gestaltung/Botschaft
Personen: Im Mittelpunkt steht die typische Familie, die sich im Garten aufhält. Dadurch erhofft sich der Werbetreibende, dass der Konsument sich mit diesen Personen identifiziert, während der Einsatz von Stars bei diesen Produkten (Gartenarbeit) wenig glaubwürdig ist.
Sprache/Symbole/Farben: Allgemein muss bei der Übersetzung in die fremde Sprache darauf geachtet werden, dass die Werbebotschaft auch inhaltlich richtig übersetzt wird. Dabei ist auch auf die unterschiedliche Bedeutung von Tiersymbolen (Tiger: Kraft oder Furcht) und Farben (Weiß: Trauer oder Freude) sowie die Bedeutung der Musik zu achten.

Im Rahmen der strategischen Entscheidungen bei der Kommunikationspolitik spielt zurzeit vor allem der Begriff **„Corporate Identity – CI"** eine ganz wichtige Rolle. Unter CI versteht man ein ganzheitliches Konzept, nach dem alle Kommunikationsziele, -inhalte und -instrumente ein einheitliches Bild von der Unternehmung abgeben. Ein erfolgreiches CI-Konzept verfolgt vor allem den Zweck der Verbesserung des Unternehmensimages und der Darstellung eines einheitlichen Erscheinungsbildes gegenüber der Außenwelt. Auf diese Weise kann die Wiedererkennung des Unternehmens nach außen erhöht werden und intern eine Verbesserung der Mitarbeiteridentifikation und vielleicht auch der Mitarbeitermotivation erreicht werden.

Bestandteile eines CI-Konzeptes

Corporate Design
optische Umsetzung der CI durch einheitliche visuelle Gestaltungselemente wie Farbe, Zeichen, Schrift auf dem Produkt, dem Gebäude, der Verpackung

Corporate Behaviour
einheitliche Verhaltensweisen der Mitarbeiter eines Unternehmens, z. B. bei Kundenbestellungen oder -reklamationen

Corporate Communication
die eingesetzten Kommunikationsinstrumente (Werbung, PR etc.) werden abgestimmt und ergeben somit eine einheitliche Außenwirkung

Wirkungen

Intern
- Wir-Bewusstsein,
- Motivation,
- Kosteneinsparung,
- Mitarbeiterproduktivität

Extern
- Glaubwürdigkeit,
- Vertrauen,
- Identifikation,
- Zuneigung, Sympathie

Vor allem bei Markenprodukten, wie beispielsweise bei Nivea, tesa, Milka, Microsoft oder auch Gardena, wird insbesondere in den Bereichen Design und Kommunikation ein sehr konsequentes CI-Konzept verfolgt. Bei diesen Unternehmen hat die starke Unternehmensidentität einen erheblichen Beitrag zum Unternehmenserfolg geleistet.

1.6 Distributionspolitik im internationalen Marketing

Die **Distributionspolitik** zeigt die Möglichkeiten auf, wie ein Produkt vom Hersteller zum Handel bzw. zum Endverwender gelangt. Die Distributionspolitik beinhaltet dabei zum einen die Entscheidung über die **Vertriebswege** bzw. Absatzkanäle, die ein Unternehmen gehen möchte, zum anderen die Konzepte der **physikalischen Distribution** (Logistik).

Grundvoraussetzung einer funktionierenden Distributionspolitik ist, dass die Produkte/Dienstleistungen zum richtigen Zeitpunkt und in der richtigen Qualität dem Verwender zur Verfügung stehen. Insofern umfasst Distributionspolitik immer auch ein Konzept für die physische Distribution (Logistik).

Direkter und indirekter Absatz

→ **Direkter Absatz:** Der Erzeugungsbetrieb verkauft unmittelbar an den Endverbraucher oder an Weiterverarbeiter. Er verwendet hierzu Reisende, eigene Verkaufsfilialen, Werksniederlassungen und Auslieferungslager.

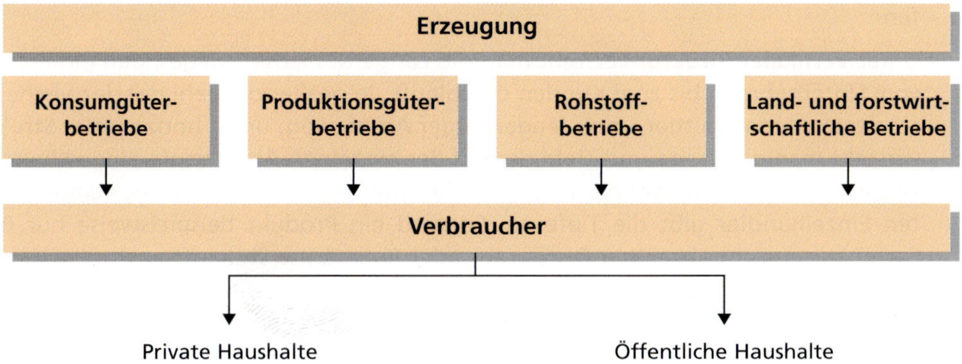

→ **Indirekter Absatz:** Der Erzeugungsbetrieb verkauft seine Produkte an selbstständige Handelsbetriebe, z.B. Groß- und Einzelhändler bzw. an selbstständige Absatzmittler, wie Handelsvertreter und Kommissionäre. Diese verkaufen die Waren an die Verbraucher bzw. an andere Verwender weiter.

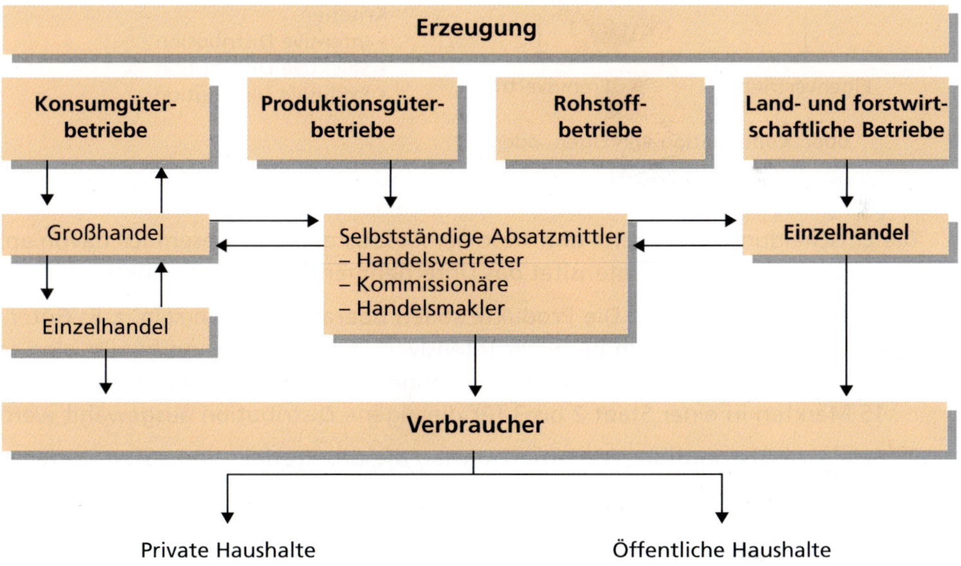

Absatzkanäle

Art und Umfang der Absatzkanäle

Bei der Festlegung der Absatzkanäle muss ein Unternehmen zuerst eine Entscheidung über die **vertikale Struktur** und die **horizontale Struktur der Absatzkanäle** treffen.

Unter **vertikaler Struktur** versteht man die Länge des Absatzweges, den ein Produkt vom Unternehmen bis zum Kunden durchläuft. Je größer die Zahl der dazwischengeschalteten Absatzmittler, umso länger ist der Absatzweg; unter **horizontaler Struktur** versteht man die Breite und Tiefe der auf der einzelnen Absatzstufe eingeschalteten Absatzmittler. Die Anzahl der Einzelhändler gibt die Breite, die Art der eingeschalteten Einzelhändler gibt die Tiefe an. So wird ein Produkt beispielsweise nur über Fachmärkte, nicht aber über Discounter oder Baumärkte verkauft.

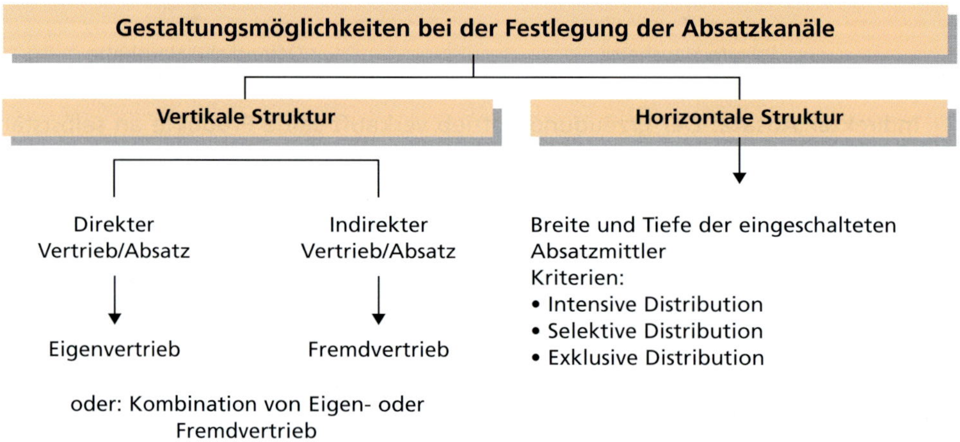

Die Entscheidung über Breite und Tiefe der Absatzkanäle ist wesentlich davon abhängig, welche Distributionsintensität das Unternehmen für seine Produkte wünscht:

1. **Intensive Distribution:** Die Produkte sollen überall erhältlich sein, z. B. Güter des täglichen Bedarfs. Auch bei einer intensiven Distribution kann bereits eine selektive Auswahl erfolgen. Beispielsweise können bei einer Baumarktdichte von 10 bis 15 Märkten in einer Stadt 2 bis 3 für die eigene Distribution ausgewählt werden.
2. **Selektive Distribution:** Die Absatzmittler, die das Produkt verkaufen dürfen, werden nach qualitativen Gesichtspunkten ausgewählt, z. B. Größe des Geschäfts, Geschäftslage etc.
3. **Exklusive Distribution:** Nur ausgewählte Absatzmittler dürfen das Produkt verkaufen. Den Absatzmittlern werden Exklusivverträge mit Gebietsschutz gewährt. Beispiele hierfür sind Markenbekleidung, Markenparfüm, im Prinzip alle Markenprodukte.

Unter **direktem Absatz** soll im Folgenden der Absatz der Produkte über unternehmenseigene Absatzorgane verstanden werden; unter **indirektem Absatz** der Absatz der Produkte über selbstständige Absatzmittler, wie bespielsweise den Groß- und Einzelhandel oder über Handelsvertreter oder Kommissionäre.

Hinweis: In der Literatur werden die Begriffe direkter und indirekter Vertrieb durchaus unterschiedlich verwendet. So verwendet beispielsweise Meffert („Marketing") den direkten Vertrieb nur in Zusammenhang mit dem Verkauf von Produkten im Rahmen von Haustürgeschäften. Auch eigene Filialen werden dem indirekten Vertrieb zugeordnet. Andere verwenden den Begriff viel umfassender und subsumieren unter den direkten Vertrieb auch den Absatz über Handelsvertreter und Kommissionäre, da diese sich beim Verkauf der Produkte vertraglich sehr stark an den Hersteller binden.

Bestimmungsgründe für die Auswahl eines Absatzkanals

Das klassische Auswahlkriterium bei der Entscheidung für einen bestimmten Absatzkanal sind die **Vertriebskosten**. Dazu zählen u.a. die Transportkosten bis zum Kunden, die Kosten für den Vertrieb im eigenen Haus sowie für den Außendienst, die Regalpflege, Maßnahmen der Verkaufsförderung und weitere Maßnahmen am POS.

Grundsätzlich gilt, dass die Vertriebskosten umso höher sind, je direkter die Verbindung zwischen Unternehmen und Kunde und je breiter und tiefer die horizontale Ebene der Distribution angelegt ist. Entschließt man sich, den bisher indirekt durchgeführten Vertrieb in ein direktes Vertriebssystem umzuwandeln, ist dies mit einem sprunghaften Anstieg der Vertriebskosten verbunden. Dies kann nur in Kauf genommen werden, wenn die Gewinnspanne beim Eigenvertrieb erheblich höher ist als beim Fremdvertrieb, und zwar so hoch, dass die höheren eigenen Vertriebskosten durch die größere Gewinnspanne mehr als kompensiert werden.

Allerdings können die Vertriebskosten unter Marketinggesichtspunkten nicht als einziges Kriterium herangezogen werden. Weitere Gesichtspunkte sind z.B. die Art und Weise, wie ein Produkt am Verkaufsort (Platzierung, Art des Handelsgeschäfts etc.) präsentiert wird, sowie die Beeinflussbarkeit und die Kontrolle des Vertriebssystems. Die Beeinflussbarkeit des Vertriebsweges ist bei Eigenvertrieb in aller Regel weitaus größer als bei Fremdvertrieb.

Bestimmungsgründe bei der Auswahl der Absatzkanäle

Produkt	Unternehmen	Kunde	Konkurrenz	Absatzmittler	Umwelt
→ Lagerfähigkeit → Gut des täglichen Bedarfs oder Luxusgut → Beratungsintensives Gut	→ Finanzkraft zur Finanzierung eines eigenen Vertriebsweges → Vertriebserfahrung → Produktprogramm	→ Geografische Verteilung → Anzahl → Einkaufsgewohnheiten	→ Zahl → Vertriebswege → Wettbewerbsdruck	→ Art und Anzahl → Standort → Beeinflussbarkeit → Fachliche Kenntnisse	→ Konsequenzen bei Vertragskündigung (Handelsvertreter) → Öffentliche Meinung über den Vertriebsweg → Missbrauchsaufsicht bei Vertriebsbindungssystemen

1.7 Preispolitik im internationalen Marketing

Alle Entscheidungen eines Unternehmens, die die Preisstellung am Markt beeinflussen, werden unter dem Begriff Preispolitik zusammengefasst. Dazu zählt selbstverständlich die Veränderung des Produktpreises, daneben aber auch die Rabattgewährung, die Vereinbarung bestimmter Zahlungsbedingungen und die Gewährung von Kundenkrediten. Preispolitische Entscheidungen sind notwendig bei folgenden Vorgängen in und außerhalb des Unternehmens:

- → bei Produktneueinführungen
- → bei einer Veränderung der Kosten im Unternehmen (Beschaffungskosten, Lohnkosten)
- → bei Nachfrageänderungen, z. B. durch einen plötzlichen Umsatzrückgang
- → bei Veränderungen in der Anzahl und der Struktur der Wettbewerber und
- → bei einer Veränderung der operativen oder strategischen Unternehmensziele

Auf der Grundlage eines oder mehrerer dieser Einflussfaktoren entwickelt das Unternehmen dann u. U. für verschiedene Produkte verschiedene Preisstrategien.

1.7.1 Einflussgrößen bei der Preisbildung

Kostenorientierte Preisbildung

Grundlage der Preisbildung sind – national wie international – die Kosten, die dem Produkt zugerechnet werden können.

Probleme der Kostenermittlung auf internationalen Märkten

Unterschiedliche Kosten bei der internationalen Preispolitik

- Einzelteile von Tochterunternehmen aus Entwicklungsländern werden weltweit in Produkte eingebaut – wie werden diese Kosten in den einzelnen Verwenderländern in der Preiskalkulation verrechnet?
- Unterschiedliche Transport- und Marketingkosten in den einzelnen Ländern.
- Unterschiedliche Lohn- und Materialkosten.
- Unterschiedliche Steuersätze (u.a. USt.).
- Unterschiedliche Inflationsraten in den einzelnen Ländern.

Zusätzliche Kosten bei der internationalen Preispolitik

- Auslandsspezifische Herstellungskosten (**Beispiele:** Spezialausführung entsprechend den länderspezifischen Vorschriften).
- Exportsonderkosten (**Beispiel:** Verpackung, Dokumente, Zölle, Fracht, Versicherungskosten).
- Kosten des Exportbetriebs im jeweiligen Land (**Beispiele:** Gehälter, Miete, Telefon).
- Markterschließungskosten.

Bei diesen Unterschieden bezüglich der Kosten ergibt die Berücksichtigung dieser Faktoren im Kalkulationsschema bei identischen Komponenten eine andere Preisstellung als im Inland.

Art der Kosten

Betrachtet man die Kosten in einer Geschäftsperiode, stellt man fest, dass es zwei verschiedene Kostenarten gibt, die sich bei einer Änderung des betrieblichen Leistungsumfangs (Beschäftigung) absolut unterschiedlich verhalten.

→ **Fixe Kosten:** Darunter versteht man Kosten, die bei einer Änderung der Beschäftigung gleich bleiben.
Beispiele: Miete, Gehälter der Angestellten, Zinskosten, Abschreibungen, Versicherungsbeiträge.

Die fixen Kosten fallen, unabhängig davon an, ob und in welchem Umfang Leistungen von dem Unternehmen erbracht werden. Bezieht man die fixen Kosten einer Periode auf eine einzelne Leistungseinheit, so gehen die fixen Kosten je Leistungseinheit in dem Umfang zurück, wie die Leistungsmenge zunimmt. Die Ursache für dieses Verhalten liegt darin begründet, dass sich die fixen Kosten auf eine größere Zahl an Leistungseinheiten verteilen. Bei einem Rückgang der Beschäftigung steigen die fixen Kosten pro Leistungseinheit an.

Beispiel: Ein Industrieunternehmen hat im Ausgangsjahr fixe Kosten von 100000,00 EUR. Die Beschäftigung beträgt 2000 Leistungseinheiten. Die fixen Kosten/Leistungseinheit betragen 50,00 EUR.

Im Folgejahr sinkt die Beschäftigung des Industrieunternehmens auf 1000 Leistungseinheiten. Die gesamten fixen Kosten betragen weiterhin 100000,00 EUR. Die fixen Kosten/Stück betragen dann 100,00 EUR.

→ **Variable Kosten:** Das sind Kosten, die sich bei einer Veränderung der Beschäftigung auch verändern.
  Beispiele: Rohstoffeinsatz, Energiekosten, Provisionen im Vertrieb, Transport- und Verpackungskosten.

Die variablen Kosten fallen nur dann an, wenn ein Unternehmen Leistungen erbringt. Geht man davon aus, dass sich die variablen Kosten proportional zu einer Beschäftigungsänderung verhalten, ist ihr Stück- und Gesamtkostenverlauf genau umgekehrt wie bei den fixen Kosten.

Beispiel: Das Industrieunternehmen hat pro Leistungseinheit 100,00 EUR variable Kosten errechnet. Bei einer Beschäftigung von 2000 Leistungseinheiten betragen die variablen Kosten/Stück 100,00 EUR. Die gesamten variablen Kosten betragen dann 200000,00 EUR.
Bei einem Rückgang der Beschäftigung auf 1000 Leistungseinheiten bleiben die variablen Kosten/Stück bei 100,00 EUR; die gesamten variablen Kosten gehen auf 100000,00 EUR zurück.

Preisbildung auf Vollkostenbasis

Wird ein Verkaufspreis auf Vollkostenbasis kalkuliert, so bedeutet dies, dass durch den Verkaufspreis alle Kosten des Unternehmens gedeckt sein müssen, d.h. nicht nur die variablen Kosten (Kosten, die durch diesen Auftrag verursacht wurden), sondern auch die anteiligen fixen Kosten.

Errechnet wird dieser Preis in der Industrie im Rahmen der Zuschlagskalkulation. Ausgangspunkt sind die gesamten Materialkosten eines Produktes bzw. eines Auftrags. Rechnet man zu diesen Materialkosten die durch diesen Auftrag verursachten Kosten der Fertigung (Bsp.: Fertigungslöhne) und die anteiligen Verwaltungs- und Vertriebskosten (Bsp.: Gehälter, Provisionen, Verpackungskosten) noch hinzu, erhält man die Selbstkosten des Auftrags. Anschließend wird noch die gewünschte Gewinnspanne und die Umsatzsteuer verrechnet. Mit diesem errechneten Bruttoverkaufspreis werden alle Produkte verkauft. Eine Preisdifferenzierung ist nicht möglich.

Beispiel: Kalkulation des Bruttoverkaufspreises für einen Schreibtisch (Vollkostenrechnung):

Materialeinzelkosten	100,00 EUR
+ Materialgemeinkosten	20,00 EUR
= Materialkosten	120,00 EUR
+ Fertigungslöhne	70,00 EUR
+ Fertigungsgemeinkosten	90,00 EUR
= Herstellungskosten	280,00 EUR
+ Verwaltungskosten	40,00 EUR
+ Vertriebskosten	30,00 EUR
= Selbstkosten	350,00 EUR
+ Gewinn	50,00 EUR
= Verkaufspreis netto	400,00 EUR
+ 19 % Umsatzsteuer	76,00 EUR
= Bruttoverkaufspreis	476,00 EUR

Vollkostenrechnung und Produktpolitik

Ohne eine Aufteilung der Kosten im Unternehmen in fixe und variable Kostenbestandteile kann die Kostenrechnung nur in Form einer Vollkostenrechnung durchgeführt werden, d.h., dass sämtliche Kosten den einzelnen Produkten zugerechnet werden. Dabei wird aber keine Rücksicht darauf genommen, welche Kosten von den einzelnen Produkten direkt verursacht werden (variable Kosten) und wie viele der gesamten fixen Kosten das Produkt durch seine Verkaufserlöse abdeckt. Diese Art der Kalkulation kann zu falschen Entscheidungen in der Politik führen.

Beispiel: Ein Unternehmen führt in seinem Produktprogramm die drei Produkte A, B und C. Für die Abrechnungsperiode April haben die Kostenrechner das folgende Zahlenmaterial zusammengestellt.
Bei den fixen Kosten handelt es sich nicht um erzeugnisfixe Kosten, sondern um unternehmensfixe Kosten, die unabhängig von der Produktprogrammstruktur anfallen.

Produkte Art	Stück	Verkaufserlöse	Selbstkosten	variable Kosten	fixe Kosten	Gewinn/ Verlust
A	100	320000,00	270000,00	216000,00		+50000,00
B	200	400000,00	420000,00	168000,00	453000,00	−20000,00
C	120	240000,00	210000,00	63000,00		+30000,00

Die Vollkostenrechnung ergibt, dass der Artikel B 20000,00 EUR Verlust erbringt. Unter wirtschaftlichen Gesichtspunkten wäre es also dringend erforderlich, den Artikel aus dem Produktprogramm zu streichen. Wird in einem Unternehmen nur die Vollkostenrechnung durchgeführt, ergibt sich für die Produktprogrammgestaltung unter Kostenaspekten folgender Grundsatz: Produkte, die nach Abzug sämtlicher Kosten einen Gewinn erzielen, bleiben im Produktprogramm; Verlustprodukte werden aus dem Produktprogramm gestrichen.

Die Vollkostenrechnung auf der Basis der Zuschlagskalkulation hat u.a. den Vorteil, dass die Berechnung des Verkaufspreises relativ einfach ist. Problematisch ist dieses Verfahren aus kostenrechnerischer Sicht, weil die fixen und variablen Kosten nicht verursachungsgerecht den einzelnen Produkten zugerechnet werden, und aus absatzpolitischer Sicht, weil zusätzliche Absatzmengen (z.B. über Preisdifferenzierung) mit dieser Art der Preisbildung nicht möglich sind.

Preisbildung auf Teilkostenbasis

Bei der Deckungsbeitrags-/Teilkostenrechnung werden nicht alle Kosten auf die einzelnen Produkte verrechnet. Stattdessen werden einem Produkt nur die Kosten zugerechnet, die von ihm direkt verursacht werden (variable Kosten). Auf eine Verrechnung der fixen Kosten wird zunächst verzichtet. Erst bei der Ergebnisermittlung werden die fixen Kosten miteinbezogen.

Bei der Deckungsbeitragsrechnung werden, wie der Begriff schon sagt, Deckungsbeiträge ermittelt. Diese ergeben sich, wenn man von dem Gesamterlös eines Produktes die variablen Kosten abzieht.

Grundschema der Deckungsbeitragsrechnung:

= Umsatzerlöse
– variable Kosten

= **Deckungsbeitrag**
– fixe Kosten

= Gewinn bzw. Verlust

Wie bereits erwähnt, sind die fixen Kosten noch nicht miteinberechnet. Der Deckungsbeitrag gibt also einen EUR-Betrag an, der zur Deckung der fixen Kosten verwendet wird.

Auf den ersten Blick ergibt sich kein Unterschied zur Vollkostenrechnung; die Verrechnung der Kosten wird nur in zwei Rechenschritten durchgeführt. Tatsächlich gibt es aber einen großen Unterschied. Dieser liegt darin begründet, dass man durch die Aufteilung der Kosten in fixe und variable Bestandteile jetzt weiß, wie viel EUR des Verkaufserlöses bei den einzelnen Produkten im Sortiment nach Abzug der variablen Kosten zur Deckung der fixen Kosten übrig bleiben.

Beispiel: Betrachtet man das vorangehende Beispiel aus der Sicht der Deckungsbeitragsrechnung, ergibt sich ein vollkommen anderes Bild als bei der Vollkostenrechnung. Das Produkt B hat einen Deckungsbeitrag von 232000,00 EUR, d.h., es trägt von den gesamten fixen Kosten den weitaus größten Teil. Würde man das Produkt B aus dem Produktprogramm streichen, wäre das Gesamtergebnis erheblich schlechter.

	Produktprogramm mit Produkt B	**Produktprogramm ohne Produkt B**
Verkaufserlöse	960000,00	560000,00
– variable Kosten	447000,00	279000,00
= Deckungsbeitrag	513000,00	281000,00
– fixe Kosten	453000,00	453000,00
= Gewinn/	60000,00	
Verlust		172000,00

Das Gesamtergebnis verändert sich gravierend; mit Produkt B entsteht ein Gewinn von 60000,00 EUR, ohne Produkt B ein Verlust von 172000,00 EUR.

Nachfrageorientierte Preisgestaltung

Die Preispolitik kann nicht nur die eigenen Kosten beachten, sondern sie muss auch die Preisvorstellungen der Nachfrager im Auge behalten. Die entscheidende Frage ist hier, inwieweit die Nachfrager bereit sind, einen bestimmten Preis für ein Produkt zu bezahlen. Dabei sind u. a. folgende Punkte zu berücksichtigen:

- Struktur der Nachfrager
  Gesamtnachfrage, Art der Nachfrager, Substituierbarkeit des Produktes, Reaktion der Nachfrager auf Preisänderungen.
- Preisvorstellungen der Nachfrager
  Der Nachfrager ist heute durchaus in der Lage, Güter der gleichen Gattung miteinander zu vergleichen und sich eine Meinung zu bilden, was ein Produkt kosten darf. Wesentlich ist für ihn dabei, was für einen Nutzen das Gut für ihn hat.

- Einfluss von Qualität und Image
  Die Ursachen dafür, dass der Nachfrager auch einen eventuell höheren Preis für ein Gut akzeptiert, liegen vor allem in der Qualität eines Produktes und in seinem Image begründet.

Gerade im internationalen Vergleich variieren Produktnutzen und Wertvorstellungen der Verbraucher stark. Die Folgen sind ein erhöhter Informationsbedarf für das Unternehmen, da für jedes Land eine eigene Nachfragekurve entwickelt werden muss (entscheidend ist dabei u.a. die Preiselastizität der Nachfrage in dem jeweiligen Land).

Konkurrenzorientierte Preisbildung

Unter konkurrenzorientierter Preisbildung versteht man, dass sich der Verkaufspreis unter Berücksichtigung der eigenen Kostensituation und der Nachfrage im Wesentlichen an den Preisen der Konkurrenz orientiert. Diese Art der Preispolitik tritt hauptsächlich in zwei Formen auf:

- Das Unternehmen orientiert sich in seiner Preisgestaltung am durchschnittlichen Preis der gesamten Konkurrenz.
- Das Unternehmen orientiert sich an den Preisen des Preisführers auf dem Markt. Der Preisführer ist häufig der Anbieter mit dem überwiegenden Marktanteil.

Beide Formen der konkurrenzorientierten Preisbildung treten vor allem auf oligopolistischen Märkten, z.B. dem Benzinmarkt oder dem Arzneimittelmarkt, auf.

Insbesondere durch die konkurrenzorientierte Preisbildung kommen die Unternehmen immer mehr zu einer räumlichen Preisdifferenzierung. Der Erfolg dieser Preisdifferenzierung ist u.a. davon abhängig, inwieweit sich graue Märkte mit Reimporten verhindern lassen; die Preisdifferenzierung sollte deshalb maximal in Höhe der Reimportkosten durchgeführt werden.

1.7.2 Preispolitische Strategien

Bei der Produktneueinführung sind zunächst einmal alle die oben beschriebenen Faktoren, wie Kosten, Wettbewerber und Nachfrager zu berücksichtigen. Daneben spielen aber auch andere Gründe, wie z.B. die Position des Unternehmens auf diesem Markt, eine Rolle. Als Einsteiger auf dem Markt tendiert ein Unternehmen eher zu moderaten Preisen, insbesondere bei einer verschärften Wettbewerbssituation, um den Markteinstieg leichter zu schaffen. Ist die Zahl der Wettbewerber dagegen eher gering, kann bei der Preispolitik anders vorgegangen werden.

Stellen das Unternehmen und seine Produkte eine internationale Marke dar, können die Preise anderer Länder nicht entscheidend unterboten werden, ohne dass die Marke darunter leidet. Abschließend muss von einem Unternehmen die Kaufkraft der Bevölkerung in einem Land beachtet werden. Liegt die Kaufkraft entscheidend unter der des heimischen Marktes, müssen die Preise möglicherweise für dieselben Produkte in verschiedenen Ländern auch verschieden gestellt werden (internationale Preisdifferenzierung).

Preisdifferenzierung

Preisdifferenzierung heißt, dass ein und derselbe Anbieter für das gleiche Produkt von verschiedenen Nachfragern unterschiedliche Preise verlangt.

Dabei lassen sich folgende Arten unterscheiden:

→ **Räumliche Preisdifferenzierung**
Dabei werden in verschiedenen Regionen (In-/Ausland, Nord-/Süddeutschland) je nach Kunden- und Konkurrenzstruktur für dasselbe Produkt verschiedene Preise verlangt.
Beispiele:

- Auto-, Arzneimittelpreise im In- und Ausland
- Benzinpreise in verschiedenen Regionen

→ **Zeitliche Preisdifferenzierung**
Diese Preisunterschiede sind hauptsächlich durch das Schwanken der Nachfrage im Zeitablauf begründet.
Beispiele:

- Telefongebühren
- Strompreise
- Fremdenverkehr (Übernachtungspreise)

→ **Personelle Preisdifferenzierung**
Grundlage dieser Preisdifferenzierung sind hauptsächlich soziale Argumente; teilweise dient die unterschiedliche Preisgestaltung auch der besseren Auslastung.
Beispiele:

- Schülervergünstigungen
- Seniorenpreise bei der Deutschen Bahn AG
- Schwerbehindertennachlässe
- Stromtarife für Unternehmer und Privatkunden

→ **Mengenmäßige Preisdifferenzierung**
Je nach Abnahmemenge (Groß-/Kleinpackung) sind die Preise für dasselbe Produkt unterschiedlich.

Voraussetzungen für eine Preisdifferenzierung sind u. a.:

→ Der Markt lässt sich in Teilmärkte aufteilen.

→ Die Kunden dürfen nicht oder nur sehr schwer die Möglichkeit haben, auf den billigeren Märkten einzukaufen.

Penetrations- und Skimmingstrategien

Wendet ein Unternehmen bei seiner Preispolitik die **Penetrationsstrategie** an, so versucht es Massenmärkte, d. h. Märkte, auf denen große Stückzahlen verkauft werden, über einen niedrigen Produktpreis schnell zu erschließen. Insbesondere bei der Neueinführung von Produkten wird folglich nicht vom gewinnmaximalen Preis ausgegangen, sondern von einem „Penetrationspreis", der den gewinnmaximalen Preis erheblich unterschreitet.

Für die Anwendung einer Penetrationsstrategie bei der Preisbildung gelten folgende Voraussetzungen:

1. Die **Nachfrageelastizität** ist sehr **groß**; folglich führen Preisvorteile zu einer erheblichen Steigerung der Nachfrage und zu Marktanteilsgewinnen, wenn Kunden von Konkurrenzprodukten abwandern. Diese Strategie ist insbesondere dann von Vorteil, wenn es auf dem Markt bereits ähnliche oder funktional gleiche Produkte gibt. (Beispiel: Preiswerte Autos wie der Dacia Logan, das „Tatamobil", ...)
2. Gibt es auf dem Markt keine ähnlichen oder funktional gleichen Produkte, kann die Penetrationsstrategie als **Markteintrittsbarriere** für mögliche eintrittswillige Konkurrenten verwendet werden.
3. Nur ausreichend große Märkte garantieren bei der Penetrationsstrategie ausreichend große Stückzahlen, damit Kostenvorteile ausgenutzt werden können.
4. Eine Penetrationsstrategie darf nicht das Produkt- oder Unternehmensimage in der Form beschädigen, dass die Verbraucher auf minderwertige Produktqualität schließen.

Problematisch ist die Penetrationsstrategie, weil die niedrigen Preise lange Amortisationszeiten und damit lange Lebenszyklen voraussetzen. Dies ist nur bei einigen Produkten gegeben. Im Übrigen ist in der Folge der preispolitische Spielraum nach unten (aus Kostenüberlegungen) und nach oben (schwierig beim Konsumenten durchzusetzen) begrenzt.

Bei der **Skimmingstrategie** setzt der Unternehmer ganz im Gegensatz zur Penetrationsstrategie einen relativ hohen Preis bei der Markteinführung seines Produktes an. Mit zunehmender Erschließung des Marktes und steigendem Konkurrenzdruck wird dieser Preis dann sukzessive gesenkt.

Ziel dieser Preisstrategie ist es, die hohen Neuproduktinvestitionen über den hohen Preis und die damit verbundene hohe Gewinnmarge möglichst schnell zu amortisieren.

Für die Anwendung der Skimmingstrategie bei der Preisbildung gelten folgende Voraussetzungen:

1. Die Nachfrage auf dem Markt für diese hochwertigen Neuprodukte ist ausreichend groß. Es muss sich um Produkte handeln, die entweder im Trend liegen oder technische Neuheiten sind, die jeder haben will. **Beispiel**: Handys der jeweils neuesten Generation
2. Die Produkte veralten sehr schnell. **Beispiele**: Handys, Bekleidung, Sportartikel etc.
3. Die Produkte können durch andere Produkte nicht oder nur sehr schlecht ersetzt (substituiert) werden.
4. Durch den hohen Einführungspreis können hohe Deckungsbeiträge generiert werden.
5. Die eigenen Produktions- und eventuell auch die Vertriebskapazität und vor allem auch die der Konkurrenz sind insbesondere am Anfang sehr begrenzt; d.h., die Nachfrage ist sehr viel höher als das Angebot.

Probleme der Skimmingstrategie:

1. Hohe Gewinnspannen locken Konkurrenten an; bei entsprechenden Kapazitäten und vorhandenem Know-how würde das Angebot erhöht und die Gewinnspannen würden sinken. Um diesen Konkurrenzeintritt zu verhindern, muss versucht werden, **Markteintrittsbarrieren** aufzubauen, wie beispielsweise Patente, Kontrolle über Beschaffungsmärkte oder Absatzkanäle.
2. Ohne Markteintrittsbarrieren (Patente – vgl. Pharmaindustrie) lässt sich die Skimmingstrategie nur **kurzfristig anwenden**. In dieser Zeit müssen hohe Erträge die Kosten amortisieren und Gewinne abwerfen.

Aufgabe 1

Marken werden zur Überlebensfrage in der Automobilindustrie

In der Industrie, speziell der Markenindustrie, ist es schon lange kein Geheimnis mehr, dass immer mehr Milliardensummen in den Wert und die Bekanntmachung der Marke gesteckt werden müssen. Je ähnlicher und austauschbarer die Produkte auf gesättigten Märkten werden, umso bedeutender wird die Marke als Entscheidungskriterium für den Kauf. Ganz entscheidend ist dieser Zusammenhang zwischen der Bedeutung der Marke und der Kaufentscheidung in der Automobilindustrie.
Marketingwissenschaftler haben nun auch Methoden entwickelt, um diesen Zusammenhang in Zahlen wiederzugeben. Mit Studien wurde unter anderem nachgewiesen, bei welchen Automobilen der Wert der Marke signifikant zur Kaufentscheidung der Verbraucher beiträgt.

Nachfolgend die einzelnen Ergebnisse:
Führend ist die Marke Mercedes mit einem Anteil von ca. 61 %, d. h., mit 61 % ist die Marke Mercedes an der Kaufentscheidung beteiligt. Auch bei BMW und Audi ist der Wert der Marke signifikant höher als bei anderen Automobilen, aber unter 50 %. Vor allem durch konsequente Modellpolitik, bei der u. a. die Qualität der einzelnen Modelle eindeutig verbessert wurde, durch gezielten Zukauf von Marken (Bentley) und effektive Kommunikationspolitik, beispielweise durch wertsteigerndes Sponsoring von Sportveranstaltungen, gelang es VW, seinen Markenwert deutlich zu erhöhen. Mit knapp 40 % geben Käufer den Anteil der Marke bei ihrer Kaufentscheidung für VW an. Bei den anderen deutschen Automobilherstellern, Opel und Ford, ist dieser Wert deutlich niedriger.

Bei ausländischen Herstellern bewegt sich der Wert der Marke auf deutlich niedrigerem Niveau. Insbesondere bei den koreanischen Herstellern, wie Daewoo, Hyundai und Kia, spielt die Marke praktisch überhaupt keine Rolle. Nach Expertenmeinung erfüllen die koreanischen Hersteller qualitative Mindestanforderungen als Voraussetzung für den Markenaufbau nur bedingt. Käufer führen bei diesen Modellen mehr funktionale Aspekte und den günstigen Preis für ihre Kaufentscheidung an. Insgesamt lässt sich also feststellen, dass der Marke gerade in der Oberklasse eine zentrale Bedeutung bei der Kaufentscheidung zukommt.

Es stellt sich nun die Frage, wie ein Unternehmen seinen Markenwert steigern kann. Ausgangspunkt dafür ist die Kenntnis der Werte, die sich Konsumenten von einer Marke versprechen. Mit der Marke verbinden die Verbraucher Werte wie Qualität, Zuverlässigkeit, Tradition, Lifestyle, Exklusivität und technologische Kompetenz. Je mehr ein Konsument diese Werte mit einer Automobilmarke verknüpft, umso höher ist der Wettbewerbsvorteil, den eine Marke einem Automobilunternehmen verschafft.

Will ein Unternehmen seinen Markenwert verbessern, müssen als Grundlage dafür die Qualität, die Zuverlässigkeit und die technologische Kompetenz bei der Produktpolitik unter Beweis gestellt werden. Gelingt es mit bestimmten Produktinnovationen, ein Lifestyle-Gefühl bei den Konsumenten hervorzurufen, ist der Weg zur Steigerung des Markenwerts geebnet. Exklusivität ist bei Massenherstellern schwierig zu erreichen. Aus diesem Grund müssen Massenhersteller bestimmte Nischenprodukte (Coupé, Cabrio etc.) auf den Markt bringen, um dem Verbraucher das Gefühl des exklusiven Fahrens zu vermitteln. Tradition ist ein Wert, der nur zu erreichen ist, wenn ein Automobilunternehmen jahrzehntelang diese Werte verfolgt hat.

a) Beschreiben Sie den Zusammenhang zwischen der Marke eines Automobils und seinem Verkaufserfolg, der Preispolitik des Unternehmens und dem Einfluss der Marke auf die Einteilung der Marktsegmente.
b) Welche Werte erwartet ein Verbraucher von einer Marke?

Aufgabe 2

Die LANICA Ltd., ein japanischer Pkw-Hersteller mit weltweitem Produktions- und Vertriebsnetz, hat auf dem europäischen Markt erhebliche Probleme beim Absatz ihrer Fahrzeuge. Ursache dafür sind u.a. die zu langen Produktzyklen, das in den Augen der europäischen Kunden wenig ansprechende Design, die fehlende Marke etc.
Die Firma LANICA versucht nun, durch verschiedene Maßnahmen im Bereich des Marketings diese Probleme in den Griff zu bekommen. Der folgende Zeitungsbericht beschreibt die aktuelle Situation.

Ein neuer Magna ist wichtig, doch entscheidend ist der nächste Tara/ LANICA Deutschland soll mit neuen Modellen Marktanteile zurückgewinnen

Bei LANICA Deutschland, einer Tochtergesellschaft der japanischen LANICA Ltd., stehen die Zeichen auf Sturm. Binnen weniger Jahre brach der Marktanteil in Deutschland von 12,4% auf ca. 7,9% ein. Eine von der Firma LANICA in Auftrag gegebene Studie einer Marktforschungsgesellschaft nennt vor allem zwei Gründe für diesen zurückgehenden Marktanteil:

1. Die Produktpolitik entspricht nicht den Bedürfnissen und Wünschen der Konsumenten.
2. Das Image der Marke LANICA in Deutschland ist äußerst schlecht.

Bei den angebotenen Modellen erfüllt einzig der neue Desira im Marktsegment mittlere Mittelklasse in der Produktqualität und bei den abgesetzten Stückzahlen die Erwartungen. Der Desira ist seit ca. 1 Jahr auf dem Markt und wird nur als Limousine in den Motorenvarianten 70, 90 und 110 PS angeboten. Der Turbodiesel mit 90 PS wurde vor 14 Tagen auf den Markt gebracht.

Auf einem Bein steht es sich bekanntlich schlecht, deshalb sollen die bestehenden Modelle überarbeitet bzw. nach und nach neue Modelle auf den Markt gebracht werden. Im Übrigen sind die angebotenen Motorvarianten nicht ausreichend. Die höchsten Steigerungen bei den Zulassungszahlen für Neufahrzeugen weisen in den letzten Jahren Dieselfahrzeuge auf. LANICA hat für diese Zielgruppe bisher ausschließlich den Desira TD anzubieten, in allen anderen Marktsegmenten fehlt bisher diese Motorvariante.

Trotz pfiffigem Design gehen die Zulassungszahlen des in den ersten Jahren sehr erfolgreichen Kleinwagens Mira seit zwei Jahren kontinuierlich zurück. Der nur als Limousine angebotene Kleinwagens (Motorvarianten 45, 55, 70 PS) hat noch einen entscheidenden Nachteil: Viele LANICA-Kunden steigen vom in der unteren Mittelklasse angesiedelten Tara, der als Limousine in den Motorvarianten 55, 70 und 90 PS angeboten wird, auf den kostengünstigeren Mira um. Diese Kannibalisierungseffekte sieht man bei LANICA überhaupt nicht gern, da am Tara gutes Geld verdient wird, während beim Mira im Billigpreissegment nur über große Stückzahlen etwas zu verdienen ist. In letzter Zeit wird aufgrund der zurückgehenden Absatzzahlen beim Mira mit Verlust gearbeitet.

Als Folge dieser Entwicklungen will LANICA in den nächsten fünf Jahren 40 neue Fahrzeuge, Modell- und Motorvarianten auf den Markt bringen, eine Produktoffensive wie nie zuvor in der Geschichte des Unternehmens.

Ein erstes Beispiel will LANICA im Herbst auf dem Pariser Autosalon mit dem neuen Magna (obere Mittelklasse) zeigen. Es wird kein Weltauto mehr sein. Mit dem Konzept eines Weltautos hat man bei LANICA Schiffbruch erlitten. Insbesondere beim Design, aber auch bei den Motorvarianten, bei der Länge des Modellzyklus und bei der Qualität wird man in Zukunft auf regionale Bedürfnisse eingehen.

All dies wird beim neuen Magna berücksichtigt: Neben dem völlig neuen Design wird zusätzlich zu der bisher angebotenen Limousine mit den Benzinmotoren 90, 115 und 150 PS eine Combi- und eine Cabrioversion mit denselben Benzinmotoren angeboten. Daneben werden für die Limousine und den Combi noch zwei Turbodieselmotoren mit 115 und 150 PS mit ins Programm genommen.

Das alte Modell des in der Luxusklasse angesiedelten Luxera (Limousine) musste wegen zu geringer Absatzzahlen vom Markt genommen werden. Mit verändertem Design, neuen Direkteinspritzer-Dieselmotoren, Sechs- und Achtzylindermotoren aus Aluminium mit erheblich reduziertem Kraftstoffverbrauch (150, 170 und 210 PS) und umfangreicher Serienausstattung (hervorragende Klimaanlage, zehn Airbags, u. Ä.), aber unter dem alten Namen wird versucht, den bekannten Marken (BMW, Mercedes, Audi) in Deutschland Paroli zu bieten.

Ungeachtet dieser Modelloffensive bei den traditionellen Marktsegmenten wird LANICA auch die Nischen nicht vergessen. „Jede Nische wird geschlossen“, versichert Entwicklungschef Takascha. Dabei wird zuerst an die Käufergruppe der Vanfahrer gedacht. Diese Zielgruppe wurde bisher sträflich vernachlässigt. Ein Van wurde bisher nicht angeboten. Vorgesehen sind nun ein Minivan (Galaxa) mit 90- und 115-PS-Benzinmotoren und einem 90-PS-Turbodiesel sowie ein Van (Mangenta) mit 90-, 115- und 150-PS-Benzinmotoren und zwei Turbodieselmotoren mit 90 und 115 PS.

Der neue Offroader „Rodeo“ kommt nächstes Jahr mit den Benzinmotoren 90 und 115 PS sowie als Turbodiesel mit 115 und 150 PS auf den Markt. Ein weiteres völlig neues Modell ist der Pantera, der in ca. zwei Jahren auf den Markt kommen soll. Der Pantera ist zwischen der mittleren und der oberen Mittelklasse angesiedelt und wird als Sportcoupé und als zweisitziger Roadster angeboten. Die Benzinmotoren leisten 90, 115 und 150 PS; ein Dieselmotor wird nicht angeboten, da für dieses Modell eine Dieselmotorisierung als nicht stilgerecht angesehen wird.

Sollte diese sportliche Variante ein Erfolg werden, wird für jedes Modell ein sportlicher Ableger geplant. Mit all diesen Maßnahmen in der Produktpolitik werden 10% Marktanteil in Deutschland mittelfristig angestrebt.

Acht Jahre nach der Markteinführung (Marktphase) des Modells Tara gehen die Absatzzahlen sehr stark zurück, trotz der seit einem Jahr angebotenen Sondermodelle, die teilweise umfangreiche Sonderausstattungen enthalten. Dies liegt nur zum Teil daran, dass viele Kunden statt des Taras den neueren und preisgünstigeren Mira kaufen. Der wesentliche Grund ist darin zu sehen, dass der konturlose Tara trotz der Sondermodelle und leichter Retuschen eigentlich nicht mehr konkurrenzfähig ist. Technik, Design, Sicherheitssysteme etc. sind veraltet und nicht mehr marktgerecht.

Dem Hersteller LANICA stehen über den Tara folgende Zahlenwerte zur Verfügung:

Jahre	Umsatz	Kosten	Gewinn
1	0,7 Mrd. EUR	0,75 Mrd. EUR	
2	2,0 Mrd. EUR	1,5 Mrd. EUR	
3	3,5 Mrd. EUR	2,5 Mrd. EUR	
4	5,0 Mrd. EUR	4,2 Mrd. EUR	
5	4,3 Mrd. EUR	3,9 Mrd. EUR	
6	3,5 Mrd. EUR	3,2 Mrd. EUR	
7	2,0 Mrd. EUR	2,0 Mrd. EUR	
8	1,0 Mrd. EUR	1,5 Mrd. EUR	

a) Beschreiben Sie das **bisherige** und das **neue (geplante)** Produktprogramm der Firma LANICA entsprechend folgender Tabelle:
(Legen Sie für das bisherige und das neue Produktprogramm jeweils eine Tabelle an.)

Tabelle für das bisherige Produktprogramm:

Markt-Segment / **Modelltyp**	Kleinwagen	Untere Mittelklasse	Mittlere Mittelklasse	Obere Mittelklasse	Oberklasse
. . .					

b) Welche dieser neuen Modelle verändern die Produktbreite, welche die Produkttiefe des bestehenden Produktprogramms (Begründung)?
c) Beschreiben Sie die Zielgruppen, die LANICA mit den neuen Modellen Galaxa und Rodeo anspricht, indem Sie diesen Zielgruppen u. a. bestimmte Werte und Eigenschaften wie konservativ, sparsam, funktionsorientiert, genussorientiert, statusorientiert u. Ä. zuordnen.
d) Welche weiteren Veränderungen im Produktprogramm könnten Sie sich vorstellen?
e) Ermitteln Sie die Höhe des Gewinns vom Modell Tara in den einzelnen Jahren.
f) Zeichnen Sie in ein Koordinatensystem (vgl. unten) die Gewinn- und Umsatzkurve (Werte bitte in die Mitte des jeweiligen Jahres eintragen).

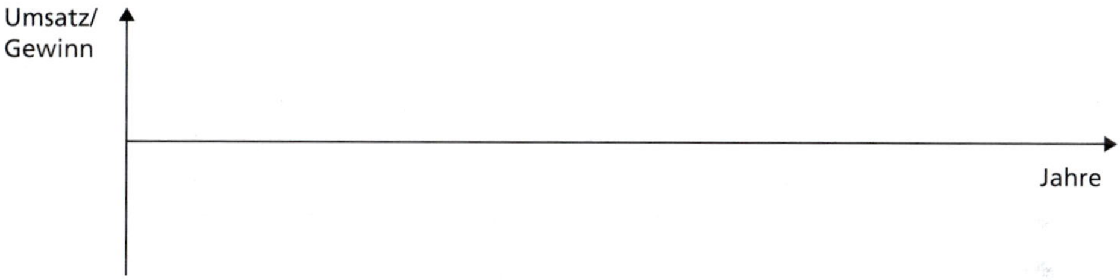

g) Beschreiben Sie anhand einiger Kriterien die Lebenszyklusphase, in der sich der Tara aktuell befindet.
h) Erläutern Sie den Sinn und Zweck der Markierung von Produkten/Dienstleistungen unter marketingpolitischen Gesichtspunkten.
i) Welche Möglichkeiten des Markenschutzes bestehen und wie umfassend ist dieser Markenschutz?
j) Beschreiben Sie, mit welchen Maßnahmen einzelne Automobilhersteller versuchen, das Ansehen ihrer Marke zu verbessern.

Aufgabe 3

Die Miller GmbH & Co. KG bietet in ihrem Produktprogramm Produkte rund um das Büro an. Darunter sind Artikel zum Präsentieren von Ergebnissen und Vorschlägen (Flipcharts, Wandtafeln etc.), Druckartikel (Tonerkartuschen, Druckpapier, Patronen etc.) und EDV-Zubehör (Kabel, Computermäuse, Software etc.). Im Rahmen einer Erweiterung des Produktprogramms überlegt man aktuell bei der Miller GmbH & Co.KG, ob man zusätzlich zwei Produkte als Handelswaren im Programm anbieten sollte: Bildschirm-Träger und Software für Buchhaltung, Kostenrechnung und Steuern.

Planzahlen für die Artikel Bildschirm-Träger und Software:

– Bildschirm-Träger:
Durch die Aufnahme der Bildschirm-Träger würden zusätzliche fixe Kosten (im Wesentlichen Personalkosten) in Höhe von 80000 EUR entstehen. Die bestehenden fixen Kosten werden durch die Erlöse des bestehenden Produktprogramms in voller

Höhe gedeckt. Eine Umfrage bei den einzelnen Filialen ergab, dass je nach Preisstellung unterschiedlich hohe Verkaufszahlen erwartet würden.

Verkaufspreise (EUR)	Nachgefragte Menge	Variable Kosten/Stück (EUR)*
99,95	70000	89,95
95,95	75000	89,95
89,95	85000	89,95
85,95	105000	89,95

* Die variablen Kosten sind identisch mit dem Einstandspreis der Ware (vereinfachte Betrachtung).

Bei den Vertragsverhandlungen wurden mit dem Lieferanten folgende Konditionen vereinbart:
- Ab einer Abnahmemenge von 50000 Einheiten gibt es einen Preisnachlass von 20 %; ab einer Abnahmemenge von 70000 Einheiten gibt es einen Preisnachlass von 25 % (jeweils für die komplette Abnahmemenge).
- Der Lieferant liefert bei dieser Preisstellung frei Lager.

– Software:
Durch die Aufnahme der neuen Softwareprodukte würden zusätzliche fixe Kosten (Personalkosten und Schulungskosten für die Mitarbeiter) in Höhe von 120000 EUR entstehen. Die bestehenden fixen Kosten werden von den Erlösen des bestehenden Produktprogramms in voller Höhe gedeckt. Eine Umfrage bei den einzelnen Filialen ergab, dass auch hier, je nach Preisstellung, unterschiedlich hohe Verkaufszahlen erwartet wurden. Die Umfrage wurde nur für die „Buchhalter-Software“ durchgeführt.

Verkaufspreise (EUR)	Nachgefragte Menge	Variable Kosten/Stück (EUR)**
35,95	40000	25,95
32,95	45000	25,95
29,95	60000	25,95
26,95	80000	25,95

** Vertragliche Regelungen:
- Ab einer Abnahmemenge von 80000 Einheiten gibt es 15 % Preisnachlass; ab einer Abnahmemenge von 90000 Einheiten 20 %; ab einer Abnahmemenge von 100000 Einheiten 22 %.
- Der Lieferant liefert bei dieser Preisstellung ebenfalls frei Lager.

Plandaten für die Bildschirm-Träger mit und ohne Preisdifferenzierung in verschiedenen europäischen Ländern:

Land	Verkaufspreise (EUR) mit Preisdifferenzierung	Erwartete Verkaufszahlen	Verkaufspreise (EUR) ohne Preisdifferenzierung	Erwartete Verkaufszahlen
Deutschland	35,95	40000	35,95	40000
Frankreich	33,95	15000	35,95	12200
Italien	31,95	10000	35,95	8400
Spanien	30,95	5800	35,95	3200
Portugal	28,95	2000	35,95	900
Summe		72800		64700

a) Für die neu aufzunehmenden Waren müssen die Verkaufspreise bestimmt werden.
   aa) Ermitteln Sie auf der Basis der zur Verfügung stehenden Planzahlen die Gesamtkosten, den Gesamtumsatz und den Gesamtgewinn.
   ab) Welche Preise würden Sie unter Berücksichtigung dieser Daten verlangen?
   ac) Könnten Sie sich auch andere Preise vorstellen und wenn ja, mit welchen Zielsetzungen?

b) Die Büromarkt GmbH & Co. KG möchte in verschiedenen europäischen Ländern in ihren Filialen den Artikel Bildschirm-Täger mit in das bisherige Sortiment aufnehmen. Ergebnisse der Marktforschung belegen, dass in diesen Ländern teilweise erheblich unter dem Preisniveau in Deutschland angeboten wird. Ursächlich dafür ist u.a. die geringere Kaufkraft der Nachfrager und die teilweise größere Konkurrenz auf dem Markt für Büroartikel.
   Die zusätzlichen fixen Kosten betragen 200000 EUR. Diese fixen Kosten sind bei allen verschiedenen Formen der Preisstellung gleich hoch. (Variable Kosten sind diesselben wie bei Aufgabe a.)
   Berechnen Sie die Ergebnisse mit Preisdifferenzierung und ohne Preisdifferenzierung in allen europäischen Ländern.

Aufgabe 4

I. Absatzvorbereitung
Aus der Marktforschung (u.a. Daten der GfK) stehen Ihnen folgende Daten zur Produktsparte Schlauchwagen zur Verfügung:

In Deutschland gibt es im Jahr 1 ca. 19 Mio. Gartenbesitzer-Haushalte. 40 % dieser Haushalte besitzen einen Schlauchwagen. Im Vergleich: 93 % besitzen einen Gartenschlauch. 5 % der Besitzer von Schlauchwagen kaufen einen neuen Schlauchwagen. Weltweit liegt die Zahl der Gartenbesitzer im Jahr 1 bei ca. 150 Millionen, 20 % besitzen einen Schlauchwagen. Die prozentualen Kaufraten sind mit denen in Deutschland in etwa deckungsgleich.

Deutschland

Jahre	Verkaufte Schlauchwagen in Tsd. Stück
01	330
02	340
03	360
04	340
05	370
06	410
07	460

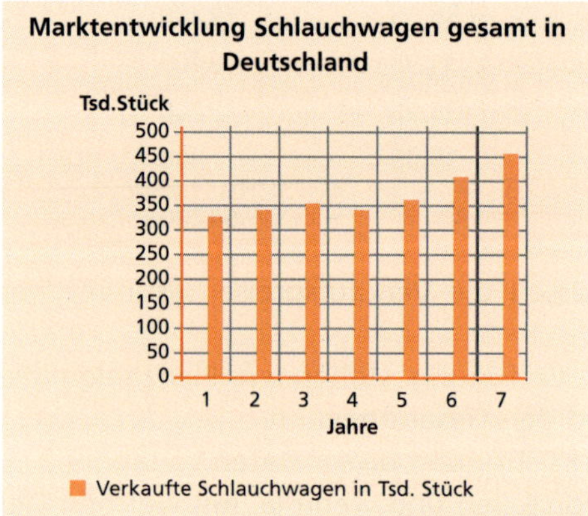

Weltweit

Jahre	Verkaufte Schlauchwagen in Tsd. Stück
01	2700
02	2840
03	2980
04	2790
05	2970
06	3330
07	3610

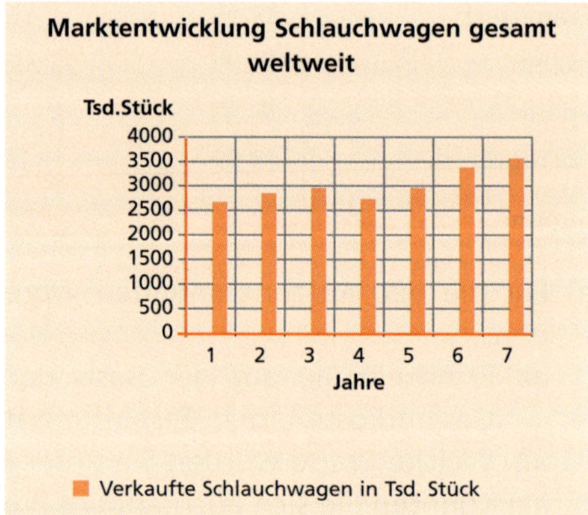

Jahre	Verkaufte Schlauchwagen von Gardena in Deutschland in Tsd. Stück
01	49,5
02	54,4
03	59,4
04	56,1
05	57,35
06	59,45
07	64,4

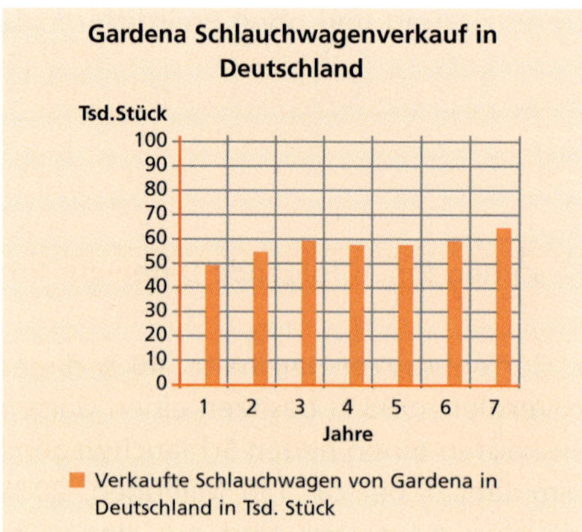

Jahre	Verkaufte Schlauchwagen von Gardena weltweit in Tsd. Stück
01	108
02	113,6
03	134,1
04	111,6
05	103,95
06	99,9
07	108,3

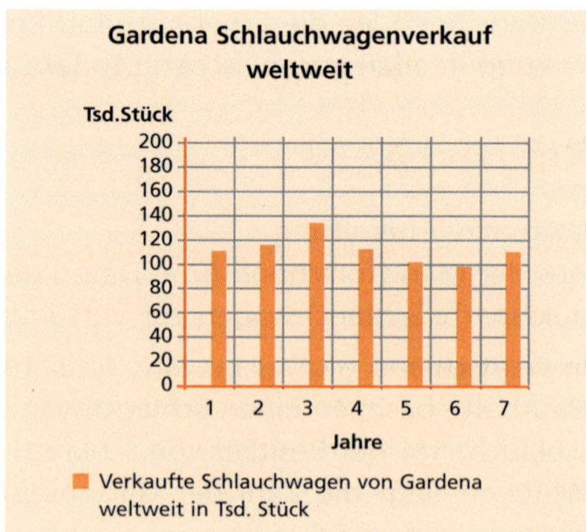

Weitere Informationen aus der Marktforschung:

- Viele Konsumenten schätzen beim Gardena-Schlauchwagen die hohe Funktionalität, vermissen aber technische Innovationen, die beispielsweise die Handhabung des Schlauchwagens erleichtern würden. (Hinweis: Nicht möglich ist die Umsetzung dieser Innovationen beim Einstiegsmodell, weil durch die starke Konkurrenz der „No-Name-Produkte" ein preiswertes, rein funktionales Modell für preisbewusste Konsumenten vorhanden sein muss.)
- Die Werbekampagnen, die in den letzten Jahren durchgeführt wurden, sind nach Ansicht der Befragten witzig und ideenreich. Allerdings sind die Werbeinhalte viel zu allgemein gehalten. Die Verbindung der Gardena-Produkte zum Garten und den Wünschen und Bedürfnissen der Zielgruppe „Gartenbesitzer" wird insbesondere in den Werbespots im Fernsehen zu wenig deutlich. Aus diesem Grund wurde bei einem Marktforschungsinstitut eine eigene Untersuchung der Zielgruppe „Gartenbesitzer" in Auftrag gegeben, mit dem Ziel, möglichst viele Daten über diese Zielgruppe zu erfahren.
- Aus Befragungen von Händlern, die auf ausländischen Märkten u.a. auch Gardena-Produkte vertreiben, zeigt sich, dass der Preis der Gardena-Produkte oft als zu hoch empfunden wird. Dies könnte u.a. daran liegen, dass die Marke Gardena auf ausländischen Märkten nicht den gleichen Bekanntheitsgrad hat wie in Deutschland. Dieser Prozess der Markierung der Produkte ist aber sehr langwierig und auf die Schnelle nicht zu erreichen. Kurzfristig müssen im Rahmen der preispolitischen Möglichkeiten andere Lösungen gefunden werden.

a) Berechnen Sie das jährliche Marktvolumen (gegenwärtig auf diesem Markt erzielte Verkaufsmenge) für Schlauchwagen in Deutschland und weltweit allein aufgrund der Informationen aus der Marktforschung im Jahr 1.
b) Berechnen Sie die Marktanteile der Firma Gardena in Deutschland und weltweit in den einzelnen Jahren.
c) Beschreiben Sie die Entwicklung der Marktanteile von Gardena in Deutschland und weltweit.
d) Beschreiben Sie aus den Informationen, die Ihnen aus der Marktforschung zur Verfügung gestellt werden, die Marketingziele für die Produktgruppe Schlauchwagen.

II. Instrumente des Marketings

Die folgenden Bilder und Texte beschreiben eine kleine Auswahl der Gardena-Produkte.

Artikelbezeichnung	GARDENA	Artikel-Nr.	EAN 4078500	Unverb. Preisempf. inkl. MwSt. EUR	VE in Stck.
GARDENA combisystem-Gartensäge gebogen Zum Sägen von stärkeren Ästen. Gekrümmtes Sägeblatt für optimalen Schneidwinkel und leichte Handhabung. Geschränkte Zahnung, spezialgehärtet, für kraftsparendes Sägen und lange Lebensdauer. Rostgeschützt durch Spezial-Beschichtung. Mit Räumhaken zum leichteren Entfernen von abgesägten Ästen in Baumkronen. Empfohlen für combisystem-Teleskopstiele zum Arbeiten bis in ca. 5 m Höhe. Mit Aufhängeöse und Schneidenschutz.	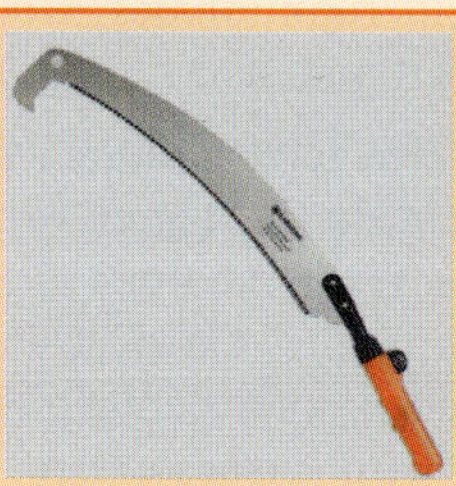	**664**	066402	**29,90**	6
GARDENA Schlauchstück Schneller Anschluss für Schlauchanfang: Einfaches Ziehen löst die Verbindung. Angebotsform: lose.	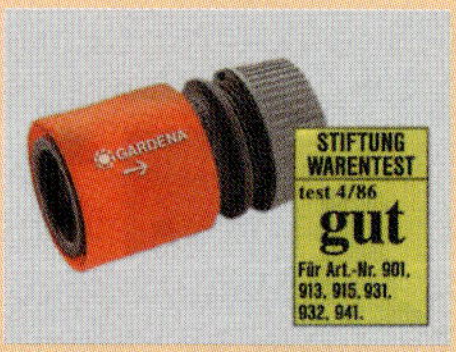	**915** Für 13 mm (1/2″)-Schläuche	091503	**4,00**	50
		916 Für 19-mm-(3/4″)- und 16-mm-(5/8″)-Schläuche	091602	**4,95**	10
GARDENA Wasserstop Der Anschluss am Schlauchende: entkuppeln = Wasser stoppt automatisch; zusammenstecken = Wasser frei. Erspart den Gang zum Wasserhahn beim Gerätewechsel. Angebotsform: lose.		**913** Für 13-mm-(1/2″)-Schläuche	091305	**4,95**	50
		914 Für 19-mm-(3/4″)- und 16-mm-(5/8″)-Schläuche	091404	**5,95**	10
GARDENA Hattrick-MulchCut HB 40 Mit MulchCut-Schneidsystem. Motor: Briggs & Stratton Quattro 40, 4-Takt-Motor, ca. 2,1 kW/ 3000 U/min., 158 ccm, LWA = 95 dB (A). Zentrale Schnitthöheneinstellung: stufenlos von 30–80 mm, über Digitalanzeige. Mit zuschaltbarer Lüfterwalze (34 gehärtete Stahlfedern). Gehäuse: hochschlagfester ABS-Kunststoff. Räder: doppelt kugelgelagert. Mit Einhand-Tragegriff. Geeignet für Hanglagen bis max. 20°.		**4010** Schnittbreite: 40 cm Fangsack: 55 l Fangvolumen Gewicht: 33 kg Empfohlen für Rasenflächen bis ca. 800 m² Gehäuse: 10 Jahre Garantie. Motor: 1 Jahr Garantie. CE	401005	**490,00**	1

Artikelbezeichnung	GARDENA	Artikel-Nr.	EAN 4078500	Unverb. Preisempf. inkl. MwSt. EUR	VE in Stck.
GARDENA Heckenschere 540 Für sauberen und leichten Heckenschnitt. Stets optimales Schneidergebnis durch regulierbare Vorspannung mittels handlicher Verstellmutter (ohne Werkzeug). Gedämpfter Anschlag, dadurch ermüdungsfreies Arbeiten. Exakt gearbeitete Schneiden aus erstklassigem, gehärtetem Stahl. Rostgeschützt durch Hartglanzverchromung. Mit präzisem Wellenschliff für schönen Formschnitt. Mit Messerschutz und 4-Farb-Infosleeve.	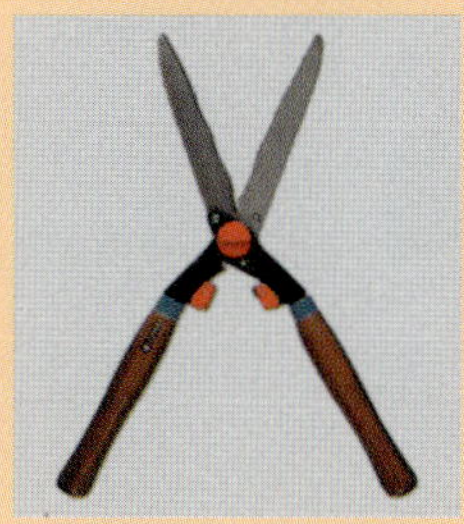	**316** Gesamtlänge 54 cm Messer hartglanzverchromt	031608	**36,75**	4
GARDENA Cord Plus-Schlauch Formstabiler und druckfester Kreuzgewebe-Schlauch. Hohe Wandstärke, dadurch mehr Sicherheit und längere Lebensdauer. Cadmium-, blei-, bariumfrei. Regeneratfrei. 4-Farb-Displayscheibe. 30 bar · Schlauch-Garantie 12 Jahre · Flex		**4461** 13 mm (1/2″), 20 m, ohne Systemteile	446105	**24,40**	1
		4463 13 mm (1/2″), 30 m, ohne Systemteile	446303	**36,60**	1
		4464 13 mm (1/2″), 50 m, ohne Systemteile	446402	**61,00**	1
		4472 19 mm (3/4″), 25 m, ohne Systemteile	447201	**54,00**	1
		4474 19 mm (3/4″), 50 m, ohne Systemteile	447409	**108,00**	1
					1
GARDENA combisystem-Blumenkralle Zum Lockern des Bodens in Beeten und Blumenkästen. Aus hochwertigem Qualitätsstahl. Arbeitsbreite 7 cm.	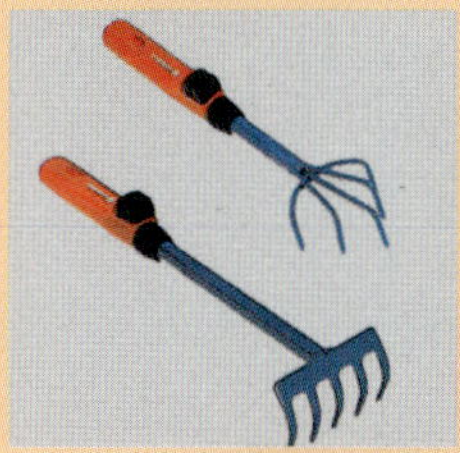	**3550** Ausgezeichnet durch HiF Haus Industrieform Essen · design center	355001	**7,65**	5
GARDENA combisystem-Blumenrechen Für das Rechen und Lockern des Bodens. Aus hochwertigem Qualitätsstahl. Arbeitsbreite 8,5 cm.		**3552** Ausgezeichnet durch HiF Haus Industrieform Essen · design center	355209	**8,70**	5
GARDENA Astschere 460 AL Kraftvoll. Handlich. Leicht. Ambossschere mit glattem, ziehendem Schnitt. Enorme Kraftersparnis durch Getriebeübersetzung. Gehärtetes, antihaftbeschichtetes Feinschliffmesser. Amboss und Schneidmesser auswechselbar. Ergonomische Handgriffe für bequemes Arbeiten und sicheren Halt. Lose mit informativer 4-Farb-SB-Infokarte.	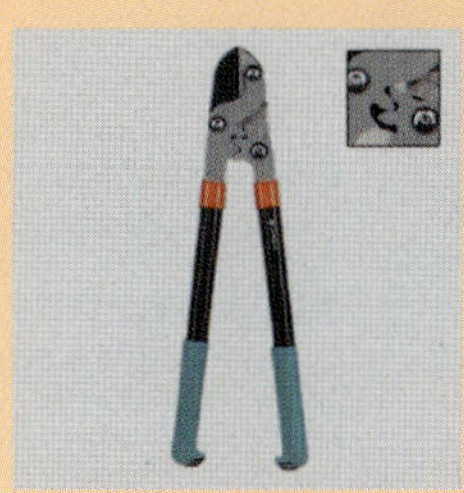	**641** Gesamtlänge 460 mm Max. schneidbarer Ast-∅: ca. 37 mm	064101	**29,00**	6

Artikelbezeichnung	GARDENA	Artikel-Nr.	EAN 4078500	Unverb. Preisempf. inkl. MwSt. EUR	VE in Stck.
GARDENA combisystem-Streuwagen Für exaktes Ausbringen von Rasendünger. Für kleinere Flächen bestens geeignet. Integrierte Abstreifschiene sorgt für ein gleichmäßiges Streubild. Mit Streutabelle für handelsübliche Dünger. Streubreite 40 cm. 3 l Fassungsvermögen. Empf. Stiellänge 130 cm/150 cm. 4-Farb-Infokarte.		**420**	042000	**36,00**	2
GARDENA Gießbrause FlowerShower Das aktuelle Saisonangebot. Gießen wie mit der Gießkanne: Weicher Wasserstrahl für gezieltes Gießen von Topf- und Einzelpflanzen und weicher Brausestrahl für das schonende Bewässern von Blumenbeeten und Rabatten. Einhandbedienung, Durchflussmenge stufenlos regulierbar. Abverkaufsstarkes 4-Farb-Display. Inhalt: Gießbrause FlowerShower.		**2003-20** **neu** **Aktion** 48 Stück Blister 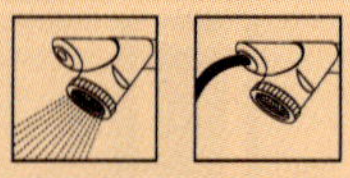 **Abgabe nur im Display mit 48 Stück!**	200301	**15,30**	48
GARDENA Polo 220 Stufenlos einstellbare Reichweite. Beregnete Fläche: 90 m²–max. 220 m² Einstellbare Reichweite: 7 m–max. 17 m Sprengbreite: max. 13 m		**1980** CE	198004	**21,30**	5
GARDENA Kupplung Zur problemlosen Schlauchverlängerung. Zum Übergang von 19 mm (3/4")- auf 13 mm (1/2")-Schläuche. Angebotsform: lose.		**931**	093101	**2,15**	50
GARDENA combisystem-Fächerbesen-Sortiment Saisonangebot zum Sonderpreis. Inhalt: 20 Komplettgeräte mit je 1 × 3102, 1 × 3703. Im Display.		**3022** **Aktion** **Abgabe nur im Display mit 20 Stück!**	302203	**17,35**	20
GARDENA Amboss-Gartenschere 180 Kleines Modell. Mit Standardgriff. Schneid-∅ max. 22 mm.		**610-20** 4-Farb-SB-Infokarte **610-30** Lose im Displaykarton	061001 061087	**13,00** **13,00**	10 10

Artikelbezeichnung	GARDENA	Artikel-Nr.	EAN 4078500	Unverb. Preisempf. inkl. MwSt. EUR	VE in Stck.

Schlauchwagen
Mit höhenverstellbarer Schubgabel: Passt sich der Körpergröße an. Platzsparende Aufbewahrung. Abgewinkelter Schlauchanschluss verhindert Abknicken des Schlauches. Drehbar gelagerte Anschlussachse verhindert Mitdrehen des Anschluss-Schlauches beim Auf- und Abrollen. Mit freilaufender Handkurbel. Mit großen, leichtlaufenden Profilrädern. Mit 2 Original GARDENA System-Hahnstücken. Für deutlich höheren Wasserdurchfluss umrüstbar auf GARDENA Profi-System mit Profi-System-Hahnstück, Art.-Nr. 2801.

	Verwendung	**Werks-Nr.**	**NA**	**Wg**	**VPE**		**EVP**
E 320971	60 TS Für max. 60 m 13-mm-(1/2″)-Schlauch, 50 m 16-mm-(5/8″) Schlauch oder 35 m 19-mm-(3/4″) Schlauch.	**2613-20** 40.78500.26130.2	1	FGA	1	931/708	**40,00**
E 320974	100 TS Für max. 100 m 13-mm-(1/2″)-Schlauch, 80 m 16-mm-(5/8″)-Schlauch oder 50 m 19-mm-(3/4″) Schlauch.	**2631-20** 40.78500.26310.8	1	FGA	1	837/205	**51,00**

GARDENA Amboss-Gartenschere 195 VC
Variable Öffnungsweite der Griffe.
Mit Komfortgriff.
Praktische Handschlaufe.
Schneid-∅ max. 27 mm.

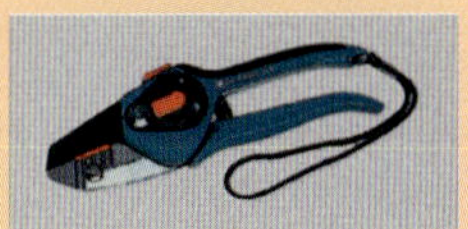

Artikel-Nr.	EAN	EUR	VE
618-20 **neu**	061803 4-Farb-SB-Infokarte	**20,50**	10
618-30 **neu**	061834 Lose im Displaykarton	**20,50**	+ 10

Das Marktforschungsinstitut kam hinsichtlich der Zielgruppen zu folgenden Ergebnissen:

Soziodemografische Merkmale der Zielgruppen

Untätige Desinteressierte
- 20–49 Jahre, viele Singles
- hohes Bildungsniveau
- geringes + hohes Einkommen
- 2–3 Pers./HH
- ländliches Umfeld

Leidenschaftl. Hobbygärtner
- 40–64 Jahre
- geringes Bildungsniveau
- mittleres Einkommen
- 2 Pers./HH
- ländliches Umfeld

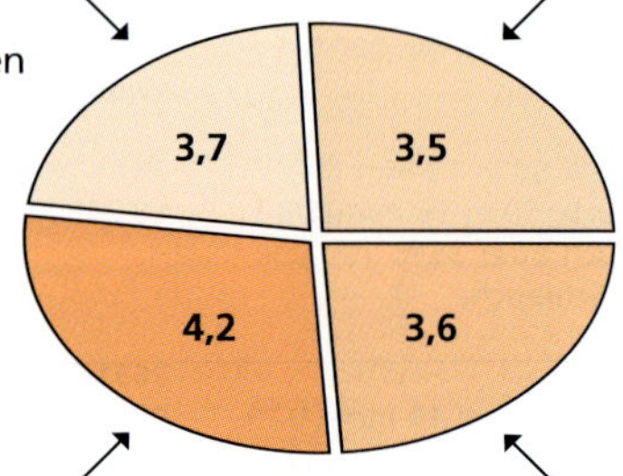

(Mio. Personen in Deutschland)

Bequeme Gartengenießer
- 30–49 Jahre
- mittleres–hohes Bildungsniveau
- sehr hohes Einkommen
- 3–4 Pers./HH
- urbanes Umfeld

Passionierte Probierfreudige
- 30–59 Jahre
- mittleres Bildungsniveau
- mittleres–hohes Einkommen
- 3–4 Pers./HH
- kleinstädtisches Umfeld

Einstellungsmerkmale + Gewichtung der Zielgruppen

Untätige Desinteressierte
- geringes Ausstattungsniveau
- nicht innovationsorientiert
- Garten spielt eher untergeordnete Rolle

→ vernachlässigen

Leidenschaftl. Hobbygärtner
- hohes Ausstattungsniveau
- sehr innovationsorientiert
- durchschn. gesellschafts- + aktivitätsorientiert
- Gartenarbeit als Erlebnis

→ bestätigen

Priorität in der

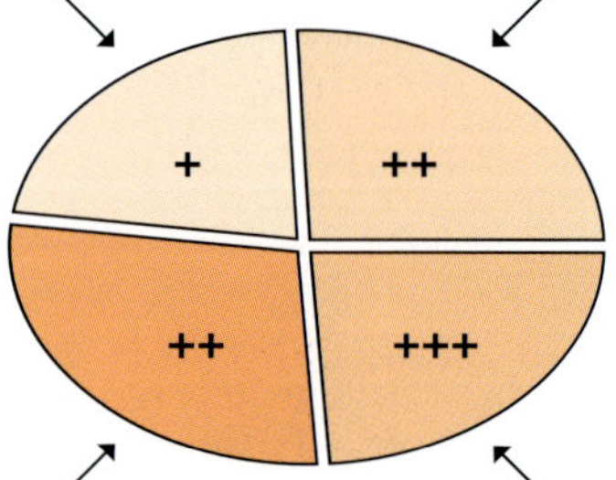

Marktbearbeitung

Bequeme Gartengenießer
- mittleres Ausstattungsniveau
- kaum innovationsorientiert
- überdurchschn. aktivitätsorientiert
- Gartenaufenthalt als Erlebnis

→ ausbauen

Passionierte Probierfreudige
- mittleres Ausstattungsniveau
- innovationsorientiert
- überdurchschn. gesellschafts- + aktivitätsorientiert
- Gartenarbeit + -aufenthalt als Erlebnis

→ ausbauen

Gruner + Jahr, Wohnen und leben, 10/99

Aus der Marktforschung stehen folgende Informationen über den Markt für Schlauchwagen in Kanada zur Verfügung:

Markt für Schlauchwagen in Kanada:

Mengen/Werte (Jahr 2002) Produkte	Verkäufe in Tsd. Stück Kanada/ Deutschland	Verkäufe in Tsd. EUR Kanada/ Deutschland	Durchschnittlicher Verkaufspreis in EUR Kanada/ Deutschland
Schlauchwagen	150/460	6000/36800	40,00/80,00

Wettbewerbssituation auf dem Markt für Schlauchwagen in Kanada:

Mengen/Werte Unternehmen	Verkäufe in Tsd. Stück	Marktanteile		Verkäufe in Tsd. EUR	Durchschnittlicher Verkaufspreis in EUR
		Stück	EUR		
Dagin	7			224	32
Fistan	20			840	42
Forrestier	33			1155	35
Ferrier	13			624	48
Sandström	49			2940	60
Spear	12			420	35
Tiger	10			250	25
Gardena	6			420	70

Umsätze nach Absatzkanälen (Umsatz in Tsd. EUR/Stückzahl in Tsd. Stück):

Absatzkanäle Unternehmen	Fachhandel	Baumärkte	Gartencenter	Großflächen-geschäfte (Verbraucher-märkte u.a.)
Dagin	–/–	30/1,5	139/3,5	55/2
Fistan	170/3	270/7	170/4	230/6
Forrestier	281/7	226/7	530/15	118/4
Ferrier	180/3	335/8	109/2	–/–
Sandström	740/12	925/16	1098/18	177/3
Spear	–/–	22/1	398/11	–/–
Tiger	31/1	90/4	82/3	47/2
Gardena	145/2	204/3	71/1	–/–

e) Stellen Sie den Teil des Produktprogramms der Firma Gardena dar, der aus den hier präsentierten Produkten deutlich wird. Stellen Sie mehrere mögliche Produktlinien dar, d.h., fassen Sie Produkte, die aufgrund des Produktions- oder Bedarfszusammenhangs in enger Beziehung zueinander stehen, zusammen.

f) Welche Möglichkeiten der Produktpolitik stehen zur Veränderung des Produktprogramms der Firma Gardena grundsätzlich zur Verfügung?

g) Welche dieser Möglichkeiten würden Sie im vorliegenden Fall beim Produkt „Schlauchwagen“ anwenden? Beschreiben/zeichnen Sie Ihre Vorstellungen so konkret wie möglich. Verwenden Sie u.a. auch die Informationen der Marktforschung, die Ihnen zur Verfügung stehen.

h) Auf der Grundlage der Informationen der Marktforschung soll die Kommunikationsstrategie der Firma Gardena neu konzipiert werden. Erarbeiten Sie die wesentlichen Inhalte dieser neuen Kommunikationsstrategie. Legen Sie die Ergebnisse der Zielgruppenanalyse der Firma Gardena zugrunde.

i) Beschreiben Sie den Absatzmarkt für Schlauchwagen in Kanada und vergleichen Sie ihn mit dem Markt in Deutschland.

j) Kennzeichnen Sie die derzeitige Wettbewerbssituation auf dem Markt für Schlauchwagen in Kanada anhand der Kriterien Marktanteile, Marktführerschaft und Preispolitik.

k) 1. Beschreiben Sie, über welche Absatzkanäle Schlauchwagen grundsätzlich vertrieben werden. Ermitteln Sie die prozentualen Umsatzanteile der Konkurrenten in den verschiedenen Absatzkanälen.
   2. Tragen Sie in die Tabelle die unterschiedlichen Preise ein.

l) Welche Preispolitik verfolgen die einzelnen Wettbewerber in den verschiedenen Absatzkanälen?

m) Ziel der Firma Gardena ist es, vor allem den Marktführern in ihren starken Absatzkanälen Paroli zu bieten.
   1. Welche Absatzkanäle sind dies im Einzelnen?
   2. Welche Preispolitik ist dazu notwendig und inwieweit ist die Firma preispolitisch dazu in der Lage?

Absatzkanal	**Fachhandel**		**Baumarkt**		**Gartencenter**		**Großflächengeschäft**	
Unternehmen	Ums. %	Preis/St.	Ums. %	Preis/St.	Ums. %	Preis/St.	Ums. %	Preis/St.
Dagin								
Fistan								
Forrestier								
Ferrier								
Sandström								
Spear								
Tiger								
Gardena								

2 Rechtliche Rahmenbedingungen des Außenhandels

Bei Kaufverträgen, die zwischen Unternehmen aus verschiedenen Ländern ausgehandelt und abgeschlossen werden, gibt es im Vergleich zu Kaufverträgen zwischen Vertragspartnern im Inland bezüglich der Kaufvertragsinhalte und der Frage des zugrundeliegenden Rechts teilweise erhebliche Unterschiede.

Was die **Kaufvertragsinhalte** betrifft, so muss bei einem Vertrag mit einem ausländischen Geschäftspartner u. a. die Frage geregelt werden, wer welchen Teil der Transportkosten und wer die Kosten bei Diebstahl, Verlust, Beschädigung, etc. der Ware auf dem Transportweg übernimmt. Dabei ist genau der Ort festzulegen, an dem der Kosten- und der Gefahrenübergang vom Verkäufer auf den Käufer stattfinden. Diese Festlegungen werden üblicherweise in sogenannten internationalen Lieferungsbedingungen (Incoterms) vereinbart.

Wird die Ware mit einem Schiff transportiert, sind spezielle allgemeine Vereinbarungen bezüglich dieser Art des Warenverkehrs zu beachten (Abladegeschäfte, Containertransporte, typische Vereinbarungen bei Außenhandelsgeschäften).

Im Inland unterliegen Kaufverträge zwischen den Vertragspartnern dem deutschen Kaufvertrags-recht. Bei Kaufverträgen mit ausländischen Vertragspartnern kann es durchaus Auseinandersetzungen dergestalt geben, dass sich Exporteur und Importeur nicht einig werden, welches **Kaufvertragsrecht** aus welchem Land für die Abwicklung des Vertrags nun gelten soll. Insbesondere bei Kaufvertragsstörungen ergibt sich immer wieder das Problem der Durchsetzbarkeit eines Urteils in einem anderen Land.

2.1 Internationale Lieferungsbedingungen (Incoterms)

Schon bei Inlandsgeschäften ist die Frage, wer die Transportkosten, die Transportversicherung und das Risiko beim Transport der Güter trägt, von Bedeutung. Bei Auslandsgeschäften, wo Güter teilweise über mehrere tausend Kilometer befördert werden, sind die Kosten und das Risiko beim Transport der Güter ungleich höher. Zusätzlich müssen bei Außenhandelsgeschäften Dokumente erstellt und u. U. behördliche Auflagen (Beispiel: Exportgenehmigungen, Endverbleibsnachweise, Ursprungsnachweise etc.) erfüllt werden.

Da in den einzelnen Ländern der Kosten- und Gefahrenübergang sehr unterschiedlich gehandhabt wird, ist eine international einheitliche und rechtsverbindliche Regelung dieser Fragen dringend erforderlich. Die Internationale Handelskammer von Paris hat sich bereits 1938 dieser Fragen angenommen und „internationale Regeln zur Auslegung von Handelsverträgen" formuliert. Diese International Commercial Terms (**Incoterms**) haben zwar keinen Gesetzescharakter, sondern sind nur ein internationaler Handelsbrauch, trotzdem sind sie vor Gericht einklagbar, wenn sie von Käufer und Verkäufer ausdrücklich als Vertragsbestandteil vereinbart wurden.

Durch die Verwendung von Incoterms, die grundsätzlich aus drei Buchstaben bestehen, wird eine extreme Rationalisierung des Versandablaufs erreicht. Bei richtiger Anwendung werden alle Rechte und Pflichten von Verkäufer und Käufer bei einer Lieferung klar geregelt; wodurch für alle Beteiligten, Exporteur, Importeur, Frachtführer, Versicherungsgesellschaften, etc. eine große Rechtssicherheit erreicht wird. Geregelt werden insbesondere folgende Rechte und Pflichten:

1. Der Ort, an dem die Transportkosten vom Verkäufer auf den Käufer übergehen **(Transportkostenübergang)**.
2. Der Ort, an dem das Risiko, dass die Güter/Waren zerstört oder beschädigt werden, vom Verkäufer auf den Käufer übergeht **(Gefahrenübergang).**
3. **Sonstige Pflichten**, die vom Verkäufer oder vom Käufer zu erfüllen sind (Beispiele: Beschaffung von Genehmigungen, Ein- und Ausfuhrdokumenten, Frachtpapieren, Mitteilungspflichten über die Verladung/Verschickung von Gütern, etc.)

Incoterms spiegeln die Handelspraktiken wider, die von den Beteiligten bei Außenhandelsge-schäften durch jahrelange Erfahrungen gewonnen wurden. Dies erklärt auch die weltweite Verbreitung der Incoterms über alle Branchen hinweg.

Incoterms stellen privatrechtliche Vereinbarungen dar, die den allgemeinen gesetzlichen Bestimmungen, sofern es für diese Bereiche überhaupt international gültige Normen gibt, vorgehen. Da sie international gültig und einklagbar sind, führen sie zu einer Rechtsvereinheitlichung.

Im Kaufvertrag einigen sich Käufer und Verkäufer auf eine der verschiedenen Incoterms, die dann Vertragsbestandteil wird. Dadurch ist dann für beide Vertragspartner klar, wer welche Transportkosten, wer welches Risiko etc. zu tragen hat. Selbstverständlich wird der Exporteur, je nachdem, welche Kosten er zu übernehmen hat, dies in seiner **Preisgestaltung** berücksichtigen. Muss er beispielsweise sämtliche Transport- und Versicherungskosten bis zum Importeur übernehmen, ist der in Rechnung gestellte Preis höher, als wenn der Importeur diese Kosten übernimmt. Preise im Rahmen von Export- oder Importgeschäften sind deshalb immer in Verbindung mit der zugrunde liegenden internationalen Lieferungsbedingung zu sehen.

Mit dem 01.01.2011 tritt wieder eine Aktualisierung der Incoterms in Kraft.

- → Das neue Regelwerk umfasst nun nur noch elf Lieferbedingungen; ersetzt wurden die Klauseln DAF, DES, DEQ und DDU durch die beiden neuen Klauseln DAT und DEQ.
- → Gegliedert werden die Incoterms nach Transportarten: Multimodale Klauseln, bei denen jede Transportart möglich ist und die vor allem für den Containerverkehr gedacht sind und maritime Klauseln, die nur für den See- und Binnenschifftransport eingesetzt werden können. Die maritimen Klauseln können auch für den Transport von konventionellem Frachtgut verwendet werden.

Incoterms ohne Bezug auf ein bestimmtes Verkehrsmittel

Lieferungs-bedingung	Kostenübergang	Gefahrenübergang	Sonstige Pflichten (Dokumenten-beschaffung, ...)
1. Ab Werk (EXW) (Beispiel: EXW Stuttgart, Halle 10) Ware wird auf dem Betriebsgelände des Verkäufers (VK) zur Verfügung gestellt.	– VK übernimmt transportgerechte Verpackung der Ware. – Kostenübergang ist identisch mit dem Gefahrenübergang. – VK muss die Ware nicht auf das Transportmittel des Kunden verladen. – Kosten einer Qualitätsprüfung der Ware trägt der Käufer.	VK trägt die Gefahr bis zur ordnungsgemäßen Zurverfügungstellung der Ware am richtigen Ort und in der richtigen Zeit.	– VK ist dem Käufer bei der Beschaffung der Exportdokumente (Genehmigung, Zollpapiere, Ursprungsnachweis, ...) behilflich; allerdings geschieht alles auf Kosten und Risiko des Käufers. – VK stellt die Handelsrechnung aus. – Käufer muss Ware vertragsgemäß oder in der „üblichen Zeit" abholen. – VK muss Käufer über Ort und Zeit der Abnahme informieren (Bsp.: per Fax).
2. Frei Frachtführer (FCA) (Beispiele: – FCA Güterbahnhof Ulm – FCA Flughafen Köln – FCA Seehafen Bremen – FCA Daimler-Werk Sindelfingen, Halle 10 (Lkw) Ware wird dem Frachtführer am benannten Ort zur Verfügung gestellt Bei Containerversendungen sind FCL- bzw. LCL-Bedingungen anzuwenden.	– Findet die Lieferung beim VK statt (Lkw), ist er für die Verladung verantwortlich; in allen anderen Fällen ist der Käufer dafür zuständig. – VK trägt die Transportkosten bis zur Übergabe an den Frachtführer. – VK trägt Versicherung bis zur Übergabe. <u>Praxis:</u> Es ist aus Beweisgründen empfehlenswert, keine zwei Versicherungen abzuschließen, sondern eine Haus-Haus-Versicherung und die Kosten u. U. zu teilen. – VK trägt die Kosten der Beschaffung der Ausfuhrbewilligung und der Zollpapiere (Export).	Gefahrenübergang auf den Käufer mit Übergabe der Ware an der Frachtführer.	– VK beschafft Ausfuhrbewilligung und Zollpapiere. – VK muss Ware fristgerecht am vereinbarten Ort übergeben. – VK benachrichtigt den Käufer nach erfolgter Übergabe der Ware an den Frachtführer. – Käufer beschafft die Konnossemente (beschafft der VK im Rahmen einer dokumentären Zahlungsbedingung [Bsp.: Akkreditivzahlung] die Konnossemente, geht dies auf Kosten des Käufers). – VK beschafft Liefernachweis (Bsp.: Konnossement, Frachtbrief, ...).

Lieferungs-bedingung	Kostenübergang	Gefahrenübergang	Sonstige Pflichten (Dokumenten-beschaffung, ...)
3. Geliefert benannter Ort (DAP) Bsp: DAP Paris, Rue de la Fontaine 14, Halle 7, Tor 3 Ware wird vom Verkäufer an dem benannten Bestimmungsort dem Käufer entladebereit zur Verfügung gestellt. Dabei sollte der Bestimmungsort so genau wie möglich bestimmt werden. Diese Lieferbedingung erlaubt den Einsatz aller Transportmittel, auch verschiedene Transportmittel können zum Einsatz kommen.	– VK trägt alle Kosten für eine mögliche Ausfuhrgenehmigung und alle anderen behördlichen Genehmigungen sowie die Ausfuhrzollformalitäten. – VK trägt alle Transportkosten bis zum benannten Bestimmungsort, ohne die Entladekosten. – VK übernimmt keine Versicherungskosten; die Versicherung ist in Absprache zwischen den beiden Vertragspartnern zu regeln. Derjenige, der die Versicherung übernimmt, bekommt vom Partner alle notwendigen Dokumente zur Verfügung gestellt.	VK trägt alle Gefahren des Verlustes oder der Beschädigung der Ware bis zum benannten Bestimmungsort.	– VK beschafft alle Dokumente bis zum Bestimmungsort (Handelsrechnung, Ursprungsnachweis, Frachtpapiere, ...). – VK stellt Ware am vereinbarten Bestimmungsort ordnungsgemäß zur Verfügung.
4. Geliefert Terminal (DAT) Bsp: DAT Hamburg, Hafen Altenwerder. Terminal 6 Ware wird von dem ankommenden Beförderungsmittel entladen und dem Käufer an dem bestimmten Terminal (Lagerhalle. Containerdepot, Luftfrachtterminal,...) zur Verfügung gestellt. Diese Lieferbedingung erlaubt den Einsatz aller Transportmittel, auch verschiedene Transportmittel können zum Einsatz kommen.	– VK trägt alle Kosten für eine mögliche Ausfuhrgenehmigung und alle anderen behördlichen Genehmigungen sowie die Ausfuhrzollformalitäten. – VK trägt alle Transportkosten bis zum benannten Terminal und die Kosten für alle Prüfvorgänge (Qualitätsprüfung, Messen, Wiegen), die notwendig sind um die Waren ordnungsgemäß bis zum Terminal zu befördern, sowie alle	VK trägt alle Gefahren des Verlustes oder der Beschädigung der Ware bis zum benannten Bestimmungsort.	– VK beschafft alle Dokumente bis zum vereinbarten Terminal. (Handelsrechnung, Ursprungsnachweis, Frachtpapiere, ...). – VK stellt Ware am vereinbarten Terminal ordnungsgemäß zur Verfügung.

Lieferungs-bedingung	Kostenübergang	Gefahrenübergang	Sonstige Pflichten (Dokumenten-beschaffung, ...)
	von den Behörden des Ausfuhrlandes angeordneten Warenkontrollen vor der Verladung (preshipment inspection). – VK übernimmt keine Versicherungskosten; die Versicherung ist in Absprache zwischen den beiden Vertragspartnern zu regeln. Derjenige, der die Versicherung übernimmt, bekommt vom Partner alle notwendigen Dokumente zur Verfügung gestellt.		
5. Frachtfrei (CPT) (Bsp.: CPT Flughafen München) VK liefert die Ware frachtfrei bis an den benannten Bestimmungsort. Bestimmungsort ist flexibel, ist in der Regel aber bei der Übergabe an den ersten Frachtführer bekannt.	– VK trägt die Kosten der Verpackung. – VK trägt die Transportkosten bis zum benannten Bestimmungsort. – VK trägt die Kosten der Ausfuhrbewilligung und der Zollformalitäten.	VK trägt das Risiko bis zur Übergabe an den ersten Frachtführer.	Vgl. Pflichten DAF; statt Grenzort hat der VK diese Pflichten bis Bestimmungsort zu erfüllen.
6. Frachtfrei versichert (CIP) (Bsp.: CIP New York) VK liefert Ware frachtfrei und versichert an den benannten Bestimmungsort.	VK hat die gleichen Kosten wie bei der CPT-Klausel, jedoch zusätzlich die Versicherungskosten bis zum Bestimmungsort.	VK trägt das Risiko, bis die Ware an den ersten Frachtführer übergeben wurde.	Zusätzlich zu den Pflichten von CPT muss der VK die Versicherungspapiere bis zum Bestimmungsort beschaffen.

Lieferungsbedingung	Kostenübergang	Gefahrenübergang	Sonstige Pflichten (Dokumentenbeschaffung, ...)
7. Geliefert verzollt und versteuert (DDP) (Bsp.: DDP New York) VK liefert Ware frachtfrei, versichert einschließlich aller Einfuhrabgaben an den benannten Ort im Einfuhrland.	VK trägt zusätzlich zur DDU-Klausel die Einfuhrkosten (Zölle, Steuern, Papiere usw.).	Vgl. DDU	Zusätzlich zu DDU muss der VK die Einfuhrformalitäten erledigen.

Incoterms mit Bezug auf den Schifffahrtsverkehr (Maritime Klauseln)

Lieferungsbedingung	Kostenübergang	Gefahrenübergang	Sonstige Pflichten (Dokumentenbeschaffung, ...)
1. Frei Längsseite Schiff (FAS) (Bsp: FAS Seehafen Hamburg, benannter Platz) VK liefert Ware bis Längsseite Schiff im Verschiffungshafen. FAS ist ausschließlich für den Seeverkehr geeignet und bei Hinzufügung der FCL- bzw. LCL-Klauseln auch für die Containerversendung gut geeignet.	– VK trägt die Kosten der Ausfuhrbewilligung und der Zolldokumente. – VK trägt Transport- und Versicherungskosten bis Längsseite Schiff. – VK trägt ebenfalls die Kai-Gebühren. – Kosten der Schiffsverladung gehen zulasten des Käufers.	VK trägt das Risiko bis zur Lieferung an die Längsseite des Schiffes.	– VK hat den Käufer von der Längsseitslieferung zu informieren. – Käufer muss vorher den Namen des Schiffes, den Ladeplatz und die Lieferzeit dem VK mitteilen. – VK erbringt Dokument zum Nachweis der Lieferung (Beispiel: Kai-Empfangsschein).
2. Frei an Bord (FOB) (Bsp.: FOB Hamburg) VK hat seine Lieferverpflichtung erfüllt, wenn die Ware die Schiffsreling im Verschiffungshafen überschritten hat.	VK trägt zusätzlich zur FAS-Klausel die Verladekosten im Verschiffungshafen.	VK trägt das Risiko, bis die Ware die Schiffsreling im benannten Verschiffungshafen überschritten hat.	– VK muss zusätzlich zu den Pflichten bei FAS die Schiffsverladung organisieren. – Der Käufer hat auf eigene Kosten und Gefahr einen Beförderungsvertrag mit einem Reeder abzuschließen.

Lieferungsbedingung	Kostenübergang	Gefahrenübergang	Sonstige Pflichten (Dokumentenbeschaffung, ...)
3. Kosten und Fracht (CFR) (Bsp.: CFR Santos) VK liefert die Ware frachtfrei, aber nicht versichert bis zum benannten Bestimmungshafen.	VK trägt zusätzlich zur FOB-Klausel die Seefrachtkosten bis benannten Bestimmungshafen.	Vgl. FOB	– VK muss zusätzlich zu den Pflichten bei FOB einen Beförderungsvertrag mit einem Reeder über die Beförderung der Ware bis zum Bestimmungshafen abschließen. – Käufer schließt einen Versicherungsvertrag für den Transport der Ware vom Verladehafen bis zum Bestimmungsort ab.
4. Kosten, Versicherung, Fracht (CIF) (Bsp.: CIF Santos) VK liefert die Ware frachtfrei und versichert bis zum Bestimmungshafen.	VK trägt zusätzlich zu CFR die Kosten der Versicherung bis zum Bestimmungshafen.	Vgl. FOB/CFR	VK schließt einen Versicherungsvertrag für den Transport der Ware bis zum Bestimmungshafen ab.

2.2 Abladegeschäfte

Nach Abschluss des Kaufvertrags muss die Ware vom Exporteur zum Importeur befördert werden. Findet die Beförderung auf dem Seeweg statt und ist die Ware an einem bestimmten Ort abzuladen, spricht man von einem Abladegeschäft. Ein Abladegeschäft ist ein Kaufvertrag über Waren, die von einem Seehafen (Abladehafen) nach einem Bestimmungshafen abzuladen sind und in Gestalt der sie vertretenden Konnossemente zu liefern sind. Das Abladegeschäft ist damit immer ein Dokumentengeschäft.

Bei Beförderungen auf dem Landweg liegt kein Abladegeschäft im rechtlichen Sinne vor. Abladegeschäfte sind insbesondere Geschäfte, die mit den Klauseln FAS, FOB, CFR und CIF abgeschlossen werden. Die folgenden Bestimmungen über Abladegeschäfte sind aus den Geschäftsbedingungen des Warenvereins der Hamburger Börse entnommen.

Erfüllungsort und Gefahrenübergang (§ 35)

Erfüllungsort für die Lieferung der Ware ist der Abladehafen. Der Gefahrenübergang findet entsprechend der jeweils vereinbarten Lieferbedingung statt (z. B. bei CIF ab Reling Schiff im Verschiffungshafen). Ist eine Ware auf dem Seeweg verloren gegangen, ist von dem Abladegewicht der auf der Reise eintretende Gewichtsverlust abzuziehen und der Preis von diesem Gewicht zu berechnen.

Pflichten des Verkäufers

Untersuchungsverbot (§ 36)

Nach erfolgter Abladung darf der Verkäufer die Ware nicht mehr untersuchen oder verändern.

Abladezeit (§ 39)

- Ist für die Abladung oder Verschiffung eine Frist vereinbart (Abladezeit), muss die Ware innerhalb dieser Frist an Bord des Schiffes übernommen werden.
- Ist **„prompte" Abladung** oder Verschiffung vereinbart müssen folgende Fristen ab Vertragsschluss eingehalten werden:
  - 15 Tage bei Übernahme der Ware in europäischen Häfen der Ost-, Nordsee oder des Atlantischen Ozeans, mit Ausnahme spanischer und portugiesischer Häfen (21 Tage).
  - 30 Tage bei Übernahme der Ware in anderen Häfen.
- Ist die Klausel „schwimmend" vereinbart, muss sich die Ware bei Vertragsschluss an Bord des Schiffes befinden.

Beförderung (§ 40)

Ist im Vertrag nichts anderes vereinbart, darf die Ware direkt oder indirekt befördert werden.

Bei einer **direkten Beförderung** darf das Schiff auf dem Weg vom Ablade- zum Bestimmungshafen keinen Hafen anlaufen, der vom Bestimmungshafen weiter entfernt ist als der Abladehafen.

Umladungen sind, soweit vertraglich nichts anderes bestimmt wurde, zulässig, wenn der Ablader die Ware schon bei der ersten Abladung für den vertraglichen Bestimmungshafen bestimmt hatte.

In einem Container muss die Ware nur befördert werden, wenn dies besonders vertraglich bestimmt wurde.

Verschiffungsanzeige (§ 41)

Der Verkäufer hat dem Käufer den Namen des Schiffes, welches die Ware befördert, mitzuteilen. Wird die Ware in Containern befördert, so muss der Käufer auch über die Nummer des Containers informiert werden.

Bei Übernahme der Ware in europäischen Häfen und der Ostküste Nordamerikas ist die Verschiffungsanzeige spätestens am dritten Geschäftstag nach der Abladung zu erstatten. (In anderen Häfen am dritten Tag nach Ablauf der Abladezeit.) Wird diese Frist durch den Verkäufer versäumt, ist dem Käufer ein möglicher Schaden zu erstatten. Die Verschiffungsanzeige ist eine Hauptleistung des Abladevertrages.

Dokumente (§ 42)

Der Verkäufer hat dem Käufer eines der folgenden Dokumente zu liefern:

- ein Konnossement
- einen Konnossement-Teilschein
- einen Kai-Teilschein
- einen Lieferschein einer Reederei

Das **Abladedokument** muss den Abladehafen, den Tag der Abladung, den Namen des Schiffes, den Bestimmungshafen und die Gattung und Menge der Ware enthalten; war Beförderung mit einem Container vereinbart, muss das Abladedokument die Container-Nummer enthalten und erkennen lassen, ob der Container ab Bestimmungshafen weiter zu versenden ist.

Bei CIF-Geschäften ist außerdem ein **Versicherungsschein** der Ware in Höhe des Kaufpreises zuzüglich 10% imaginären Gewinns beizufügen. Sämtliche Dokumente müssen inhaltlich dem Kaufvertrag entsprechen.

Unrichtige Dokumente (Abladung, Beförderung, Beschaffenheit und Menge der Ware sind vertragswidrig) oder unvollständige Dokumente braucht der Käufer nicht anzunehmen.

Die Lieferung der Dokumente ist ebenfalls eine Hauptleistung des Abladevertrags.

Frist für die Lieferung der Dokumente

Der Verkäufer hat dem Käufer die Dokumente unverzüglich nach Erstattung der Verschiffungsanzeige zu liefern. Für Schalenobst und Trockenfrüchte müssen die Dokumente spätestens am Tag nach der Entlöschung der Ware; bei sonstiger Ware spätestens mit dem Einlaufen des Schiffes im Bestimmungshafen dem Käufer übergeben werden. Der Verkäufer darf die Dokumente nicht länger als einen Geschäftstag in seinem Besitz halten und muss sie auf dem schnellsten für ihn zumutbaren Weg zum Käufer befördern. Die Dauer der Beförderung zählt nicht als Besitz des Verkäufers.

Pflichten des Käufers

Destinationsvorbehalt (§ 38)

Behält sich der Käufer den Bestimmungshafen vertraglich vor, so ist der Käufer verpflichtet, die vorbehaltene Destination zwei Wochen vor der Abladung zu erklären. Diese Erklärung ist eine Hauptleistung des Abladegeschäfts. Ohne die Bestimmung der Destination darf die Ware nicht abgeladen werden.

Vertragswidrige Ware (§ 49)

Wurde die Ware in einem Container versendet, so muss der Käufer die Ware unverzüglich nach Ausladung der Ware am vorgesehenen Platz untersuchen.

Zeigt sich eine vertragwidrige Beschaffenheit der Ware, hat der Käufer dem Verkäufer dies unverzüglich mitzuteilen. Die Frist gilt in jedem Fall als gewahrt, wenn die Rüge innerhalb von drei Geschäftstagen nach der Untersuchung beim Verkäufer eingeht. Unterlässt der Käufer die rechtzeitige Anzeige, gilt die Ware als genehmigt, es sei denn, die vertragswidrige Beschaffenheit war auch bei ordnungsgemäßer Untersuchung nicht erkennbar.

Wird der Käufer durch Umstände, die er nicht zu vertreten hat, an der Untersuchung gehindert, so muss er dies dem Verkäufer unverzüglich anzeigen.

Fehlmengen (§ 50)

Die Gewichtsliste ist vom jeweiligen Käufer innerhalb von zehn Geschäftstagen dem letzten Verkäufer weiter zu geben. Werden diese Fristen nicht eingehalten, gilt das im Konnossement angegebene Gewicht als anerkannt. Der Anspruch auf Vergütung von Fehlmengen verjährt sechs Monate nach Entlöschung des Schiffes.

Akkreditiv (§ 51)

Im Rahmen eines Akkreditivs ist der Käufer dafür verantwortlich, dass seine Bank den Verkäufer zehn Tage vor Beginn der Abladung über die Verfügbarkeit des Geldes unterrichtet.

Rechte des Käufers

Vertragswidrige Abladung und Beförderung (§ 44)

Wird die Ware vertragswidrig abgeladen oder befördert, hat der Käufer das Recht
- ohne weiteres vom Vertrag zurückzutreten
- oder Schadensersatz wegen Nichterfüllung zu verlangen
- oder die Ware als Erfüllung anzunehmen und daneben Ersatz des durch die Verletzung des Vertrags entstandenen Schadens zu verlangen.

Der Verkäufer kann dem Käufer eine Frist für die Wahl seiner Rechte angeben. Versäumt der Käufer diese Frist, steht ihm nur der Anspruch auf Schadensersatz wegen Nichterfüllung zu. Die Frist muss mindestens 3 Geschäftstage betragen.

Vertragswidrige Dokumente (§ 45)

Hat der Verkäufer dem Käufer unrichtige oder unvollständige Dokumente angeboten und hat der Käufer die Annahme dieser Dokumente verweigert, sind zweite Andienungen des Verkäufers nicht ausgeschlossen. Zur Andienung kann der Käufer dem Verkäufer eine angemessene (mindestens 3 Tage) Frist setzen. Nach dieser Frist kann der Käufer vom Vertrag zurücktreten oder Schadensersatz wegen Nichterfüllung verlangen.

Vertragswidrige Ware (§ 48)

Liefert der Verkäufer dem Käufer vertragswidrige Ware, kann der Käufer – soweit es sich um einen Gattungsmangel handelt – ohne Bestimmung einer Frist vom Vertrag zurücktreten oder Schadensersatz wegen Nichterfüllung verlangen. Tritt der Käufer vom Vertrag zurück, muss er die Ware dem Verkäufer am Ort des Bestimmungshafens zurückliefern.

2.3 Containertransporte

Der Warentransport auf See wird heute zum überwiegenden Teil mit Containern durchgeführt.

Vorteile von Containern	Nachteile von Containern
1. Das stabile Äußere vermindert den Verpackungsaufwand und spart Kosten. 2. Durch das Zusammenlegen verschiedener Sendungen in Containern wird die Zahl der Umladevorgänge reduziert. Man spart Umschlagskosten. 3. Aufgrund der leichteren Handhabung ist die Land- und Seefracht günstiger. 4. Die Stabilität der Hülle und das sichere Verstauen vermindern das Transportrisiko. 5. Die Beförderungszeit wird durch kurze Lade- und Löschzeiten verringert. 6. Erst der Container macht multimodalen oder kombinierten Verkehr möglich. 7. Bei paarigen Verkehrsströmen fällt kein Leerguttransport an.	1. Sie sind nicht für alle Güter geeignet (Beispiel: sperrige Güter). 2. Hohe Investitionskosten für Behälter, Umschlagseinrichtungen und Schiffe fallen an. 3. Zu- und Rückführung sowie das Bewegen sind nur im Spezialfahrzeug möglich. 4. Mindestgewichte bei der Frachtberechnung sind zu beachten.

Besonderheiten beim Be- und Entladen von Containern

Für den Containerverkehr gibt es spezielle Be- und Entladebedingungen, die genau festlegen, welche Pflichten der Ablader und welche der Verfrachter beim Be- oder Entladen eines Containers hat. Diese Be- und Entladebedingungen müssen auf dem Konnossement festgehalten werden. In der Praxis stellt der Ablader das Konnossement aus und dieses ausgefüllte, von der Reederei noch nicht unterschriebene Konnossement begleitet die Ware dann bis zum Hafen. Der Verfrachter erhält folglich auf dem Konnossement die vom Ablader festgelegten Be- und Entladebedingungen.

FCL (Full Container Load)	LCL (Less Container Load)
Ein vom Ablader gepackter Container wird dem Verfrachter (Carrier/Reederei) beladen übergeben. Der Ort der Anlieferung für den Ablader oder dessen Frachtführer ist der Container-Yard, d.h. der Stapelplatz am Kai. Die Aufgabe des Verfrachters beginnt folglich mit der Schiffsverladung des Containers. Der Verfrachter hat im Abgangshafen nur dafür zu sorgen, dass der Container auf seinen richtigen Stellplatz im Schiff gelangt.	Im Unterschied zum FCL-Container liefert der Ablader Stückgüter zum Terminal des Verfrachters. Das Verladen der Stückgüter in Container ist Aufgabe des Verfrachters. Der Container wird im Abgangshafen von einer „Container Freight Station" (CFS) für den Verfrachter beladen („Stuffing") und im Bestimmungshafen von einer anderen CFS entladen („Stripping"). Aufgabe des Verfrachters beim LCL-Container ist also das Verladen der Stückgüter am Abgangshafen in den Container, der Transport zum Bestimmungshafen, das Entladen des Containers und die Übergabe der Stückgüter an den berechtigten Empfänger.

Folgende Be- und Entladebedingungen sind möglich:

- → **FCL/FCL:** Der Ablader packt den Container; erst beim Empfänger wird er entladen.
- → **LCL/LCL:** Der Container wird im Abgangshafen vom Verfrachter gepackt, weil nur Sendungen mehrerer Absender einen kompletten Container füllen; im Bestimmungshafen wird der Container entladen.
- → **FCL/LCL:** Der Absender packt den Container und lässt ihn bis zum Bestimmungshafen befördern; Verteilung der Einzelsendungen an verschiedene Empfänger.
- → **LCL/FCL:** Der Container wird im Abgangshafen vom Verfrachter gepackt und erst beim Empfänger entladen.

Organisation des Vor- und Nachlaufs beim FCL-Verkehr

Wird der Vor- und Nachlauf durch den Spediteur organisiert, spricht man von **Merchant's Haulage**. Der Spediteur hat dann einen Leercontainer vom Abgangshafen oder von einem binnenländischen Container-Depot der Reederei zu beschaffen, dem Ablader zur Beladung zur Verfügung zu stellen und anschließend im Lastlauf für den Transport zum Verschiffungshafen zu sorgen. Kostenträchtig ist in diesem Fall vor allem der Leertransport des Containers.

Übernimmt der Verfrachter den Vor- und den Nachlauf, handelt es sich um **Carrier's Haulage**. Der Verfrachter stellt in diesem Fall aus seinem binnenländischen Depot dem Ablader einen Container zur Verfügung und transportiert ihn nach der Beladung zum Seehafen. Auch den Nachlauf kann er auf diese Weise organisieren. Der Verfrachter bietet dem Kunden damit einen Haus-zu-Haus-Containerverkehr an.

Haftung des Verfrachters

Der Verfrachter haftet für alle Schäden vom Zeitpunkt der Übernahme des Containers bis zu seiner Übergabe an den berechtigten Empfänger, aber nur, wenn nachgewiesen wird, dass er die Ursache der Gefahr/des Schadens zu vertreten hat (§ 608, III HGB).

Der Verfrachter haftet nicht für Schäden, die entstehen

1. aus Gefahren und Unfällen auf See,
2. aus kriegerischen Ereignissen, Unruhen, usw.,
3. aus einer gerichtlichen Beschlagnahme,
4. aus Streik, Aussperrung usw.,
5. aus Handlungen und Unterlassungen des Abladers.
   Beispiel: Wird der Container dem Verfrachter vom Ablader gepackt übergeben, so haftet der Verfrachter nicht für Schäden, die aufgrund der mangelhaften Verpackung der Güter im Container entstehen.
6. aus der Rettung ... von Leben oder Eigentum auf See,
7. aus Schwund an Raumgehalt oder Gewicht ... des Gutes (§ 608,I HGB).

Container sind weltweit genormte Großraumbehälter, durch die das Verladen, Befördern, Lagern und Entladen von Gütern vereinfacht und beschleunigt wird. Die verbreitetsten ISO-Container haben eine Breite von 8 Fuß (2,44 m) und sind entweder 20 Fuß (6,095 m) oder 40 Fuß (12,19 m) lang. Daraus ergeben sich auch die Abkürzungen: „TEU" (Twenty-foot, Equivalent Unit) „FEU" (Forty-foot Equivalent Unit).

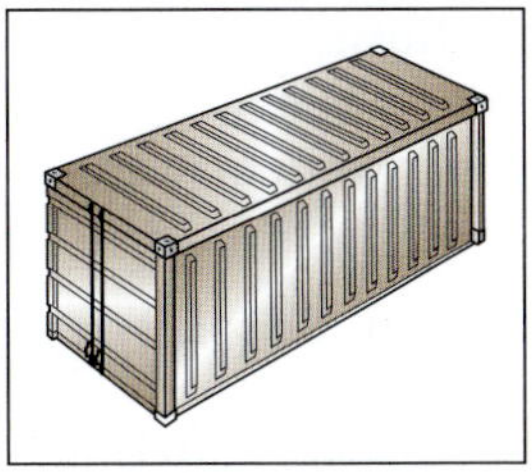

20′ Dry Van (20 D)

20′ Flat (20 FL)

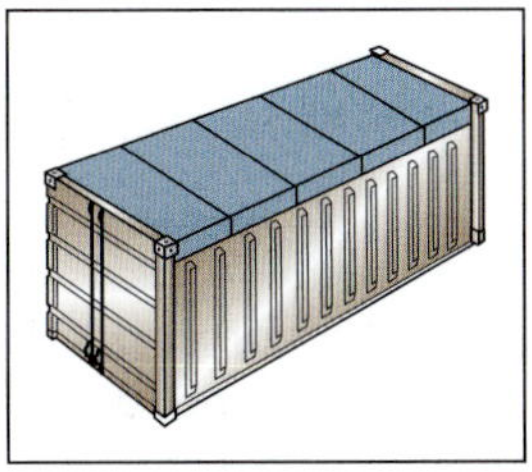

20′ Open Top (20 OT)

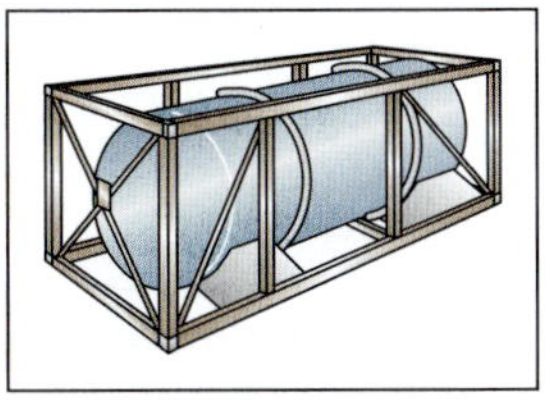

20′ Tank (20 TK)

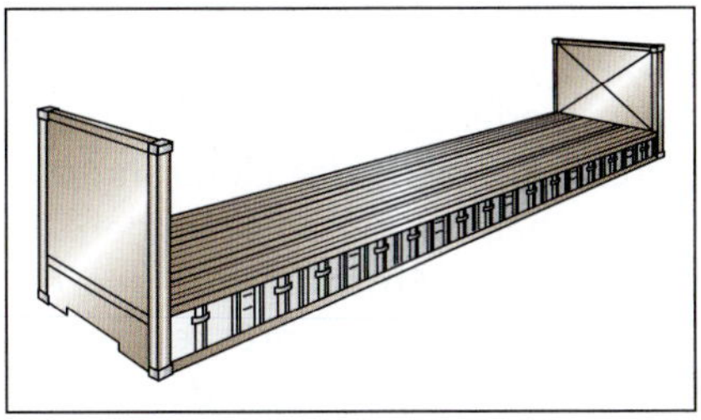

40′ Flat (40 FL)

2.4 Typische Vereinbarungen bei Außenhandelskontrakten

Bei Außenhandelsgeschäften, insbesondere bei Importgeschäften ist bei Abschluss des Kaufvertrags neben den üblichen Vertragsinhalten, wie beispielsweise Preis, Lieferungs- und Zahlungsbedingungen auch auf spezifische Vertragsvereinbarungen wie Qualitätsbestimmung, Mengenbestimmung, Versandanzeige und Verpackung zu achten.

Qualitätsbestimmung

Ist bei einem Kaufvertrag über Naturprodukte beispielsweise nichts über die Qualität vereinbart, so hat der Verkäufer nur durchschnittliche Qualität zu liefern. Will der Käufer eine andere Warenqualität geliefert haben, muss er dies bereits bei Abschluss des Kaufvertrags mithilfe folgender Punkte festlegen:

- → Angabe des Herkunftslandes bzw. -gebiets, z. B. kalifornische Nüsse
- → Genaue Beschreibung der Ware, z. B. die Größe, Farbe, etc. der Nüsse
- → Angabe von Standards bei Waren, die an der Börse gehandelt werden. Dadurch ist dann automatische die Qualität der Ware definiert.

Bei vielen Waren könnte auch ein Musterkauf vereinbart werden. Beispielsweise könnten folgende Musterkäufe getätigt werden:

- → Kauf nach Probe: Die gelieferte Ware stimmt exakt mit dem zuvor getesteten Muster überein.
- → Kauf auf Probe: Die Ware wird nur behalten, wenn sie den vereinbarten Qualitätsstandards entspricht.

Mengenbestimmung

Ein weiterer wichtiger Vertragsinhalt ist die genaue Festlegung der Warenmenge. Ist im Kaufvertrag eine Menge von 10 tons vereinbart worden, kann es sich bei dieser Mengenbezeichnung um eine metrische Tonne (1000 kg), um eine long ton (1016 kg) oder um eine short ton (907,185 kg) handeln.

Wird die Mengenangabe mit handelsüblichen Bezeichnungen festgelegt, wie zum Beispiel Sack oder Ballen, ist die Bezeichnung durch einheitliche Maßeinheiten zu ergänzen: 300 Sack Guatemala Kaffee zu 70 kg je Sack oder 200 Ballen Tuch zu 200 Meter. Enthält die Mengenangabe den Zusatz „circa“, kann bei der Lieferung von der vertraglich vereinbarten Menge nach unten oder oben abgewichen werden. Im Kaffeehandel beträgt die Spanne 3 %, im Holzhandel 10 %. Entsprechend den einheitlichen Richtlinien für Dokumentenakkreditive werden die Ausdrücke „etwa“, circa“ oder ähnliche Begriffe so ausgelegt, dass eine Abweichung bei der Warenmenge um bis zu 10 % erlaubt ist.

Die „circa-Klausel“ wird angewandt

- → beim Handel mit Massengütern (z. B. Holz, Papier, Erdöl), bei denen es manchmal unwirtschaftlich bzw. unmöglich wäre, auf eine Maßeinheit genau zu liefern.
- → Bei Importwaren (z. B. Früchte, Reis), bei denen während des Transports eine Gewichtsminderung durch Austrocknung bzw. eine Gewichtszunahme durch Feuchtigkeitsaufnahme entstehen kann; hier wird im Kaufvertrag die Abrechnung des „ausgelieferten Gewichts“ vereinbart.

Der durch den natürlichen Schwund während der Seereise entstandene Gewichtsverlust muss vom Verkäufer getragen werden. Diese Vereinbarung ist allerdings auf dem Land- und Luftweg nicht üblich. Weiterhin ist bei den nach Gewicht gehandelten Waren darauf zu achten, ob der Preis für das Brutto- oder das Nettogewicht zu entrichten ist.

Versandanzeige

Mit der Versandanzeige teilt der Exporteur dem Importeur mit, wann die zu versendenden Waren verschifft oder verladen worden sind. Diese Versandanzeige erhält Informationen über

- die Art des Transportmittels,
- den Ort der Abladung bzw. Verladung,
- den Zeitpunkt der Abladung bzw. Verladung,
- die abgeladene/verladene Menge,
- den Bestimmungshafen.

September, 3nd 20...

ADVICE OF SHIPMENT

Marks	DESCRIPTION
FTS	500 Bags
Hazelnutkernels	
7245	Crap 20..
1-250	

Shipped per M.S. „Poseidon" sailing from Patras, Greece to Hamburg, Germany on September, 3rd. 20..

Expected due date on /about September 20th, 20..

Trusting that the shipment will reach the destination in order, we are with regards

Der Importeur kann mit der Versandanzeige entsprechende Dispositionen treffen, z. B. kann er seine Abnehmer über den Ankunftstermin der Ware informieren, Transportmittel und Lagerraum disponieren und die Verzollung vorbereiten. Rechtlich gesehen ist die Versandanzeige ein Mittel zur Konkretisierung der Ware. Der Importeur ist nur verpflichtet die Ware anzunehmen, die gemäß der Versandanzeige versandt worden ist. Zusätzliche Ware kann der Importeur ablehnen.

Verpackung

Vor allem bei Warentransporten auf See muss der Exporteur darauf achten, dass die Ware dem Importeur in gutem Zustand ausgehändigt werden kann. Deshalb muss er eine Verpackung wählen, die den Anforderungen des Warentransportes entspricht. Sie sollte gleichzeitig aus Kostengründen raum- und gewichtssparend sein.

Ist im Kaufvertrag „Verpackung wie üblich" vereinbart, trifft der Exporteur die Wahl der Verpackung eigenverantwortlich, besser wäre ein Zusatz „für den Seetransport voll geeignet". Allgemein sind bei der Wahl der Verpackung folgende Punkte zu beachten:

- die Beschaffenheit der Ware (flüssig, fest)
- die Transportempfindlichkeit der Ware (Eisen rostet z. B., wenn es mit Salzwasser in Kontakt kommt)
- die Transportart (Container, Stückgut)
- die Transportmittel (Lkw, Bahn, Seeschiff)
- die Umschlagtechnik

2.5 UN-Kaufrecht

Kaufvertragsrecht – von Land zu Land verschieden

Werden Kaufverträge mit Unternehmen aus anderen Ländern geschlossen, steht man vor der Frage, welches Recht denn nun Anwendung findet: das Kaufvertragsrecht des Importlandes oder das Kaufvertragsrecht des Exportlandes? Dies ist sicher kein unwesentlicher Bestandteil des Kaufvertrages, sondern neben dem Preis, den man für die Ware erzielt, den Lieferungs- und Zahlungsbedingungen etc. eine der zentralen Fragen, die im Kaufvertrag geregelt werden müssen. Deutlich wird dies, wenn man das deutsche und das amerikanische Kaufvertragsrecht anhand einiger Punkte (Produzentenhaftung, Prozessrecht) vergleicht.

Deutsche Produzentenhaftung

Unter Produzentenhaftung versteht man die **verschuldensabhängige Haftung** des Herstellers für Folgeschäden (Personen- und Sachschäden), die durch die Benutzung oder den Verbrauch der von ihm hergestellten fehlerhaften Gegenstände entstanden sind. Die Haftung des Herstellers erstreckt sich dabei auf

- Konstruktionsfehler (fehlerhafte technische Ausführung und Gestaltung)
- Fabrikationsfehler (fehlerhafte Montage bei Produkten, nicht artgerechte Lagerung)
- Instruktionsfehler (lückenhafte Gebrauchsanweisung, fehlende Warnhinweise)
- Verletzung der Produktbeobachtungspflicht (mangelhafte Überwachung des Produkts im praktischen Gebrauch, Unterlassung von Rückrufaktionen)

Schuldig ist ein Produzent dann, wenn er einen der aufgeführten Punkte zu verantworten hat. Kennt der Produzent den Fehler und bringt das Produkt trotzdem in den Verkehr, begeht er eine unerlaubte Handlung (strafbares Delikt). Bei Körper- und Gesundheitsschäden kann auch die Zahlung eines angemessenen Schmerzensgeldes verlangt werden.

Amerikanische Produzentenhaftung

Bezüglich der Haftung des Herstellers führt das amerikanische Recht im Großen und Ganzen dieselben Fehler und Pflichtverletzungen auf wie das deutsche Recht. Grundsätzlich besteht in den USA eine Zusicherungshaftung aus dem Kaufvertrag, d.h., dass der Käufer auf der Einhaltung beispielsweise einer Qualitätszusicherung bestehen kann und gegebenenfalls schadensersatzberechtigt ist gegenüber dem Hersteller oder dem Verkäufer.

Allerdings besteht ein wesentlicher Unterschied bezüglich des Schadensersatzumfangs. In den USA fehlt zum einen ausdrücklich der Vermerk „angemessen" und zum anderen haben nicht nur der Geschädigte selbst, sondern auch seine Familienangehörigen und mögliche Gäste den Anspruch auf Schadensersatz.

Beispiele:

1. Eine ältere Dame in den USA hatte ihre vom Regen nass gewordene Katze zum Trocknen in die Mikrowelle gelegt. Als das Tier verendete, prozessierte die Dame gegen den Hersteller

der Mikrowelle und verklagte ihn auf Schadensersatz. Die Frau bekam einen hohen Schadensersatz, weil der Hersteller auf der Gebrauchsanweisung das „Trocknen von Tieren" nicht ausdrücklich ausgeschlossen hatte.

2. Eine Kundin von McDonald's verschüttete aus irgendeinem Grund ihren Kaffee, worauf sie sich Brandblasen am Oberschenkel zuzog. Sie verklagte McDonald's auf Schadensersatz und bekam mehrere Millionen Dollar Schadensersatz von einem Gericht zugesprochen.

Ein weiterer Unterschied zum deutschen Recht besteht darin, dass das amerikanische Recht eine föderalistische Struktur aufweist, d.h., dass in jedem Bundesstaat eine andere Produkt- bzw. Produzentenhaftpflicht besteht. Je nachdem, in welchem Staat der Vertrag abgeschlossen wurde, kann man als ausländischer Produzent also Glück oder Pech bei einer vom Käufer eingereichten Schadensersatzklage haben.

Deutsches Prozessrecht

Nach deutschem Recht sind die Kosten des Gerichtsverfahrens vom Prozessverlierer zu tragen. Der Gewinner muss keine Prozesskosten übernehmen. Je nach Dauer und Aufwand des Verfahrens können die Verfahrenskosten ganz erheblich sein.

Die Anwaltskosten tragen zunächst einmal Kläger und Beklagter selbst. Nach erfolgtem Urteil muss der Verlierer auch die Anwaltskosten des Gewinners übernehmen. Die Höhe der Anwaltskosten ist in Deutschland einheitlich geregelt und richtet sich nach dem Streitwert im Prozess.

Im Vergleichsfall werden die Verfahrenskosten geteilt und die Anwaltskosten tragen Kläger und Beklagter selbst.

Amerikanisches Prozessrecht

In den Vereinigten Staaten sind die Kosten des Gerichtsverfahrens ebenfalls vom Verlierer zu tragen. Im Unterschied zu den Verfahrenskosten in Deutschland sind die Verfahrenskosten in den Vereinigten Staaten aber äußerst gering und stellen deshalb für die Entscheidung „Prozess führen oder nicht" kein Hindernis dar.

Die Anwaltskosten sind in den Vereinigten Staaten individuell zu vereinbaren und deshalb weitaus höher als in Deutschland. Allerdings zahlt der Kläger seinem Anwalt nur ein „Erfolgshonorar", d.h., der Anwalt bekommt vom Kläger nur Geld, wenn dieser den Prozess gewinnt. Verliert der Kläger den Prozess, geht der Anwalt leer aus. In Schadensersatzprozessen erhält der Anwalt üblicherweise einen bestimmten Prozentsatz vom erhaltenen Schadensersatz.

Der oder die Anwälte der Beklagten dagegen erhalten in jedem Fall ihr Geld. Dieses Honorar bemisst sich nach dem Zeitaufwand und kann mehrere Hundert Dollar pro Stunde betragen. Der Beklagte muss dieses Honorar grundsätzlich selbst tragen, auch wenn er den Prozess in vollem Umfang gewinnt. Er hat keine Möglichkeit, vom Kläger die Erstattung dieser Kosten zu verlangen.

Daraus ergibt sich, dass für einen Kläger in den Vereinigten Staaten mit einem Prozess, auch durch mehrere Instanzen, nahezu kein Kostenrisiko verbunden ist. Der Beklagte hingegen muss bei jeder Prozessführung ohne Rücksicht auf das Ergebnis mit einem erheblichen Kostenaufwand rechnen.

Beispiel:
Die Halterin eines Audi-Pkw mit Automatikgetriebe aus den USA prozessierte gegen die Firma Audi. Angeblich hatte sich bei ihrem Wagen „eine plötzliche, technisch vom Autofahrer nicht mehr zu beherrschende Beschleunigung" vollzogen, worauf der Wagen anschließend rückwärts gegen die Wand fuhr. Nach jahrelangen Gerichtsprozessen, sehr hohen Rechtskosten und enormen Umsatzeinbußen für die Firma Audi wurde von zwei unabhängigen Gutachtern festgestellt, dass ein Fehler der Fahrerin vorlag. Sie hatte den Rückwärts-, statt den Vorwärtsgang eingelegt. Die Audi AG bekam weder die Anwaltskosten noch die Umsatzeinbußen ersetzt. Die Klägerin hatte lediglich die Verfahrenskosten zu zahlen.

In den USA ist es für den Beklagten teilweise günstiger, trotz guter Beweislage einen Vergleich mit dem Kläger einzugehen, um einen jahrelangen Prozess mit riesigen Anwaltskosten und möglicherweise enormen Imageschäden zu vermeiden.

Um eine Lösung für diese Rechtsproblematik zu finden, wurde im Jahr 1980 im Rahmen einer UNO-Konferenz das „Wiener Übereinkommen der Vereinigten Nationen über Verträge über den Internationalen Warenkauf – UN-Kaufrecht" abgeschlossen. Wird dieses internationale Vertragsrecht einem Kaufvertrag zugrunde gelegt, gehen diese Vereinbarungen dem jeweiligen nationalen Recht vor. Zudem wird dieses internationale Vertragswerk von den Gerichten aller Unterzeichnerstaaten anerkannt.

Anwendungsbereich des UN-Kaufrechts

Vertragsstaaten

Ägypten
Argentinien
Australien
Belgien
Bosnien-Herzegowina
Bulgarien
Burundi
Chile
China
Dänemark
Deutschland
Ecuador
Estland
Finnland
Frankreich
Gabun
Georgien
Guinea
Honduras
Irak
Irland
Israel
Italien
Kanada
Kirgisistan
Kolumbien
Kroatien
Kuba
Lesotho
Liberia
Lettland
Litauen
Luxemburg
Mauretanien
Mexiko
Moldawien
Mongolei
Montenegro
Neuseeland
Niederlande
Norwegen
Österreich
Paraguay
Peru
Polen
Rumänien
Russland
Sambia
Schweden
Schweiz
Serbien
Singapur
Slowakei
Slowenien
Spanien
Südkorea
Syrien
Tschechische Republik
Uganda
Ukraine
Ungarn
Uruguay
USA
Usbekistan
Weißrussland
Zypern

Sachlicher Anwendungsbereich

Das UN-Kaufrecht gilt grundsätzlich für alle Verträge, bei denen **Warenlieferungen gegen Entgelt** (Art. 1, 1 u. Art. 3, 1) vereinbart wurden. Nicht erfasst werden folgende Geschäfte:

1. **Tauschgeschäfte**, d. h. Geschäfte, bei denen der Warenbezug mit einer Gegenlieferung von Waren bezahlt wird.
2. **Anlagengeschäfte**, bei denen der Verkäufer neben der Ware/Anlage auch noch Dienstleistungen erbringen muss und diese Dienstleistungen überwiegen.
3. **Rechte**, wie beispielsweise Patente, Lizenzen etc.
4. **Immobiliengeschäfte**.

Räumlicher/persönlicher Anwendungsbereich

Bei Kaufverträgen zwischen Unternehmen aus verschiedenen Ländern kommt das UN-Kaufrecht dann zur Anwendung, wenn bezüglich des Unternehmenssitzes folgende Voraussetzungen gegeben sind:

1. Käufer und Verkäufer haben den Sitz ihres Unternehmens in verschiedenen Ländern, die aber jeweils Vertragsstaaten des UN-Kaufrechts sind. In diesem Fall gilt das UN-Kaufrecht automatisch, auch ohne dass sich die Vertragspartner auf dieses Recht geeinigt haben. Das internationale Recht hat dann supranationalen Charakter; es geht dem nationalen Recht vor (Art. 1, 1).
2. Käufer und Verkäufer haben ihren Unternehmenssitz in verschiedenen Ländern, aber nur eines dieser Länder ist ein Vertragsstaat. In diesem Fall gelten aus deutscher Sicht folgende Regelungen:
   a) Für alle Exporte aus Deutschland in ein anderes Land gilt das UN-Kaufrecht, unabhängig davon, ob dieses Land ein Vertragsstaat ist oder nicht.
   b) Für alle Importe aus einem Vertragsstaat nach Deutschland gilt das UN-Kaufrecht.
   c) Für Kaufverträge, bei denen das UN-Kaufrecht ausdrücklich als zugrunde liegendes Recht vereinbart wurde, gilt das UN-Kaufrecht.
   d) Für Importe aus einem Nicht-Vertragsstaat nach Deutschland gilt das Kaufvertragsrecht dieses Landes, es sei denn, man einigt sich auf das UN-Kaufrecht.

Inhalte des UN-Kaufrechts

Zustandekommen von Kaufverträgen

Wie im deutschen Recht auch kommt ein Kaufvertrag durch Angebot und Annahme zustande (Art. 14). Die aus dem deutschen Recht bekannten Grundsätze des Schweigens sind in der Regel nicht anwendbar (Art. 9).

Allerdings sind auch einige deutliche Abweichungen vom deutschen Recht bezüglich des Zustandekommens eines Kaufvertrags festzustellen.

1. Ein Angebot kann auch dann noch widerrufen werden, wenn die Willenserklärung bereits beim Käufer eingegangen ist. Hat sich der Käufer aber bereits zu dem Angebot geäußert, ist ein Widerruf nicht mehr möglich (Art. 14).
2. Nur eine wesentliche Abweichung der Annahme gilt als ein neues Angebot. Bei geringfügigen Abweichungen, beispielsweise bei der Menge oder der Qualität der zu liefernden Waren, kommt ein Kaufvertrag trotz abweichender Annahme zustande (Art. 19). Ist der Verkäufer mit der abweichenden Annahmeerklärung nicht einverstanden, muss er diese sofort nach Eingang reklamieren.
3. Eine verspätete Annahme ist kein neuer Antrag, sondern eine rechtsgültige zweite Willenserklärung, aufgrund derer ein Kaufvertrag zustande gekommen ist. Wenn der Verkäufer mit dieser Willenserklärung nicht einverstanden ist, muss er dies beim Käufer reklamieren (Art. 21,1,2).

Pflichten des Verkäufers

Allgemeine Pflichten

1. Lieferung der Ware und Verschaffung des Eigentums an der Ware (Art. 30).
2. Die Ware muss dem Käufer zur Verfügung gestellt werden (Art. 31 lit. b, c).

Erfüllungsort für die Warenschuld

1. Erfordert der Kaufvertrag eine Beförderung der Ware, liegt der Erfüllungsort dort, wo der Verkäufer die Ware dem ersten Beförderer übergibt (Art. 31 lit. a). Der Verkäufer hat die zur Beförderung der Ware notwendigen Verträge abzuschließen (Anmerkung: Er muss aber nicht die Kosten dafür tragen) und dem Käufer die Versendung anzuzeigen (Art. 32,1,2). Der Verkäufer ist aber nicht verpflichtet, den Transport der Ware zu versichern.
2. Ist die Ware aus einem bestimmten Bestand zu entnehmen und befindet sich an einem bestimmten Ort, so hat der Verkäufer dem Käufer die Ware an diesem Ort zur Verfügung zu stellen (Art. 31 lit. b).
3. In allen anderen Fällen hat der Verkäufer die Ware dem Käufer an dem Ort zur Verfügung zu stellen, an dem der Verkäufer bei Vertragsabschluss seine Niederlassung hatte (Art. 31 lit. c).

Im Regelfall werden in der Praxis aber dafür spezielle Lieferbedingungen (Incoterms) vereinbart. Die Übergabe der Ware, die Art der vom Verkäufer zu beschaffenden Dokumente und die Versicherungspflicht richten sich dann nach den Regelungen der vereinbarten Lieferbedingung.

Lieferzeit für die Ware

- Wurde ein Zeitpunkt oder ein Zeitraum im Vertrag vereinbart, so ist an diesem Zeitpunkt oder innerhalb dieses Zeitraums zu liefern (Art. 33 lit. a, b).
- In allen anderen Fällen erfolgt die Lieferung innerhalb einer angemessenen Frist nach Vertragsabschluss (Art. 33 lit. c).

Der Verkäufer darf allerdings, im Unterschied zum deutschen Recht, nicht vor dem vereinbarten Termin liefern (Art. 52,1); eine Lieferung nach dem vereinbarten Liefertermin ist aber unter Umständen noch möglich (Recht der zweiten Andienung – Art. 48,1). Durch diese zweite Andienung soll dem Verkäufer die Möglichkeit gewährt werden, eventuelle Falschlieferungen, Qualitätsmängel oder Rechtsmängel zu korrigieren und mögliche Schadensersatzansprüche des Käufers abzuwehren.

Dokumente

Allgemein hat der Verkäufer die Pflicht, die notwendigen Dokumente, die sich auf die Ware beziehen (Konnossemente, Frachtbrief, Rechnungen, Ursprungsnachweise etc.) an dem Ort und in der Form dem Käufer zu übergeben, wie es im Vertrag vorgesehen ist (Art. 34). Wurden im Kaufvertrag spezielle Incoterms vereinbart, gelten bezüglich der Dokumentenerstellung und -übergabe die Bestimmungen der jeweils vereinbarten Lieferungsbedingung.

Pflichten des Käufers

Allgemeine Pflichten

1. Bezahlung des Kaufpreises
2. Abnahme der Ware (Art. 53)

Zeitpunkt der Bezahlung

Der Kaufpreis ist fällig, sobald der Käufer über die Ware bzw. die Dokumente verfügt (Art. 58,1). Der Käufer ist nicht verpflichtet, den Kaufpreis zu bezahlen, bevor er nicht die Gelegenheit gehabt hat, die Ware zu untersuchen, es sei denn, es sind bestimmte Liefer- und Zahlungsbedingungen vereinbart (Art. 58,3).

Allerdings gibt es im UN-Kaufrecht keine Festlegungen darüber, in welcher Währung der Kaufpreis zu bezahlen ist. In der Regel ist die Währung vertraglich geregelt, im Zweifelsfall ist die Währung des Exporteurs die maßgebliche Währung.

Erfüllungsort für die Geldschuld

Erfüllungsort für die Bezahlung des Kaufpreises ist der Ort des Verkäufers (Art. 57,1 lit. a) oder, wenn die Zahlung gegen die Übergabe der Ware oder von Dokumenten zu leisten ist, an dem Ort, an dem die Übergabe stattfindet (Art. 57, 1 lit. b), und nicht, wie im BGB geregelt, der Ort des Käufers. Diese Bestimmung kommt dem deutschen Exporteur zugute, da bei einer gerichtlichen Verfolgung seiner Zahlungsansprüche die deutschen Gerichte zuständig sind, auch wenn keine gesonderte Gerichtsstandsvereinbarung getroffen wurde (§ 29 ZPO, Art. 5 Nr. 1 EuGVÜ).

Gemeinsamkeiten zwischen deutschem Recht und UN-Kaufrecht

1. Käufer und Verkäufer haben ein Zurückbehaltungsrecht von vertraglich geschuldeten Leistungen, wenn der jeweils andere Vertragspartner wesentliche Pflichten aus dem Kaufvertrag, wie z.B. die Versendung vertragsgemäßer Waren, nicht erfüllt. Dieses Zurückbehaltungsrecht gilt selbst dann, wenn beispielsweise der Käufer bereits im Besitz der Dokumente ist, die ihn berechtigen, die Ware zu erlangen (Art. 71,1 lit. a, b).
2. Ist schon vor der Vertragserfüllung offensichtlich, dass eine Vertragspartei eine wesentliche Vertragsverletzung begehen wird, kann die andere Partei die Vertragsaufhebung beantragen (Art. 72,1).

3. Bei staatlichen Eingriffen, Naturkatastrophen, Krieg etc. ist die betroffene Vertragspartei von ihren Pflichten befreit (Art. 79).

Recht bei Leistungsstörungen

Die Leistungsstörungen im UN-Kaufrecht sind grundsätzlich anders geregelt als im deutschen BGB bzw. HGB. Während das deutsche Recht verschiedene Formen von Leistungsstörungen, wie beispielsweise bei Unmöglichkeit der Leistung oder bei Stück- und bei Gattungsschulden, vorsieht, kennt das UN-Kaufrecht nur den Tatbestand der **Vertragsverletzung**. Dieser Tatbestand ist erfüllt, wenn ein Vertragspartner eine ihm obliegende Pflicht verletzt (Art. 45, Art. 61).

Vertragswidriges Verhalten des Verkäufers

Vertragswidrigkeit der Ware

Eine vertragswidrige Ware im Sinne des UN-Kaufrechts liegt dann vor, wenn die gelieferte Ware nicht den vertraglichen Absprachen entspricht (Art. 35, 1). Vertragswidrigkeiten sind sowohl Qualitäts- als auch Quantitätsabweichungen. Wurden keine besonderen Absprachen über die Eigenschaften der zu liefernden Ware vertraglich vereinbart, gilt, dass die Ware dann vertragsgemäß ist, wenn sie sich für die Zwecke eignet, für die gewöhnlich eine Ware dieser Art zu gebrauchen ist (Art. 35, 2 lit. a). Die Eignung für gewöhnliche Zwecke definiert sich nach dem Standard im Land des Verkäufers.

Für die Praxis bedeutet dies, dass ein Käufer bestimmte, von ihm verlangte Eigenschaften einer Ware im Kaufvertrag unbedingt exakt vorgeben muss.

Beispiel: Möchte ein Importeur von Nüssen und Mandeln den maximalen Feuchtigkeitsgrad, den er beim Erhalt der Früchte noch toleriert, begrenzen auf einen bestimmten Prozentsatz, muss er diesen Wert im Kaufvertrag exakt festlegen.

Untersuchungs- und Reklamationsfristen für den Käufer

- Der Käufer hat die Ware innerhalb kurzer Zeit (in der Regel 3–4 Arbeitstage) zu untersuchen (Art. 38). Die Frist für die Untersuchung der Ware beginnt mit dem Eintreffen der Ware am vorgesehenen Bestimmungsort. Bei versteckten Mängeln beträgt die Frist maximal zwei Jahre.
- Die Reklamation der Vertragswidrigkeit muss innerhalb einer angemessenen Frist (ca. 4–7 Arbeitstage) erfolgen (Art. 39). Die Frist beginnt mit dem Zeitpunkt, in dem der Käufer die Vertragswidrigkeit festgestellt hat oder hätte feststellen müssen. Nach einer verspäteten Untersuchung steht die Anzeigefrist nicht oder nicht mehr in dem Umfang zur Verfügung.
- Nach Art. 39, 1 ist der Käufer zusätzlich verpflichtet, bei der Reklamation die Art der Vertragswidrigkeit genau zu beschreiben, allgemein gehaltene Rügen sind nicht ordnungsgemäß.
- Wenn der Käufer nicht ordnungsgemäß prüft und rügt, verliert er seine Ansprüche wegen der vertragswidrigen Lieferung.

Rechte des Käufers

1. Erfüllung

Ist die Ware nicht vertragsgemäß, hat der Käufer das Recht auf Erfüllung (Art. 46, 1).

a) Ersatzlieferung

Ist die Ware nicht vertragsgemäß, kann der Käufer Ersatzlieferung verlangen (Art. 46, 2).

Allerdings sind für dieses Recht bestimmte Voraussetzungen notwendig:

- → Ersatzlieferung kann nur verlangt werden, wenn es sich um eine wesentliche Vertragsverletzung handelt. Wesentlich ist eine Vertragsverletzung dann, wenn die Vertragswidrigkeit nicht oder nicht angemessen behoben werden kann (Art. 46, 2).
- → Der Käufer muss dem Verkäufer eine Erklärung über seinen Wunsch nach Ersatzlieferung zukommen lassen. Diese kann mit einer angemessenen Nachfrist verbunden sein. Vor Ablauf dieser Frist kann der Käufer keine Rechte wegen Vertragsverletzung geltend machen. Der Käufer behält jedoch das Recht, Schadensersatz wegen verspäteter Erfüllung zu verlangen (Art. 47 1, 2).
- → Die Ersatzlieferung kann nur innerhalb einer angemessenen Frist nach Anzeige der Vertragswidrigkeit geltend gemacht werden.

b) Nachbesserung

Ist die Ware nicht vertragsgemäß, besteht für den Käufer ein Recht auf Nachbesserung (Art. 46, 3).

Voraussetzungen:

- → Eine Reparatur oder eine Lieferung von Ersatzteilen muss für den Verkäufer noch zumutbar sein (Art. 46, 3).
- → Eine Nachbesserung kann wie die Ersatzlieferung auch nur innerhalb einer bestimmten Frist nach Anzeige der Vertragswidrigkeit geltend gemacht werden (Art. 46, 3).

Da Erfüllung der angloamerikanischen Rechtspraxis widerspricht, kann es sein, dass ein Richter aus diesem Raum einen auf das UN-Kaufrecht gestützten Erfüllungswunsch ablehnt.

2. Aufhebung des Vertrags

Der Käufer kann eine Aufhebung des Vertrags verlangen (Art. 49).

Voraussetzungen:

- → Eine Aufhebung des Vertrags ist grundsätzlich nur dann möglich, wenn es sich bei der Vertragsverletzung um eine wesentliche Pflichtverletzung durch den Verkäufer handelt (Art. 49, 1 lit. a) **oder**
- → der Verkäufer trotz Nachfristsetzung nach Art 47, 1 nicht liefert. Dann kann der Käufer einseitig den Vertrag auflösen (Art. 49, 1 lit. b).
- → Die Erklärung des Käufers, dass er eine Vertragsaufhebung wünscht, muss im Falle einer anderen Vertragsverletzung als verspäteter Lieferung innerhalb einer angemessenen Frist abgegeben werden (Art. 49, 2).

Im Unterschied zum deutschen Recht, bei dem grundsätzlich der Anspruch auf Nacherfüllung, auch bei geringen Schäden, besteht, verlangt das UN-Kaufrecht, dass der Käufer ein gewisses Maß an Qualitäts- oder Quantitätsmängeln akzeptieren muss.

3. Herabsetzung des Kaufpreises

Grundsätzlich hat der Käufer das Recht, den Kaufpreis herabzusetzen. Dieses Recht ist an keine weiteren Voraussetzungen geknüpft; auch die Einhaltung einer Frist ist nicht notwendig. Behebt jedoch der Verkäufer einen Mangel in der Erfüllung seiner Pflichten, so kann der Käufer den Preis nicht herabsetzen (Art. 50).

4. Schadensersatz

Der Anspruch auf Schadensersatz ist ein grundsätzliches Recht des Käufers (Art. 45, 2). Einzige Voraussetzung ist, dass der Verkäufer nicht vertragsgemäß geliefert hat.

Höhe des Schadensersatzes: Ausgleich aller Nachteile (Totalreparation), beispielsweise können die Untersuchung der Ware, der Nutzungsausfall und die Schädigung des guten Rufs der Firma als Schaden angesetzt werden.

Vertragswidriges Verhalten des Käufers

→ Der Käufer bezahlt den Kaufpreis nicht. Die Höhe des Kaufpreises und die Währung ergeben sich aus den vertraglichen Vereinbarungen.
→ Der Käufer nimmt die Ware trotz pünktlicher Lieferung und vertragsgemäßer Ware nicht ab (Art. 53).

Rechte des Verkäufers

1. Erfüllung

Dieser Anspruch besteht grundsätzlich; der Verkäufer kann ihn mit einer Fristsetzung verknüpfen (Art. 62, Art. 63, 1).

2. Aufhebung des Vertrags

Der Verkäufer ist zur Aufhebung des Vertrags berechtigt (Art. 64).

Voraussetzungen:

→ Der Käufer nimmt trotz einer Nachfristsetzung die Ware nicht ab bzw. er bezahlt den Kaufpreis nicht (Art. 64, 1 lit. b), d. h., es handelt sich um eine wesentliche Vertragsverletzung (Art. 64, 1 lit. a), ohne Nachfristsetzung liegt keine wesentliche Vertragsverletzung vor.
→ Der Verkäufer teilt dem Käufer die Aufhebung des Vertrags innerhalb einer angemessenen Frist mit (Art. 64, 2).

3. Anspruch auf Zinsen

Das Recht auf Zinsen besteht grundsätzlich ab dem Zeitpunkt, in dem die Schuld fällig gewesen wäre (Art. 78). Im UN-Kaufrecht gibt es allerdings keine Festlegungen über die Höhe des Zinssatzes. (Entweder es gelten vertragliche Regelungen oder es gilt der Zinssatz im Land des Exporteurs.)

4. Schadensersatz

Auch der Anspruch auf Schadensersatz besteht grundsätzlich neben der Erfüllung, der Vertragsaufhebung und dem Recht auf Verzugszinsen (Art. 61).

Höhe des Schadensersatzes: Ausgleich aller Nachteile (Totalreparation), dies umfasst u. a. auch den Unterschied zwischen dem im Vertrag vereinbarten Preis und einem Deckungskauf oder die Kosten einer Rechtsverfolgung (Art. 74).

2.6 Durchsetzung von Ansprüchen aus internationalen Verträgen

Inländische Firmen, die Verträge mit ausländischen Firmen abgeschlossen haben, stehen bei Vertragsverletzungen vor der Frage, ob und in welcher Weise sie gegen den ausländischen Partner gerichtlich vorgehen können, um ihre Rechte durchzusetzen. Dabei ist zunächst einmal der Gerichtsstand zu klären. Soll gegen den Vertragspartner vor einem inländischen Gericht geklagt werden oder ist eine Prozessführung im Ausland vorzuziehen?

Inländisches Gericht

Pro

- Kenntnis des inländischen Rechts
- Anwaltsgebühren sind in ihrer Höhe festgelegt.
- Die unterliegende Partei zahlt die Rechtskosten.

Kontra

- Vollstreckung im Ausland ist in der Regel nur mit einem Gerichtsurteil des jeweiligen Landes möglich.

Ausländisches Gericht

Pro

- Vollstreckung im Ausland ist in vielen Ländern nur mit einem Urteil der Gerichte des jeweiligen Landes möglich.

Kontra

- Keine Kenntnis des ausländischen Rechts
- Die siegreiche Partei zahlt ihre Anwaltskosten in der Regel selbst. Diese gehen in einigen Ländern bis zur Grenze der Sittenwidrigkeit.

Gerichtsstandsvereinbarung

Wird im Kaufvertrag mit einem ausländischen Vertragspartner eine Gerichtsstandsvereinbarung in den Kaufvertrag mit aufgenommen, so muss sichergestellt werden, dass diese Gerichtsstandsvereinbarung auch rechtswirksam wird.

Verträge mit Unternehmen aus Drittstaaten

Wichtig ist dabei vor allem, dass sich die beteiligten Partner auf ein nationales bzw. internationales Recht einigen, nach dem die Gerichtsstandsvereinbarung beurteilt wird.

Fehlt die Gerichtsstandsvereinbarung, ist ein Prozess gegen einen ausländischen Partner im Ausland zu führen. Wird vertraglich ein Erfüllungsort festgelegt, so sind die Gerichte an diesem Erfüllungsort zuständig.

Verträge mit Unternehmen aus EU-Staaten

Gesetzliche Grundlage ist hierfür Artikel 17 des Übereinkommens der Europäischen Gemeinschaften über die gerichtliche Zuständigkeit und die Vollstreckung gerichtlicher Entscheidungen in Zivil- und Handelssachen (EuGVÜ). Darin wird festgelegt, dass bei einer vertraglich vereinbarten Gerichtsstandsvereinbarung ausschließlich dieses Gericht bzw. die Gerichte dieses Landes zuständig sind.

Verträge nach UN-Kaufrecht

Das UN-Kaufrecht legt fest, dass der Erfüllungsort grundsätzlich am Ort des Verkäufers ist. Damit ist auch der Gerichtsstand am Ort des Verkäufers festgelegt.

Durchsetzung von gerichtlichen Ansprüchen

a) Anerkennung von inländischen Urteilen im Ausland:
   Urteile eines Gerichts wirken rechtsverbindlich nur in dem Land, in dem sie erlassen wurden. Im Ausland wirken sie nur dann, wenn sie von den Behörden/Gerichten des jeweiligen Landes anerkannt wurden. Will ein inländisches Unternehmen ein Urteil gegen einen im Ausland befindlichen Schuldner oder dessen ausländisches Vermögen durchsetzen, muss es folglich ein Anerkennungsverfahren im Ausland durchführen. Erst nach der Anerkennung dieses Urteils kann im Ausland vollstreckt werden.
b) In Deutschland sind folgende Voraussetzungen zu erfüllen, damit ein ausländisches Urteil in Deutschland vollstreckt werden kann:
   1. Das ausländische Gericht ist nach deutschem Recht zuständig.
   2. Das verfahrenseinleitende Schriftstück wurde dem deutschen Beklagten rechtzeitig zugesandt.
   3. Das Urteil ist mit einem in Deutschland erlassenen früheren Urteil vereinbar.
   4. Das ausländische Urteil ist mit den wesentlichen Grundsätzen des deutschen Rechts vereinbar.

Im Verfahren um die Anerkennung prüft das Gericht nur, ob die in § 328 ZPO genannten Voraussetzungen erfüllt wurden, nicht aber, ob das ausländische Gericht auch inhaltlich richtig entschieden hat.

Mahnverfahren

Schuldet ein ausländisches Unternehmen dem inländischen Unternehmen eine bestimmte Geldsumme, stellt sich die Frage, ob der Zahlungsanspruch auch mit dem weitaus einfacheren Mahnverfahren durchsetzbar wäre.

Innerhalb der EU ist ein Mahnverfahren aufgrund einer Übereinkunft der EU-Länder bezüglich der Durchführung von Mahnverfahren ohne Weiteres anwendbar. Allerdings muss der Mahnbescheid bei der Zustellung in die jeweilige Sprache übersetzt werden. Außerhalb der EU ist das Mahnverfahren mangels Anerkennung durch die staatlichen Behörden nicht anwendbar.

Schiedsgerichte

Bei Streitigkeiten zwischen Unternehmen besteht anstelle eines Gerichtsprozesses auch die Möglichkeit zur Schlichtung dieser Auseinandersetzung vor einem Schiedsgericht. Schiedsgerichte sind privat eingerichtete Schlichtungsstellen, vor denen kaufmännische oder gesellschaftsrechtliche Streitigkeiten geklärt werden können.

Voraussetzung dafür, dass ein Schiedsgerichtsverfahren für die Schlichtung von Vertragsverletzungen infrage kommt, ist, dass in den Vertrag eine Schiedsgerichtsklausel mit aufgenommen wurde. Wird allerdings der Schiedsspruch von einer Vertragspartei nicht akzeptiert, muss anschließend doch der Weg vor ein ordentliches Gericht gewählt werden.

Bei der Einrichtung von Schiedsgerichten gibt es grundsätzlich zwei verschiedene Möglichkeiten:

Einrichtung einer eigenen Schiedsgerichtsbarkeit (Ad-hoc-Schiedsverfahren)

In diesem Fall organisieren die Vertragsparteien das Schiedsgericht selbstständig. Hierbei müssen sie sich sind über folgende Punkte einig werden:

1. Festlegung der Schiedsrichter
2. Wahl der Rechtsordnung
3. Ersatz der Auslagen
4. Zugrunde liegende Rechtsordnung
5. Sprache, in der das Schiedsgericht verhandelt
6. Ort, an dem das Schiedsgericht seinen Sitz hat

Die Vorteile dieses Verfahrens sind, dass die Parteien bei der Gestaltung dieses Verfahrens völlig frei sind und dass sich das Schiedsverfahren schneller und billiger organisieren lässt.

Fest eingerichtetes Schiedsgericht

Ein fest eingerichtetes Schiedsgericht, wie beispielsweise das Schiedsgericht der Internationalen Handelskammer von Paris, ist eine Institution, die ständig eingerichtet ist, mit fest angestellten Schiedsrichtern, fest vereinbarter Rechtsordnung etc. Problematisch sind u. a. die Dauer, bis es zu einem Verfahren kommt, und die höheren Kosten dieses Verfahrens für die Beteiligten.

Vollstreckung von Schiedssprüchen

Schiedssprüche werden in aller Regel im Ausland problemloser vollstreckt als staatliche Urteile. Der Grund dafür ist, dass bei Schiedssprüchen die staatliche Souveränität des jeweiligen Landes nicht berührt wird; bei Gerichtsurteilen hingegen schon. Allerdings sind auch für die Durchsetzung von Schiedssprüchen bestimmte Voraussetzungen zu erfüllen:

1. Zwischen den Parteien besteht eine gültige Schiedsgerichtsvereinbarung.
2. Der Schiedsspruch wurde auf dem Gebiet des Zivil- oder des Handelsrechts erlassen.
3. Die unterlegene Partei wurde zu nichts verurteilt, was dem öffentlichen Recht dieses Landes entgegenstehen würde.
4. Beiden Parteien wurde rechtliches Gehör verschafft.

Auch im Bereich der Schiedsgerichtsbarkeit gibt es internationale Abkommen, die die Anerkennung und Vollstreckung von Schiedssprüchen zum Gegenstand haben.

Beispiel: UN-Übereinkommen zur Anerkennung und Vollstreckung ausländischer Schiedssprüche vom 10.06.58 (New Yorker Konvention).

Aufgabe 1

GARDENA AG

GARDENA AG

Gardena AG, D-89070 Ulm

Miller Ltd.
Alberta Road
15 Vancouver, British Columbia
Canada

Ihre Zeichen / Ihre Nachricht vom		Unsere Zeichen/Unsere Nachricht vom	Datum
We/Ma	July 12,...	Schr./Kb	July 24,...

Quotation

Dear Mrs. Atkinson,

Thank you for your recent enquiry regarding our wide range of products.

We are pleased to be able to make you the following offer:

Pos.	Article	Quantity	Price per unit USD	Total USD
01	Hose Trolley*180	9,000	30.00	270,000.00
02	Hose Trolley*195 C	1,500	55.00	82,500.00

As terms of delivery we offer FOB Hamburg.

Payment should be made with arrival of the goods at the buyer's headquarters. This offer is valid for two months.

We hope that this offer will be to your satisfaction.

Yours faithfully,

Frank Petermann
Export Manager

* Hose Trolley = Schlauchwagen

Deutsches Kaufrecht

1. Die Miller Ltd. nimmt das Angebot mit Schreiben vom 24. 09. d. J. an und bestellt 9200 Stück vom Typ 180 und 1500 Stück vom Typ 195 C. Prüfen Sie, ob in diesem Fall nach deutschem Recht ein Kaufvertrag zustande gekommen ist und wenn nicht, geben Sie an, welche weiteren Schritte notwendig sind, damit ein Kaufvertrag rechtsgültig zustande kommt.
2. Die GARDENA AG übergibt die Schlauchwagen im Ulmer Bahnhof der Bahn AG. Im Hafen Hamburg werden diese mit einem Schiff der Reederei Hapag Lloyd nach Kanada befördert.
   a) Wo befinden sich der gesetzliche Erfüllungsort und der gesetzliche Gerichtsstand für die Waren?
   b) An welchem Ort findet der Eigentumsübergang nach den Bestimmungen des BGB statt? Trifft dies im vorliegenden Fall zu?
3. Am 22. 10. trifft die Lieferung beim Importeur in Kanada ein. Die Miller Ltd. reklamiert am 22. 10. eine schwerwiegende Beschädigung von ca. einem Drittel der Schlauchwagen. Gleichzeitig macht sie eine Schadensersatzforderung von 30000,00 USD geltend.
   a) Welche Art einer Kaufvertragsstörung liegt vor? Beschreiben Sie genau die Form der Nichterfüllung des Kaufvertrags.
   b) Überprüfen Sie, welche Voraussetzungen notwendig sind, damit diese Rechte beansprucht werden können. Welche Ansprüche sind nach deutschem Recht in diesem Fall geltend zu machen?
4. Die Miller Ltd. lehnt aufgrund der schwerwiegenden Vertragsverletzung jegliche Zahlung ab. Zahlungsaufforderungen der GARDENA AG mit Nachfristsetzungen bleiben unbeantwortet.
   a) Die GARDENA AG möchte gerichtliche Schritte einleiten. Welches Gericht ist in diesem Fall zuständig?
   b) Welche Rechte stehen der GARDENA AG zu?
   c) Wie beurteilen Sie die Chancen der GARDENA AG im Gerichtsverfahren und bei einer möglichen späteren Durchsetzung der Ansprüche?

UN-Kaufrecht

1. Prüfen Sie das vorliegende Angebot dahingehend, ob das UN-Kaufrecht in sachlicher und räumlicher Hinsicht Anwendung findet.
2. Die Miller Ltd. nimmt das Angebot mit Schreiben vom 24. 09. d. J. an und bestellt 9200 Stück vom Typ 180 und 1500 vom Typ 195 C. Prüfen Sie, ob nach UN-Kaufrecht ein Kaufvertrag zustande gekommen ist.
3. Die GARDENA AG übergibt die Schlauchwagen im Ulmer Bahnhof der Bahn AG. Im Hafen Hamburg werden diese mit einem Schiff der Reederei Hapag Lloyd nach Kanada befördert.
   a) Wo liegt der Ort des Gefahrenübergangs?
   b) Welche Dokumente hat der deutsche Verkäufer auszufertigen bzw. zu beschaffen?
4. Am 22. 10. trifft die Lieferung beim Importeur in Kanada ein. Die Miller Ltd. reklamiert am 22. 10. eine schwerwiegende Beschädigung von ca. einem Drittel

der Schlauchwagen. Gleichzeitig macht sie eine Schadensersatzforderung von 30000,00 USD geltend.

Überprüfen Sie die Reklamationsfrist in diesem Fall und setzen Sie sich mit der Schadensersatzforderung auseinander (Grundlage ist das UN-Kaufrecht).

5. Die Miller Ltd. lehnt aufgrund der schwerwiegenden Vertragsverletzung jegliche Zahlung ab. Zahlungsaufforderungen der GARDENA AG mit Nachfristsetzungen bleiben unbeantwortet. Beantworten Sie folgende Fragen auf der Grundlage des UN-Kaufrechts.
   a) Die GARDENA AG möchte gerichtliche Schritte einleiten. Welches Gericht ist in diesem Fall zuständig?
   b) Welche Rechte stehen der GARDENA AG zu?
   c) Wie beurteilen Sie die Chancen der GARDENA AG im Gerichtsverfahren und bei einer möglichen späteren Durchsetzung der Ansprüche?

Aufgabe 2

Die Firma Käßbohrer Pistenbully AG in Ulm verkauft einen Pistenbully in die Vereinigten Staaten nach Salt Lake City. Im Kaufvertrag wurde als Lieferungsbedingung CIF Miami vereinbart. Folgende Daten stehen zur Verfügung (Beträge in EUR):

→ Ab-Werk-Preis	300000,00
→ Sonderwunsch des amerikanischen Kunden: 200 Watt Stereoanlage mit zehn Lautsprechern	5000,00
→ Rollfuhrkosten bis zum Bahnhof Ulm	200,00
→ Verladekosten im Bahnhof Ulm	150,00
→ Frachtkosten der Bahn AG bis Hafen Hamburg	500,00
→ Ausfuhr- und Zolldokumente in Deutschland	100,00
→ Kaigebühren im Hafen Hamburg	200.00
→ Verladekosten auf das Schiff	300,00
→ Seefracht bis Miami	4000,00
→ Entladekosten im Hafen Miami	250,00
→ Seetransportversicherung	100,00
→ Einfuhrabgaben in den USA	5600,00
→ Frachtkosten bis Salt Lake City	1500,00
→ Transportversicherung bis Salt Lake City	300,00

Ermitteln Sie die Preisstellungen bei den folgenden Lieferungsbedingungen:

1. FCA Bahnhof Ulm
2. FOB Hamburg
3. CIF Miami
4. CIP Salt Lake City
5. DDP Salt Lake City

Aufgabe 3

Die Krones AG in 89430 Neutraubling verkauft eine gebrauchte Getränkeabfüllanlage an die Firma Sagnol S.A. mit Sitz in Montreal, Kanada. Die Getränkeabfüllanlage, Typ A 314, Hersteller Krones AG, Seriennummer 417/30 mit 2500 Betriebsstunden wird mit dem serienmäßigen Zubehör (Werkzeuge, Ersatzteile, ...) an die kanadische Firma verkauft. Die Sagnol AG bestätigt, dass sie den Kaufgegenstand besichtigt und einen Probelauf durchgeführt hat. Der Kaufgegenstand wird gekauft wie besichtigt. Die Firma Krones AG versichert, dass ihr versteckte Mängel an der Maschine nicht bekannt sind und dass die Getränkeanlage insbesondere bisher keine Reparaturen hatte. Darüber hinaus versichert die Krones AG, dass ihre Angaben über die Betriebsstunden nach bestem Wissen zutreffend sind und der Kaufgegenstand frei von Rechten Dritter ist.

Der Kaufpreis für die Anlage beträgt 125 000 EUR. Die Sagnol S.A. übergibt der Krones AG bei der Unterzeichnung dieses Kaufvertrages einen Verrechnungsscheck über diesen Betrag. Als Lieferbedingung wird CIP Montreal vereinbart. Der Kaufgegenstand wird in Montreal der Firma Sagnol S.A. übergeben. Käufer und Verkäufer sind sich einig, dass zu diesem Zeitpunkt das Eigentum auf den Käufer übergehen soll. Bei der Übergabe werden eine Betriebsanleitung und ein Wartungsbuch mit übergeben. Dieser Kaufvertrag unterliegt dem UN-Kaufrecht. Ausschließlicher Gerichtsstand für alle Streitigkeiten aus diesem Kaufvertrag ist München, Deutschland.

Sollte eine Bestimmung dieses Kaufvertrages unwirksam oder undurchführbar sein oder werden, so berührt dies die Wirksamkeit dieses Kaufvertrages nicht. Die Parteien verpflichten sich vielmehr, in einem derartigen Fall eine wirksame oder durchführbare Bestimmung an die Stelle der unwirksamen oder undurchführbaren zu setzen, die dem Geist und dem Zweck der zu ersetzenden Bestimmung so weit wie möglich entspricht.

Der Käufer erklärt, dass er der deutschen Sprache mächtig ist und dass er den Inhalt dieses Kaufvertrages verstanden hat.

München, den 22.09. ...

1. Formulieren Sie aus diesem Text einen formal richtigen Kaufvertrag. Fassen Sie dazu zusammengehörige Inhalte unter jeweils einer Überschrift zusammen und gliedern Sie so den Sachverhalt.
2. Übersetzen Sie den Kaufvertrag in die englische Sprache.

Vokabelliste:

Vertragsgegenstand	subject of the contract	gebraucht	second-hand
Getränkeabfüllanlage	bottling device	Eigentum	property
Baujahr	year of construction	Seriennummer	serial number
Betriebsstunden	operating hours	serienmäßig	standard
Werkzeuge	tools	besichtigen	to inspect
Probelauf	test run	versteckte Mängel	latent defects
Reparaturen haben	to be under repair	Angabe	specification
nach bestem Wissen	to the best of one's knowledge	Rechte Dritter	right or claim of a third party
Bei Unterzeichnung	with signing	Verrechnungsscheck	check for deposit only
Eigentumsübertragung	transfer of ownerschip	Betriebsanleitung	operating instruction
Wartungsbuch	service map	anwendbares Recht	law applicable
Kaufrecht	commercial law	ausschließlicher Gerichtsstand	exclusive jurisdiction
Wirksamkeit	validity	Bestimmung	provision
unwirksam	to invalid	undurchführbar	impractible
entsprechen	be equivalent	Geist	sense
Name der vertretungsberechtigten Person	Signed ________________ for and on behalf of company's name		

3 Ausfuhrkontrolle

3.1 Entstehung der Ausfuhrkontrolle

Die Kontrollen bei der Aus- und auch bei der Einfuhr von Waren und Gütern sind keine Erfindungen der letzten Jahre, vielmehr gibt es diese Kontrollmechanismen bereits seit langer Zeit. Regelungen, die sich auf den Außenhandel auswirken, gibt es schon lange, insbesondere, seit sich in Deutschland Territorialstaaten gebildet hatten.[1] Die einzelnen Maßnahmen wurden zwar offiziell im Rahmen der „Gesundheitsvorsorge für die Bürger" erlassen, tatsächlich zielten sie aber auf die Förderung der Wirtschaft des jeweiligen Landes.

So erließ beispielsweise der Landgraf Friedrich zu Hessen 1766 ein Kaffee-Trinkverbot, das mit der Gesundheit „unserer treuen Unterthanen" begründet wurde; in Wirklichkeit aber den erheblichen Geldabfluss für den Kaffeeimport beenden sollte. Kaiser Wilhelm I. erließ im Juli 1914 ein Verbot der Ein- und Ausfuhr von Tauben, da im Kriegsfall Brieftauben zur Übermittlung von Nachrichten benutzt wurden. Wirkliche Bedeutung erlangten diese mengenmäßigen Beschränkungen des Außenhandels aber zu diesem Zeitpunkt noch nicht. Erst mit dem Ausbruch der Weltwirtschaftskrise Ende der 1920er-Jahre und vor allem mit dem Beginn des Zweiten Weltkriegs wurden sowohl für den Export als auch für den Import Beschränkungen in größerem Umfang erlassen.

Allerdings beruhten diese Maßnahmen alle auf einzelnen Gesetzen oder Verordnungen bzw. wurden willkürlich durchgeführt. Ein Gesetz, das die Vorschriften bei der Ein- und Ausfuhr von Waren generell regelt, gab es nicht. Mit der Einführung des deutschen Außenwirtschaftsgesetzes im Jahre 1961 wurde dieser Zustand geändert. Erstmals gab es in Deutschland ein Gesetz, das die Zuständigkeiten und Vorschriften für den gesamten Bereich der Ein- und Ausfuhr regelte. Maßgeblich beeinflusst wurde die Einführung des Außenwirtschaftsgesetzes durch drei Faktoren:

1. Die Umsetzung von internationalen Absprachen und Vereinbarungen, insbesondere der Vorschriften der COCOM-Liste. Die COCOM ist das Coordinating Committee der NATO-Staaten ohne Island zuzüglich Japan und Australien. Die COCOM-Vorschriften legen fest, dass die Ausfuhr von Waffen, Munition, Rüstungsmaterial, Kernenergiewaffen und sonstigen Waren und Technologien von strategischer Bedeutung in alle Länder der Genehmigung bedarf. Als NATO-Mitgliedsstaat ist Deutschland verpflichtet, diese COCOM-Vorschriften einzuhalten.
2. Nationale Sondervorschriften für die Rüstungsgüter unter Punkt 1 sowie nationale Vorschriften für Chemikalien, Chemieanlagen und Anlagen zur Erzeugung biologischer Stoffe, die zur Erzeugung chemischer oder biologischer Kampfstoffe verwendet werden können. Verschärft wurden diese nationalen Sondervorschriften 1991 im Zusammenhang mit der Lieferung einer Chemiewaffenanlage aus Deutschland nach Lybien.

1 Um die Machtposition von Kaiser und Reich zu schwächen, wurde nach dem Dreißigjährigen Krieg (1618–1648) Deutschland in Territorialstaaten zergliedert.

3. Im EWG-Vertrag von 1957 waren bereits Verordnungen zur Liberalisierung der Aus- und Einfuhr, aber auch Vorschriften zum Schutz der europäischen Landwirtschaft und anderer sensibler Wirtschaftsbereiche enthalten. Diese EWG-Verordnungen haben denselben Rechtscharakter wie Gesetze und Verordnungen der Bundesrepublik Deutschland. Soweit sie zutreffen, gehen sie anderslautenden deutschen Vorschriften vor. Sie sind also supranationales Recht. Im Regelfall wurden deshalb bestehende EWG-Regelungen in das deutsche Außenwirtschaftsrecht übernommen bzw. wird deutsches Außenwirtschaftsrecht laufend an neue europäische Regelungen angepasst.

3.2 Rechtsgrundlagen der Ausfuhrkontrolle

Überblick – aktuelle rechtliche Grundlagen der Ausfuhrkontrolle

EG-Verordnung für Güter mit doppeltem Verwendungszweck

Anlagen:
- Anhänge I, IV, V (Warenlisten)
- Anhang II (Länderliste)
- Anhang III (Entscheidungskriterien)

Außenwirtschaftsgesetz (AWG) und Außenwirtschaftsverordnung (AWV)

Anlagen:
- Ausfuhrliste (Warenliste)
- Länderlisten

Kriegswaffenkontrollgesetz (KWKG)

Anlage:
- Kriegswaffenliste (Warenliste)

Außenwirtschaftsgesetz (AWG) und Außenwirtschaftsverordnung (AWV)

Das deutsche Außenwirtschaftsrecht ist ein **Rahmengesetz** mit folgenden Inhalten:

1. Anwendungsgebiet des Außenwirtschaftsrechts:
   → räumlich: Gebiet der Bundesrepublik Deutschland in den Grenzen vom 03. 10. 1990.
   → sachlich: Waren, Dienstleistungen, Kapital, ...
2. Beschränkungsmöglichkeiten:
   → Verbote
   → Genehmigungspflichten
3. Genehmigungsbehörden:
   → Bundesamt für Wirtschaft und Ausfuhrkontrolle (Ein- und Ausfuhr von Waren)
   → Bundesamt für Ernährung und Landwirtschaft und die Bundesanstalt für landwirtschaftliche Marktordnung für die Erzeugnisse der Land- und Forstwirtschaft

- → Bundesministerium für Verkehr für den Bereich des Dienstleistungsverkehrs und des Verkehrswesens
- → Deutsche Bundesbank für den Bereich des Kapital- und Zahlungsverkehrs

4. Straf- und Bußgeldvorschriften

Grundsätzlich ist der Waren-, Dienstleistungs-, Kapital-, Zahlungs- und sonstige Wirtschaftsverkehr mit fremden Wirtschaftsgebieten sowie der Verkehr mit Auslandswerten und Gold nach dem deutschen Außenwirtschaftsgesetz frei (§ 1 AWG). Allerdings kann durch Rechtsverordnung (AWV) vorgeschrieben werden, dass Rechtsgeschäfte und Handlungen allgemein oder unter bestimmten Voraussetzungen einer **Genehmigung** bedürfen oder einem **Verbot** unterliegen (§ 2 AWG).

Während das Außenwirtschaftsgesetz nur diese grundlegenden Sachverhalte regelt, werden in der **Außenwirtschaftsverordnung** die einzelnen Waren aufgelistet, welche bei der Ausfuhr in bestimmte Länder einer Genehmigungspflicht unterliegen. Die **Ausfuhrliste**, eine Anlage zur Außenwirtschaftsverordnung, enthält diese detaillierte Auflistung aller genehmigungspflichtigen Waren. Die Kombination aus Gesetz und Verordnung hat den Hintergrund, dass das Gesetzgebungsverfahren in Deutschland relativ aufwendig und zeitintensiv ist, dass aber Änderungen bei der Ausfuhrgenehmigung von Waren mehrmals pro Jahr sehr schnell durchgeführt werden müssen. Eine kurzfristige Durchführung einer Änderung kann dann die Bundesregierung ohne Gesetzesänderung mittels einer Änderung der Außenwirtschaftsverordnung veranlassen.

Ausfuhrliste – Inhaltsübersicht

Teil I: Waren, Datenverarbeitungsanlagen (Software) und Technologien entsprechend der §§ 5, 5c, 7, 40, 45, 45b der Außenwirtschaftsverordnung (AWV).

Abschnitt A: Liste für Waffen, Munition und Rüstungsmaterial
Abschnitt B: entfällt
Abschnitt C: Gemeinsame Warenliste der EU für Waren mit doppeltem Verwendungszweck:
Waren, die selbst keine Waffen, Munition etc. sind, aber neben zivilen auch für militärische Zwecke verwendet werden können (**Dual-Use-Güter**).

Kategorie 0: Kerntechnische Materialien, Anlagen und Ausrüstung
Kategorie 1: Werkstoffe, Chemikalien, Mikroorganismen und Toxine
Kategorie 2: Werkstoffbearbeitung
Kategorie 3: Allgemeine Elektronik
Kategorie 4: Rechner
Kategorie 5: Telekommunikation und Informationssicherheit
Kategorie 6: Sensoren und Laser
Kategorie 7: Luftfahrtelektronik und Navigation
Kategorie 8: Meeres- und Schiffstechnik
Kategorie 9: Antriebssysteme, Raumfahrzeuge und die zugehörige Ausrüstung

Teil II: Waren pflanzlichen Ursprungs

Beispiel: Blumen, Gemüse, Sträucher etc., bei deren Ausfuhr innerhalb bestimmter Fristen (beispielsweise vom 01.06. bis 31.10) eine Genehmigung beantragt werden muss. Grundlage dafür ist in aller Regel die Forderung nach Einhaltung bestimmter Qualitätsvorschriften.

EG-Verordnung für Güter mit doppeltem Verwendungszweck

In dieser EG-Verordnung wird erstmals einheitlich für alle Mitgliedsländer der heutigen EU die Ausfuhr von **Gütern mit doppeltem Verwendungszweck** geregelt; dies sind Güter, die sowohl militärisch als auch zivil genutzt werden können.

Die Verordnung regelt die Ausfuhr dieser Dual-Use-Güter
- aus der Gemeinschaft („Extra-EG-Warenverkehr") und
- das Verbringen dieser Güter innerhalb der Gemeinschaft („Intra-EG-Verkehr").

Die EG-Verordnung beschränkt sich aber auf diese „Dual-use-Güter" und die Übertragung von Software oder Technologie mittels elektronischer Medien.

Die Verordnung regelt nicht
- die Ausfuhr/Verbringung von Waffen, Munition und Rüstungsmaterial (Teil I, Abschnitt A der Ausfuhrliste)
- Transithandelsgeschäfte und
- die Ausfuhr von technischen Dienstleistungen in Drittländer.

Diese EG-Verordnung gilt supranational und wurde von Deutschland in das deutsche Außenwirtschaftsrecht mit aufgenommen. In der **Ausfuhrliste** wurden diese Güter und Dienstleistungen in den **Teils I, Abschnitt C**, mit aufgenommen, ergänzt durch einige nationale Sonderpositionen, die durch eine 900er-Nummerierung kenntlich sind.

Kriegswaffenkontrollgesetz (KWKG)

Beim Export von Rüstungsgütern des Teil I Abschnitt A der Ausfuhrliste ist neben den Genehmigungspflichten der Außenwirtschaftsverordnung auch das Kriegswaffenkontrollgesetz zu beachten. Es enthält Verbote für ABC-Waffen und Genehmigungspflichten für die Herstellung, die Beförderung und das Inverkehrbringen von sonstigen Kriegswaffen. Das KWKG nimmt Bezug auf die Kriegswaffenliste (KWL). Im Gegensatz zum Außenwirtschaftsgesetz gilt im Kriegswaffenkontrollbereich der Grundsatz des Verbots mit Erlaubnisvorbehalt.

Die **Kriegswaffen** zählen zu den in der **Ausfuhrliste Teil I** unter **Abschnitt A** erfassten Waren. Kriegswaffen werden also sowohl in der Ausfuhrliste als auch in der **Kriegswaffenliste** erfasst. Allerdings geht die Ausfuhrliste weit über den Erfassungsbereich der Kriegswaffenliste hinaus und umfasst auch sonstige Waffen, Rüstungsgüter und Teile davon. Für die Erteilung von Genehmigungen im Bereich des KWKG ist das **Bundesministerium für Wirtschaft** zuständig (§ 10 KWKG); dem Bundesausfuhramt sind die Aus- und Einfuhr von Kriegswaffen lediglich zu melden (§ 14 KWKG).

Für diese Möglichkeiten der **Beschränkung der Ausfuhr** nennt das AWG folgende **Ursachen**:

→ Erfüllung zwischenstaatlicher Vereinbarungen (§ 5 AWG)
Beispiel: Die Embargomaßnahmen der UNO gegen bestimmte Länder. Diese Embargovorschriften sind sowohl für die Import- als auch die Exportvorgänge zu beachten.

- Schutz der Sicherheit und der auswärtigen Interessen (§ 7 AWG)
  Unter Vorkehrungen zum Schutz der Sicherheit und der auswärtigen Interessen versteht man die Kontrolle bei der Ein- und Ausfuhr von Waffen, Munition und Kriegsgerät.
- Schutz der inländischen Interessen (§ 8 AWG)
  Beispiel: Sicherung der Inlandsversorgung mit lebenswichtigen Waren; als Folge ist der Export dieser Güter verboten bzw. reglementiert.

3.3 Beschränkungen der Ausfuhr

Verbote

Verbot des Exports von Massenvernichtungswaffen (§§ 17,18 KWKG)

Nach dem Kriegswaffenkontrollgesetz gilt in Deutschland für den Export von atomaren, biologischen und chemischen Waffen (A, B, C-Waffen) ein grundsätzliches Verbot. Für den Bereich des kriegswaffenkontrollgesetzes ist das Bundesministerium für Wirtschaft und Technologie die zuständige Behörde.

Verbote aufgrund von Embargos

Embargos sind Verbote und Beschränkungen, die von internationalen Organisationen (Beispiel: UNO) auf Beschluss der Mehrheit ihrer Mitgliedsstaaten gegen bestimmte Länder erlassen wurden. Embargos beschränken oder verbieten den freien Handel mit diesen Ländern. je nach Umfang der Beschränkung können drei Arten von Embargos unterschieden werden:

- **Totalembargos**
  Im Rahmen eines Totalembargos wird der Wirtschaftsverkehr mit diesem Land verboten. Ausnahmen, beispielsweise die Lieferung humanitärer Güter, können erlaubt sein. Derzeit besteht kein einziges Totalembargo gegen ein bestimmtes Land.
- **Teilembargos**
  Die dort enthaltenen Beschränkungen und Verbote beziehen sich nur auf bestimmte Waren bzw. Wirtschaftsbereiche. Der restliche Handel mit diesem Land ist nicht verboten, kann aber Genehmigungspflichten unterliegen.
- **Waffenembargos**
  Waffenembargos verbieten ausschließlich die Lieferung von Waffen, Munition und sonstigen Rüstungsmaterial im Sinne des Teil I A der Ausfuhrliste. Für die Ausfuhr dieser Waffen werden deshalb auch keine Genehmigungen erteilt.

Maßnahmen zur Bekämpfung des Terrorismus

Durch mehrere Rechtsvorschriften der Europäischen Gemeinschaft, die auf Beschlüssen der Vereinten Nationen beruhen, sollen Terroristen und Terrororganisationen Gelder, Vermögenswerte und andere wirtschaftliche Ressourcen entzogen werden. Auch soll verhindert werden, dass diese Zugriff auf neue wirtschaftliche Ressourcen erhalten. Zur Einhaltung dieser Maßnahme wurden und werden laufend geänderte **Namenslisten der betroffenen Personen und Organisationen** veröffentlicht. Diese Listen sind bindend. In der Konsequenz stellt beispielsweise eine Warenlieferung oder Zahlung an gelistete Personen einen Verstoß gegen das Außenwirtschaftsrecht dar (Embargobruch), der empfindlich bestraft werden kann. Zu den detaillierten Maßnahmen hat das Bundesamt für Wirtschaft und Ausfuhrkontrolle ein Merkblatt erstellt. Welche organisatorischen Vorkehrungen von Unternehmen getroffen werden, um Lieferungen und Zahlungen an die gelisteten Organisationen und Personen zu vermeiden, und ob möglicherweise eine Prüfsoftware angeschafft wird, liegt im Ermessen des Unternehmens.

Embargomaßnahmen können nicht nur die Ausfuhr, sondern auch die Ein- und Durchfuhr von Gütern, den Kapital- und Dienstleistungsverkehr und den Abschluss und die Erfüllung von Verträgen betreffen.

Übersicht über Embargo-Länder

Stand: April 2010

Land	Embargomaßnahmen
Armenien	Waffenembargo
Aserbeidschan	Waffenembargo
Côte d'Ivoire	Waffen- und Teilembargo
Serbien/Montenegro	Finanzsanktionen, Erfüllungsverbot
China	Waffenembargo
Demokrat. Rep. Kongo (früher Zaire)	Waffen- und Teilembargo (Techn. Unterstützung u. Bereitstellung von Finanzmitteln i. V. m. milit. Aktivitäten)
Nordkorea	Waffen und Teilembargo
Haiti	Erfüllungsverbot nach Totalembargo
Irak	Waffenembargo, Finanzsanktionen, irakische Kulturgüter, Erfüllungsverbot
Iran	Finanzsanktionen, Waffen- und Teilembargo, Investitionsverbot
Libanon	Waffen- und Teilembargo
Liberia	Waffen- und Teilembargo (Techn. Unterstützung u. Bereitstellung von Finanzmitteln i. V. m. milit. Aktivitäten, Import von Rohdiamanten, Rundhölzern und Holzprodukten, Finanzsanktionen)
Libyen	Erfüllungsverbot
Myanmar (früher Birma/Burma)	Waffen- und Teilembargo, Investitionsverbot (Güter für interne Repression, Techn. Unterstützung u. Bereitstellung von Finanzmitteln i. V. m. milit. Aktivitäten und Gütern für interne Repression, Finanzsanktionen)
Sierra Leone	Waffen- und Teilembargo (paramil. Ausrüstung, mit Rüstungsmaterial im Zusammenhang stehende Waren)
Simbabwe	Waffen- und Teilembargo (Güter für interne Repression, Techn. Unterstützung u. Bereitstellung von Finanzmitteln i. V. m. milit. Aktivitäten, Finanzsanktionen)
Somalia	Waffen- und Teilembargo (Techn. Unterstützung u. Bereitstellung von Finanzmitteln i. V. m. milit. Aktivitäten)
Sudan	Waffen- und Teilembargo (Techn. Unterstützung u. Bereitstellung von Finanzmitteln i. V. m. milit. Aktivitäten)
Weißrussland	Finanzsanktionen, Teilembargo

Bundesamt für Wirtschaft und Ausfuhrkontrolle (BAFA), Frankfurter Str. 29–35, 65760 Eschborn, Tel.-Nr.: 06196/908-0, Fax-Nr.: -800

Genehmigungspflichten

Ausfuhrverbote sind als strengste Form der Ausfuhrkontrolle relativ selten. Sehr viel häufiger ist die Genehmigungspflicht bei der Ausfuhr von Gütern. Sobald der Auftrag des ausländischen Kunden vorliegt, muss der deutsche Exporteur bei der zuständigen Stelle eine Exportgenehmigung für diesen Exportvorgang beantragen. Der Kundenauftrag muss deshalb vorliegen, weil die genauen Daten, wie beispielsweise die Endverwendung der Güter oder Teile, für den Antrag auf Genehmigung benötigt werden.

Für bestimmte Exportgüter, die in bestimmte Länder exportiert werden (vor allem EU-Länder), entfällt der Antrag auf eine Genehmigung, da eine Allgemeine Genehmigung des BAFA besteht. Diese allgemeine Genehmigung ist aber nicht auf Dauer festgelegt, sondern sie basiert auf aktuellen Informationen des BAFA, die sich auch wieder ändern können. Das BAFA kann bei Antragstellung auf eine Genehmigung weitere Unterlagen verlangen, u. a. eine Endverbleibserklärung, in der der ausländische Kunde bestätigt, wo die Ware endgültig verwendet wird.

Die **Antragsbefugnis** für Ausfuhr- und Verbringungsgenehmigungen hat nur der jeweilige Ausführer und Verbringer der Waren (Art. 9, Abs. 1 EG-Dual-Use-VO, §§ 17, Abs. 1 a, Satz 2, Art. 21, Abs. 2 AWV). Andere natürliche Personen oder juristische Personen dürfen nur als Stellvertreter des Ausführers/Verbringers in seinem Namen und mit seiner Vollmacht einen Antrag stellen. Ein Mitarbeiter, der einen Antrag für sein Unternehmen unterzeichnet, muss betriebsintern dazu bevollmächtigt sein.

Antragsunterlagen:
- → Endverbleibsdokumente
- → Technisches Datenmaterial, Technologieunterlagen etc., zur Erläuterung der Warenbeschreibung in Feld 14 des Antragsformulars
- → Kundenauftrag, Angaben über die Verwendung der Güter als grundlegende Information über den Endempfänger und die Verwendung der Güter
- → Bei Gütern des Teils I, Abschnitt A der Ausfuhrliste kann zusätzlich zur Ausfuhr- oder Verbringungsgenehmigung eine Beförderungsgenehmigung nach § 3 KWKG erforderlich sein.

Vorgehensweise/Schrittfolge zur Überprüfung der Genehmigungspflicht

1. **Genehmigungspflicht für Güter der Ausfuhrliste, Teil I**
   a) Prüfung nach Teil I A der Ausfuhrliste (Waffen, Munition, Rüstungsmaterial)
   Kriterien:
   - → Besonders entwickelt/konstruiert für militärische Zwecke?
   - → Anwendung/Verwendung vorwiegend militärisch?
   - → Kundenkreis vorwiegend militärisch?
   Wird eine dieser drei Fragen mit „Ja" beantwortet, ist die Ware/Software/Technologie in aller Regel genehmigungspflichtig.

   b) Falls weder Teil I A der Ausfuhrliste greift, ist weiter zu prüfen nach Teil I C der Ausfuhrliste.
   Für alle von der Ausfuhrliste erfassten Güter ist eine Genehmigung zu beantragen. Eine Ausnahme bilden die nationalen Sonderpositionen (900er-Kennung), bei denen sich die Genehmigung nur auf bestimmte Länder beschränkt.

Für Kriegswaffen ist eine Genehmigung nach dem KWKG beim Bundesministerium für Wirtschaft zu beantragen.

2. **Genehmigungspflicht für nicht von der Ausfuhrliste erfasste Güter.**
   a) → Güter werden verwendet in Zusammenhang mit der Entwicklung, der Herstellung, der Wartung, ..., von ABC-Waffen oder Flugkörpern (Art. 4 EG-VO).
      → Güter können bestimmt sein für eine militärische Endverwendung in einem Land, gegen das ein Waffenembargo verhängt wurde (Art. 4 EG-VO).
      → Güter können als Bestandteile von illegal ausgeführten militärischen Gütern verwendet werden (Art. 4 EG-VO).
   b) Die Güter sind bestimmt für eine militärische Endverwendung in einem Land der Länderliste K (zz. Kuba, Syrien).
   c) Die Güter sind bestimmt für die Errichtung oder den Betrieb einer kerntechnischen Anlage in folgenden Ländern: Algerien, Indien, Iran, Irak, Israel, Jordanien, Libyen, Nordkorea, Pakistan, Syrien.

Personenbezogene Embargos der EU

EU-Datenbank

Die EU-Kommission stellt eine Datenbank zur Verfügung, in der alle Informationen über mutmaßliche terroristische Gruppierungen, Organisationen und Personen aufgeführt sind, deren Gelder und wirtschaftliche Ressourcen einzufrieren sind und mit denen keine Geschäfte getätigt werden dürfen.

Weiß der Ausführer im Augenblick der Ausfuhr noch nichts über die Verwendung des Gutes, entsteht die Genehmigungspflicht erst nach der Kenntnisnahme bzw. einer Benachrichtigung durch das BAFA.

In das Genehmigungsverfahren involvierte Behörden:

- → Bundesausfuhramt für Wirtschaft und Ausfuhrkontrolle (BAFA)
- → Bundessicherheitsrat (BSR)
- → Bundesministerium für Wirtschaft und Technologie (BMWI)
- → Bundesministerium für Verteidigung (BMVg)
- → Auswärtiges Amt

Zusätzlich können eingeschaltet werden:

- → Bundesamt für Informationssicherheit (BFI)
- → Bundesnachrichtendienst (BND)
- → Bundessicherheitsrat (BSR)
- → Bundeskanzleramt (BKK)

Genehmigungspflichtige Handlungen:

- → Endgültige Ausfuhr
- → Vorübergehende Ausfuhr
- → Wiederausfuhr nach vorhergehender Einfuhr von Waren, Software, technischem Wissen, Fertigungsunterlagen, Dienstleistungen, technischer Unterstützung, Gütern aus dem Transithandel.

ANTRAG AUF AUSFUHR-/VERBRINGUNGSGENEHMIGUNG

Stand: 01.01.2001

0 — Antrag

1. Ausführer (Adresse): Müller GmbH, Gartenstr. 11, 53065 Hamm
Zollnummer: 2345893

2. Antragsnummer: DE / 2854154
3a. Antragsdatum: . .-01.-10.
AG

4a. Ansprechpartner b. Antragsteller
Tel.-Nr.
Telefax

5. Empfänger (Adresse): Nortex Company, Fleetstr. 104, Hongkong

6a. Bundesamt für Wirtschaft und Ausfuhrkontrolle (BAFA), Frankfurter Str. 29–35, 65760 Eschborn

Hinweis: Die Angaben in diesem Antrag werden aufgrund von § 17 AWV erhoben. Die Antragsdaten dürfen gem. § 45 Außenwirtschaftsgesetz vom BAFA gespeichert und an andere Behörden übermittelt werden, soweit dies zur Verfolgung der in §§ 5 oder 7 Abs. 1 AWG angegebenen Zwecke oder zur Verhütung oder zur Verfolgung von Straftaten erforderlich ist.

7. Agent/Vertreter (Adresse) (falls nicht identisch mit Ausführer)
Zollnummer

6b. Anzahl beigefügter Anlagenblätter: IC / EVE ☐ | §§ 5c / 5d ☐ | technische Datenblätter ☐ | KWKG-Genehmigung ☐ | Sonstige ☐

Feld	Angabe	Ländercode
8. Ursprungsland (falls bekannt)	Deutschland	DE
9. Herkunftsland (falls bekannt)	Deutschland	DE
11. Mitgliedstaat, in dem sich die Waren befinden oder befinden werden	Deutschland	DE
12. Mitgliedstaat, in dem die Ausfuhranmeldung abgegeben werden soll	Deutschland	DE
13. Endbestimmungsland	China	CN

10. Endverwender (falls nicht identisch mit Empfänger/Adresse): Nortex Company, Fleetstr. 104, Hongkong

0

14. Güterbeschreibung: Mehrwandige Stahlrohre
lfd. Nr.: 01
15. Warencode: 73045191
16. AL-Position: 2B350h
17. Währung und Wert: 70.022,36 USD
18. Menge: 14.738 kg

14. Güterbeschreibung
lfd. Nr.
15. Warencode
16. AL-Position
17. Währung und Wert
18. Menge

19. Endverwendung: Einbau in einer Chemiefabrik
20. Datum des Vertrages: . .-07.-07.
21. Ausfuhrart: 10000
22. zusätzl. Warenblätter

23. Zusatzinformationen
23a. Gesamtwert: 70.022,36 USD
23b. Art der beantragten Genehmigung ☐
23c. Auftragsnummer/Aktenzeichen des Antragstellers

24. Haben Sie Kenntnis, dass die Güter für eine Zweckbestimmung im Sinne des Artikels 4 Absatz 1 (Verwendung für Massenvernichtungswaffen und Flugkörper für derartige Waffen), Absatz 2 (Verwendung für konventionelle Rüstung in Embargoländern) oder Absatz 3 (Verwendung für illegal ausgeführte Rüstungsgüter) EG-Verordnung 1334/2000 bestimmt sind?
(Falls ja, bitte Beschreibung auf gesondertem Blatt)
Ja ☐
Nein ☐

25. Ich (Wir), der (die) in Feld 1 genannte(n) Antragsteller, beantrage(n) als Ausführer/Verbringer eine Genehmigung für die Ausfuhr/Verbringung der in dem Antrag konkretisierten Güter (Ware[n], Software und Technologie).
Ich (Wir) versichere(n), dass alle in diesem Antrag nebst Anlagen gemachten Angaben unter Beachtung der Ausfüllanleitung zu diesem Antrag richtig, vollständig und wahrheitsgemäß angegeben wurden. Alle Fragen wurden nach bestem Wissen wahrheitsgemäß beantwortet. Ich (Wir) erkläre(n), dass ich (wir) für das beantragte Ausfuhr-/Verbringungsgeschäft in keinem anderen Mitgliedstaat der Europäischen Union eine Genehmigung beantragt habe(n).

Unterschrift des Antragstellers / Bevollmächtigten — Firmenstempel

2854154

Bestell-Nr. 229

Formularverlag CW Niemeyer, Hameln 05151 9893-0, Fax 98 93-93, Wuppertal 0202 5020-31, Fax 50 19 92, Offenbach 069 862682, Fax 86 96 00, Weil der Stadt 07033 34940, Fax 3 48 42, Hohendodeleben 039204 5447 Fax, 6 01 79

Nationales Ergänzungsblatt zum Antrag auf Ausfuhr-/Verbringungsgenehmigung

0

1. Ausführer	Zollnummer	2. Antragsnummer	3a. Antragsdatum	
Müller GmbH	2345893	DE /	. .-01.-10.	**AG / E1**

32. Zustellungsbevollmächtigter (Adresse)	Zollnummer	6a.	Hinweis:
		Bundesamt für Wirtschaft und Ausfuhrkontrolle (BAFA) Frankfurter Str. 29–35 65760 Eschborn	Die Angaben in diesem Antrag werden aufgrund von § 17 AWV erhoben. Die Antragsdaten dürfen gem. § 45 Außenwirtschaftsgesetz vom BAFA gespeichert und an andere Behörden übermittelt werden, soweit dies zur Verfolgung der in §§ 5 oder 7 Abs. 1 AWG angegebenen Zwecke oder zur Verhütung oder zur Verfolgung von Straftaten erforderlich ist.

Antrag

33. Zusatzinformationen zum Empfänger (vgl. Feld 5)

Telefon: ______ Telefax: ______ Telex: ______

Postfach: 1341 Auftragsnummer: 110231/440

Haben Sie Kenntnis davon, dass es sich um eine Einrichtung des Militärs/der Polizei handelt? Ja [X] Nein [ ]

Haben Sie Kenntnis davon, dass es sich um den Betreiber einer kerntechnischen Anlage handelt? Ja [ ] Nein [X]

34. Zusatzinformationen zum Endverwender (vgl. Feld 10)

Telefon: ______ Telefax: ______ Telex: ______

Postfach: ______ Auftragsnummer: ______

Haben Sie Kenntnis davon, dass es sich um eine Einrichtung des Militärs/der Polizei handelt? Ja [ ] Nein [ ]

Haben Sie Kenntnis davon, dass es sich um den Betreiber einer kerntechnischen Anlage handelt? Ja [ ] Nein [ ]

35. Käufer (Adresse) (falls nicht identisch mit Empfänger und/oder Endverwender)

Telefon: ______ Telefax: ______

Telex: ______ Postfach: ______

Auftragsnummer: ______

0

Haben Sie Kenntnis davon, dass es sich um eine Einrichtung des Militärs/der Polizei handelt? Ja [ ] Nein [ ]

Haben Sie Kenntnis davon, dass es sich um den Betreiber einer kerntechnischen Anlage handelt? Ja [ ] Nein [ ]

36. Zusatzinformationen zum beantragten Ausfuhr-/Verbringungsgeschäft

a) Haben Sie Kenntnis davon, dass der Antragsgegenstand:

- vom Empfänger unverändert weitergeleitet wird? Ja [ ] Nein [X]
- nach Bearbeitung, Verarbeitung oder Gebrauch weitergeliefert wird? Ja [ ] Nein [X]

b) Haben Sie Kenntnis davon, dass die beantragte Lieferung einen Beitrag zu einem bestimmten Projekt / einer Anlage darstellt? Ja [ ] Nein [ ]

Falls ja, – bitte Projektname oder Kurzbezeichnung angeben (Projektbeschreibung auf gesondertem Blatt): ______

– bitte Bearb.-Nr. angeben, sofern Sie für andere Lieferungen zu diesem Projekt bereits Genehmigungen beantragt haben: ______

c) Haben Sie für den gleichen oder einen vergleichbaren Antragsgegenstand innerhalb der letzten 3 Jahre eine Genehmigung, eine Ablehnung oder einen Nullbescheid erhalten, in Bezug auf: – gleichen Endverwender (s. Feld 5 bzw. 10)? Ja [ ] Nein [X]

– gleiches Land der Endverwendung? Ja [ ] Nein [X]

– Falls ja, bitte Bearb.-Nr. der maximal 4 jüngsten Bescheide angeben: ______

d) Haben Sie aufgrund anderer Genehmigungspflichten bereits eine Genehmigung, eine Ablehnung oder einen Nullbescheid erhalten, die/der in unmittelbarem wirtschaftlichen Zusammenhang mit dem Antragsgegenstand steht? Ja [ ] Nein [X]

Falls ja, bitte Bearb.-Nr. angeben: ______

e) Sofern Sie in Bezug auf den Antragsgegenstand im Besitz einer gültigen Auskunft zur Güterliste sind, so geben Sie bitte die entsprechende Bearb.-Nr. an: ______

f) Vorgesehener Lieferbeginn: . .-08.-12.

37. Erklärung über die Zeichnungsberechtigung im Rahmen der Verantwortungsübernahme des „Ausfuhrverantwortlichen" gemäß den Grundsätzen der Bundesregierung vom 25. 07. 2001 (BAnz. S. 17 177) in der jeweils geltenden Fassung

Der/Die gemäß den Grundsätzen der Bundesregierung zur Prüfung der Zuverlässigkeit von Exporteuren von Kriegswaffen und rüstungsrelevanten Gütern gegenüber dem BAFA benannte Ausfuhrverantwortliche hat den vorliegenden Antrag **eigenhändig** unterzeichnet. [X]

Der vorliegende Antrag auf Ausfuhr-/Verbringungsgenehmigung wurde von einer von dem oben genannten Antragsteller **berechtigten Person** unterzeichnet.

Der/Die gegenüber dem BAFA benannte Ausfuhrverantwortliche übernimmt für die Richtigkeit und Vollständigkeit dieses Antrages die Verantwortung in dem Bewusstsein, nicht mit dem Hinweis auf die Person des Antragsunterzeichners eine Verantwortlichkeit im Sinne der oben genannten Grundsätze ablehnen zu können. [X]

38. Raum für sonstige Anmerkungen / Bemerkungen

Bestell-Nr. 231

FORMULARVERLAG CW NIEMEYER
31789 Hameln, Walter-von-Selve-Str. 6
Tel. (0 51 51) 98 93-0, Fax 98 93-93
Email: info@formularverlag.de
Internet: www.formularverlag.de

Auslieferungsläger:
42283 Wuppertal, Carnaper Straße 28, Tel. (02 02) 50 20 31, Fax 50 19 92
60599 Frankfurt a. M., Wiener Str. 120-124, Tel. (0 69) 69 71 17-0, Fax 69 71 17-78
71263 Weil der Stadt, Glemsweg 17, Telefon (0 70 33) 3 49 40, Fax 3 48 42
39167 Hohendodeleben, Matthissonstr. 26, Tel. (03 92 04) 54 47, Fax 6 01 79

Ergeben sich bei der Ausfuhr von Gütern bezüglich ihrer Genehmigungspflicht Zweifel, hat der Ausführer/Verbringer folgende Möglichkeiten:

- → Auskunft zur Güterliste (früher: „Negativbescheinigung")
  Das Bundesamt für Wirtschaft und Ausfuhrkontrolle bestätigt, dass eine konkrete Ware, unabhängig von einem speziellen Vorhaben, nicht von der Güterliste erfasst wird, d.h. nicht genehmigungspflichtig ist.
- → Individueller Nullbescheid
  Hier bestätigt das Bundesamt für Wirtschaft und Ausfuhrkontrolle, dass ein konkretes Vorhaben eines Ausführers bzw. Verbringers nicht genehmigungspflichtig ist.
- → Voranfrage
  Mit einer Voranfrage kann der Ausführer/Verbringer eine Auskunft über die Genehmigungspflicht eines potenziellen Vorhabens vom Bundesamt für Wirtschaft und Ausfuhrkontrolle erhalten.

Endverbleibsdokumente

Vorlagepflicht	**Genehmigungspflichtige Ausfuhr und Verbringung gelisteter Güter**
Verzicht auf die Vorlage von Endverbleibsdokumenten	→ Warenwert liegt unterhalb einer bestimmten Freigrenze → Staatsaufträge (Vorlage einer Kopie des Auftrags mit Endverbleibsvermerk) → Austauschlieferung → Wiederausfuhr → Vorübergehende Ausfuhr
Vorlagepflicht	**Genehmigungspflichtige Ausfuhr und Verbringung gelisteter Güter**
Arten von Endverbleibserklärungen	→ Private Endverbleibserklärung (EVE): Erklärung des Empfängers oder des Endverwenders über den Endverbleib und die Verwendung der Güter. Muss vorgelegt werden, wenn Güter an ein privates Unternehmen oder einen Händler geliefert werden. → Amtliche Endverbleibserklärung (EVE): Erklärung des behördlichen Empfängers (Bsp.: Verteidigungsministerium) über die Endverwendung. → Internationale Einfuhrbescheinigung (IC): ICs werden ebenfalls vom Staat oder autorisierten Behörden erteilt. Sie bestätigen i.d.R. aber nur, dass die Güter ab Grenzübertritt den Exportkontrollvorschriften dieses Staates unterliegen. Ein späterer Reexport wird dann nach diesen Vorschriften behandelt. ICs werden von „zuverlässigen" Ländern, wie z.B. den USA, Australien, Belgien, Dänemark etc., akzeptiert.

Vorlagepflicht	Genehmigungspflichtige Ausfuhr und Verbringung gelisteter Güter
Wareneingangsbescheinigung	→ Nachweis des Eingangs der Güter im Bestimmungs- oder Empfangsland → Vorlagepflicht aufgrund einer Auflage zur Genehmigung → Arten: Bescheinigungen des Empfängers, zollamtliche Bescheinigungen, staatliche Bescheinigungen, insbesondere Delivery Verification Certificates (DVC)

Abschließend lässt sich also feststellen, dass Beschränkungsmöglichkeiten der Ausfuhr nach dem Außenwirtschaftsgesetz im Detail in der Außenwirtschaftsverordnung geregelt werden. Allerdings ist in bestimmten Fällen der zeitliche Aufwand auch für den Erlass einer Rechtsverordnung zu groß, um aus Gründen der Sicherheit oder der auswärtigen Interessen die Ausfuhr zu verhindern. In diesen speziellen Fällen erlaubt das Außenwirtschaftsgesetz **Einzeleingriffe des Staates**. Im Außenwirtschaftsgesetz lautet die Formulierung dafür: „Der Bundesminister für Wirtschaft kann in Fällen besonderer Eilbedürftigkeit im Einvernehmen mit dem Auswärtigen Amt und dem Bundesminister der Finanzen die notwendigen Beschränkungen von Rechtsgeschäften ... anordnen, um eine im einzelnen Falle bestehende Gefahr ... abzuwehren" (§ 2, Abs. 2 AWG).

Ausfuhrverantwortlicher

Seit dem Jahr 1991 ist die Erteilung von Ausfuhrgenehmigungen für Kriegswaffen und Waren der Ausfuhrliste Teil I abhängig von der vorherigen Benennung eines Ausfuhrverantwortlichen durch das betroffene Unternehmen. Der Ausfuhrverantwortliche kann der Unternehmer selbst, ein Mitglied des Vorstandes bzw. der Geschäftsführung oder ein vertretungsberechtigter Gesellschafter sein. Grundsätzlich sollte nur ein Ausfuhrverantwortlicher benannt werden. Dieser übernimmt die Verantwortung für die Richtigkeit der Angaben durch die Unterzeichnung des Antrags auf Ausfuhrgenehmigung in seinem Namen.

Die Benennung des Ausfuhrverantwortlichen muss unter Verwendung des entsprechenden Vordrucks erfolgen. Ist ein Wechsel in der Person des Ausfuhrverantwortlichen gegeben, so ist das Unternehmen verpflichtet, diesen Wechsel dem Bundesamt für Wirtschaft und Ausfuhrkontrolle unverzüglich zu melden.

Arten der Ausfuhrgenehmigung

Genehmigungsarten	Anwendungsbereich	Voraussetzungen	Genehmigungsverfahren	Nebenbestimmungen
Einzelgenehmigung	– 1 Ausführer – 1 Empfänger – 1 Auftrag – Güter aller Art	Antragstellung	Vorlage einer Endverbleibserklärung, differenziert nach Ländern IC oder EVE	u. a. Befristung der Genehmigung und Vorlage einer Wareneingangsbescheinigung
Höchstbetragsgenehmigung	– 1 Ausführer – 1 Empfänger – Vielzahl von Lieferungen innerhalb eines bestimmten Zeitraums (i. d. R. 1 Jahr)	– Antragstellung – feste Geschäftsbeziehung mit dem Empfänger	– Nachweis der festen Geschäftsbeziehung (Rahmenvertrag) – Begründung des voraussichtlichen Lieferumfangs – IC oder EVE	u. a. Befristung der Genehmigung und Vorlage einer Wareneingangsbescheinigung
Sammelausfuhrgenehmigung	– 1 Ausführer – Vielzahl von Empfängern – Vielzahl von Lieferungen – Güter aller Art (Güter des Abschnitts A nur bei regierungsamtlichen Kooperationen) Bsp.: Gemeinsames Rüstungsprojekt europäischer Unternehmen	– Voranfrage – mindestens 50 Einzelgenehmigungen im Vorjahr – Zuverlässigkeit des Antragstellers (internes Kontrollprogramm, Aus- und Fortbildung) und der Empfänger	– Nachweis des internen Kontrollprogramms und angemessener Fortbildungen – glaubhafte Darlegung der Zuverlässigkeit der Empfänger – IC oder EVE	u. a. Befristung der Genehmigung und Hinweispflicht bei Verstößen der Empfänger
Allgemeine Genehmigung	– Vielzahl von Ausführern – Vielzahl von Empfängern – Vielzahl von Lieferungen – Nur Dual-Use-Güter	Keine Antragstellung	Kein Genehmigungsverfahren, da auch kein Antrag erforderlich ist	u. a. Ausnahmen für bestimmte Güter und bei missbräuchlicher Verwendung, z. T. halbjährliche Meldungen

Für bestimmte genehmigungspflichtige Exportgüter entfällt die Einzelgenehmigung, da eine **Allgemeine Genehmigung** des BAFA besteht. Diese Allgemeine Genehmigung ist aber nicht auf Dauer angelegt, sondern sie basiert auf aktuellen Informationen des BAFA über bestimmte Länder, die sich auch jederzeit wieder ändern können. Deshalb gilt jede Genehmigung nur für den dort beschriebenen Güter- und Länderkreis. Die Nutzung muss vom Ausführer nicht beantragt werden, allerdings muss er sich als Nutzer registrieren lassen. Häufig ist bei der Nutzung der Allgemeinen Genehmigung die Anzahl der Ausfuhren am Ende des Kalenderjahres dem BAFA mitzuteilen.

Die Ausfuhrlizenz

Mit der Errichtung der Europäischen Marktordnung wurden nicht nur für die Einfuhr Kontroll,- Überwachungs- und Kontingentüberwachungssysteme eingeführt, sondern auch für die Ausfuhr. Bei der Ausfuhr betrifft dies eine Reihe landwirtschaftlicher Produkte (lebende Tiere, Fleisch, Milch, Milcherzeugnisse, lebende Pflanzen, Gemüse, Früchte, Nüsse, Getreide etc.).

Die Ausfuhrlizenz wird vergeben bei der Bundesanstalt für Landwirtschaft und Ernährung in Frankfurt (Formular: Ausfuhrlizenz „AGREX"). Die Lizenzerteilung kann nur erfolgen, wenn neben der Beantragung zusätzlich noch eine Sicherheitsleistung (Kaution) erfolgt. Damit will man den Exporteur zwingen, dass er die beantragte Menge auch tatsächlich ausführt. Die Lizenzen haben eine Gültigkeit zwischen 30 Tagen und fünf Monaten.

4 Zollrechtliche Bestimmungen zur Warenausfuhr

4.1 Grundlagen des Zollrechts

Beim Zollrecht geht es um die Frage, welche Vorschriften beim **Überschreiten der Zollgrenze eines bestimmten Landes** im Personen- und Wirtschaftsverkehr zu beachten sind. Die folgenden Ausführungen beschränken sich dabei auf die Vorschriften für den gewerblichen Warenverkehr.

Grundsätzlich ist jede Ware, die die Zollgrenze überschreitet, **Zollgut**, das bedeutet, dass die Zollbehörden grundsätzlich die Verfügungsgewalt über diese Ware haben. Die Ware wird zum **Freigut**, wenn die entsprechenden Zollförmlichkeiten (Abgabe der Zollpapiere, Kontrolle/Gestellung der Ware, Bezahlung der Zollabgaben etc.) durchgeführt wurden. Grundsätzlich müssen beim Export und Import von Waren Zollpapiere erstellt werden, jedoch nur der Import wird mit Zollabgaben belegt. Der Export von Waren ist grundsätzlich abgabenbefreit.

Im Unterschied zum Außenwirtschaftsrecht hat die Europäische Union im Zollrecht eine einheitliche europäische Regelung erreicht. Dieses EU-Zollrecht wird auch von allen EU-Staaten beim grenzüberschreitenden Personen- und Warenverkehr angewandt. Rechtsgrundlage ist der EU-Zollkodex, den die EU für alle Mitgliedsstaaten erlassen hat. Das deutsche Zollrecht hat die Bestimmungen des EU-Zollkodex übernommen und regelt darüber hinaus nur Fälle, in denen die EU keine Regelungen getroffen hat. Rechtsgrundlagen sind:

- die Abgabenordnung (AO)
- das Zollverwaltungsgesetz (ZollVG)
- die Zollverordnung (ZollV)

Mit dem 01.01.1993 trat der **EU-Binnenmarkt** in Kraft. Gleichzeitig mit der Geburt des EU-Binnenmarktes kam die Vereinigung mit drei Ländern der Freihandelszone „EFTA" (Norwegen, Liechtenstein, Island, Schweiz) zum Europäischen Wirtschaftsraum (EWR) zustande. Für die Mitgliedsländer der EU hat dies folgende Auswirkungen auf das Zollrecht:

1. Die Zollgrenzen zwischen den Mitgliedsländern existieren nicht mehr; der innergemeinschaftliche Warenverkehr unterliegt keiner zollamtlichen Überwachung mehr. Voraussetzung ist allerdings, dass es sich bei den Waren um Waren aus der EU handelt oder dass Waren aus anderen Ländern sich im „freien Verkehr der Gemeinschaft" befinden (Freigut). Stattdessen erfolgt nur noch eine **statistische Erfassung dieser Warenströme**.
2. Nur bei einem Warenverkehr über eine Zollgrenze hinweg spricht man zollrechtlich von einem Export. Beim Warenverkehr innerhalb der EU-Länder handelt es sich um eine **„innergemeinschaftliche Versendung"** (Warenverkauf) oder einen **„innergemeinschaftlichen Eingang"** (Wareneinkauf).

3. Alle Nichtmitgliedsstaaten des EU-Binnenmarkts sind **Drittstaaten**. Im Warenverkehr mit Drittstaaten bleiben die Zollgrenzen erhalten, der Warenverkehr mit diesen Staaten unterliegt einer strengeren zollamtlichen Kontrolle.
4. Der **Warenverkehr** innerhalb des **Binnenmarktes** ist **zollfrei**, der **Warenverkehr** mit **Drittländern** unterliegt einem **einheitlichen Außenzollsatz**. Das bedeutet, dass eine bestimmte Ware, die in irgendein Land der EU importiert wird, grundsätzlich in jedem Land mit dem gleichen Eingangszollsatz belegt wird.
5. Beim **Warenverkehr** innerhalb der **EWR** müssen zwar Zollpapiere erstellt werden, der Warenverkehr ist aber zollbefreit. Die gleiche Regelung gilt für den Warenverkehr mit der Schweiz, auch wenn diese nicht Mitgliedsstaat des EWR ist.

Grundlagen des Zollrechts

EU-Binnenmarkt

Innerhalb des Binnenmarktes fallen die Zollschranken weg. Die Zollgrenze für die einzelnen EU-Länder ist identisch mit der EU-Außengrenze.

↓

Folgen

- Freier Personen- und Warenverkehr
- Wegfall aller Zollformalitäten, nur statistische Erfassung der Warenströme
- Die Begriffe Export und Import werden durch die Begriffe „innergemeinschaftliche Versendung" und „innergemeinschaftlicher Eingang" ersetzt.

Drittländer

Die Zollschranken gegenüber Drittländern bleiben erhalten.

↓

Folgen

- Kein freier Personen- und Warenverkehr
- Zollformalitäten bleiben erhalten
- Einheitlicher Außenzollsatz gegenüber Drittländern
- Die Begriffe Export und Import bleiben erhalten.

4.2 Ausfuhrverfahren

Grundsätzlich ist für jede Warenausfuhr in ein Drittland eine Ausfuhranmeldung abzugeben (Ausnahme: Für Waren im Wert unter 1 000,00 EUR muss zz. keine Ausfuhranmeldung erstellt werden). Die Ausfuhranmeldung dient ausschließlich der Information der deutschen Behörden und gelangt nicht ins Ausland (Ausnahme: Die Warenlieferung wird über ein anderes EU-Land in ein Drittland exportiert. Das Ausgangs-/Grenzzollamt befindet sich also in dem anderen EU-Land).

4.2.1 Aufgaben der Ausfuhranmeldung

Nach den Angaben in der Ausfuhranmeldung wird die **Außenhandelsstatistik** der Bundesrepublik Deutschland erstellt. Adressat dieser Informationen ist in erster Linie also das Statistische Bundesamt in Wiesbaden.

Zusätzlich dient die Ausfuhranmeldung der **Überwachung der Ausfuhr** entsprechend den **Regelungen des Außenwirtschaftsgesetzes**. Das zuständige Zollamt prüft mithilfe der achtstelligen Warennummer, inwieweit die Ware beim Export irgendwelchen Beschränkungen unterliegt. Ergibt sich beispielsweise eine Genehmigungspflicht für einen gewerblichen Warenexport, wird vom Exporteur die Vorlage einer Ausfuhrgenehmigung des BAFA verlangt. Liegt keine Genehmigung vor, kann die Ausfuhr nicht erteilt werden. Zur Überprüfung kann das Zollamt eine Gestellung der Ware verlangen. In diesem Fall muss der Exporteur die Ware dem Zoll vorlegen bzw. im Betrieb überprüfen lassen.

4.2.2 Vorgehensweise beim Ausfuhrverfahren (Normalverfahren)

Ab dem 01. Juli 2009 dürfen Unternehmen die Ausfuhranmeldung nicht mehr als Papier-Zollanmeldung (Einheitspapier) abgeben, ab diesem Zeitpunkt muss eine elektronische Ausfuhranmeldung erstellt werden. Ein Einheitspapier darf nur noch bei einem Systemausfall verwendet werden. Die Daten des Exportvorgangs werden im Rahmen des ATLAS-Systems (Automatisiertes Tarif- und Zollabwicklungssystem) der Zollverwaltung abgegeben. Das ATLAS-System ist eine interne IT-Lösung der Zollverwaltung. Mit dem ATLAS-Verfahren sind alle Ausfuhranmeldungen, möglich, d. h. das Normalverfahren aber auch die vereinfachten Verfahren.

Möglichkeiten der Übermittlung der Exportdaten im ATLAS-System

1. Nutzung der Internetzollanmeldung (IAA) der Zollverwaltung

A. Internetzollanmeldung (IAA)

Das exportierende Unternehmen ruft im Internet die Internetzollanmeldung der Zollverwaltung auf, füllt die Ausfuhranmeldung (AM) aus, druckt diese aus und gibt die unterschriebene AM bei der zuständigen Zollstelle ab. Dort werden die Daten in das ATLAS-System eingelesen. Der **Zoll prüft** die abgegebene **Ausfuhranmeldung** (AM) u. a. hinsichtlich folgender Kriterien:

1. Vollständigkeit der AM
2. Gültigkeit der Warennummer
3. Waren- und personenbezogene Ausfuhrkontrollvorschriften
4. Verstoß gegen Ausfuhrverbote

Nach der Prüfung erstellt der Zoll das **Ausfuhrbegleitdokument (ABD)**, anschließend kann der Exporteur seine Waren mit dem ABD zur Grenzzollstelle befördern.
Die Grenzzollstelle erstellt eine Ausfuhrbestätigung, den **„Ausgangsvermerk"**. Diese schickt das Grenzzollamt nicht direkt zum Exporteur, sondern wieder an das zuständige Binnenzollamt. Der Exporteur muss die Ausfuhrbestätigung dort abholen (die-

sen Nachweis braucht der Exporteur zum Nachweis der umsatzsteuerfreien Leistung gegenüber dem Finanzamt).
Bei bestimmten Exportvorgängen (Voraussetzung: Warenwert bis 3000 Euro; Waren unterliegen keinen Ausfuhrbeschränkungen) druckt der Exporteur die Internetzollanmeldung aus und fährt mit dieser direkt an die Ausgangszollstelle. Dort werden die Daten in das ATLAS-System eingespeist.

B. Internetzollanmeldung Plus (IAA)

Die Internetzollanmeldung Plus kann von den Unternehmen ebenfalls angewandt werden.

Vorgehensweise:
Das exportierende Unternehmen ruft im Internet die Internetzollanmeldung der Zollverwaltung auf, füllt die Ausfuhranmeldung (AM) aus und schickt diese an das zuständige Zollamt. Eine Unterschrift ist auf dieser AM nicht mehr notwendig, da die IAA Plus eine **digitale Signatur** ermöglicht.
Voraussetzung dazu ist, dass ein **Elster-Zertifikat** für dieses Unternehmen bei der Finanzverwaltung vorliegt. Das Elster-Online-Portal erzeugt ein elektronisches Zertifikat, das in Zukunft für alle ELSTER-Anwendungen genutzt werden kann. Die Finanzverwaltung kann damit feststellen, von wem eingehende Steuererklärungen stammen
Das Zertifikat von ELSTER ist eine elektronische Verschlüsselung, es bietet höchste Sicherheit für Bürger und Finanzverwaltung. Es ermöglicht erstmals völlig papierlose Steuererklärungen, die von den meisten Ländern akzeptiert werden.
Bei Verwendung dieses Zertifikats wird also auf die Unterschrift verzichtet.
Die Ausfuhranmeldung wird vom Zollamt an die Grenzzollstelle übermittelt: Passiert die Ware dann die Grenze, erstellt das Grenzzollamt eine Ausfuhrbestätigung, die der Exporteur auf elektronischem Weg von seiner zuständigen Zollstelle (nach Eingang von der Grenzzollstelle) erhält.
Die Nutzung der Internetzollanmeldung ist für die Unternehmen kostenlos. Sie eignet sich vor allem für Unternehmen mit wenigen Ausfuhrvorgängen.

2. Nutzung der Online-Lösung

Unternehmen, die jeden Monat viele Exporte anmelden müssen, kaufen die ATLAS-Software selbst und führen die komplette Ausfuhranmeldung online in eigener Regie durch oder sie nutzen die Software in einem Rechenzentrum eines Dienstleisters. Bei der Rechenzentrumlösung wird die Software durch den Dienstleister gegen Gebühr zur Verfügung gestellt.

Vorteile der Online-Lösung:

Die ATLAS-Software ist für die Unternehmen deutlich komfortabler, weil sie bereits beim Ausfüllen der AM im Unternehmen folgende Informationen liefert:
1. Fehler beim Ausfüllen der AM
2. Kontrolle, ob der Empfänger einem personenbezogenen Embargo unterliegt

3. Information, ob das vereinfachte Verfahren des Anmelders für diesen Ausfuhrvorgang anwendbar ist.

Allerdings – dies gilt für alle Möglichkeiten im Rahmen des ATLAS-Systems – muss jeder einzelne Ausfuhrvorgang mit einer Ausfuhranmeldung gemeldet werden. Auch Sendungen mit einem Wert unter 1000,00 Euro können über das ATLAS-System angemeldet werden; sie müssen es aber nicht.

Ablauf des elektronischen Ausfuhrverfahren ATLAS (Online-Lösung)

Für die Teilnahme am ATLAS-Online-Verfahren muss ein Unternehmen folgende Voraussetzungen erfüllen:

→ Das Unternehmen nutzt die ATLAS-Software eines Rechenzentrums oder besitzt selbst eine zertifizierte ATLAS-Software (Anschaffungskosten!)

→ Die Teilnahme am Verfahren bei der koordinierenden Stelle ATLAS wurde beantragt.

  Adresse der koordinierenden Stelle ATLAS-Südwest
  Bundesfinanzdirekton Südwest
  Hertzstr. 10
  76187 Karlsruhe

→ Das Unternehmen hat eine eigene Zollnummer.

→ Das Unternehmen erhält eine Beteiligten-Identifikations-Nummer (BIN). Diese ersetzt beim elektronischen Datenaustausch mit dem Zoll die handschriftliche Unterschrift.

Hat das Unternehmen die BIN-Nummer, läuft die elektronische Ausfuhranmeldung nun folgendermaßen ab:

1. Der Anmelder (Exporteur bzw. der Spediteur) sendet die Ausfuhranmeldung als Nachricht im EDIFACT Format an die zuständige Ausfuhrzollstelle.
2. Nach Überprüfung der Ausfuhranmeldung erhält der Anmelder ein elektronisches Ausfuhrbegleitdokument (ABD) als PDF-Dokument. Mit diesem ABD wird die Ware vom Zoll zur Ausfuhr freigegeben.
3. Die Ausfuhrzustelle schickt die Daten an das Statistische Bundesamt.
4. Mit der ABD kann der Transport der Ware zur Grenze beginnen.
   In der Regel begleitet dieses ABD die Ware beim Transport zur Ausgangszollstelle.[1]

1 Geht die Ware über eine Ausgangszollstelle, die nicht in Deutschland liegt (Hafen Rotterdam), muss das ABD die Ware begleiten, da sie ohne ABD die Zollgrenze bspw. im Hafengelände nicht überschreiten darf.
Wird die Ware über eine deutsche Ausgangszollstelle (Hafen Hamburg) in ein Drittland befördert, muss das ABD nicht unbedingt die Ware begleiten. Zwischen dem Erhalt der ABD und der Verschiffung im Hafen vergeht i.d.R. eine Woche. In dieser Zeit kann der Spediteur, der mit dem Transport beauftragt wurde, das ABD auch elektronisch der Ausgangszollstelle zusenden. Dies ist nur in Deutschland möglich.

Jedem Ausfuhrvorgang wird eine Vorgangsnummer zugeteilt; unter dieser Vorgangsnummer wird der Datensatz beim Zoll-Zentralrechner gespeichert. Beim Ausgang der Ware am Ausgangszollamt wird der Datensatz vom Zentralrechner abgerufen, damit die gestellte Ware überprüft werden kann.

5. Den körperlichen Ausgang der Ware aus dem EU-Gebiet bestätigt anschließend die Ausgangszollstelle der Ausfuhrzollstelle mittels EDIFACT-Nachricht („Ausgangsvermerk").

   Diese Bestätigung erhält danach der Anmelder. Diese Bestätigung dient dem Exporteur als Ausfuhrnachweis für die Umsatzsteuer oder als Beleg für eine Zollprüfung.

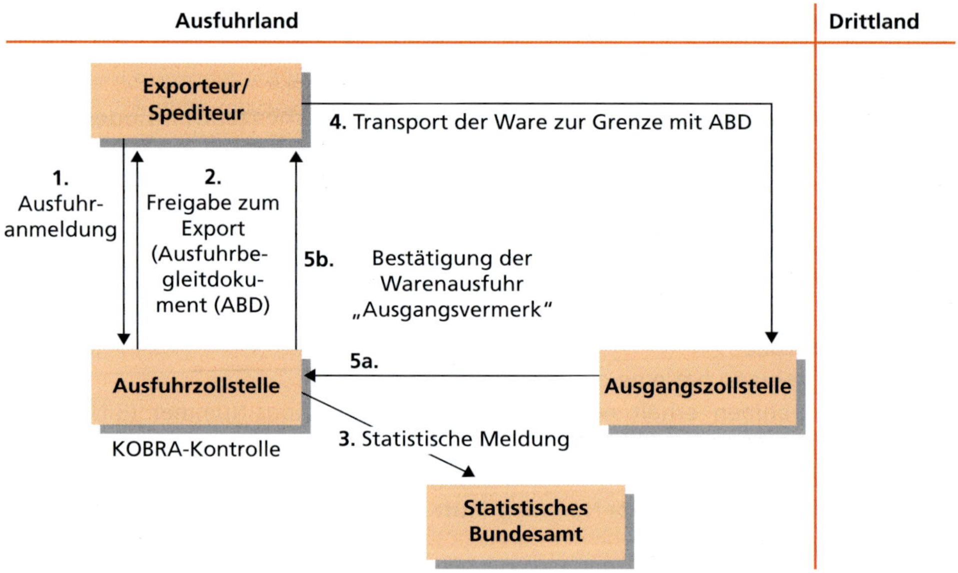

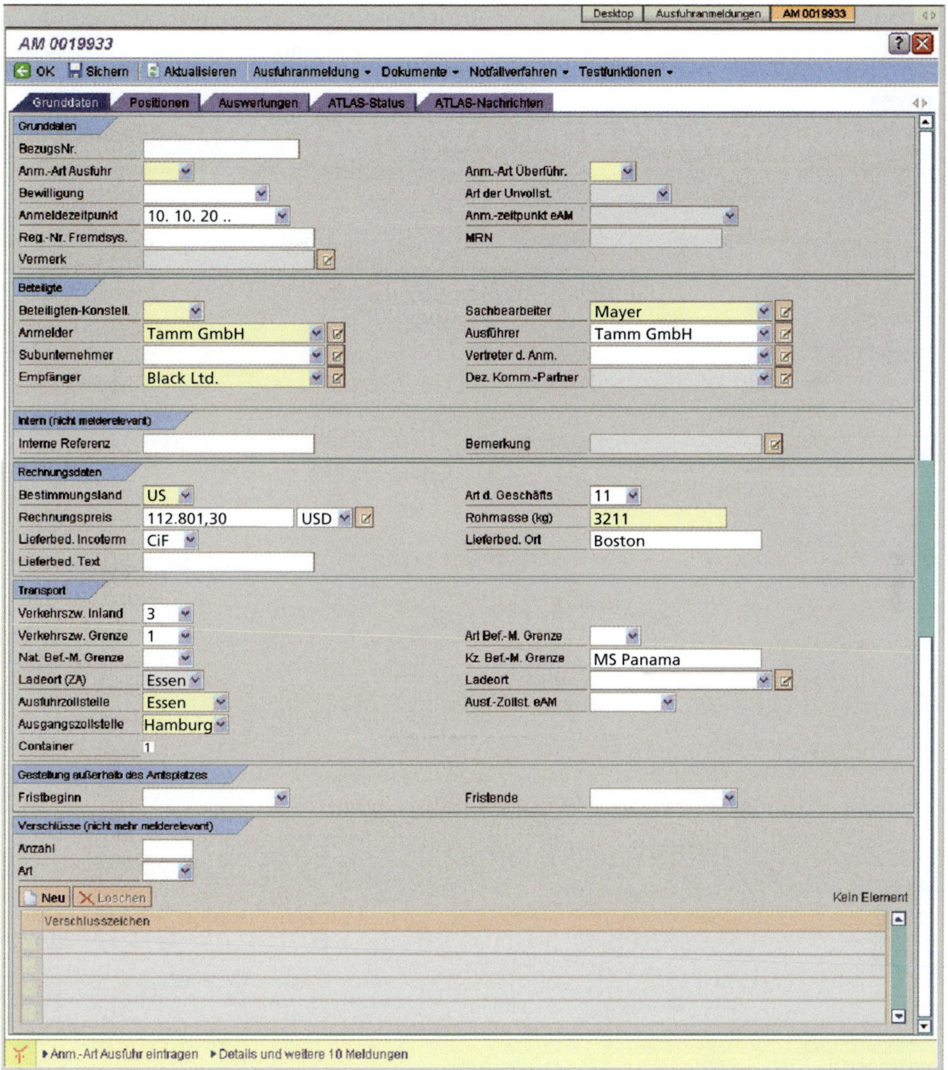
Desktop
Ausfuhranmeldungen
AM 0019933
AM 0019933
OK
Sichern
Aktualisieren
Ausfuhranmeldung
Dokumente
Notfallverfahren
Testfunktionen
Grunddaten
Positionen
Auswertungen
ATLAS-Status
ATLAS-Nachrichten
Grunddaten
BezugsNr.
Anm.-Art Ausfuhr
Anm.-Art Überführ.
Bewilligung
Art der Unvollst.
Anmeldezeitpunkt
10. 10. 20 ..
Anm.-zeitpunkt eAM
Reg.-Nr. Fremdsys.
MRN
Vermerk
Beteiligte
Beteiligten-Konstell.
Sachbearbeiter
Mayer
Anmelder
Tamm GmbH
Ausführer
Tamm GmbH
Subunternehmer
Vertreter d. Anm.
Empfänger
Black Ltd.
Dez. Komm.-Partner
Intern (nicht melderelevant)
Interne Referenz
Bemerkung
Rechnungsdaten
Bestimmungsland
US
Art d. Geschäfts
11
Rechnungspreis
112.801,30
USD
Rohmasse (kg)
3211
Lieferbed. Incoterm
CiF
Lieferbed. Ort
Boston
Lieferbed. Text
Transport
Verkehrszw. Inland
3
Verkehrszw. Grenze
1
Art Bef.-M. Grenze
Nat. Bef.-M. Grenze
Kz. Bef.-M. Grenze
MS Panama
Ladeort (ZA)
Essen
Ladeort
Ausfuhrzollstelle
Essen
Ausf.-Zollst. eAM
Ausgangszollstelle
Hamburg
Container
1
Gestellung außerhalb des Amtsplatzes
Fristbeginn
Fristende
Verschlüsse (nicht mehr melderelevant)
Anzahl
Art
Neu
Löschen
Kein Element
Verschlusszeichen
Anm.-Art Ausfuhr eintragen
Details und weitere 10 Meldungen

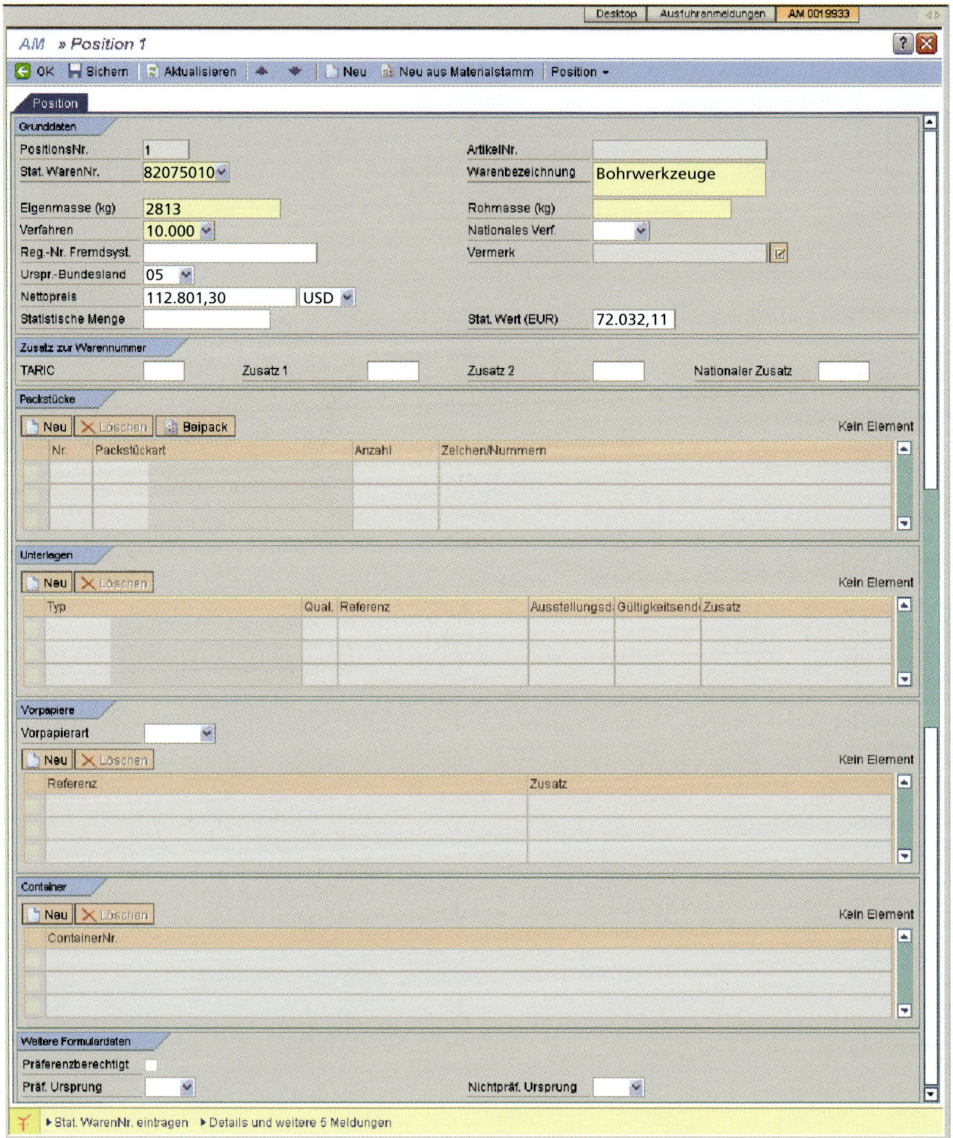
Desktop
Ausfuhranmeldungen
AM 0019933
AM » Position 1
OK
Sichern
Aktualisieren
Neu
Neu aus Materialstamm
Position
Grunddaten
PositionsNr.
1
ArtikelNr.
Stat. WarenNr.
82075010
Warenbezeichnung
Bohrwerkzeuge
Eigenmasse (kg)
2813
Rohmasse (kg)
Verfahren
10.000
Nationales Verf.
Reg.-Nr. Fremdsyst.
Vermerk
Urspr.-Bundesland
05
Nettopreis
112.801,30
USD
Statistische Menge
Stat. Wert (EUR)
72.032,11
Zusatz zur Warennummer
TARIC
Zusatz 1
Zusatz 2
Nationaler Zusatz
Packstücke
Neu
Löschen
Beipack
Kein Element
Nr.
Packstückart
Anzahl
Zeichen/Nummern
Unterlagen
Neu
Löschen
Kein Element
Typ
Qual.
Referenz
Ausstellungsd
Gültigkeitsend
Zusatz
Vorpapiere
Vorpapierart
Neu
Löschen
Kein Element
Referenz
Zusatz
Container
Neu
Löschen
Kein Element
ContainerNr.
Weitere Formulardaten
Präferenzberechtigt
Präf. Ursprung
Nichtpräf. Ursprung
Stat. WarenNr. eintragen
Details und weitere 5 Meldungen

EUROPÄISCHE GEMEINSCHAFT

Ausfuhrbegleitdokument

A

1 VERFAHREN: EX | a

MRN 06DE405500000394E4

2 Versender/Ausführer — Nr. DE2293951
Tamm GmbH
Friedrich-Uhde-Str. 15
45127 Essen

3 Vordrucke: 1 | 1
4 Ladelisten
5 Positionen: 1
6 Packst. insgesamt: 1
7 Bezugsnummer: Feeike

8 Empfänger — Nr.
Black Ltd.
Parklane 3–5
Boston

9 Verantwortlicher für den Zahlungsverkehr

10 Erstes Best. Land
11 Handels-Land
12 Angaben zum Wert
13 G. L. P.

14 Anmelder/Vertreter — Nr. DE2293951, DE2805944
Tamm GmbH
Friedrich-Uhde-Str. 15
45127 Essen

15 Versendungs-/Ausfuhrland: DE
15 Vers./Ausf.L.Code a| b|
17 Bestimm.L.Code a| AD b|
16 Ursprungsland
17 Bestimmungsland: Andorra

20 Lieferbedingung: XXX
22 Währung u. in Rechn. gestellter Gesamtbetr.
23 Umrechnungskurs
24 Art des Geschäfts
28 Finanz- und Bankangabe

18 Kennzeichen und Staatszugehörigkeit des Beförderungsmittels beim Abgang
19 Ctr.

21 Kennzeichen und Staatszugehörigkeit des grenzüberschreitenden aktiven Beförderungsmittel
Seeschiff, 10

25 Verkehrszweig an der Grenze: 3
26 Inländischer Verkehrszweig: 1
27 Ladeort: Essen

A

29 Ausgangszollstelle: Hamburg
30 Warenort: Essen

31 Packstücke und Warenbezeichnung — Zeichen und Nummern - Container Nr. - Anzahl und Art
Bohrwerkzeuge
1 20 FF Container

32 Positions-Nr.: 1
33 Warennummer: 82075010
34 Urspr.land Code a| b| 08
35 Rohmasse (kg): 3211
36 Präferenz
37 VERFAHREN: 1000
38 Eigenmasse (kg): 2813
39 Kontingent
40 Summarische Anmeldung/Vorpapier
41 Besondere Maßeinheit
42 Artikelpreis
43 B.M Code

44 Besondere Vermerke/Vorgelegte Unterlagen/Bescheinig. u. Genehmig.

Code B.V
45 Berichtigung
46 Statistischer Wert: 72.032,11

D PRÜFUNG DURCH DIE ZOLLSTELLE
Ergebnis:
Angebrachte Verschlüsse: Anzahl: —
Zeichen: —
Frist (letzter Tag):
Unterschrift:

Stempel:

A Ausfuhrzollstelle
Hauptzollamt Essen
45129 Essen

Art. 796b Abs. 2 ZK-DVO (neu)

EUROPÄISCHE GEMEINSCHAFT

A

1 VERFAHREN: EX | a

MRN 06DE405500000394E4

2 Versender/Ausführer — Nr. DE2293951
Tamm GmbH
Friedrich-Uhde-Str. 15
45127 Essen

3 Vordrucke: 1 | 3
4 Ladelisten:
5 Positionen: 1
6 Packst. insgesamt: 1
7 Bezugsnummer: Feeilke

8 Empfänger — Nr.
Black Ltd.
Parklane 3–5
Boston

9 Verantwortlicher für den Zahlungsverkehr

10 Erstes Best. Land
11 Handels-Land
12 Angaben zum Wert
13 G. L. P.

14 Anmelder/Vertreter — Nr. DE2293951, DE280594
Tamm GmbH
Friedrich-Uhde-Str. 15
45127 Essen

15 Versendungs-/Ausfuhrland: DE
15 Vers./Ausf. L.Code: a| b|
17 Bestimm.L.Code: a| AD b|
16 Ursprungsland
17 Bestimmungsland: Andorra

18 Kennzeichen und Staatszugehörigkeit des Beförderungsmittels beim Abgang
19 Ctr.: 1

20 Lieferbedingung

21 Kennzeichen und Staatszugehörigkeit des grenzüberschreitenden aktiven Beförderungsmittel: PA

22 Währung u. in Rechn. gestellter Gesamtbetr.
23 Umrechnungskurs
24 Art des Geschäfts

25 Verkehrszweig an der Grenze: 3
26 Inländischer Verkehrszweig: 1
27 Ladeort: Essen

28 Finanz- und Bankangaben

29 Ausgangszollstelle: Hamburg
30 Warenort: Essen

A

31 Packstücke und Warenbezeichnung — Zeichen und Nummern - Container Nr. - Anzahl und Art
Bohrwerkzeuge
1 20 FF Container

Siehe Liste der Positionen

32 Positions-Nr.
33 Warennummer
34 Urspr.land Code: a| b|
35 Rohmasse (kg): 3211
36 Präferenz
37 VERFAHREN
38 Eigenmasse (kg)
39 Kontingent
40 Summarische Anmeldung/Vorpapier
41 Besondere Maßeinheit
42 Artikelpreis
43 B.M Code

44 Besondere Vermerke/ Vorgelegte Unterlagen/ Bescheinig. u. Genehmig.

Code B.V
45 Berichtigung
46 Statistischer Wert: 72.032,11

Ausgangsvermerk

D PRÜFUNG DURCH DIE ZOLLSTELLE
Ergebnis:
Angebrachte Verschlüsse: Anzahl:
Zeichen:
Frist (letzter Tag):
Unterschrift:

Stempel:

Hauptzollamt Essen
C Ausgangszollstelle
45129 Essen

Art. 796b Abs. 2 ZK-DVO (neu)

5 Exportdokumente

Kaufverträge, die zwischen Unternehmen abgeschlossen werden, die ihren Sitz im Inland haben, sind in der Regel reine **Warengeschäfte**, d.h., die beiden Vertragspartner haben ihre Pflichten aus dem Kaufvertrag erfüllt, wenn der Verkäufer die Ware ordnungsgemäß (Kriterien: Qualität, Ort, Zeit) übergibt und der Käufer die Ware annimmt und sie entsprechend den Regelungen im Vertrag bezahlt.

Kaufverträge, die als vertragliche Grundlage von Außenhandelsgeschäften abgeschlossen wurden, bestehen aus zwei Teilen: dem Warengeschäft, vergleichbar dem Warengeschäft im Binnenhandel, und dem **Dokumentengeschäft**. Bei einem Dokumentengeschäft werden neben der Ware vom Verkäufer zusätzlich noch Dokumente übergeben. Mit diesen **Exportdokumenten** soll z.B. die vertragsgemäße Übergabe der Ware an den jeweiligen Frachtführer, der Nachweis der Transportversicherung oder der Ursprung der Waren nachgewiesen werden. Zudem ersetzt bei Außenhandelsgeschäften die Übergabe der Dokumente häufig die Übergabe der Ware, insbesondere dann, wenn Dokumente das Verfügungsrecht über die Ware verbriefen. Aus diesem Grund ist bei bestimmten Außenhandelsgeschäften das Dokumentengeschäft wichtiger als das Warengeschäft.

Typische Exportdokumente sind Dokumente, die beim **Transport der Waren** notwendig werden, **Transportversicherungsdokumente**, die über die Art und den Umfang des Versicherungsschutzes Informationen enthalten, und **Handels- und Zolldokumente**, die zum Beispiel über den Wert der Ware und deren Ursprung Auskunft geben.

Keine Exportdokumente im hier beschriebenen Sinn sind Zahlungsformulare wie beispielsweise der Scheck, die Überweisung und u.U. auch der Wechsel. Ist der Wechsel jedoch in ein dokumentäres Exportgeschäft eingebunden (Beispiel: Dokumentenakkreditiv), wird auch der Wechsel als Exportdokument verstanden.

Arten von Exportdokumenten

Transportdokumente
- Konnossement
- Ladeschein
- Luftfrachtbrief
- Internationale Spediteurübernahmebescheinigung

Transportversicherungsdokumente
- Versicherungspolice/-zertifikat

Handels- und Zolldokumente
- Handelsfaktura
- Zollfaktura
- Konsulatsfaktura
- Ursprungszeugnis
- Präferenznachweis
- Ausfuhrgenehmigung

Gliederung der Exportpapiere nach ihrer Übertragbarkeit

Inhaberwertpapiere	Orderwertpapiere	Rektawertpapiere
Lauten auf den Inhaber, d. h., der jeweilige Inhaber kann die Rechte aus der Urkunde mit der Vorlage ohne weiteren Nachweis geltend machen. Die Übertragung geschieht durch Einigung und Übergabe. Bsp.: Internationaler Frachtbrief, alle Präferenznachweise	Werden „an Order" ausgestellt und sind nur von der „an Order" genannten Person zu benutzen. Die Übertragung erfolgt durch Indossament und Übergabe der Urkunde. Bsp.: Orderkonnossement,	Lauten auf den namentlich genannten Berechtigten. Dieser kann die Rechte aus der Urkunde nur durch eine förmliche Abtretungserklärung, nicht aber durch Indossament weitergeben. Rektapapiere, wie bspw. das Konnossement, können durch einen Ordervermerk zu Orderwertpapieren gemacht werden. Bei Akkreditiven sollten aus Sicherheitsgründen mindestens Orderdokumente verlangt werden.

Bedeutung und Rechtscharakter der Dokumente bei Außenhandelsgeschäften

- **Beweisfunktion:** Jedem Exportdokument kommt eine Beweisfunktion zu, allerdings ist der Umfang der Beweisfunktion von Dokument zu Dokument verschieden. Während ein Posteinlieferungsschein nur die Abgabe der Sendung an einem bestimmten Tag bei der Post dokumentiert, beweist ein Konnossement die Vereinbarungen zwischen Abholer und Reederei, z. B. die Übergabe der Ware, die Art und Menge der Ware, den Transportweg, die äußerliche Beschaffenheit der Ware, die berechtigte Person, die die Ware erhalten soll, etc.
- **Dispositionsfunktion:** Darunter versteht man das Recht des Absenders die Ware anzuhalten, zurückzugeben oder sie an einen anderen Ort als den im Dokument benannten Ort auszuliefern. Ein solches Recht verbriefen alle Transportdokumente. Die Ausübung des nachträglichen Verfügungsrechts durch den Exporteur ist an den Besitz der Urkunde geknüpft. Wurde die Urkunde z. B. an den Importeur weitergegeben, geht diese Dispositionsfunktion für den Exporteur verloren. Die Dispositionsfunktion ist in jedem Fall dann nicht mehr gegeben, wenn die Ware an den Empfänger ausgehändigt wurde. Diese Ausschaltung des Verfügungsrechts ist von großer Bedeutung bei Dokumenteninkassi oder Dokumentenakkreditiven. Nur durch die Ausschaltung dieses Verfügungsrechts lässt sich eine „Zug-um-Zug-Abwicklung" der Dokumente gegen Zahlung sicherstellen.
- **Legitimationsfunktion:** Darunter versteht man die Berechtigung zum Empfang der Ware bzw. weiterer Rechte. Zur Herausgabe der Ware und zur Geltendmachung des Versicherungsanspruchs ist derjenige legitimiert, der auf dem Dokument als Berechtigter ausgewiesen wird (vgl. Inhaber-, Order- und Rektawertpapiere). Diese Legitimationsfunktion weisen alle Exportdokumente auf, die Wertpapiere sind (Konnossement, Transportversicherungspolice). **Wertpapiere**

sind Urkunden über Vermögens- und sonstige Rechte. Bei den übrigen Transportversicherungsdokumenten muss der Empfänger sich nicht durch die Vorlage dieses Dokuments legitimieren. Im Rahmen von Dokumenteninkasso und -akkreditiv kann mittels der Legitimationsfunktion des Konnossements dem Importeur so lange der Empfang der Ware verweigert werden, bis dieser bezahlt hat.

→ **Sicherungsfunktion:** Wird im Rahmen eines Exportgeschäftes eine „Zug-um-Zug-Abwicklung" Ware gegen Geld vereinbart, dienen Dokumente als Sicherheit, dass diese Abwicklung so zustande kommt. Bei einem Dokumentenakkreditiv verlangt der Exporteur die Sicherheit, dass dem Importeur die Dokumente nur ausgehändigt werden, wenn er die Zahlung geleistet hat. Der Importeur verlangt als Sicherheit, dass der Exporteur die Zahlung nur erhält, wenn die Bedingungen des Akkreditivs genau eingehalten werden. Schließlich sind bestimmte Exportdokumente auch als Sicherheit für einen Kredit zu verwenden.

5.1 Versand-/Transportdokumente

5.1.1 Konnossement (Bill of Lading – b/l)

Das Konnossement ist ein im Seeverkehr ausgestelltes Transportdokument. Aussteller des Konnossements ist der Reeder bzw. Verfrachter. Mit der Ausstellung des Konnossements geht der Verfrachter folgende Verpflichtungen ein:

1. Übernahme der Ware.
2. Verpflichtung zur Beförderung der Ware bis zu dem im Konnossement benannten Hafen.
3. Übergabe der Ware an den durch das Konnossement legitimierten Empfänger.

Inhalt des Konnossements (§ 643 HGB)

1. Name des Verfrachters (Carrier/Reederei). Die Reederei ist gleichzeitig der Aussteller des Konnossements.
2. Name und Nationalität des Schiffes.
3. Name des Abladers (im Regelfall der Exporteur). Durch die Nennung auf dem Konnossement erhält der Empfänger die Verfügungsberechtigung über die Ware. Dadurch wird das Konnossement zu einem **Warenwertpapier**. Diese Nennung kann erfolgen, indem das Konnossement an die Order des Empfängers oder nur an Order ausgestellt wird. Wenn das Konnossement nur an Order lautet, kann es durch Indossament an den gewünschten Empfänger übertragen werden.
4. Name des Abladehafens.
5. Name des Löschungshafens.
6. Art, Maß, Zahl, Gewicht und äußerliche Verfassung („clean on board" bzw. „goods in bad order") der Waren. Mit dem Zusatz „clean on board" oder „shipped in apparent good order" bestätigt der Verfrachter den äußerlich guten Zustand der Waren, die er an Bord genommen hat (reines Konnossement). Unrein ist ein Konnossement dann, wenn auf dem Konnossement Mängelvermerke eingetragen sind („goods in bad order"). Ein unreines Konnossement kann der Empfänger

der Waren ablehnen. Wird ein Konnossement im Rahmen einer dokumentären Zahlungsbedingung eingesetzt, lehnt die Akkreditivbank ein unreines Dokument ab.

Hapag-Lloyd Aktiengesellschaft, Hamburg/Bremen

MULTIMODAL TRANSPORT OR PORT TO PORT SHIPMENT PAGE 2

SHIPPER:
Cordobes
29 Avenida 31 - 45
Granada / Spain

STATUS*:

VOYAGE-NO. | B/L-NO.

SHIPPER'S REFERENCE

CARRIER:

Hapag-Lloyd

CONSIGNEE OR ORDER:
Mayer KG
Sonnenstraße 12
89077 Ulm / Germany

NOTIFY ADDRESS (Carrier not responsible for failure to notify; see clause 20 [1] hereof):

Place of Receipt:
Granada

OCEAN VESSEL: M.V. YOUSSOUFIA

PORT OF LOADING: Cadiz

Place of Delivery:
Ulm

PORT OF DISCHARGE: Hamburg

PORT OF TRANSHIPMENT:

Container Nos, Seal Nos; Marks and Nos.	Number and kind of packages; description of goods	Gross weight	Measurement
Container			
HLCU 152982-5	20'FT OPEN TOP CTR.	10 000	KGS
	700 CTNS 50 LB SHELLED ALMONDS		

Bill of Lading Copy

SHIPPED ON BOARD

DATE: ..-11-27

NVOCC-F.M.C.-NO.:

clean on board

Above Particulars as declared by shipper

Shipper's declared value:
Without responsibility or warranty as to correctness by carrier (see clause 11(1) and (2))

Total No. of Containers received by the Carrier: 1

Packages received by the Carrier:

Movement:

Freight and Charges:	Prepaid	Collect
Origin Land Freight/Transp. Add'l	XX	
Origin THC/LCL Charge	XX	
Sea Freight	XX	
Destination THC/LCL Charge		XX
Destination Land Freight/Transp. Add'l		XX

Appropriate columns to be marked with "X"

RECEIVED by the Carrier from the Shipper in apparent good order and condition (unless otherwise noted herein) the total number or quantity of Containers or other packages or units indicated in the box opposite entitled "*Total No. of Containers/Packages received by the Carrier" for Carriage subject to all the terms and conditions hereof (INCLUDING THE TERMS AND CONDITIONS ON THE REVERSE HEREOF AND THE TERMS AND CONDITIONS OF THE CARRIER'S APPLICABLE TARIFF) from the Place of Receipt or the Port of Loading, whichever is applicable, to the Port of Discharge or the Place of Delivery, whichever is applicable. One original Bill of Lading, duly endorsed, must be surrendered by the Merchant to the Carrier in exchange for the Goods or a delivery order. In accepting this Bill of Lading the Merchant expressly accepts and agrees to all its terms and conditions whether printed, stamped or written, or otherwise incorporated, notwithstanding the non-signing of this Bill of Lading by the Merchant.

IN WITNESS WHEREOF the number of original Bills of Lading stated below all of this tenor and date has been signed, one of which being accomplished the other to stand void.

Freight payable at:

Place and date of issue:
Cadiz ..-11-27

Number of original Bs/L:
Three

Hapag-Lloyd AG (as carrier)

Commodity Code:

*e.g. owner of the cargo, freight forwarder, NVOCC or other classification

7. Bestimmung über die Fracht. Hier wird beispielsweise bestimmt, ob die Fracht bereits bezahlt wurde („freight prepaid").
8. Ort und Tag der Ausstellung. Dieser Eintrag ist insbesondere im Zusammenhang mit dokumentären Zahlungsbedingungen (Akkreditiv) sehr wichtig, weil mit dem Eintrag des Verladedatums überprüft werden kann, ob der Ablader innerhalb der ihm vorgegebenen Frist verladen hat.
9. Zahl der ausgestellten Ausfertigungen. Wird die Anzahl der Originaldokumente auf beispielsweise drei festgelegt, bilden diese drei Originale einen „vollen Satz" (full set). Dieser volle Satz an Originaldokumenten wird aber in der Regel nur im Rahmen eines Akkreditivs verlangt. Zur Abholung der Ware im Löschungshafen genügt ein Originalkonnossement.

Bedeutung von Konnossementen

1. **Herausgabeanspruch:** Der auf dem Konnossement an Order genannte Inhaber bzw. durch ein Indossament legitimierte Inhaber hat gegenüber dem Verfrachter einen Herausgabeanspruch.
2. **Vorlegungspflicht:** Der Verfrachter darf nur an den leisten, der seine Berechtigung durch Vorlage des Konnossements nachweist.
3. **Verfügungsberechtigung:** Der legitimierte Inhaber ist verfügungsberechtigt an der Ware, d. h., er könnte sie beispielsweise an Dritte verkaufen.
4. **Kreditsicherung:** Das Konnossement kann zur Kreditsicherung der Bank angeboten werden.
5. **Beweisurkunde:** Mit den Eintragungen auf dem Konnossement kann der Verkäufer z. B. den Tag der Warenübergabe an die Reederei und den äußerlichen Zustand der Waren bei Übergabe beweisen.
6. **Auslösung der Zahlungspflicht:** Mit der Übergabe der Konnossemente wird im Rahmen einer dokumentären Zahlungsbedingung die Zahlungspflicht ausgelöst.

Einsatz von Konnossementen im Seeverkehr

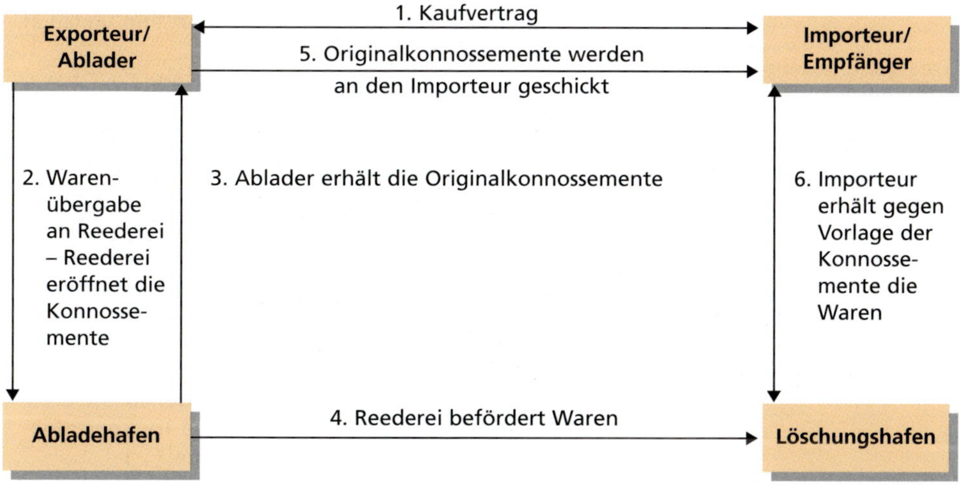

Arten von Konnossementen

Konnossemente nach den Merkmalen der Abwicklung des Transports

Art des Konnossements	Merkmale
1. Bordkonnossement	Der Reeder bestätigt den Empfang der Güter und deren Verladung auf das Schiff.
2. Übernahmekonnossement	Bestätigung der Reederei über den Empfang der Güter in äußerlich guter Verfassung. Lagerung der Güter, bis ein Schiffsraum zur Verfügung steht. Nachteilig an dieser Form des Konnossements ist, dass die Ware noch nicht verladen wurde und das Risiko der verspäteten Auslieferung der Waren besteht.
3. Durchkonnossement	Ein Durchkonnossement wird ausgestellt, wenn der Transport der Güter auf See auf mehreren Schiffen verschiedener Reedereien vorgenommen wird. Das Durchkonnossement wird dann als einziges Konnossement für die ganze Seereise ausgestellt. **Echtes Durchkonnossement:** Die ausstellende Reederei übernimmt die Haftung für die ganze Strecke. **Unechtes Durchkonnossement:** Die Haftung der ausstellenden Reederei erstreckt sich nur auf die von ihr übernommene Teilstrecke. **Gemeinschaftliches Durchkonnossement:** Die beteiligten Reedereien stellen gemeinsam ein Durchkonnossement aus, in dem sie gemeinschaftlich oder jeder für sich auf seiner Strecke die Haftung übernehmen.
4. Charterpartie-Konnossement (Charter Party Bill of Lading)	Ein Charterpartie-Konnossement wird ausgestellt, wenn ein Exporteur nicht eine Sendung verschicken will, sondern einen Schiffsraum bzw. das ganze Schiff chartern will. Dies ist insbesondere bei Massengütern der Fall. Das Risiko (Transport und Umladungen) liegt beim Ablader/Exporteur.
5. Konnossement des kombinierten/multimodalen Transports (Combined Transport Bill of Lading)	Über den ganzen Transportweg wird ein Konnossement ausgestellt, dabei werden die Güter auf verschiedenen Transportwegen (z. B. Land- und Seeverkehr) befördert. Diese Form des Konnossements kommt vor allem beim Containerverkehr vor. Das ausstellende Transportunternehmen haftet in aller Regel für den ganzen Transport. Dieses Dokument kann nicht nur von einer Reederei, sondern auch von autorisierten Spediteuren im eigenen Namen und auf eigene Rechnung ausgestellt werden. Entspricht dieses Dokument den Bedingungen der FIATA (Internationale Vereinigung der Spediteure), handelt es sich um FIATA Combined Transports Bill of Lading oder kurz **FBL-Dokumente**.

Konnossemente nach Art der Übertragbarkeit der Rechte

Rekta-/Namenskonnossement	Orderkonnossement
Im Konnossement ist nur der Name des Empfängers ohne Ordervermerk eingetragen. Eine Abtretung der Rechte aus dem Konnossement ist nur mittels Abtretungsvertrag möglich.	Das Konnossement enthält einen ausdrücklichen Ordervermerk. • Ordervermerk mit Empfängerangabe: Übertragung der Rechte mittels Indosssament und Übergabe des Konnossements. • Ordervermerk ohne Empfängerangabe, aber mit Orderklausel: In der Praxis ist dieses Konnossement durch das Blankoindossament ein Inhaberpapier.

5.1.2 Frachtbrief

Der Frachtbrief ist eine Beweisurkunde, die vom Absender ausgestellt wird. Im Frachtbrief beschreibt der Absender den Beförderungs- und Ablieferungsauftrag des Frachtführers, gleichzeitig wird der Empfang der Ware durch den Frachtführer bestätigt. Anschließend begleitet der Frachtbrief die Ware bis zum Empfänger.

Inhalt des Frachtbriefes (§ 408 HGB)

1. Ort und Tag der Ausstellung
2. Name und Anschrift des Absenders
3. Name und Anschrift des Frachtführers
4. Stelle und Tag der Übernahme des Gutes sowie die für die Ablieferung vorgesehene Stelle
5. Name und Anschrift des Empfängers
6. Übliche Bezeichnung des Gutes und die Bezeichnung der Verpackung
7. Anzahl, Zeichen und Nummern der Frachtstücke
8. Rohgewicht
9. Vereinbarte Fracht und sonstige Kosten

Bedeutung des Frachtbriefs

1. Der Frachtführer wird verpflichtet, das Gut zu befördern und es an den Empfänger abzuliefern.
2. Der Absender wird verpflichtet, die vereinbarte Fracht zu zahlen.
3. Die ordnungsgemäße Übergabe der Ware wird bestätigt (Beweispapier).
4. Der Frachtbrief ist ein Dispositionspapier, d.h., der Absender behält durch das Frachtbriefdoppel das Recht, über die Ware zu disponieren (Anhalten der Ware, Abliefern an einen anderen Empfänger, Zurückholen der Ware etc.)

5. Auf der Grundlage des Frachtbriefes berechnet der Frachtführer seine Fracht, die er in Rechnung stellt.
6. Die Transportversicherung wird auf der Grundlage des Frachtbriefes berechnet.
7. Ein Durchschlag des Frachtbriefs geht an das Statistische Bundesamt in Wiesbaden. Auf der Grundlage dieser Daten werden die Statistiken zum Güterverkehr erstellt. Aus diesen Statistiken lassen sich dann Umfang und Art der verschiedenen Beförderungsmittel erkennen, mit denen Güter in Deutschland bewegt werden.

Fehlende Funktionen

- Frachtbriefe sind keine Legitimationspapiere, d.h., sie berechtigen nicht zur Entgegennahme der Ware durch den Inhaber.
- Frachtbriefe sind keine Wertpapiere. Sie repräsentieren nicht die Ware.

Internationaler Frachtbrief im Straßengüterverkehr (CMR)

Der CMR-Frachtbrief ist eine internationale Form des Frachtbriefes, der nur im grenzüberschreitenden Güterverkehr mit Kraftfahrzeugen eingesetzt wird. Grundlage des CMR-Frachtbriefes ist die „Convention relative au Contract de transport de Marchandise par Route“, ein Abkommen von 20 europäischen Staaten. In diesem Abkommen wird festgehalten, dass ein CMR-Frachtbrief eingesetzt werden muss, wenn bei Warentransporten der Ablieferungs- und der Übernahmeort in verschiedenen Staaten liegen.

Der CMR-Frachtbrief wird in drei Originalen ausgestellt (für Empfänger, Absender und Frachtführer) und von Absender und Frachtführer unterschrieben. Der Absender haftet für alle Kosten, die dem Frachtführer durch falsche oder unvollständige Angaben auf dem Frachtbrief entstehen. Bei CMR-Frachtbriefen gibt es kein Frachtbriefdoppel.

1. Exemplar für Tarifkontrolle | Exemplaire pour controle tarifaire | Exemplaar voor tariefcontrole | Essemplare per controllo tarifario | Copy for tariffcontrol | Exemplar for tarifkontrolen
2. Exemplar für Absender | Exemplaire de l'expéditeur | Exemplaar voor Afzender | Essemplare per mittente | Copy for sender | Exemplar for Afsender
3. Exemplar für Empfänger | Exemplaire du destinataire | Exemplaar voor Geadresseerde | Essemplare per destinatario | Copy for consignee | Exemplar for Modtager
4. Exemplar für Frachtführer | Exemplaire du transporteur | Exemplaar voor vervoerder | Essemplare per transportatore | Copy for carrier | Exemplar for befordrer

INTERNATIONALER FRACHTBRIEF
LETTRE DE VOITURE INTERNATIONAL

Diese Beförderung unterliegt trotz einer gegenteiligen Abmachung den Bestimmungen des Übereinkommens über den Beförderungsvertrag im internat. Straßengüterverkehr (CMR)

Ce transport est soumis, nonobstant toute clause contraire, à la Convention relative au contrat de transport international de marchandises par route (CMR).

1 Absender (Name, Anschrift, Land) / Expéditeur (nom, adresse, pays)
Mehmet Gamep A.S.
1203 – 1 Sok. No. 49 – 51
TR – 35110 Yenisehir – Izmir
Türkei

2 Empfänger (Name, Anschrift, Land) / Destinataire (nom, adresse, pays)
Mayer KG
Sonnenstraße 12
D – 89077 Ulm
Deutschland

16 Frachtführer (Name, Anschrift, Land) / Transporteur (nom, adresse, pays)
Istanbul – Transporte
1405 – 3 Sol. No. 3 – 4
Istanbul
Türkei

3 Auslieferungsort des Gutes / Lieu prévu pour la livraison de la marchandise
Ort/Lieu D – 89077 Ulm
Land/Pays Deutschland

17 Nachfolgende Frachtführer (Name, Anschrift, Land) / Transporteurs successifs (nom, adresse, pays)

4 Ort und Tag der Übernahme des Gutes / Lieu et date de la prise en charge de la marchandise
Ort/Lieu Yenisehir Izmir
Land/Pays Türkei
Datum/Date 1. November ..

18 Vorbehalte und Bemerkungen der Frachtführer / Réserves et observations des transporteurs

5 Beigefügte Dokumente / Documents annexés
Handelsrechnung / Lieferschein
Carnet TIR A.100410
ATR.1 Nr. A 564180

CMR

6 Kennzeichen und Nummern / Marques et numéros	7 Anzahl der Packstücke / Nombre des colis	8 Art der Verpackung / Mode d'emballage	9 Bezeichnung des Gutes* / Nature de la marchandise*	10 Statistiknummer / No statistique	11 Bruttogewicht in kg / Poids brut, kg	12 Umfang in m³ / Cubage m³
MG/AS	1 000	Kisten	Feigen		16 870	
1 – 1 000						

Klasse / Classe | Ziffer / Chiffre | Buchstabe / Lettre | (ADR) / (ADR)

13 Anweisungen des Absenders (Zoll- und sonstige amtliche Behandlung) / Instructions de l'expéditeur (formalités douanières et autres)
Werksverzollung
„Zugel. Empfänger, 9200 ZE 100"

19 Zu zahlen vom: / A payer par:	Absender / L'expéditeur	Währung / Monnaie	Empfänger / Le Destinataire
Fracht / Prix de transport			
Ermäßigungen / Réductions –			
Zwischensumme / Solde			
Zuschläge / Suppléments			
Nebengebühren / Frais accessoires			
Sonstiges / Divers +			
Zu zahlende Gesamtsumme / Total à payer			

14 Rückerstattung / Remboursement

15 Frachtzahlungsanweisungen / Prescription d'affranchissement
Frei / Franco Ulm (DDP Ulm)
Unfrei / Non Franco

20 Besondere Vereinbarungen / Conventions particulières

21 Ausgefertigt in / Etablie à Yenisehir – Izmir am / le 1. November 19 ..

24 Gut empfangen / Réception des marchandises — Datum / Date — am / le .... 19 ..
Unterschrift und Stempel des Empfängers (Signature et timbre du destinataire)

22
Unterschrift und Stempel des Absenders (Signature et timbre de l'expéditeur)

23
Unterschrift und Stempel des Frachtführers (Signature et timbre du transporteur)

25 Angaben zur Ermittlung der Tarifentfernung mit Grenzübergängen

von	bis	km
Izmir	Ulm	

28 Berechnung des Beförderungsentgelts

frachtpfl. Gewicht in kg	Tarifstelle: Sonderabmachung	Güterarten	Währung	Frachtsatz	Beförderungsentgelt
16.870			EUR	1EUR/km	1700,00
				Summe	1700,00

26 Vertragspartner des Frachtführers ist – kein – Hilfsgewerbetreibender im Sinne des anzuwendenden Tarifs

27	Amtl. Kennzeichen	Nutzlast in kg
Kfz	TPH 1503	
Anhänger	TCV 1468	25 000

Benutzte Gen.-Nr. ☐ National ☐ Bilateral ☐ EG ☐ CEMT

Les parties encadrées de lignes grasses doivent être remplies par le transporteur.
Die mit fett gedruckten Linien eingerahmten Rubriken müssen vom Frachtführer ausgefüllt werden.
21+22
1–15 einschließlich / y compris et
Auszufüllen unter der Verantwortung des Absenders / A remplir sous la responsabilité de l'expéditeur

* Bei gefährlichen Gütern ist, außer der eventuellen Bescheinigung, auf der letzten Linie der Rubrik anzugeben: die Klasse, die Ziffer sowie gegebenenfalls der Buchstabe.
* En cas de marchandises dangereuses indiquer, outre la certification éventuelle, à la dernière ligne du cadre: la classe, le chiffre et le cas échéant, la lettre.

Luftfrachtbrief

Der Luftfrachtbrief (Air Waybill) wird ausgestellt, wenn es zum Abschluss eines Luftfrachtvertrages zwischen dem Verkäufer und einer Fluggesellschaft gekommen ist. Auch beim Wechsel der Fluggesellschaft während des Transports kann dieser Luftfrachtbrief weiter benutzt werden. Der Luftfrachtbrief wird wie der CMR-Frachtbrief in drei Originalausfertigungen ausgestellt (für den Absender, den Empfänger und die Fluggesellschaft).

Alle Originale sind gleichwertig, d. h., mit jeder Ausfertigung kann der Beweis über den Abschluss eines Frachtvertrages angetreten werden.

Inhalt:

1. Absender
2. Empfänger
3. Abflughafen
4. Bestimmungsflughafen
5. Warenbeschreibung
6. Angaben zur Fracht
7. Eventuelle Weisungen des Absenders
8. Angaben über die Versicherung

Der Luftfrachtbrief muss von der Fluggesellschaft (Carrier) bzw. von deren Agenten unterschrieben sein.

Seefrachtbrief (Sea Waybill)

Der Seefrachtbrief dokumentiert einen Frachtvertrag über einen Seetransport. Das Dokument ist in seinem Aufbau bis auf wenige Punkte identisch mit dem Konnossement, hat aber nicht dessen rechtliche Bedeutung. Unterzeichnet ist der Seefrachtbrief von der Reederei oder deren Agenten.

Funktionen:
Der Seefrachtbrief hat wie alle anderen Frachtbriefe auch eine Beweis- und eine Dispositionsfunktion, die hauptsächlich dem Exporteur als Nachweis für erbrachte Leistungen nutzen kann. Der Seefrachtbrief erfüllt auf keinen Fall aber eine Legitimationsfunktion und ist auch kein Wertpapier.

Aufgrund seiner leichteren Handhabung hat der Sea Waybill aber bei der internationalen Warenversendung eine sehr große Bedeutung. Viele Unternehmen und Logistiker setzen beim Seetransport ausschließlich Sea Waybills oder vergleichbare Express-B/L anstatt der Konnossemente/Bills of Lading ein.
Während beim Original-B/L mindestens ein Original bei der Abholung der Ware vorgelegt werden muss, reicht bei unechten Konnossementen eine Kopie, die der Empfänger z .B. als Fax an die Reederei schickt, um die Warenversendung auszulösen. Die Vorlage durch den Empfänger ist nicht mehr notwendig, was die Abfertigung am Bestimmungshafen in aller Regel erheblich beschleunigt.

5.2 Transportversicherungsdokumente

Als Nachweis, dass die Ware auf dem Transportweg versichert ist, wird zwischen dem Versicherungsnehmer und einer Versicherungsgesellschaft ein Versicherungsvertrag abgeschlossen. Welcher der beiden Vertragspartner den Versicherungsvertrag mit der Versicherungsgesellschaft abschließen muss, ergibt sich aus der vereinbarten Lieferbedingung im Kaufvertrag.

Der Abschluss eines Versicherungsvertrages ist vor allem deshalb notwendig, weil es für die Haftung der Verfrachter einige Ausschlüsse (§ 608 HGB) gibt:

- → Havarie
- → Krieg und Unruhen
- → Streik und Aussperrung
- → Beschlagnahme
- → Handlungen und Unterlassungen des Abladers
- → Beschaffenheit der Ware
- → Errettung von Leben und Eigentum zur See

Aufgabe einer Transportversicherung ist deshalb in erster Linie, die durch den gesetzlichen Haftungsausschluss offen bleibenden Risiken abzudecken.

Arten der Transportversicherungsdokumente

Grundsätzlich dokumentiert die **Versicherungspolice** den Abschluss einer Versicherung zwischen Versicherungsnehmer und Versicherungsgesellschaft. Die Versicherungspolice wird entweder namentlich auf den Berechtigten ausgestellt (Orderpapier) oder es wird ein Versicherungsschein auf den Inhaber ausgestellt. Dabei ist derjenige, der den Versicherungsvertrag abschließt, nicht immer der Berechtigte aus der Versicherung. Beispielsweise schließt bei der Lieferbedingung „CIF" der Exporteur eine Versicherungspolice ab, auf der als Berechtigter der Importeur genannt wird. Im Schadensfall ist dann zwar eine Transportversicherung abgeschlossen worden, den Anspruch gegen die Versicherungsgesellschaft führt aber der Importeur.

Wird ein einmaliger Warentransport versichert, wird hierüber eine **Einzelpolice** abgeschlossen. Werden häufig gleichartige Transporte durchgeführt, bietet sich der Abschluss einer **Generalpolice** an. Auch im Rahmen einer Generalpolice wird im Regelfall bei jedem durchzuführenden Transport ein übertragbares **Versicherungszertifikat** ausgestellt.

Versicherungszertifikat und Einzelpolice haben beide die gleiche rechtliche und wirtschaftliche Bedeutung. Oft verwenden Versicherungsgesellschaften nur ein Formular „Versicherungszertifikat" (Einzelpolice). Anhand des Formulars ist also nicht unbedingt zu erkennen, ob es sich um eine Einzelpolice oder um ein Zertifikat im Rahmen einer Generalpolice handelt. Generalpolicen haben als längerfristiger Rahmenvertrag mit der Versicherungsgesellschaft den Vorteil, dass günstigere Konditionen vereinbart werden und der Transport im Einzelfall schneller zu versichern ist.

Versicherungsnehmer

Seemann KG
Hans Bergemer Straße 36
89089 Ulm

Original

Wipperfürth Co.
Assekurenzmakler
Postfach 20 20 34
80020 München

Vertragsnummer: 142356
Kundennummer: 235412

Datum: .. – 10 – 10

Versicherungszertifikat
Versicherungszertifikat Nr. 342

Fall-Nr.:	63/1	
Menge:	134 m	
Warenbezeichnung:	Messingrohre	
Lieferant:	Cipper Co. New Jersey	
Ladehafen/-ort:	New York/USA	
Dampfer/Lkw:	OOCL Fidelity	
Inländische Beförderung:	Lkw	
Warenwert in EUR:	52.289,27 EUR	
Auslands-/Seefracht:	827,22 EUR	
Versicherungswert 110% (vom Warenwert, Fracht, Versicherungsprämie)	58.515,91 EUR	
Zoll:	2.500,60 EUR	in %: 4,7
Inlandsfracht:	646,40 EUR	
Versicherungswert 110% (von Zoll, Inlandsfracht, Versicherungsprämie)	3.466,90 EUR	
Versicherungssumme:	61.982,81 EUR	
Prämienbetrag:	**92,97 EUR**	in %: 0,15

5.3 Handels- und Zolldokumente

5.3.1 Exportrechnung

In der Exportrechnung weist der Exporteur den Betrag aus, den er für die Waren und sonstigen erbrachten Leistungen vom Importeur fordert. Im Unterschied zu normalen Handelsrechnungen werden in der Exportrechnung weitgehendere Inhalte verlangt, wie beispielsweise spezielle Bedingungen des Kaufvertrags oder Vereinbarungen im Rahmen eines Akkreditivs (Anzahl der Rechnungen, Incoterms etc.).

Inhalte einer Exportrechnung

1. Anschrift und Bankverbindung des Exporteurs
2. Anschrift des Importeurs
3. Rechnungsdatum und -nummer
4. Präzise Warenbeschreibung
5. Einzel- und Gesamtpreis sowie unter Umständen getrennt ausgewiesene Transport- und Versicherungskosten
6. Vereinbarte Lieferungsbedingung
7. Zahlungsbedingung und Versandart
8. Zolltarifnummer

Die Exportrechnung ist Grundlage der Verzollung und, in Verbindung mit der Erstellung der Zollpapiere, Grundlage für die Statistik der Ein- und Ausfuhrzahlen. Im Übrigen wird die Exportrechnung bei der Berechnung der Transportversicherungsprämie benötigt. Art und Umfang der Ursprungsnachweise sind teilweise von der Höhe des Warenwertes abhängig; insofern ist die Exportrechnung auch Grundlage für die Bestimmung der Ursprungsnachweise (Beispiele für Exportrechnung – vgl. S. 168.

Bei der Erstellung von Exportrechnungen ist zu beachten, dass Ausfuhrlieferungen umsatzsteuerbefreit sind; folglich sind Exportrechnungen ohne Umsatzsteuer auszuweisen. Lieferungen an EU-Unternehmen sind im Bestimmungsland erwerbssteuerpflichtig. Auf Rechnungen an Unternehmen, die ihren Sitz in der EU haben, ist deshalb die Umsatzsteuer-Identifikationsnummer des Exporteurs und des Importeurs zu vermerken (vgl. S. 284).

5.3.2 Pro-forma-Rechnung

Die Pro-forma-Rechnung ist nicht die endgültige Rechnung; sie ist in ihren Inhalten auch weniger ausführlich als die reguläre Handelsrechnung. Aufgrund der Pro-forma-Rechnung wird kein Geld überwiesen (Ausnahme: Kunde erhält Ware nur gegen Vorauskasse; dafür erhält er zunächst eine Pro-forma-Rechnung). Pro-forma-Rechnungen werden benötigt bei kostenlosen Mustersendungen bei der vorübergehenden Verwendung von Waren (z. B. auf einer Messe oder Ausstellung), bei kostenlosen Ersatzteillieferungen oder bei der Erstellung von Angeboten für Unternehmen in bestimmten Ländern, bei denen eine Pro-forma-Rechnung für die Erteilung eines Akkreditvs oder den Erhalt einer Importlizenz notwendig ist. Bekommt der ausländische Kunde die Ware nur gegen Vorauskasse, wird ebenfalls eine Pro-forma-Rechnung erstellt.

5.3.3 Konsulatsfaktura

Die Konsulatsfaktura ist eine Exportrechnung, die vom Konsulat des Einfuhrlandes legalisiert wurde. Legalisierung bedeutet in diesem Zusammenhang, dass das Konsulat bestätigt, dass der auf der Rechnung ausgewiesene Wert der Waren mit dem Handelswert der Waren im Ausfuhrland übereinstimmt. Nur noch ganz wenige Länder auf der Welt (Dominikanische Republik, Philippinen) verlangen eine Konsulatsfaktura. Diese Länder wollen sichergehen, dass der Rechnungswert der Waren und der tatsächliche Wert der Waren auch übereinstimmen, was einer ordnungsgemäßen Einfuhrverzollung dienen soll.

Allerdings verliert die Konsulatsfaktura immer mehr an Bedeutung, da insbesondere die südamerikanischen Länder, die traditionellerweise eine Konsulatsfaktura bei der Einfuhr verlangt haben, mittlerweile davon Abstand nehmen.

5.3.4 Zollfaktura

Die Zollfaktura unterscheidet sich zum einen durch die einfachere Aufmachung von der Konsulatsfaktura, zum anderen genügt statt der Legalisierung durch das Konsulat die Gegenzeichnung eines Zeugen. Als Zeuge kann jede Person der Firma auf der Zollfaktura unterschreiben, die auch sonst für die Firma zeichnungsberechtigt ist. Letztendlich sind also in Deutschland alle Exportrechnungen gleichzeitig auch Zollfakturen. Viele Exportrechnungen tragen deshalb die Bezeichnung „Combined Certificate of Value and Origin and Invoice". Die Zollfaktura muss deshalb nicht von der Industrie- und Handelskammer beglaubigt werden.

5.3.5 Ursprungszeugnisse und Präferenznachweise

Präferenznachweise

Als Nachweis für die Einfuhr von Waren aus diesen präferenzberechtigten Staaten muss der Importeur der Zollstelle Ursprungsnachweise vorlegen. Der Exporteur muss diese Ursprungsnachweise erstellen und sie dem Importeur zusenden. Die nachfolgende Übersicht (S. 170) zeigt die vielen verschiedenen Länder bzw. Ländergruppen, denen die EU Präferenzzölle einräumt. Dabei sind die eingeräumten Zollvorteile je nach Präferenzzone unterschiedlich hoch; im Extremfall geht die Zollpräferenz bis zur Zollbefreiung. Aus diesem Grund verlangt der Zoll je nach Ursprungsland verschiedene Ursprungs-/Präferenznachweise.

Ursprungsregeln:

Mit der Vollendung des Binnenmarktes wurden für alle Mitgliedsstaaten einheitliche Regeln hinsichtlich des Warenursprungs, der unter Umständen mit Zollvorteilen verknüpft ist, in das gemeinsame Zollrecht integriert (Art. 23, 24 EG-Zollkodex).

Nach Art. 23 ist der Ursprung von pflanzlichen Erzeugnissen, mineralischen Stoffen, lebenden Tieren, Fischen etc. in dem Land bzw. in der Region, in der das Tier bzw. die Pflanze aufgewachsen ist oder gefangen wurde.

Nach Art. 24 ist der Ursprung einer Ware, an deren Herstellung zwei oder mehrere Länder beteiligt waren, in dem Land, in dem die letzte wesentliche oder wirtschaftlich gerechtfertigte Be- oder Verarbeitung stattgefunden hat. Diese Bearbeitung muss eine bedeutende Herstellungsstufe darstellen oder zur Herstellung eines neuen Erzeugnisses führen.

Beispiele für Be- oder Verarbeitungsvorgänge, die den Ursprung verleihen:

Warenbezeichnung	Be- oder Verarbeitungsvorgänge
1. Selbstfahrende Planiermaschinen (Bulldozer, Bagger, ...)	Erhalten den EU-Ursprung, wenn die verwendeten Vormaterialien 40 % des Ab-Werk-Preises der hergestellten Ware nicht überschreiten.
2. Holz aus Drittländern	– wird das Holz nur gespalten und gesägt, bleibt der Ursprung erhalten – wird das Holz zusätzlich an den Ecken gefalzt und gehobelt, erhält das Holz den EU-Ursprung. Beispiel: gefalzte und gehobelte Dachlatten

Werden Waren, für die der Ursprung nachgewiesen werden soll, nicht im eigenen Unternehmen des Antragstellers hergestellt, muss der Ursprung der Waren durch geeignete Dokumente nachgewiesen werden.

Ist sich ein Unternehmen bezüglich des Warenursprungs nicht sicher, sollte die örtliche IHK bzw. das örtliche Zollamt zurate gezogen werden. Die IHK überprüft dabei die Herkunft der Waren, den Einkaufs- und Verkaufswert, die einzelnen Fertigungsvorgänge, die Angaben zur Funktion der be- oder verarbeiteten Waren etc.

Die wichtigsten Präferenzräume

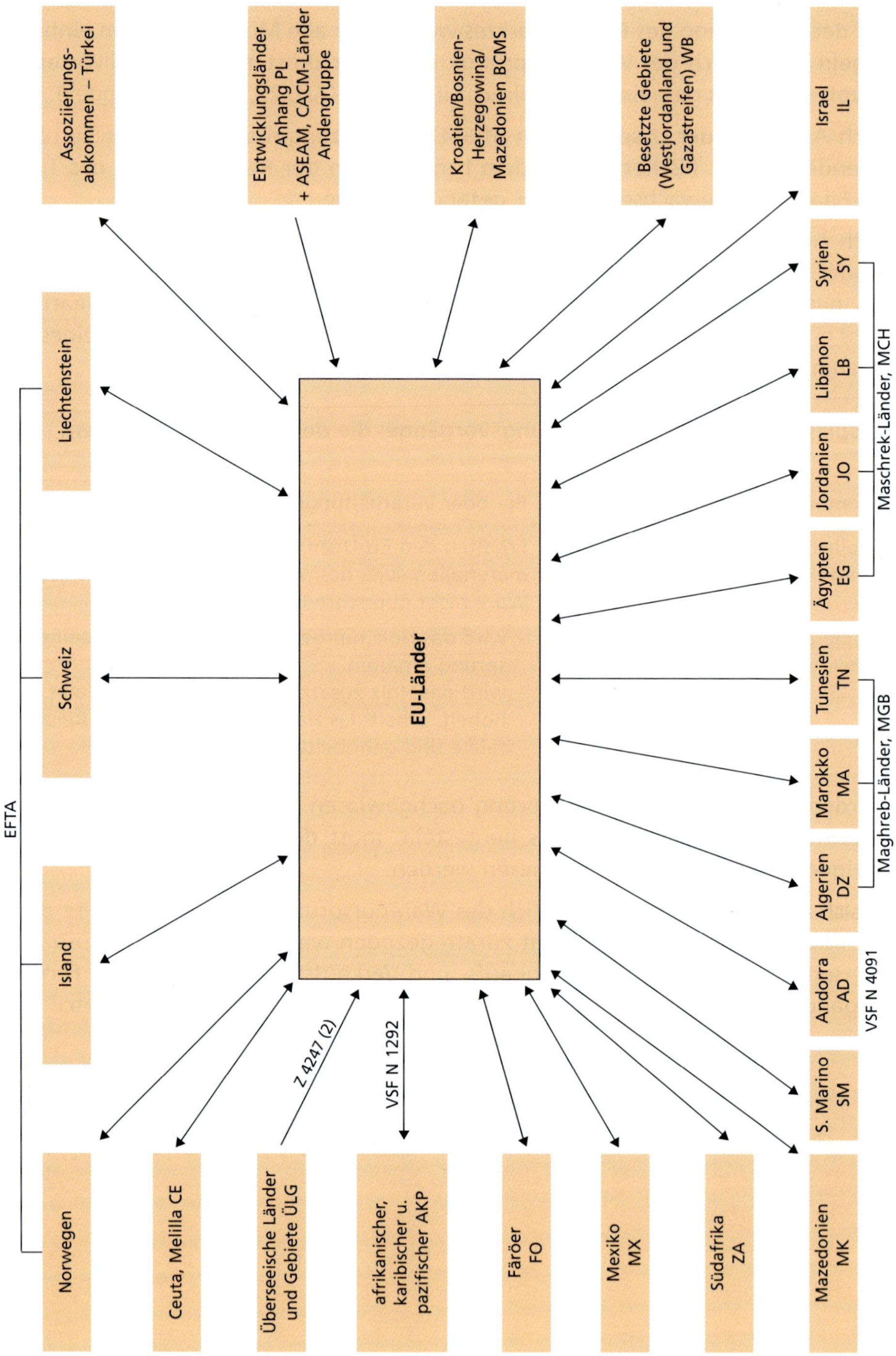

WARENVERKEHRSBESCHEINIGUNG

1. Ausführer/Exporteur (Name, vollständige Anschrift, Staat)
Max Dentler KG
Dreieichenweg 19
89082 Ulm

EUR. 1 Nr. **L** 604292

Vor dem Ausfüllen Anmerkungen auf der Rückseite beachten

2. Bescheinigung für den Präferenzverkehr zwischen
der EG
und
Israel
(Angabe der betreffenden Staaten, Staatengruppen oder Gebiete)

3. Empfänger (Name, vollständige Anschrift, Staat) (Ausfüllung freigestellt)
Israel Trade Center
42 University Street
69977 Tel Aviv

4. Staat, Staatengruppe oder Gebiet, als dessen bzw. deren Ursprungswaren die Waren gelten
EG

5. Bestimmungsstaat, -staatengruppe oder -gebiet
Israel

6. Angaben über die Beförderung (Ausfüllung freigestellt)
LKW

7. Bemerkungen

8. Laufende Nr.; Zeichen, Nummern, Anzahl und Art der Packstücke [1]); Warenbezeichnung	**9. Rohgewicht (kg) oder andere Maße (l, m³, usw.)**	**10. Rechnungen** (Ausfüllung freigestellt)
Kontrakt-Nr. 12716 vom . .-09.-11. Halbzeug aus Messing und Kupfer	21.713 kg	Re.-Nr. 1245

[1]) Bei unverpackten Waren ist die Anzahl der Gegenstände oder „lose geschüttet" anzugeben.

11. SICHTVERMERK DER ZOLLBEHÖRDE
Die Richtigkeit der Erklärung wird bescheinigt.
Ausfuhrpapier: [2])
Art/Muster AM Nr. 13174
vom . .-10.-10.
Zollbehörde: Zollamt Ulm
Ausstellender/s Staat/Gebiet:
Bundesrepublik Deutschland
Stempel
(Ort und Datum)
(Unterschrift)

[2]) In der **Bundesrepublik Deutschland** vom Ausführer auszufüllen

12. ERKLÄRUNG DES AUSFÜHRERS/EXPORTEURS
Der Unterzeichner erklärt, dass die vorgenannten Waren die Voraussetzungen erfüllen, um diese Bescheinigung zu erlangen.
Ulm . .-10.-07.
(Ort und Datum)
Dentler
(Unterschrift)

ERKLÄRUNG DES AUSFÜHRERS/EXPORTEURS

Der Unterzeichner, Ausführer/Exporteur der auf der Vorderseite beschriebenen Waren,

ERKLÄRT, dass diese Waren die Voraussetzungen erfüllen, um die beigefügte Bescheinigung zu erlangen;

BESCHREIBT den Sachverhalt, aufgrund dessen diese Waren die vorgenannten Voraussetzungen erfüllen, wie folgt:

Umseitige Ware wurde im eigenen Unternehmen in Ulm hergestellt.
Der Wert der Vorerzeugnisse mit nicht nachgewiesener
Ursprungseigenschaft ist nicht höher als 40% des Wertes der
Fertigware, bezogen auf den Ab-Werk-Preis.

LEGT folgende Nachweise VOR [1]:

Teileliste mit Positionen
Kalkulationsunterlagen
Ausfuhrpapiere

VERPFLICHTET SICH, auf Verlangen der zuständigen Behörden alle zusätzlichen Nachweise zu erbringen, die für die Ausstellung der beigefügten Bescheinigung erforderlich sind, und gegebenenfalls jede Kontrolle seiner Buchführung und der Herstellungsbedingungen für die oben genannten Waren zu dulden;

BEANTRAGT die Ausstellung der beigefügten Bescheinigung für diese Waren.

Ulm . .-10.-08.
(Ort und Datum)

Dentler
(Unterschrift)

ACHTUNG: Unrichtige Angaben, die für die Vorzugsbehandlung von Bedeutung sind, können als Steuerstraftat oder Steuerordnungswidrigkeit geahndet werden.

[1] Zum Beispiel: Einfuhrpapiere, Warenverkehrsbescheinigungen, Rechnungen, Erklärungen des Herstellers usw. über die verwendeten Erzeugnisse oder die in unverändertem Zustand wieder ausgeführten Waren.

Genehmigt durch Erlass des Bundesministers der Finanzen vom 13. 12. 1973 III B 8 – Z 1354 – 241/73

Bestell-Nr. 3077
II/94

FORMULARVERLAG CW NIEMEYER
31789 Hameln, Walter-von-Selve-Str. 6
Tel. (0 51 51) 98 93-0, Fax 98 93-93
E-mail: info@formularverlag.de
Internet: www.formularverlag.de

Auslieferungsläger:
42283 Wuppertal, Carnaper Straße 28, Tel. 0202 502031 Fax 501992
63075 Offenbach a. M., Rohrmühlstr. 5, Tel. 069 862682 Fax 869600
71263 Weil der Stadt, Glemsweg 17, Telefon 07033 34940 Fax 34842
39167 Hohendodeleben, Matthissonstr. 26, Tel. 039204 5447 Fax 60179

Überblick über die Ursprungs-/Präferenznachweise

Versendung/Export bzw. Eingang/Import	Präferenznachweise
Warenverkehr mit präferenzberechtigten Staaten (vgl. Übersicht)	EUR 1 Im Warenverkehr mit der Schweiz, reicht eine Ursprungserklärung auf der Rechnung bzw. dem Lieferschein.
Warenverkehr innerhalb der EU-Staaten	Lieferantenerklärung
Warenverkehr mit der Türkei	A. TR.
Warenverkehr mit Entwicklungsländern	Ursprungszeugnis Form A

Mit Inkrafttreten der Paneuropäischen Kumulation 1997 wurde zwischen der EU und den EFTA-Staaten ein einheitlicher Präferenzraum geschaffen. Ursprungswaren dieser Länder können nunmehr in allen Staaten dieser Zone be- oder verarbeitet werden, ohne dass sie ihre Präferenzeigenschaft verlieren. Passive Veredlungsverkehre entfallen; das Formblatt EUR 2 wird überflüssig, stattdessen reicht bis zu einem bestimmten Warenwert eine Ursprungserklärung auf der Rechnung bzw. dem Lieferschein.

Warenverkehrsbescheingung EUR 1

Die Warenverkehrsbescheinigung EUR 1 ist ein Präferenznachweis, der grundsätzlich im Warenverkehr mit den Staaten eingesetzt wird, mit denen die EG ehemals Freihandels- oder Präferenz- bzw. Assoziierungsabkommen vereinbart hat.

Staatenkreis, bei dem die EUR 1 Anwendung findet

Gegenseitige Präferenzen	Einseitige Präferenzen
Andorra Ceuta, Melilla Island Liechtenstein Norwegen Färöer Inseln	Afrikanisch-karibische Staaten Bosnien-Herzegowina Kroatien Algerien Marokko Ägypten Jordanien Libanon Syrien Westjordanland und Gazastreifen APS = Allgemeines Präferenzsystem gegen-Entwicklungsländern

Gegenseitige Präferenzen	Einseitige Präferenzen
Mazedonien Schweiz Tunesien Überseeische Länder und Gebiete (ÜLG) Israel	

Aussteller der Warenverkehrsbescheinigung

Aussteller der EUR 1 ist die für den Ausführer zuständige Zollstelle. Die EUR 1 ist dabei ausgefüllt bei der Zollstelle einzureichen. Nachweispapiere, die den Ursprung beweisen (Beispiel: EUR 1 eines anderen Landes), sind beizulegen. Die Gültigkeit der EUR 1 beträgt im Allgemeinen vier Monate, d. h., die Papiere müssen innerhalb dieser Frist bei der Zollstelle des Einfuhrstaates vorgelegt werden.

Sonderregelungen:
Im Warenverkehr innerhalb der europäischen Staaten (auch außerhalb der EU) sowie mit Israel kann bei Warensendungen bis 6000,00 EUR eigenverantwortlich eine Ursprungserklärung auf dem Handelspapier (Rechnung, Lieferschein) abgegeben werden. Wortlaut: Der Ausführer der Waren, auf die sich dieses Handelspapier bezieht, erklärt, dass diese Waren, soweit nicht anders angegeben, präferenzbegünstigte Ursprungswaren sind.
Ort/Datum
Unterschrift

Bei einigen Präferenzländern (AKP-Staaten, bestimmte Mittelmeerländer, ÜLG) kann bei Postsendungen das Formblatt EUR 2 benutzt werden, welches vom Ausführer ohne Mitwirkung der Zollstelle ausgefüllt wird. Allerdings gelten auch hier bestimmte Wertgrenzen.

Lieferantenerklärung

Ein **vereinfachter Nachweis der Ursprungseigenschaft** ist mit der Lieferantenerklärung (LE) möglich. Die LE ist eine privatrechtliche Zusicherung, die der Ausführer eigenverantwortlich ausstellt und mit der er den Ursprung der Ware nachweisen kann. Die LE kann also ohne Mitwirkung des Zolls ausgestellt werden, allerdings können die Zollbehörden die Erklärung nachträglich überprüfen.

Ein **Hersteller** einer Ware muss aber zunächst einmal ermitteln, ob in seinem Betrieb eine ausreichende Be- oder Verarbeitung der Ware stattgefunden hat, sodass die Ursprungseigenschaft erfüllt ist. Grundlage sind die Ursprungsregeln im Präferenzverkehr der EU. Wird diese Voraussetzung eingehalten, kann der Hersteller den Ursprung der Ware mit einer LE bestätigen. Werden diese Voraussetzungen nicht erfüllt, braucht er zum Nachweis des Warenursprungs eine Ursprungserklärung seines Vorlieferanten (EUR 1, LE etc.). Nur dann kann er seinen Kunden eine LE als Ursprungsnachweis ausstellen.

Bitte lesen Sie vor dem Ausfüllen auch die *offiziellen Fußnoten* und die weiteren Hinweise der deutschen IHK-Organisation

Langzeit-Lieferantenerklärung für Waren mit Präferenzursprungseigenschaft nach der Verordnung (EG) Nr. 1207/2001

Long-term supplier´s declaration for products having preferential origin status
Déclaration à long terme du fournisseur concernant les produits ayant le caractère originaire à titre préférentiel

ERKLÄRUNG / DECLARATION / DÉCLARATION

Der Unterzeichner erklärt, dass die nachstehend bezeichneten Waren,
I, the undersigned, declare that the goods described below: ... (1-2)
Je soussigné déclare que les marchandises décrites ci-après: ... (1-2)

Legierter Stahl, warm vorgewalzt und stangengegossen (1-2)

die regelmäßig an

die Berger GmbH, Daimlerstr. 11, 89079 Ulm (3)

geliefert werden, Ursprungserzeugnisse der Europäischen Gemeinschaft (4)

sind und den Ursprungsregeln für den Präferenzverkehr mit
which are regularly supplied to ...(3) originate in ... (4) and satisfy the rules of origin governing preferential trade with ... (5)
qui font l´objet d´envois réguliers à ... (3) sont originaires de ...(4) et satisfont aux règles d´origine régissant les échanges préférentiels avec ... (5)

IS, LI, NO, CH, BG, TR, EG, AL, DZ, XG, CL, FO, IL, JO, HR, LB, MA, MK, XL, MX, PS, ZA, TN

(5)

entsprechen.

Er erklärt Folgendes (6):
I declare that (6):
Je déclare ce qui suit (6):

☐ Kumulierung angewendet mit ______ (Name des Landes/der Länder)
☐ Cumulation applied with .....(name of the country/countries)
☐ Cumul appliqué avec .....(nom du/des pays)

☒ Keine Kumulierung angewendet
☐ No cumulation applied
☐ Aucun cumul appliqué

Diese Erklärung gilt für alle weiteren Sendungen dieser Waren im Zeitraum

vom 01. 01. 20 . . bis 31. 12. 20 . . (7)
This declaration is valid for all further shipments of these products dispatched from: ... to ... (7)
La présente déclaration vaut pour touts les envois ultérieurs de ces produits effectués de: ... à ... (7)

Der Unterzeichner verpflichtet sich, ______
umgehend zu unterrichten, wenn diese Erklärung ihre Geltung verliert. Er verpflichtet sich, den Zollbehörden alle von ihnen zusätzlich verlangten Belege zur Verfügung zu stellen.
I undertake to inform ... immediately if this declaration is no longer valid. I undertake to make available to the customs authorities any further supporting documents they require.
Je m´engage à informer ... immédiatement si la présente déclaration n´est plus valable. Je m´engage à fournir aux autorités douanières toutes preuves complémentaires qu´elles jugeront nécessaires.

Ulm, 14. 12. 20 . . i. A. Guse

Ort, Datum, Name und Stellung in der Firma sowie deren Name und Anschrift, Unterschrift (8-10)
Place and date, name and position, name and address of company, signature ... (8-10)
Lieu et date, nom et fonction, nom et adresse de l´entreprise, signature ... (8-10)

---

(1) Bezeichnung./ (2) Handelsübliche Bezeichnung auf Rechnungen z.B. Modellnummer.
... mit Hinweis auf das angefügte Geschäftspapier (Rechnung/Lieferschein u.a.) und ggfs. Herstellungs-Nr.. Werden in der Sendung Waren mit und ohne Präferenzursprungseigenschaft geliefert, sind die einzelnen Warenpositionen eindeutig zu kennzeichnen. Nicht zulässig ist eine Erklärung mit Hinweis auf spätere Geschäftspapiere, die sowohl Ursprungswaren als auch Nichtursprungswaren beinhalten (sog. Ausschlussklausel).

(3) Name des Käufers (Firma).

(4) Gemeinschaft, Land, Ländergruppe oder Gebiet, in der/dem die Waren ihren Ursprung haben.
Für Ursprungswaren der Europäischen Gemeinschaft ist „Europäische Gemeinschaft" oder „EEC"/"CEE"/"CE" anzugeben. Zusätzlich kann die Angabe eines EU-Mitgliedstaates (z. B. Deutschland oder Frankreich) erfolgen. Handelt es sich um Ursprungswaren eines Landes, mit dem die Europäische Gemeinschaft Präferenzabkommen geschlossen hat (z. B. Schweiz, Südafrika, u.a.), muss dieses Land angegeben werden. Im Rahmen der Paneuropäischen Kumulationszone – beinhaltet die EU-Staaten, Island, Liechtenstein, Norwegen, Schweiz und die Türkei – können auch diese Ursprungsländer genannt werden. Im Rahmen der Pan-Euro-Med-Kumulationszone – beinhaltet die EU-Staaten, Ägypten, Algerien, Färöer, Island, Israel, Jordanien, Libanon, Liechtenstein, Marokko, Norwegen, besetzte palästinensische Gebiete, Schweiz, Syrien, Türkei und Tunesien – können auch diese Ursprungsländer genannt werden.

Bestell-Nr. 3096 (EG-Form II)
11/06

Händler können grundsätzlich nur dann eine LE ausstellen, wenn sie gültige Ursprungsnachweise ihrer Lieferanten haben. Wenn ein Lieferant über einen längeren Zeitraum einen bestimmten Kunden mit bestimmter Ware beliefert, so kann er eine Langzeitlieferantenerklärung abgeben. Die Langzeitlieferantenerklärung ist maximal ein Jahr gültig.

Einschränkend gilt aber, dass die LE als eigenständiger Ursprungsnachweis nur innerhalb der EU eingesetzt werden kann. Ein Unternehmen (**Aussteller der LE**), das seinen Sitz in der EU hat, kann einem anderen Unternehmen (**Empfänger der LE**), das ebenfalls seinen Sitz in der EU hat, den **EU-Ursprung der Waren** bestätigen. Mit anderen präferenzberechtigten Ländern kann die LE nur als Nachweispapier bei der Ausstellung eines Präferenznachweises (EUR 1, A. TR. etc.) dienen.

Warenverkehrsbescheinigung A. TR.

Nach Art. 7 des Assoziierungsabkommens, das die EU mit der Türkei abgeschlossen hat, darf im Warenverkehr zwischen der Türkei und den EU-Staaten die Warenverkehrsbescheinigung A. TR. zum Nachweis des Warenursprungs eingesetzt werden. Die A. TR. darf nur eingesetzt werden, wenn die Waren sich im freien Verkehr der EU oder der Türkei befinden und unmittelbar aus einem Mitgliedsstaat der EU in die Türkei geliefert werden oder umgekehrt. (Die EUR 1 wird auch eingesetzt, wenn die Ware sich nicht im freien Verkehr der Gemeinschaft befindet.)

Für alle Waren, für die eine Warenverkehrsbescheinigung A. TR. ausgestellt wurde, gilt beim Import in die EU bzw. in die Türkei Zollfreiheit. Die A. TR. wird vom Exporteur ausgestellt und von der Zollstelle auf ihre Richtigkeit überprüft.

Ursprungszeugnis Form A

Die EU gewährt zahlreichen Entwicklungsländern allgemeine Zollpräferenzen. Dadurch beabsichtigt sie, den Entwicklungsländern einen besseren Zugang ihrer Waren in die Europäische Union zu ermöglichen. Die Präferenzzölle gelten einseitig für landwirtschaftliche Erzeugnisse sowie bestimmte Industriewaren. Diese allgemeinen Zollvorteile gelten nicht für Textilien und für EGKS-Waren (Kohle, Stahl etc.).

Das Ursprungszeugnis Form A wird vom Exporteur bei der zuständigen Behörde seines Landes beantragt und vom Importeur beim Warenimport der Zollstelle seines Landes vorgelegt.

Ursprungszeugnis (IHK)

Mit dem IHK-Ursprungszeugnis wird ein „nichtpräferenzieller Warenursprung" nachgewiesen; das bedeutet, dass dieser Ursprungsnachweis von den Zollstellen als Nachweis zur Gewährung einer Zollpräferenz nicht anerkannt wird. IHK-Ursprungszeugnisse werden nur dann ausgestellt, wenn beispielsweise der Warenursprung aufgrund von Akkreditivbestimmungen oder Kaufvertragsbedingungen nachgewiesen werden muss. IHK-Ursprungszeugnisse werden auch grundsätzlich nicht als Vorpapiere zum Nachweis der Ursprungseigenschaften im Rahmen der Präferenznachweise anerkannt.

Überblick: Rechtliche Merkmale bzw. Aufgaben von ausgewählten Exportdokumenten:

Dokument	Beweisfunktion	Dispositionsfunktion	Legitimationsfunktion	Wertpapier
1. Konnossement	×	×	×	×
2. Versicherungspolice	×	×	×	×
3. Frachtbriefe	×	×		
4. Rechnungen	×			
5. Ursprungsnachweise	×			

Exkurs: Zahlungsverkehr mit dem Ausland

Deutsche Unternehmen und Privatpersonen können über Zahlungseingänge aus dem Ausland frei verfügen. Ebenso können Zahlungen an ausländische Unternehmen und auch an Privatpersonen ohne behördliche Einschränkungen geleistet werden. Der Zahlungsverkehr mit dem Ausland ist folglich in Deutschland frei von Restriktionen. Ausnahmen bestehen gegenüber Ländern, gegen die Embargomaßnahmen erlassen wurden.

Allerdings besteht bei Zahlungen ins Ausland eine Meldepflicht. Dies ist notwendig, weil die für die Wirtschafts- und Währungspolitik zuständigen Stellen zuverlässige Informationen über den Zahlungsverkehr mit dem Ausland benötigen. Die statistischen Meldungen werden in erster Linie für die Erstellung der Zahlungsbilanz benötigt.

Meldepflicht für Zahlungen:
Eingehende Zahlungen (aus dem Ausland) und ausgehende Zahlungen sind ab einem Betrag von 2500,00 EUR oder dem Gegenwert in ausländischer Währung von der gebietsansässigen Person zu melden.

Von der Meldepflicht ausgenommen sind gemäß § 59 Abs. 2 AWV:

- Zahlungen von weniger als 12.500,00 Euro oder dem Gegenwert von weniger als 12.500,00 EUR (die Aufsplittung in mehrere Teilbeträge zur Umgehung der Meldepflicht ist nicht zulässig)
- Zahlungen für Warenein- oder ausfuhren, da diese bereits durch die Ausfuhranmeldungen bzw. Zollanmeldungen erfasst werden
- Zahlungen für kurzfristige Kredite von weniger als 12 Monaten Laufzeit, da diese innerhalb eines Jahres zurückgezahlt werden und somit die Jahresstatistik nicht beeinflussen bzw. diese unnötig verzerren würden.

Zahlungen meint in diesem Zusammenhang nicht nur die Bewegung von Geld, sondern auch die Aufrechnung und die Verrechnung von Beträgen, sowie das Einbringen von Sachen und Rechten in Unternehmen, Zweigniederlassungen und Betriebsstätten (§ 59 Abs. 2 AWV).

Meldestelle

Zuständig für die Annahme von Meldungen im Kapitalverkehr mit Gebietsfremden ist gemäß § 63 Abs. 1 AWV die Deutsche Bundesbank. Die Anlage Z1 wird gemäß § 63 Abs. 2 AWV vom beauftragten Kreditinstitut an diese weitergeleitet.

Anlage Z 1 zur AWV

ZAHLUNGSAUFTRAG IM AUSSENWIRTSCHAFTSVERKEHR
Statistische Angaben nach §§ 59 ff. der Außenwirtschaftsverordnung (AWV)

Dem Geldinstitut mit Blatt 2 einzureichen

1 52: An (beauftragtes Kreditinstitut)

Bankleitzahl: 6 3 0 4 7 0 1 0

Konto-Nummer des Auftraggebers: 3 6 0 4 8 0 1 3 0

Auftraggeberreferenz

Zahlung zulasten: 0 = DEM-Konto, 1 = Euro-Konto, 2 = Währungskonto — 1 — Keine Angabe bedeutet Zahlung zulasten des DEM-Konto

32: Währung: USD — Betrag: 35000

Zielland

TIPANET

Wirtschaftscode — Weitere Informationen zu TIPANET erhalten Sie bei Ihrem Kundenberater

Nationale Kennung (z. B. Steuernummer)

50: Name des Auftraggebers: Müller GmbH

Straße: Gartenstr. 11

Postleitzahl: 59065 — Ort: Hamm

57: Bank des Begünstigten — S.W.I.F.T.-Code — Ist sowohl der S.W.I.F.T.-Code als auch Name und Anschrift der Bank ausgefüllt, wird die Zahlung gemäß S.W.I.F.T.-Code ausgeführt.

Name des Kreditinstituts: Hongkong and Shanghai Bank

Straße: Kensingtonstr. 117

Ort/Land: Hongkong/China

Konto-Nummer des Begünstigten bzw. IBAN: 387413987 — nationaler Bank-Code

59: Name des Begünstigten: Nortex Company

Straße: Fleetstr. 104

Ort/Land: Hongkong/China

70: Verwendungszweck (nur für Begünstigten): Contakt Nr. 1211

Zusätzliche Weisungen für das Kreditinstitut (z. B. zum Weisungsschlüssel)

Ausführungsart (Keine Angabe bedeutet Standard):
0 = Standard (S.W.I.F.T./Brief)
1 = Eilig (S.W.I.F.T./Telex)
2 = Scheckziehung
3 = Scheckziehung an Auftraggeber
8 = TIPANET-Überweisung
9 = TIPANET-Scheckzahlung
— 2

Weisungsschlüssel – nicht für TIPANET – (Weisungen für die zu beauftragende Bank):
0 = Keine besondere Weisung
1 = Avis an Bank des Begünstigten
2 = Telefonavis an den Begünstigten
3 = Telex-/Fax-Avis an den Begünstigten
4 = Zahlung gegen Legitimation
5 = Scheckausstellung im Ausland
— 0

71: Entgeltregelung (Keine Angabe bedeutet alle Entgelte zulasten des Auftraggebers):
0 = Entgeltteilung eigenes Entgelt zul. Auftraggeber fremdes Entgelt zul. Begünstigten
1 = alle Entgelte zul. Auftraggeber
2 = alle Entgelte zul. Begünstigten
— 1

Bei Zahlungen zulasten Währungskonto Entgelte zulasten:
0 = DEM-Konto
1 = Euro-Konto
2 = Währungskonto
(Ohne Weisung erfolgt die Berechnung der Entgelte zul. DEM-Konto)
— 1

Statistische Angaben – §§ 59 ff. Außenwirtschaftsverordnung (AWV) — Bitte Erläuterungen beachten (siehe Rückseite 1)

Art und Abgabe der Meldung: 0 = Meldung nachstehend, 1 = nur statistische Angaben weiterleiten, 2 = Meldung auf anderem Vordruck, 9 = nicht meldepflichtig — 101: 1

Zahlung für: Bitte ankreuzen, ggf. Zahlungsbetrag aufteilen

Angaben im Sinne der Verordnung sind auch die o. g. Währung und der Zahlungsbetrag (Feldgruppe 32)

Waren-einfuhr — 102 — 103: Betrag in o. g. Währung (anzugeben nur bei Aufteilung des Zahlungsbetrages)

Sonstiges (z. B. Dienstleistungen, Kapitaltransaktionen) — 104 — Bitte Felder 105 - 111 ausfüllen. Kennzahlen anhand des Leistungsverzeichnisses angeben.

Hinweis für Transithandel — Feld 101 mit „2" belegen; bitte Vordruck Z4 verwenden.

105: Kennzahl — 106: Land (Erläuterungen beachten) — Länderschlüssel — 107: Betrag in o. g. Währung (anzugeben nur bei Aufteilung des Zahlungsbetrages)

108: Kennzahl — 109: Land (Erläuterungen beachten) — Länderschlüssel — 110: Betrag in o. g. Währung (anzugeben nur bei Aufteilung des Zahlungsbetrages)

111: Nähere Angaben zu den zugrunde liegenden Leistungen bzw. zum Grundgeschäft (ggf. mit weiteren Beträgen): Verkauf von Stahlrohren

Branche — LZB-Firmennummer — Währung

Für Überweisungen innerhalb der EU und EWR-Staaten gelten die Sonderbedingungen für grenzüberschreitende Überweisungen innerhalb der Europäischen Union und der EWR-Staaten.

Kontoführung/Sicherungsstempel

Datum: 1111

Telefon/Durchwahl

Müller
Unterschrift/Stempel

2

273 150 I DG VERLAG 10.99

Bitte bevorzugt mit Schreibmaschine ausfüllen. Bei Handschrift sind Großbuchstaben zu verwenden.

Aufgabe 1

a) Prüfen Sie, ob für das geschilderte Exportgeschäft eine Ausfuhrgenehmigung notwendig ist.

b) Erstellen Sie eine Ausfuhranmeldung für dieses Exportgeschäft.

(Zusatzangaben: Ausgangszollstelle Hamburg Hafen, stat. Wert 52 289,20 EUR, die Waren werden nach Abgabe der Ausfuhranmeldung in Ulm auf einen Lkw verladen und nach Hamburg transportiert, der Sachbearbeiter heißt Helmut Ehrhard, bei der Art des Geschäfts handelt es sich um einen endgültigen Verkauf, beim Zollverfahren um eine endgültige Versendung.)

Beck GmbH
Postfach 41 04
89070 Ulm

Clipper Company
741 Northfield Avenue
West Orange, N.J. 64001
USA

Rechnungs-Nr. / Invoice No. / Facture no.
A.211064

Kunden-Nr. I Customer No. / Client no.: 64356-001
Datum / Date: 10.10...

Intern

Ihre Bestellung / Your Order / Votre commande
951001 vom 01.10.

Unsere Auftrags-Nr. / Our Reference No. / Notré référence no.
55.86431

Lieferschein-Nr. / Delivery Note no. / Bon de livraison no.

Rechnung / Invoice / Facture

Versandvorschrift / Shipping Instructions / Instructions d'expédition

MS Mexico

Markierung / Marking / Marquage	Material / Product / Produit	Liefermenge / Quantity / Quantité	EUR % kg	Betrag / Amount / Montant
BKG 1-4	Messing-Rohre, gerade 129,616 mm x 120,015 mm x 4,8 mm x 390,0 mm	134 m		USD 77.620,48
Versandart:	MS „Mexiko" (Deuschland)			
Verpackung:	Container			
Bruttogewicht:	2496 kg			
Nettogewicht:	2216 kg			
Lieferbedingung:	DDP West Orange			
Zoll-TN:	7411 2110			

Auszug aus dem Warenverzeichnis für die Außenhandelsstatistik

Warenbezeichnung	Waren-nummer	Besondere Maßeinheit
Bleche und Bänder, aus Kupfer, mit einer Dicke von mehr als 0,15 mm:		
– aus raffiniertem Kupfer:		
– – in Rollen	74091100	–
– – andere	74091900	–
– aus Kupfer-Zink-Legierungen (Messing):		
– – in Rollen	74092100	–
– – andere	74092900	–
– aus Kupfer-Zinn-Legierungen (Bronze):		
– – in Rollen	74093100	–
– aus Kupfer-Nickel-Legierungen (Kupfernickel) oder Kupfer-Nickel-Zink-Legierungen (Neusilber):		
– – aus Kupfer-Nickel-Legierungen (Kupfernickel)	74094010	–
– – aus Kupfer-Nickel-Zink-Legierungen (Neusilber)	74094090	–
– aus anderen Kupferlegierungen:		
– – in Rollen	74099010	–
– – andere	74099090	–
Folien und dünne Bänder, aus Kupfer (auch bedruckt oder auf Papier, Pappe, Kunststoff oder ähnliche Unterlagen), mit einer Dicke (ohne Unterlage) von 0,15 mm oder weniger:		
– ohne Unterlage:		
– – aus raffiniertem Kupfer	74101100	–
– – aus Kupferlegierungen	74101200	–
– auf Unterlage:		
– – aus raffiniertem Kupfer	74102100	–
– – aus Kupferlegierungen	74102200	–
Rohre aus Kupfer:		
– aus raffiniertem Kupfer:		
– – gerade, mit einer Wanddicke von:		
– – – mehr als 0,6 mm	74111011	–
– – – 0,6 mm oder weniger	74111019	–
– – andere	74111090	–
– aus Kupferlegierungen:		
– – aus Kupfer-Zink-Legierungen (Messing):		
– – – gerade	74112110	–
– – – andere	74112190	–
– – aus Kupfer-Nickel-Legierungen (Kupfernickel) oder Kupfer-Nickel-Zink-Legierungen (Neusilber)	74112200	–
– – andere:		
– – – gerade	74112910	–
– – – andere	74112990	–
Rohrformstücke, Rohrverschlussstücke und Rohrverbindungsstücke (z. B. Bogen, Muffen), aus Kupfer:		
– aus raffiniertem Kupfer	74121000	–
– aus Kupferlegierungen	74122000	–
Litzen, Kabel, Seile und ähnliche Waren, aus Kupfer, ausgenommen isolierte Erzeugnisse für die Elektrotechnik:		
– ausgerüstet, für zivile Luftfahrzeuge	74130010	–
– andere:		
– – aus raffiniertem Kupfer	74130091	–
– – aus Kupferlegierungen	74130099	–

Gewebe (einschließlich endlose Gewebe), Gitter und Geflechte, aus Kupferdraht; Streckbleche und -bänder, aus Kupfer:

– Gewebe	74142000	–
– andere	74149000	–

Auszug aus dem Umschlüsselungsverzeichnis

Nr. des Warenverz. für die Außenhandelsstatistik	Warenbenennung	AL-Nummer
	Kapitel 74 **Kupfer und Waren daraus**	
	A. Allgemeines: 1. Halbfertige Erzeugnisse, besonders konstruiert für die von den Nummern 0001, 0002, 0003, 0004, 0006, 0010, 0012 oder 0019 der AL erfassten Waren	0016
	B. Besonderes (Einzelpositionen): **Stangen (Stäbe) und Profile, aus Kupfer:**	
aus 74071000 aus 74072190 aus 74072210 aus 74072290 aus 74072900	Profile aus Kupfer und Kupferlegierungen Schmiedestücke, Gussstücke und halbfertige Erzeugnisse, besonders konstruiert für die von den Nummern 0001, 0002, 0003, 0004, 0006, 0010, 0012 oder 0019 erfassten Waren	0016
	Rohre aus Kupfer:	
aus 74111011 aus 74112110 aus 74112190 aus 74112200 aus 74112910 aus 74112990	Rohre aus Kupfer und Kupferlegierungen Schmiedestücke, Gussstücke und halbfertige Erzeugnisse, besonders konstruiert für die von den Nummern 0001, 0002, 0003, 0004, 0006, 0010, 0012 oder 0019 erfassten Waren	0016
	Andere Waren aus Kupfer:	
aus 74199100 aus 74199900	Andere Waren aus Kupfer und Kupferlegierungen, Schmiedestücke, Gussstücke und halbfertige Erzeugnisse, besonders konstruiert für die von den Nummern 0001, 0002, 0003, 0004, 0006, 0010, 0012 oder 0019 erfassten Waren	0016

Auszug aus der Ausfuhrliste (Teil I A)

e) Detektorgruppen (einschließlich elektronischer Kopplungs- oder Ausgabesysteme),
f) pyroelektrische Fernsehkameraröhren,
g) Kühler für Bildsysteme,
h) photochrome oder elektrooptische elektrisch ausgelöste Verschlüsse mit einer Verschlussgeschwindigkeit kleiner als 100 µs, ausgenommen Verschlüsse, die ein wesentlicher Teil einer Hochgeschwindigkeitskamera sind,
i) faseroptische Bildinverter,
j) Verbindungshalbleiter-Fotokathoden.

2. Unternummer f schließt Ausrüstung ein, konstruiert zur Beeinträchtigung des Betriebs oder der Wirksamkeit militärischer Bildsysteme oder zur Verhinderung solcher Beeinträchtigungen.

0016 Schmiedestücke, Gussstücke und halbfertige Erzeugnisse, besonders konstruiert für die von den Nummern 0001, 0002, 0003, 0004, 0006, 0010, 0023 oder 0026 erfassten Waren.

0017 Verschiedene Ausrüstungsgegenstände, Materialien und Bibliotheken wie folgt sowie besonders konstruierte Bestandteile hierfür:

a) unabhängige Tauch- und Unterwasserschwimmgeräte wie folgt:
   1. Atemgeräte mit geschlossener und halbgeschlossener Atemlufterneuerung,
   2. besonders konstruierte Bestandteile zur Umrüstung von Geräten mit offenem Kreislauf in solche für militärische Zwecke,
   3. Gegenstände, ausschließlich konstruiert für die militärische Verwendung mit Geräten dieser Unternummer;

b) Bauausrüstung, besonders konstruiert für militärische Zwecke;

c) Halterungen (fittings), Beschichtungen und Behandlungen für die Unterdrückung von Signaturen, besonders konstruiert für militärische Zwecke;

d) Ausrüstung für technische Betreuung, besonders konstruiert für den Einsatz in einer Kampfzone;

e) Roboter, Robotersteuerungen und Roboter-Endeffektoren mit mindestens einem der folgenden Merkmale:
   1. besonders konstruiert für militärische Zwecke,
   2. ausgestattet mit Mitteln zum Schutz der Hydraulikleitungen gegen Beschädigungen von außen durch umherfliegende Munitionssplitter (z.B. selbstdichtende Leitungen) und konstruiert für die Verwendung von Hydraulikflüssigkeiten mit einem Flammpunkt über 839 K (566 °C),
   3. betriebsfähig in Höhen über 30000 m oder
   4. besonders konstruiert oder ausgelegt für einen Einsatz in einer EMP-Umgebung (EMP = elektromagnetischer Puls);

f) Bibliotheken (parametrische technische Datenbanken), besonders entwickelt für militärische Zwecke in Verbindung mit Ausrüstung, die von Teil I A dieser Liste erfasst wird.

Technische Anmerkung:

Bibliothek (parametrische technische Datenbank) im Sinne von Nummer 0017 ist eine Sammlung technischer Informationen militärischer Natur, deren Ausnutzung die Leistungsfähigkeit militärischer Ausrüstung oder Systeme erhöhen kann.

0018 Ausrüstung und Technologie für die Herstellung der in Teil I A dieser Liste genannten Waren wie folgt:

a) besonders konstruierte oder besonders geänderte Herstellungsausrüstung für die Hersteller der von Teil I A dieser Liste erfassten Waren und besonders konstruierte Bestandteile hierfür;

b) besonders konstruierte Umweltprüfeinrichtungen für die Zulassungs- und Eignungsprüfung der von Teil I A dieser Liste erfassten Waren und besonders konstruierte Ausrüstung hierfür;

c) spezifische Herstellungstechnologie, auch wenn die Ausrüstung, bei der diese Technologie angewendet wird, nicht erfasst wird;

d) spezifische Technologie für Konstruktion, Bestandteilmontage, Betrieb, Wartung und Instandsetzung vollständiger Herstellungsanlagen, auch wenn die Bestandteile selbst nicht erfasst werden.

Anmerkungen:

1. Unternummern a und b schließen folgende Ausrüstung ein:
   a) kontinuierlich arbeitende Nitrieranlagen,
   b) Prüfzentrifugen mit mindestens einem der folgenden Merkmale:
      1. Antrieb durch einen oder mehrere Motoren mit einer Gesamtnennleistung über 298 kW,
      2. Nutzlast von 113 kg oder mehr.

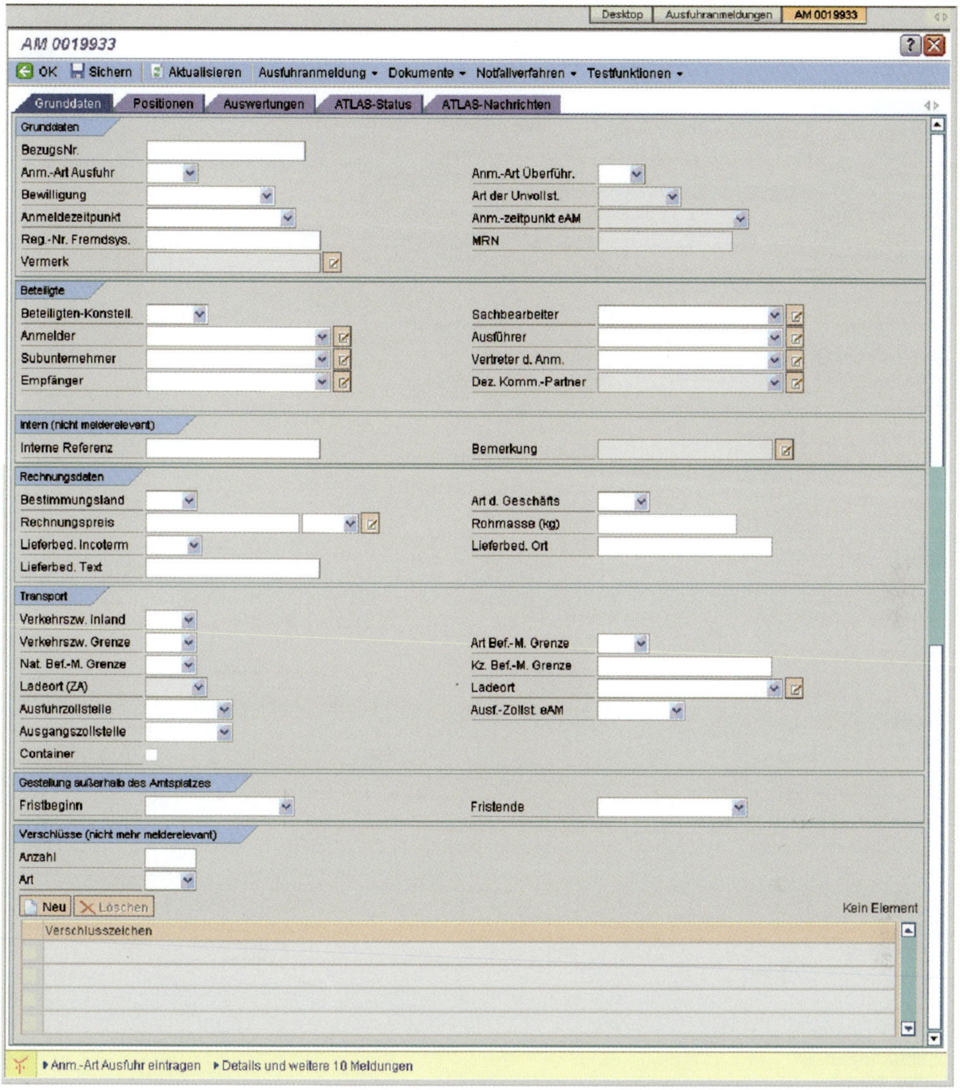
Desktop
Ausfuhranmeldungen
AM 0019933
AM 0019933
OK
Sichern
Aktualisieren
Ausfuhranmeldung
Dokumente
Notfallverfahren
Testfunktionen
Grunddaten
Positionen
Auswertungen
ATLAS-Status
ATLAS-Nachrichten
Grunddaten
BezugsNr.
Anm.-Art Ausfuhr
Bewilligung
Anmeldezeitpunkt
Reg.-Nr. Fremdsys.
Vermerk
Anm.-Art Überführ.
Art der Unvollst.
Anm.-zeitpunkt eAM
MRN
Beteiligte
Beteiligten-Konstell.
Anmelder
Subunternehmer
Empfänger
Sachbearbeiter
Ausführer
Vertreter d. Anm.
Dez. Komm.-Partner
Intern (nicht melderelevant)
Interne Referenz
Bemerkung
Rechnungsdaten
Bestimmungsland
Rechnungspreis
Lieferbed. Incoterm
Lieferbed. Text
Art d. Geschäfts
Rohmasse (kg)
Lieferbed. Ort
Transport
Verkehrszw. Inland
Verkehrszw. Grenze
Nat. Bef.-M. Grenze
Ladeort (ZA)
Ausfuhrzollstelle
Ausgangszollstelle
Container
Art Bef.-M. Grenze
Kz. Bef.-M. Grenze
Ladeort
Ausf.-Zollst. eAM
Gestellung außerhalb des Amtsplatzes
Fristbeginn
Fristende
Verschlüsse (nicht mehr melderelevant)
Anzahl
Art
Neu
Löschen
Kein Element
Verschlusszeichen
Anm.-Art Ausfuhr eintragen
Details und weitere 10 Meldungen

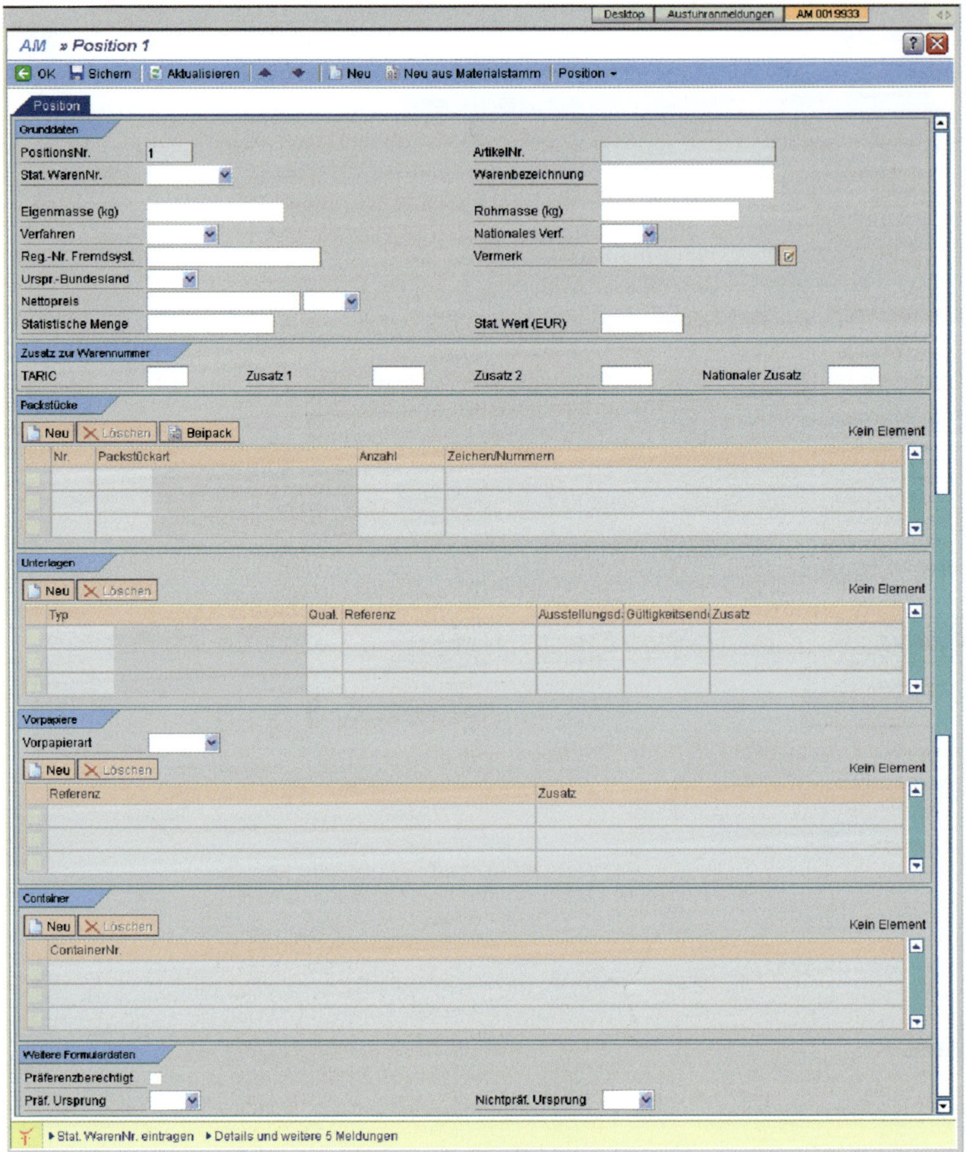
Desktop
Ausfuhranmeldungen
AM 0019933
AM » Position 1
OK
Sichern
Aktualisieren
Neu
Neu aus Materialstamm
Position
Position
Grunddaten
PositionsNr.
1
ArtikelNr.
Stat. WarenNr.
Warenbezeichnung
Eigenmasse (kg)
Rohmasse (kg)
Verfahren
Nationales Verf.
Reg.-Nr. Fremdsyst.
Vermerk
Urspr.-Bundesland
Nettopreis
Statistische Menge
Stat. Wert (EUR)
Zusatz zur Warennummer
TARIC
Zusatz 1
Zusatz 2
Nationaler Zusatz
Packstücke
Neu
Löschen
Beipack
Kein Element
Nr.
Packstückart
Anzahl
Zeichen/Nummern
Unterlagen
Neu
Löschen
Kein Element
Typ
Qual.
Referenz
Ausstellungsd.
Gültigkeitsend.
Zusatz
Vorpapiere
Vorpapierart
Neu
Löschen
Kein Element
Referenz
Zusatz
Container
Neu
Löschen
Kein Element
ContainerNr.
Weitere Formulardaten
Präferenzberechtigt
Präf. Ursprung
Nichtpräf. Ursprung
Stat. WarenNr. eintragen
Details und weitere 5 Meldungen

Ausfüllanleitung (verkürzt) für die Ausfuhranmeldung

Die folgenden Erläuterungen zu den Positionen der Ausfuhranmeldung beschränken sich auf das Wesentlichste, genügen aber zollrechtlich für die Abfertigung im vorliegenden Fall.

1. Anmeldezeitpunkt
   Angabe des Tages, an dem die Ausfuhranmeldung an die Zollstelle verschickt wird.
2. Anmelder
   Erfolgt die Zollanmeldung durch das exportierende Unternehmen, ist der Name dieses Unternehmens einzutragen. Wird die Anmeldung durch ein anderes Unternehmen als den Ausführer vorgenommen (Logistiker), ist der Name dieses Unternehmens anzugeben.
3. Empfänger
   Anzugeben ist der Name des Unternehmens, an das die Waren zu liefern sind. Bei der Ausfuhr ist dies in aller Regel das Unternehmen des Endempfängers.
4. Sachbearbeiter
   Name des Sachbearbeiters, der diese Ausfuhranmeldung erstellt hat.
5. Ausführer
   Als Versender/Ausführer ist die Person anzugeben, für deren Rechnung die Versendungs-/Ausfuhranmeldung abgegeben wird und die zum Zeitpunkt der Annahme dieser Anmeldung Eigentümer der Waren ist oder eine ähnliche Verfügungsberechtigung besitzt.
6. Bestimmungsland
   Es ist stets das Land anzugeben, in dem die Waren ge- oder verbraucht, be- oder verarbeitet werden sollen. In den übrigen Fällen gilt als Bestimmungsland das letzte bekannte Land, in das die Waren verbracht werden sollen. Der Bestimmungslandcode ergibt sich aus Anhang 1 (Länderverzeichnis für die Außenhandelsstatistik), S. 187.
7. Rechnungspreis
   Anzugeben sind die Währung (2. Unterfeld), auf die der Geschäftsvertrag lautet und der für alle angemeldeten Waren in dieser Währung in Rechnung gestellte Betrag (1. Unterfeld). Für die Währung ist der ISO-Code aus Anhang 6 (S. 191) zu verwenden.
8. Lieferbedingung/Incoterm
   Anzugeben ist die Lieferbedingung, die im Kaufvertrag vereinbart wurde.
9. Art des Geschäfts
   In diesem Feld ist die Art des Geschäfts mit der Schlüsselnummer entsprechend Anhang 2 (S. 189) anzugeben.
10. Rohmasse
    Anzugeben ist die Rohmasse der beschriebenen Ware, ausgedrückt in Kilogramm. Bei einer Rohmasse von mehr als einem Kilogramm ist bei Dezimalstellen unter 0,5 auf volle Kilogramm abzurunden und bei Dezimalstellen von 0,5 oder mehr auf volle Kilogramm aufzurunden.
    Unter Rohmasse versteht man die Masse der Ware mit sämtlichen Umschließungen mit Ausnahme von Beförderungsmaterial und insbesondere Behältern (Containern).
11. Lieferbedingungsort
    Anzugeben ist der im Kaufvertrag vereinbarte Ort der Lieferbedingung.
12. Verkehrszweig Inland
    Hier ist unter Benutzung eines der nachfolgenden Codes die Art des Verkehrszweiges entsprechend dem mutmaßlichen aktiven Beförderungsmittel anzugeben, mit dem die Waren in der Gemeinschaft befördert werden.
    1 Seeverkehr
    2 Eisenbahnverkehr
    3 Straßenverkehr
    4 Luftverkehr
    5 Postsendungen
    7 fest installierte Transporteinrichtungen
    8 Binnenschifffahrt
    9 eigener Antrieb
13. Verkehrszweig Grenze
    Hier ist unter Benutzung des Codes (vgl. 12.) die Art des Verkehrszweiges entsprechend dem mutmaßlichen aktiven Beförderungsmittel anzugeben, mit dem die Waren das Zollgebiet der Gemeinschaft verlassen.

14. Ladeort
Anzugeben ist der Ort, an dem die Waren nach der Erfüllung der Versendungs-/Ausfuhrförmlichkeiten verladen werden.
15. Ausfuhrzollstelle
Anzugeben ist die Zollstelle im Binnenland (meist am Sitz des Ausführers, am Ort einer Zweigniederlassung bzw. einer Betriebsstätte oder am Ort des werksmäßigen Verpackens bzw. Verladens der Ware), bei der das zweistufige Ausfuhrverfahren (Verfahren mit Abfertigung an der Ausfuhr- und der Ausgangszollstelle) nach dem Zollkodex (ZK) beginnt und bei der die Ausfuhranmeldung abzugeben ist.
16. Ausgangszollstelle
Anzugeben ist die als Ausgangszollstelle vorgesehene Zollstelle, über die die Waren das Zollgebiet der Gemeinschaft verlassen sollen; einzutragen ist die Schlüsselnummer gemäß Anhang 3, S. 189.
17. Container
Einzutragen sind unter Benutzung des nachstehenden Gemeinschaftscodes und nach Kenntnis zum Zeitpunkt der Erfüllung der Versendungs-/Ausfuhr- oder Versandförmlichkeiten die Angaben, die vermutlich den Gegebenheiten beim Überschreiten der Außengrenze der Gemeinschaft entsprechen.
0 – Nicht in Containern beförderte Waren
1 – In Containern beförderte Waren
18. Kennzeichen Beförderungsmittel an der Grenze
In jedem Fall ist nach Kenntnis zum Zeitpunkt der Erfüllung der Versendungs-/Ausfuhr- oder Versandförmlichkeiten die Art (Lastkraftwagen, Schiff, Waggon, Flugzeug) des mutmaßlichen aktiven Beförderungsmittels, das beim Überschreiten der Außengrenze der Gemeinschaft benutzt wird, anzugeben.
19. Statistische Warenbezeichnung
Anzugeben ist die Warennummer des Warenverzeichnisses für die Außenhandelsstatistik (stimmt überein mit den ersten acht Stellen der Codenummer des Deutschen Gebrauchs-Zolltarifs) der zutreffenden Warenposition (vgl. S. 180)
20. Eigenmasse
Unter Eigenmasse versteht man die Masse der Ware ohne alle Umschließungen.
21. Verfahren
Anzugeben ist das Zollverfahren, zu dem die Waren bei der Versendung/Ausfuhr angemeldet werden, unter Benutzung eines fünfstelligen numerischen Codes entsprechend Anhang 4, S. 190. Der Code ist jeweils aus einem vierstelligen Gemeinschaftscode (die ersten zwei Stellen für das angemeldete Zollverfahren; die nächsten zwei Stellen für das vorangegangene Zollverfahren) und einem einstelligen nationalen Code zusammenzusetzen.
22. Ursprungsbundesland
Einzutragen ist das Bundesland (Code laut Anhang 1, S. 187), in dem die Waren hergestellt wurden bzw. ihren Ursprung haben.
23. Nettopreis
Hier ist der Nettopreis der Waren (ohne Mehrwertsteuer) laut Kaufvertrag einzutragen. Anzugeben ist im 2. Unterfeld ebenfalls die vereinbarte Währung (Code laut Anhang 6, S. 191).
24. Warenbezeichnung
Anzugeben ist die übliche Handelsbezeichnung der Waren.
25. Statistischer Wert
Anzugeben ist der Betrag des sich nach den geltenden Gemeinschaftsregeln bzw. innerstaatlichen Regeln ergebenden Statistischen Wertes (Grenzübergangswert) in vollen EUR. Statistischer Wert ist der auf den Ausstellungspflichtigen bezogene Rechnungspreis für den Verkauf der Ware im Ausfuhrgeschäft, sofern dieser einerseits alle Vertriebskosten für die Waren im Landverkehr, Luftverkehr und Binnenschiffsverkehr frei Grenze des Erhebungs-/Wirtschaftsgebietes, im Seeverkehr vom Einladehafen des Erhebungs-/Wirtschaftsgebietes und im Postverkehr frei Einlieferungspostanstalt umfasst, andererseits aber keine darüber hinausgehenden Vertriebskosten enthält. In den Statistischen Wert dürfen keinesfalls Erstattungen oder Ausfuhrabgaben einbezogen werden. Bei anders gestellten Rechnungspreisen ist der Statistische Wert der auf der Basis von Satz 1 umgerechnete Rechnungspreis.

Anhang 1 – Länderverzeichnis für die Außenhandelsstatistik – ISO-alpha-2-Code für Länder

Afghanistan	AF
Ägypten	EG
Albanien	AL
Algerien	DZ
Amerikanisch-Samoa	AS
Amerikanische Jungferninseln	VI
Amerikanische Überseeinseln, kleinere	UM
Andorra	AD
Angola	AO
Anguilla	AI
Antarktis	AQ
Antigua und Barbuda	AG
Äquatorialguinea	GQ
Arabische Republik Syrien	SY
Argentinien	AR
Armenien	AM
Aruba	AW
Aserbaidschan	AZ
Äthiopien	ET
Australien	AU
Bahamas	BS
Bahrain	BH
Bangladesch	BD
Barbados	BB
Belarus	BY
Belgien	BE
Belize	BZ
Benin	BJ
Bermuda	BM
Besetzte palästinensische Gebiete	PS
Bhutan	BG
Bolivien	BO
Bosnien und Herzegowina	BA
Botsuana	BW
Bouvetinsel	BV
Brasilien	BR
Britische Jungferninseln	VG
Britisches Territorium im Indischen Ozean	IO
Brunei Darussalam	BN
Bulgarien	BG
Burkina Faso	BF
Burundi	BI
Ceuta	XC
Chile	CL
Cookinseln	CK
Costa Rica	CR
Côte d'Ivoire	CI
Dänemark	DK
Demokratische Republik Kongo	CD
Demokratische Volksrepublik Korea	KP
Demokratische Volksrepublik Laos	LA
Deutschland	DE
Dominica	DM
Dominikanische Republik	DO
Dschibuti	DJ
Ecuador	EC
Ehemalige Jugoslawische Republik Mazedonien	MK
El Salvador	SV
Eritrea	ER
Estland	EE
Falklandinseln	FK
Färöer	FO
Fidschi	FJ
Finnland	FI
Föderierte Staaten von Mikronesien	FM
Frankreich	FR
Französisch-Polynesien	PF
Französische Südgebiete	TF
Gabun	GA
Gambia	GM
Georgien	GE
Ghana	GH
Gibraltar	GI
Grenada	GD
Griechenland	GR
Grönland	GL
Guam	GU
Guatemala	GT
Guinea	GN
Guinea-Bissau	GW
Guyana	GY
Haiti	HT
Heard und McDonaldinseln	HM
Honduras	HN
Hongkong	HK
Indien	IN
Indonesien	ID
Irak	IQ
Islamische Republik Iran	IR
Irland	IE
Island	IS
Israel	IL
Italien	IT
Jamaika	JM
Japan	JP
Jemen	YE
Jordanien	JO
Jugoslawien	YU
Kaimaninseln	KY
Kambodscha	KH
Kamerun	CM
Kanada	CA
Kap Verde	CV
Kasachstan	KZ
Katar	QA
Kenia	KE
Kirgisistan	KG
Kiribati	KI
Kokosinseln (Keelinginseln)	CC
Kolumbien	CO
Komoren	KM
Kroatien	HR
Kuba	CU
Kuwait	KW
Lesotho	LS
Lettland	LV
Libanon	LB
Liberia	LR
Libysch-Arabische Dschamahirja	LY
Liechtenstein	LI
Litauen	LT
Luxemburg	LU

Macau	MO
Madagaskar	MG
Malawi	MW
Malaysia	MY
Malediven	MV
Mali	ML
Malta	MT
Marokko	MA
Marshallinseln	MH
Mauretanien	MR
Mauritius	MU
Mayotte	YT
Melilla	XL
Mexiko	MX
Mongolei	MN
Montserrat	MS
Mosambik	MZ
Myanmar	MM
Namibia	NA
Nauru	NR
Nepal	NP
Neukaledonien	NC
Neuseeland	NZ
Nicaragua	NI
Nicht ermittelte Länder und Gebiete	QU
Niederlande	NL
Niederländische Antillen	AN
Niger	NE
Nigeria	NG
Niue	NU
Nördliche Marianen	MP
Norfolkinsel	NF
Norwegen	NO
Oman	OM
Österreich	AT
Osttimor	TP
Pakistan	PK
Palau	PW
Panama	PA
Papua-Neuguinea	PG
Paraguay	PY
Peru	PE
Philippinen	PH
Pitcairn	PN
Polen	PL
Portugal	PT

Republik Kongo	CG
Republik Korea	KR
Republik Moldau	MD
Ruanda	RW
Rumänien	RO
Russische Föderation	RU
Salomonen	SB
Sambia	ZM
Samoa	WS
San Marino	SM
São Tomé und Príncipe	ST
Saudi-Arabien	SA
Schiffs- und Luftfahrzeugbedarf (Einfuhr auf deutsche und Ausfuhr bzw. Durchfuhr auf fremde Seeschiffe und Luftfahrzeuge)	QQ
Schweden	SE
Schweiz	CH
Senegal	SN
Seychellen	SC
Sierra Leone	SL
Simbabwe	ZW
Singapur	SG
Slowakei	SK
Slowenien	SI
Somalia	SO
Spanien	ES
Sri Lanka	LK
St. Helena	SH
St. Kitts und Nevis	KN
St. Lucia	LC
St. Pierre und Miquelon	PM
St. Vincent und die Grenadinen	VC
Südafrika	ZA
Sudan	SD
Südgeorgien und die Südlichen Sandwichinseln	GS
Suriname	SR
Swasiland	SZ
Tadschikistan	TJ
Taiwan	TW
Thailand	TH
Togo	TG
Tokelau	TK
Tonga	TO

Trinidad und Tobago	TT
Tschad	TD
Tschechische Republik	CZ
Tunesien	TN
Türkei	TR
Turkmenistan	TM
Turks- und Caicosinseln	TC
Tuvalu	TV
Uganda	UG
Ukraine	UA
Ungarn	HU
Uruguay	UY
Usbekistan	UZ
Vanuatu	VU
Vatikanstadt	VA
Venezuela	VE
Vereinigte Arabische Emirate	AE
Vereinigte Republik Tansania	TZ
Vereinigtes Königreich	GB
Vereinigte Staaten	US
Vietnam	VN
Volksrepublik China	CN
Wallis und Futuna	WF
Weihnachtsinsel	CX
Zentralafrikanische Republik	CF
Zypern	CY

Bundesländer der Bundesrepublik Deutschland

01 Schleswig-Holstein
02 Hamburg
03 Niedersachsen
04 Bremen
05 Nordrhein-Westfalen
06 Hessen
07 Rheinland-Pfalz
08 Baden-Württemberg
09 Bayern
10 Saarland
11 Berlin
12 Brandenburg
13 Mecklenburg-Vorpommern
14 Sachsen
15 Sachsen-Anhalt
16 Thüringen

Das Länderverzeichnis dient nur statistischen Zwecken. Aus den Bezeichnungen kann keine Bestätigung oder Anerkennung des politischen Status eines Landes oder der Grenzen seines Gebietes abgeleitet werden.

Anhang 2: Art des Geschäfts

Art des Geschäfts	Schlüssel-nummer
Geschäfte mit Eigentumsübergang (tatsächlich oder beabsichtigt) und mit Gegenleistung (Bezahlung oder andere Leistungen)[1]	
– Endgültiger Kauf/Verkauf[2]	11
– Ansichtssendungen oder Probesendungen, Sendungen mit Rückgaberecht und Kommissions- bzw. Konsignationsgeschäfte	12
– Kompensationsgeschäfte (Tauschhandel)	13
– Verkauf an ausländische Reisende für deren persönlichen Bedarf	14
– Finanzierungs-Leasing[3]	15
Rücksendungen und Ersatzlieferungen	
– Rücksendung von Waren, die bereits unter den Schlüsselnummern 11 bis 15 erfasst wurden[4]	21
– Lieferungen als Ersatz für zurückgesandte Waren	22
– Lieferungen als Ersatz für nicht zurückgesandte Waren (z. B. wegen Garantie)	23
Geschäfte nicht vorübergehender Art mit Eigentumsübertragung, aber ohne Gegenleistung (finanziell oder anderweitig)	
– Warenlieferungen im Rahmen von durch die Europäische Gemeinschaft ganz oder teilweise finanzierten Hilfsprogrammen	31
– Andere Hilfslieferungen öffentlicher Stellen[5]	32
– Andere Hilfslieferungen (private, nicht öffentliche Organisationen)	33
Warensendungen zur Lohnveredelung[6] oder Reparatur[7];	
– Zur Lohnveredelung	41
– Entgeltliche Reparatur und Wartung	42
– Unentgeltliche Reparatur und Wartung	43
Warensendungen nach Lohnveredelung[6] oder Reparatur[7];	
– Nach Lohnveredelung	51
– Entgeltliche Reparatur und Wartung	52

Anhang 3

Ent- und Einladehäfen bzw. Ent- und Einladeflughäfen

Häfen an der Ostsee

Eckernförde	6201	Mukran	9154
Flensburg	6132	Neustadt-Holstein	6307
Heiligenhafen	6302	Puttgarten	6308
Kappeln	6106	Rendsburg	6208
Kiel-Wik	6203	Rostock-Seehafen	9104
Laboe	6204	Stralsund	9180
Lübeck-Travemünde	6306	Wismar-Hafen	9103
Lübeck	6332		

Häfen an der Nordsee (außer Bremen, Bremerhaven und Hamburg)			
Borkum	5002	Leer	5006
Brake	5351	Norderney	5014
Brunsbüttel	6151	Norden	5007
Büsum	6165	Nordenham	5306
Buxtehude	5201	Papenburg	5008
Cuxhaven	4501	Stade	5203
Emden	5032	Westerland	6159
Emden-Nesserland	5004	Wilhelmshaven	5310
Helgoland	4506	Wyk	6160
Husum	6155		
Häfen in Bremen einschließlich Bremerhaven			
Bremen-Hansator	2331	Bremerhaven-Fischereihafen	2451
Bremen-Holzhafen	2305	Bremerhaven-Rotersand	2452
Bremen-Industriehafen	2306	Bremerhaven-Container-Terminal	2453
Bremen-Neustädter-Hafen	2304		
Häfen in Hamburg			
Hamburg-Großmarkt	4631	Hamburg-IPZ See	4633
Hamburg-Messe	4632	Hamburg-Hafen	4532
		Hamburg Waltershof	4651
Entladeflughäfen/Einladeflughäfen			
Berlin-Flughafen Schönefeld	2102	Kassel	3470
Berlin-Tegel-Flughafen	2105	Köln-Bonn-Flughafen	7104
Bremen-Flughafen	2301	Leipzig-Flughafen	5604
Dresden-Flughafen	5552	München-Flughafen	7650
Düsseldorf-Flughafen	2601	Münster-Flughafen	8306
Frankfurt (Main)-Flughafen	3300	Nürnberg-Flughafen	8755
Friedrichshafen-Güterbahnhof	9421	Saarbrücken-Flughafen	9304
Hamburg-Flughafen	4701	Stuttgart-Flughafen	9555
Hannover-Flughafen	5103		

Anhang 4

Verfahren bei der Versendung bzw. beim Eingang

Abschnitt A – Versendung

Verfahren	Code
Endgültige Versendung	10000
Wiederversendung nach wirtschaftlicher Lohnveredelung	31514
Vorübergehende Versendung zur wirtschaftlichen Lohnveredelung	21514

Anhang 5

Anzugeben ist unter Benutzung der nachfolgenden Codes die Art des Verkehrszweiges entsprechend dem mutmaßlichen aktiven Verkehrsmittel, mit dem die Waren nach Deutschland gelangen.

1 – Seeverkehr
2 – Eisenbahnverkehr
3 – Straßenverkehr
4 – Luftverkehr
5 – Postverkehr
7 – Fest installierte Transporteinrichtungen
8 – Binnenschiffsverkehr
9 – Eigenantrieb

Anhang 6

noch – **Länderverzeichnis für die Außenhandelsstatistik – ISO-alpha-3-Code für Währungen**

ISO-Code	Währung	Land bzw. Gebiet
CAD	Kanadischer Dollar	Kanada
CDF	Kongo-Franc	Kongo, Demokratische Republik
CHF	Schweizer Franken	Liechtenstein
		Schweiz
CLP	Chilenischer Peso	Chile
CNY	Renminbi Yuan	China
COP	Kolumbianischer Peso	Kolumbien
CRC	Costa-Rica-Colón	Costa Rica
CUP	Kubanischer Peso	Kuba
CVE	Kap-Verde-Escudo	Kap Verde
CYP	Zypern-Pfund	Zypern
CZK	Tschechische Krone	Tschechische Republik
DJF	Dschibuti-Franc	Dschibuti
DKK	Dänische Krone	Dänemark
		Färöer
		Grönland
DOP	Dominikanischer Peso	Dominikanische Republik
DZD	Algerischer Dinar	Algerien
EEK	Estnische Krone	Estland
EGP	Ägyptisches Pfund	Ägypten
ERN	Nakfa	Eritrea
ESP	Peseta	Andorra
		Spanien
ETB	Birr	Äthiopien
EUR	Euro	Belgien
		Deutschland

ISO-Code	Währung	Land bzw. Gebiet
		Finnland
		Frankreich
		Griechenland
		Irland
		Italien
		Luxemburg
		Niederlande
		Österreich
		Portugal
		Slowenien
		Spanien
		Slowakei
FJD	Fidschi-Dollar	Fidschi
FKP	Falkland-Pfund	Falklandinseln
GBP	Pfund Sterling	Vereinigtes Königreich
GEL	Lari	Georgien
GHC	Cedi	Ghana
GIP	Gibraltar-Pfund	Gibraltar
GMD	Dalasi	Gambia
GNF	Guinea-Franc	Guinea
GRD	Drachme	Griechenland
GTQ	Quetzal	Guatemala
GYD	Guyana-Dollar	Guyana
HKD	Hongkong-Dollar	Hongkong, Sonderverwaltungsregion
HNL	Lempira	Honduras
HRK	Kuna	Kroatien
HTG	Gourde	Haiti
HUF	Forint	Ungarn
IDR	Rupiah	Indonesien
ILS	Neuer Schekel	Israel
INR	Indische Rupie	Bhutan
		Indien
IQD	Irak-Dinar	Irak
IRR	Rial	Iran, islamische Republik
ISK	Isländische Krone	Island
USD	Amerikanischer Dollar	Vereinigte Staaten von Amerika

Aufgabe 2

Naval Dockyard SDN BHD

17 Fleetstreet · 32100 Lumut · P.O. Box 151 · Malaysia
Tel: 0060-15-4711 · Fax 0060-15-4712

Naval Dockyard SDN BHD
17 Fleetstreet · 32100 Lumut/Malaysia

RAKA AG
Wörthstr. 85
89077 Ulm
Germany

08 December 20...

Order enquiry

Dear Sir or Madam,

We have seen your advertisement in the lastest issue of your company brochure and were very impressed by it. As we are interested in your range of products we would be pleased if you could state us your terms of payment and terms of delivery for the following products:

Shipborne Surveillance Radar MRD 60

Documentation

For each item we would be interested in a quantity of six.

If your conditions of sale meet our expectations we would be interested in establishing a steady business connection with your company.

We look forward to hearing from you in due course.

Yours faithfully,

Shandar Bahrami
(Import Manager)

Die RAKA AG in Ulm hat in ihrem Produktprogramm u. a. Radargeräte, Funkmessgeräte, Richtfunkantennen etc. Diese Produkte werden überwiegend in militärische Waffensysteme im In- und Ausland eingebaut. Verkauft werden diese „Hightech-Produkte" an private Rüstungsunternehmen und an staatliche Behörden und Organisationen, die im Auftrag des Staates diese Güter einkaufen.

a) Prüfen Sie, ob im vorliegenden Fall eine Exportgenehmigung beantragt werden muss. Ermitteln Sie die Warennummer aus dem Warenverzeichnis S. 195f.

b) Für den Fall, dass es sich um einen genehmigungspflichtigen Export handelt, stellen Sie einen Antrag auf Erteilung einer Ausfuhr-/Verbringungsgenehmigung (Formular auf S. 201f.).

→ Preis der sechs Schiffsradarsysteme Anzahlung 20 %	16 500 000 USD
→ Warennummer	85261090
→ Antragsdatum	03.01. d. J.
→ Antragsnummer	DE4611091
→ Ansprechpartner	H. Jankowsky
→ Anlagenblätter, bspw. lt. Kriegswaffenkontrollgesetz werden keine beigelegt	
→ Ursprungs- und Herkunftsland	Deutschland (Code „DE")
→ Bestimmungsland	Malaysia (Code „MY")
→ Ausfuhrart	Endgültige Ausfuhr ohne vorherige Zollabfertigung
→ Art der beantragten Genehmigung	Einzelausfuhrgenehmigung („E")
→ Lieferbeginn	08.08...
→ Endverwendung	Royal Malaysian Navy

c) Nach Eingang der Ausfuhrgenehmigung muss abschließend eine Ausfuhranmeldung für diesen Exportvorgang erstellt werden. Folgende Daten stehen zur Verfügung:
   - → Verladung der in sechs Containern verpackten Radarsysteme auf Lkw einer Ulmer Spedition.
   - → Im Hamburger Hafen werden die Funkmessgeräte auf das deutsche Schiff „MS New York" verladen.
   - → Lieferungsbedingung „FOB Hamburg"
   - → Ausgangszollstelle Hamburg Hafen
   - → Rohmasse: 25 316 kg
   - → Eigenmasse: 22 130 kg
   - → Datum der Ausfuhrgenehmigung: 10.02. d. J.
   - → Datum der Ausfuhranmeldung: 27. 11. d. J.

(Formular „Ausfuhranmeldung", S. 199, 200, Anleitung S. 185, 186ff.)

Auszug aus dem Warenverzeichnis für die Außenhandelsstatistik

XVI I 85.25

Warenbezeichnung	Warennummer	Besondere Maßeinheit
– **Fernsehkameras:**		
–– mit 3 oder mehr Bildaufnahmeröhren	85253010	St
→ –– andere	85253090	St
→ – **Standbild-Videokameras und andere Videokameraaufnahmegeräte:**		
→ –– Standbild-Videokameras	85254010	St
→ –– andere Videokameraaufnahmegeräte:		
→ ––– nur mit Aufzeichnungsmöglichkeit des durch die Kamera aufgenommenen Tons und Bildes	85254091	St
→ ––– andere	85254099	St
Funkmessgeräte (Radargeräte), Funknavigationsgeräte und Funkfernsteuergeräte:		
– **Funkmessgeräte (Radargeräte):**		
–– für zivile Luftfahrzeuge	85261010	–
–– andere	85261090	–
– **andere:**		
→ –– **Funknavigationsgeräte:**		
––– für zivile Luftfahrzeuge:		
–––– Funknavigationsempfangsgeräte	85269111	St
–––– andere	85269119	–
––– andere	85269190	–
–– **Funkfernsteuergeräte:**		
––– für zivile Luftfahrzeuge	85269210	–
––– andere	85269290	–
Empfangsgeräte für den Funksprech- oder Funktelegrafieverkehr oder den Rundfunk, auch in einem gemeinsamen Gehäuse mit einem Tonaufnahme- oder Tonwiedergabegerät oder einer Uhr kombiniert:		
→ – **Rundfunkempfangsgeräte, die ohne externe Energiequelle betrieben werden können, einschließlich Geräte, die auch Funksprech- oder Funktelegrafieverkehr empfangen können:**		
→ –– **Radiokassettengeräte im Taschenformat:**		
→ ––– mit analogem/digitalem Abnehmersystem	85271210	St
→ ––– andere	85271290	St
→ –– **andere Geräte, kombiniert mit Tonaufnahme- oder Tonwiedergabegeräten:**		
→ ––– mit Laser-Abnehmersystem	85271310	St
→ ––– andere:		
→ –––– Kassettengeräte mit analogem/digitalem Abnehmersystem	85271391	St
→ –––– andere	85271399	St
→ –– **andere**	85271900	St
→ – **Rundfunkempfangsgeräte von der in Kraftfahrzeugen verwendeten Art, die nur mit externer Energiequelle betrieben werden können, einschließlich Geräte, die auch Funksprech- oder Funktelegrafieverkehr empfangen können:**		
–– **kombiniert mit Tonaufnahme- oder Tonwiedergabegerät:**		
→ ––– Geräte, die digitale Radio-Daten-System-Signale (RDS) empfangen und decodieren können:		

→ ---- mit Laser-Abnehmersystem	85272120
→ ---- andere:	
→ ----- andere	85272159
→ --- andere:	
→ ---- mit Laser-Abnehmersystem	85272170
→ ---- andere:	
→ ----- Kassettengeräte mit analogem/digitalem Abnehmersystem	85272192
→ ----- andere	85272198
-- **andere**	85272900

Auszug aus dem Umschlüsselungsverzeichnis

Nr. des Warenverz. für die Außenhandelsstatistik	Warenbenennung	AL-Nummer
	Kameras, die von Nummer 6A002 erfasste Elektronenröhren enthalten, ausgenommen Fernseh- oder Videokameras, besonders konstruiert für Fernseh-Rundfunk-Einsatz	
	Videokameras, die Halbleiter-Sensoren enthalten, mit mindestens einem der folgenden Merkmale: 1. mehr als 4×10^6 aktive Bildelemente (active pixels) je Halbleiter-Sensor-Anordnung für Monochrom-(Schwarz-Weiß-) Kameras, 2. mehr als 4×10^6 aktive Bildelemente je Halbleiter-Sensor-Anordnung für Farbkameras, die drei Halbleiter-Sensor-Anordnungen enthalten, oder 3. mehr als 12×10^6 aktive Bildelemente für Halbleiter-Farbkameras, die eine Halbleiter-Sensor-Anordnung enthalten	6A003 6A203
	Strahlungsfeste TV-Kameras	6A203
	Funkmessgeräte (Radargeräte), Funknavigationsgeräte und Funkfernsteuergeräte:	
aus 85261090	Funkmessgeräte (Radargeräte) dieser Warennummern können nach den nebenstehenden Ausfuhrlisten-Positionen ausfuhrgenehmigungspflichtig sein	6A008 6A108
	Funkpeilgeräte	7A007
aus 85269190	Funknavigationsgeräte	7A005 7A006 7A105 7A106 7A115
aus 85269290	Fernmess- und Fernsteuerungsausrüstung, geeignet für Flugkörper (missiles)	5A101
	Empfangsgeräte für den Funksprech- oder Funktelegrafieverkehr oder den Rundfunk, auch in einem gemeinsamen Gehäuse mit einem Tonaufnahme- oder Tonwiedergabegerät oder einer Uhr kombiniert:	
aus 85271210 bis aus 85279090	Die Produkte dieser Warennummern können nach den nebenstehenden Ausfuhrlisten-Positionen ausfuhrgenehmigungspflichtig sein	5A001 5A002

	Nicht von der Ausfuhrliste erfasst sind jedoch Rundfunkgeräte für ausschließlich allgemein zugängliche Hörfunkprogramme, auch mit Tonaufnahme- oder Tonwiedergabegerät einschließlich Lasertonabnehmersystem, Autoradios mit Tonaufnahme- oder Tonwiedergabegerät einschließlich Lasertonabnehmersystem sowie Radiowecker	
	Fernsehempfangsgeräte (einschließlich Videomonitore und Videoprojektoren), auch mit eingebautem Rundfunkempfangsgerät oder Ton- oder Bildaufzeichnungs- oder -wiedergabegerät:	
aus 85282114 aus 85282116 aus 85282118 aus 85282190 aus 85282200	Videomonitore mit Kathodenstrahlröhre oder Bildschirm für mehrfarbiges oder einfarbiges Bild für Unterwasserbeobachtungssysteme	8A002

Auszug aus der Ausfuhrliste:

Teil I A

Kriegsschiffe, Marine-Spezialausrüstung und Zubehör wie folgt sowie Bestandteile hierfür, besonders konstruiert für militärische Zwecke:

a) **Kampfschiffe oder Schiffe, besonders konstruiert oder besonders geändert für Angriffs- oder Verteidigungshandlungen (über oder unter Wasser), auch wenn für nichtmilitärische Zwecke umgebaut und ungeachtet ihres derzeitigen Reparaturzustands oder ihrer Betriebsfähigkeit oder ob sie Waffeneinsatzsysteme oder Panzerungen enthalten, sowie Schiffskörper oder Teile von Schiffskörpern für solche Schiffe;**

b) **Motoren wie folgt:**

1. **Dieselmotoren, besonders konstruiert für U-Boote, mit allen folgenden Eigenschaften:**
   a) **Leistung größer/gleich 1,12 MW und**
   b) **Drehzahl größer/gleich 700 U/min,**
2. **Elektromotoren, besonders konstruiert für U-Boote, mit allen folgenden Eigenschaften:**
   a) **Leistung größer als 0,75 MW,**
   b) **schnell umsteuerbar,**
   c) **flüssigkeitsgekühlt und**
   d) **vollständig gekapselt,**
3. **nichtmagnetische Dieselmotoren mit einer Leistung größer/gleich 37,3 kW und mit einem nichtmagnetischen Anteil von mehr als 75% des Gesamtgewichts;**

c) **Unterwasserortungsgeräte, besonders konstruiert für militärische Zwecke und Steuereinrichtungen hierfür;**

d) **U-Boot- und Torpedonetze;**

e) **Lenk- und Navigationsausrüstung, besonders konstruiert für militärische Zwecke;**

f) **Schiffskörperdurchführung und -steckverbinder, besonders konstruiert für militärische Zwecke, die das Zusammenwirken mit Ausrüstung außerhalb eines Schiffes ermöglichen;**

Anmerkungen:

1. Unternummer 0009f schließt Steckverbinder für Schiffe in Einzelleiter-, Mehrfachleiter-, Koaxial- und Hohlleiterausführung sowie Schiffskörperdurchführungen ein, die jeweils unbeeinflusst bleiben von (eventuellem) Leckwasser von außen und die geforderten Merkmale in Meerestiefen von mehr als 100 m beibehalten, sowie faseroptische Steckverbinder und optische Schiffskörperdurchführungen, besonders konstruiert für den Durchgang von Laserstrahlen, unabhängig von der Wassertiefe.
2. Unternummer 0009f umfasst nicht übliche Schiffskörperdurchführungen für Antriebswellen und Ruderschäfte.

g) **geräuscharme Lager, besonders konstruiert für militärische Zwecke, mit aerodynamischer/aerostatischer Schmierung oder magnetischer Aufhängung, aktiv kontrollierter Signatur- oder Schwingungsunterdrückung, und Ausrüstung, die solche Lager enthält.**

Teil I C

Radarsysteme, -geräte und Baugruppen mit mindestens einer der folgenden Eigenschaften sowie besonders konstruierte Bestandteile hierfür:

Amerkung:

Nummer 6A008 erfasst nicht:

a) Sekundär-Überwachungsradarsysteme (SSR, Secondary Surveillance Radar),

b) Fahrzeug-Radarsysteme zum Kollisionsschutz,

c) Überwachungs- und Anzeigegeräte für die Flugsicherung mit einer Auflösung von maximal 12 Elementen pro mm,

d) Meteorologische (Wetter-) Radarsysteme.

a) mit einer Betriebsfrequenz von 40 bis 230 GHz und einer mittleren Ausgangsleistung größer als 100 mW,

b) über mehr als ±6,25 % der nominalen Betriebsfrequenz abstimmbare Bandbreite,

Technische Anmerkung:

Die nominale Betriebsfrequenz entspricht der Hälfte der Summe der höchsten plus der niedrigsten spezifizierten Betriebsfrequenz.

c) Möglichkeit zum gleichzeitigen Betrieb auf mehr als zwei Trägerfrequenzen,

d) Radar mit künstlicher Apertur (SAR, Synthetic-Aperture Radar), inverser künstlicher Apertur (SAR, Inverse-Synthetic-Aperture Radar) oder als Seitensicht-Luftfahrzeug-Bordradarsystem (SLAR, Side Looking Airborne Radar),

e) mit elektronisch phasengesteuerten Antennengruppen (phased array antennae),

f) Möglichkeit zur autonomen Zielhöhenmessung,

Anmerkung:

Unternummer 6A008f erfasst nicht Präzisionsanflug-Radarsysteme (PAR, Precision Approach Radar) gemäß den ICAO-Normen,

g) besonders entwickelt für Betrieb in Luftfahrzeugen (Montage in Ballons oder Flugzeugzellen) und mit Verarbeitung von Doppler-Signalen zur Bewegtzielerkennung,

h) Verarbeitung von Radarsignalen unter Anwendung folgender Verfahren:

1. gespreiztes Spektrum (Radar) oder

2. Frequenzsprung (Radar),

i) vorgesehen für Bodenbetrieb mit einem maximalen Erfassungsbereich größer als 185 km,

Anmerkung:

Unternummer 6A008i erfasst nicht:

a) Radarsysteme zur Überwachung von Fischereigebieten,

b) Bodenradarsysteme, besonders konstruiert für die Strecken-(enroute) Flugsicherung und besonders entwickelte Software hierfür, mit allen folgenden Eigenschaften:

1. maximaler Erfassungsbereich kleiner/gleich 500 km,

2. so konfiguriert, dass die Radarzieldaten nur in einer Richtung an eine oder mehrere zivile Flugsicherungszentralen übermittelt werden können,

3. keine Fernsteuerungsmöglichkeiten der Abtastgeschwindigkeit durch die Flugsicherungszentrale zur Luftraumüberwachung von Streckenflügen und

4. fest installiert.

Ergänzende Anmerkung:

Die Anwendersoftware muss begrenzt sein auf den Maschinencode und den für die Installation, Funktion oder Wartung unbedingt notwendigen Quellcode.

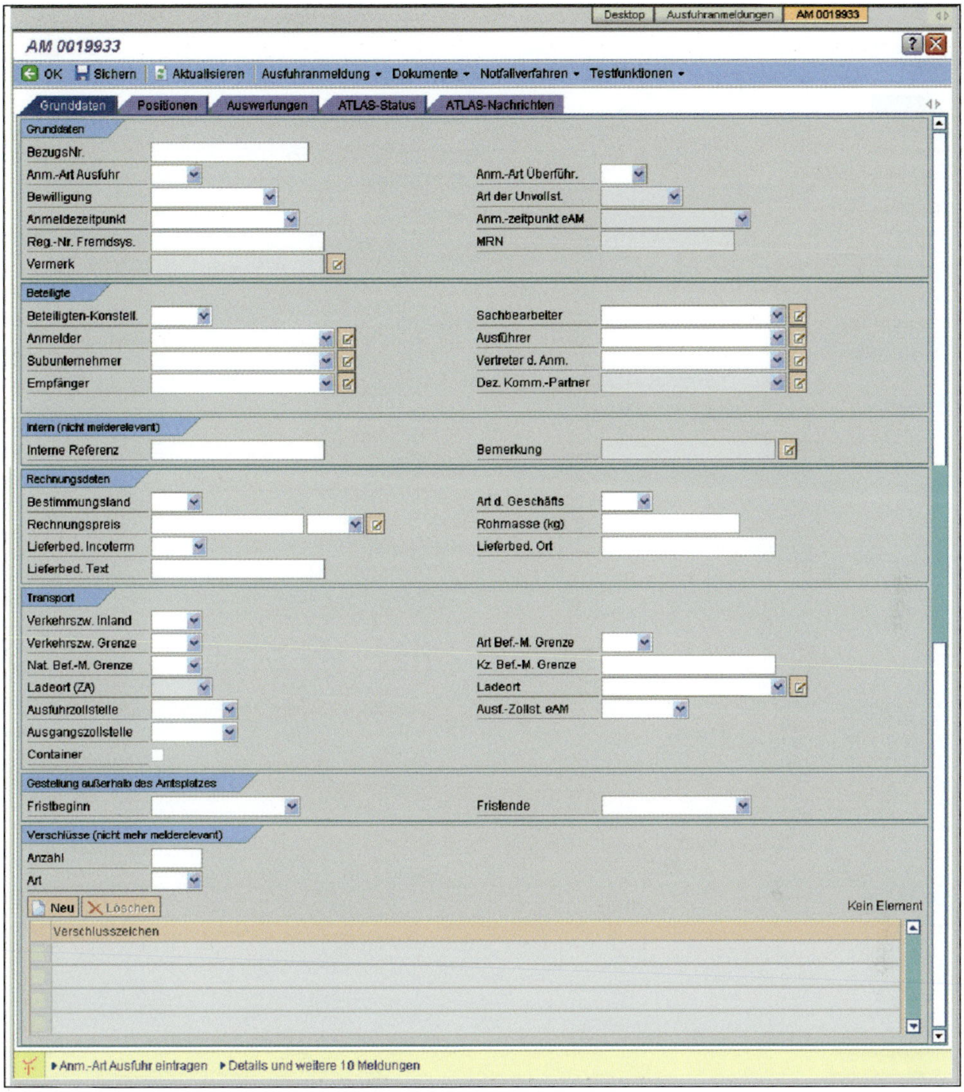
Desktop
Ausfuhranmeldungen
AM 0019933
AM 0019933
OK
Sichern
Aktualisieren
Ausfuhranmeldung
Dokumente
Notfallverfahren
Testfunktionen
Grunddaten
Positionen
Auswertungen
ATLAS-Status
ATLAS-Nachrichten
Grunddaten
BezugsNr.
Anm.-Art Ausfuhr
Anm.-Art Überführ.
Bewilligung
Art der Unvollst.
Anmeldezeitpunkt
Anm.-zeitpunkt eAM
Reg.-Nr. Fremdsys.
MRN
Vermerk
Beteiligte
Beteiligten-Konstell.
Sachbearbeiter
Anmelder
Ausführer
Subunternehmer
Vertreter d. Anm.
Empfänger
Dez. Komm.-Partner
Intern (nicht melderelevant)
Interne Referenz
Bemerkung
Rechnungsdaten
Bestimmungsland
Art d. Geschäfts
Rechnungspreis
Rohmasse (kg)
Lieferbed. Incoterm
Lieferbed. Ort
Lieferbed. Text
Transport
Verkehrszw. Inland
Verkehrszw. Grenze
Art Bef.-M. Grenze
Nat. Bef.-M. Grenze
Kz. Bef.-M. Grenze
Ladeort (ZA)
Ladeort
Ausfuhrzollstelle
Ausf.-Zollst. eAM
Ausgangszollstelle
Container
Gestellung außerhalb des Amtsplatzes
Fristbeginn
Fristende
Verschlüsse (nicht mehr melderelevant)
Anzahl
Art
Neu
Löschen
Kein Element
Verschlusszeichen
Anm.-Art Ausfuhr eintragen
Details und weitere 10 Meldungen

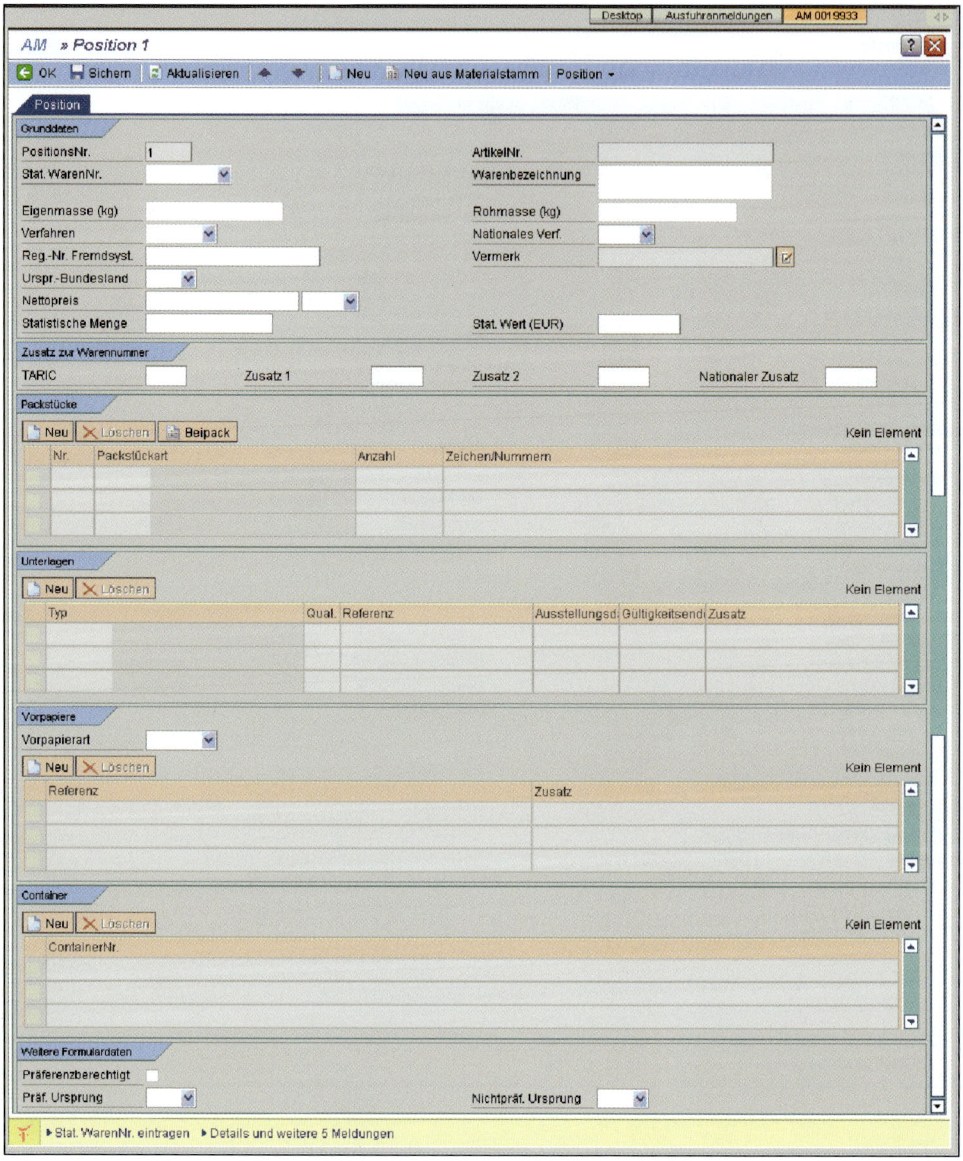
Desktop
Ausfuhranmeldungen
AM 0019933
AM » Position 1
OK
Sichern
Aktualisieren
Neu
Neu aus Materialstamm
Position
Position
Grunddaten
PositionsNr.
1
ArtikelNr.
Stat. WarenNr.
Warenbezeichnung
Eigenmasse (kg)
Rohmasse (kg)
Verfahren
Nationales Verf.
Reg.-Nr. Fremdsyst.
Vermerk
Urspr.-Bundesland
Nettopreis
Statistische Menge
Stat. Wert (EUR)
Zusatz zur Warennummer
TARIC
Zusatz 1
Zusatz 2
Nationaler Zusatz
Packstücke
Neu
Löschen
Beipack
Kein Element
Nr.
Packstückart
Anzahl
Zeichen/Nummern
Unterlagen
Neu
Löschen
Kein Element
Typ
Qual.
Referenz
Ausstellungsd
Gültigkeitsend
Zusatz
Vorpapiere
Vorpapierart
Neu
Löschen
Kein Element
Referenz
Zusatz
Container
Neu
Löschen
Kein Element
ContainerNr.
Weitere Formulardaten
Präferenzberechtigt
Präf. Ursprung
Nichtpräf. Ursprung
Stat. WarenNr. eintragen
Details und weitere 5 Meldungen

ANTRAG AUF AUSFUHR-/VERBRINGUNGSGENEHMIGUNG

Stand: 01.01.2001

0 — **Antrag** — **AG**

1. Ausführer (Adresse) | Zollnummer

2. Antragsnummer: DE / 2854154

3a. Antragsdatum

4a. Ansprechpartner b. Antragsteller | Tel.-Nr. | Telefax

5. Empfänger (Adresse)

6a.
Bundesamt für Wirtschaft
und Ausfuhrkontrolle (BAFA)
Frankfurter Str. 29-35
65760 Eschborn

Hinweis:
Die Angaben in diesem Antrag werden aufgrund von § 17 AWV erhoben. Die Antragsdaten dürfen gem. § 45 Außenwirtschaftsgesetz vom BAFA gespeichert und an andere Behörden übermittelt werden, soweit dies zur Verfolgung der in §§ 5 oder 7 Abs. 1 AWG angegebenen Zwecke oder zur Verhütung oder zur Verfolgung von Straftaten erforderlich ist.

7. Agent/Vertreter (Adresse) (falls nicht identisch mit Ausführer) | Zollnummer

6b. Anzahl beigefügter Anlagenblätter	IC / EVE	§§ 5c / 5d	technische Datenblätter	KWKG-Genehmigung	Sonstige
	☐	☐	☐	☐	☐

8. Ursprungsland (falls bekannt) | Ländercode

9. Herkunftsland (falls bekannt) | Ländercode

10. Endverwender (falls nicht identisch mit Empfänger/Adresse)

11. Mitgliedstaat, in dem sich die Waren befinden oder befinden werden | Ländercode

12. Mitgliedstaat, in dem die Ausfuhranmeldung abgegeben werden soll | Ländercode

13. Endbestimmungsland | Ländercode

0

14. Güterbeschreibung | lfd. Nr. | **15.** Warencode | **16.** AL-Position | **17.** Währung und Wert | **18.** Menge

14. Güterbeschreibung | lfd. Nr. | **15.** Warencode | **16.** AL-Position | **17.** Währung und Wert | **18.** Menge

19. Endverwendung | **20.** Datum des Vertrages | **21.** Ausfuhrart | **22.** zusätzl. Warenblätter

23. Zusatzinformationen | **23a.** Gesamtwert | **23b.** Art der beantragten Genehmigung ☐

23c. Auftragsnummer/Aktenzeichen des Antragstellers

24. Haben Sie Kenntnis, dass die Güter für eine Zweckbestimmung im Sinne des Artikels 4 Absatz 1 (Verwendung für Massenvernichtungswaffen und Flugkörper für derartige Waffen), Absatz 2 (Verwendung für konventionelle Rüstung in Embargoländern) oder Absatz 3 (Verwendung für illegal ausgeführte Rüstungsgüter) EG-Verordnung 1334/2000 bestimmt sind?
(Falls ja, bitte Beschreibung auf gesondertem Blatt)
Ja ☐
Nein ☐

25. Ich (Wir), der (die) in Feld 1 genannte(n) Antragsteller, beantrage(n) als Ausführer/Verbringer eine Genehmigung für die Ausfuhr/Verbringung der in dem Antrag konkretisierten Güter (Ware[n], Software und Technologie).
Ich (Wir) versichere(n), dass alle in diesem Antrag nebst Anlagen gemachten Angaben unter Beachtung der Ausfüllanleitung zu diesem Antrag richtig, vollständig und wahrheitsgemäß angegeben wurden. Alle Fragen wurden nach bestem Wissen wahrheitsgemäß beantwortet. Ich (Wir) erkläre(n), dass ich (wir) für das beantragte Ausfuhr-/Verbringungsgeschäft in keinem anderen Mitgliedstaat der Europäischen Union eine Genehmigung beantragt habe(n).

Unterschrift des Antragstellers / Bevollmächtigten — Firmenstempel

2854154

Bestell-Nr. 229

Formularverlag CW Niemeyer, Hameln 05151 9893-0, Fax 98 93-93, Wuppertal 0202 5020-31, Fax 50 19 92, Offenbach 069 862682, Fax 86 96 00, Weil der Stadt 07033 34940, Fax 3 48 42, Hohendodeleben 039204 5447 Fax, 6 01 79

Nationales Ergänzungsblatt zum Antrag auf Ausfuhr-/Verbringungsgenehmigung

0 | Antrag | 0

1. Ausführer	Zollnummer	2. Antragsnummer DE /	3a. Antragsdatum	AG / E1
32. Zustellungsbevollmächtigter (Adresse)	Zollnummer	6a. Bundesamt für Wirtschaft und Ausfuhrkontrolle (BAFA) Frankfurter Str. 29-35 65760 Eschborn	**Hinweis:** Die Angaben in diesem Antrag werden aufgrund von § 17 AWV erhoben. Die Antragsdaten dürfen gem. § 45 Außenwirtschaftsgesetz vom BAFA gespeichert und an andere Behörden übermittelt werden, soweit dies zur Verfolgung der in §§ 5 oder 7 Abs. 1 AWG angegebenen Zwecke oder zur Verhütung oder zur Verfolgung von Straftaten erforderlich ist.	

33. Zusatzinformationen zum Empfänger (vgl. Feld 5)
Telefon: ____ Telefax: ____ Telex: ____
Postfach: ____ Auftragsnummer: ____

Haben Sie Kenntnis davon, dass es sich um eine Einrichtung des Militärs/der Polizei handelt? Ja ☐ Nein ☐
Haben Sie Kenntnis davon, dass es sich um den Betreiber einer kerntechnischen Anlage handelt? Ja ☐ Nein ☐

34. Zusatzinformationen zum Endverwender (vgl. Feld 10)
Telefon: ____ Telefax: ____ Telex: ____
Postfach: ____ Auftragsnummer: ____

Haben Sie Kenntnis davon, dass es sich um eine Einrichtung des Militärs/der Polizei handelt? Ja ☐ Nein ☐
Haben Sie Kenntnis davon, dass es sich um den Betreiber einer kerntechnischen Anlage handelt? Ja ☐ Nein ☐

35. Käufer (Adresse) (falls nicht identisch mit Empfänger und/oder Endverwender)
Telefon: ____ Telefax: ____
Telex: ____ Postfach: ____
Auftragsnummer: ____

Haben Sie Kenntnis davon, dass es sich um eine Einrichtung des Militärs/der Polizei handelt? Ja ☐ Nein ☐
Haben Sie Kenntnis davon, dass es sich um den Betreiber einer kerntechnischen Anlage handelt? Ja ☐ Nein ☐

36. Zusatzinformationen zum beantragten Ausfuhr-/Verbringungsgeschäft
a) Haben Sie Kenntnis davon, dass der Antragsgegenstand:
- vom Empfänger unverändert weitergeleitet wird? Ja ☐ Nein ☐
- nach Bearbeitung, Verarbeitung oder Gebrauch weitergeliefert wird? Ja ☐ Nein ☐

b) Haben Sie Kenntnis davon, dass die beantragte Lieferung einen Beitrag zu einem bestimmten Projekt / einer Anlage darstellt? Ja ☐ Nein ☐
Falls ja, – bitte Projektname oder Kurzbezeichnung angeben (Projektbeschreibung auf gesondertem Blatt): Fregatten der mal. Marine
– bitte Bearb.-Nr. angeben, sofern Sie für andere Lieferungen zu diesem Projekt bereits Genehmigungen beantragt haben: ____

c) Haben Sie für den gleichen oder einen vergleichbaren Antragsgegenstand innerhalb der letzten 3 Jahre eine Genehmigung, eine Ablehnung oder einen Nullbescheid erhalten, in Bezug auf: – gleichen Endverwender (s. Feld 5 bzw. 10)? Ja ☐ Nein ☐
– gleiches Land der Endverwendung? Ja ☐ Nein ☐
– Falls ja, bitte Bearb.-Nr. der maximal 4 jüngsten Bescheide angeben: ____

d) Haben Sie aufgrund anderer Genehmigungspflichten bereits eine Genehmigung, eine Ablehnung oder einen Nullbescheid erhalten, die/der in unmittelbarem wirtschaftlichen Zusammenhang mit dem Antragsgegenstand steht? Ja ☐ Nein ☐
Falls ja, bitte Bearb.-Nr. angeben: ____

e) Sofern Sie in Bezug auf den Antragsgegenstand im Besitz einer gültigen Auskunft zur Güterliste sind, so geben Sie bitte die entsprechende Bearb.-Nr. an: ____

f) Vorgesehener Lieferbeginn: ____

37. Erklärung über die Zeichnungsberechtigung im Rahmen der Verantwortungsübernahme des „Ausfuhrverantwortlichen" gemäß den Grundsätzen der Bundesregierung vom 25. 07. 2001 (BAnz. S. 17 177) in der jeweils geltenden Fassung
Der/Die gemäß den Grundsätzen der Bundesregierung zur Prüfung der Zuverlässigkeit von Exporteuren von Kriegswaffen und rüstungsrelevanten Gütern gegenüber dem BAFA benannte Ausfuhrverantwortliche hat den vorliegenden Antrag **eigenhändig** unterzeichnet. ☐
Der vorliegende Antrag auf Ausfuhr-/Verbringungsgenehmigung wurde von einer von dem oben genannten Antragsteller **berechtigten Person** unterzeichnet. Der/Die gegenüber dem BAFA benannte Ausfuhrverantwortliche übernimmt für die Richtigkeit und Vollständigkeit dieses Antrages die Verantwortung in dem Bewusstsein, nicht mit dem Hinweis auf die Person des Antragsunterzeichners eine Verantwortlichkeit im Sinne der oben genannten Grundsätze ablehnen zu können. ☐

38. Raum für sonstige Anmerkungen / Bemerkungen

FORMULARVERLAG CW NIEMEYER
31789 Hameln, Walter-von-Selve-Str. 6
Tel. (0 51 51) 98 93-0, Fax 98 93-93
Email: info@formularverlag.de
Internet: www.formularverlag.de
Auslieferungsläger:
42283 Wuppertal, Carnaper Straße 28, Tel. (02 02) 50 20 31, Fax 50 19 92
60599 Frankfurt a. M., Wiener Str. 120-124, Tel. (069) 69 71 17-0, Fax 69 71 17-78
71263 Weil der Stadt, Glemsweg 17, Telefon (0 70 33) 3 49 40, Fax 3 48 42
39167 Hohendodeleben, Matthissonstr. 26, Tel. (03 92 04) 54 47, Fax 6 01 79
231

Aufgabe 3

Die Firma Weiß aus Ulm importiert Orangen aus Tunesien, die sie im eigenen Unternehmen zu Orangenmarmelade verarbeitet. Ein großer Posten dieser Marmelade wird nach Frankreich an einen französischen Feinkosthändler verkauft. Trotz einiger Werbeaktionen und sehr guter Positionierung in den Regalen der Filialen lässt sich die Ware in Frankreich nicht verkaufen. Um nicht auf der Marmelade sitzen zu bleiben, verkauft der französische Händler die Marmelade weit unter seinem Einstandspreis in die Schweiz. Auch dort lässt sich die Marmelade nicht verkaufen. Nach langen Versuchen, die Marmelade an den Mann zu bringen, findet der schweizer Händler endlich einen Käufer: Die Firma Aldo in Deutschland ist bereit, die Marmelade zu wiederum stark ermäßigten Preisen abzunehmen. Innerhalb weniger Tage verkauft Aldo die Orangenmarmelade in seinen Filialen.

Erläutern Sie, welche Präferenznachweise in diesem Fall zu erbringen sind und wer diese Präferenznachweise ausstellen muss.

6 Innergemeinschaftliche Warenversendung

6.1 Ausfuhrkontrolle

Mit der Einführung des EU-Binnenmarktes sind zwar die Zollverfahren und Zollschranken abgeschafft worden; die nationale Ausfuhrkontrolle besteht aber nach wie vor (im Rahmen der Ausfuhrkontrolle wird folglich auch nach wie vor der Begriff „Ausfuhr" für alle grenzüberschreitenden Warenversendungen verwendet). Die Unternehmen müssen folglich auch beim Verkauf von Waren in EU-Länder eine Warenklassifizierung entsprechend der Ausfuhrliste in Rüstungsgüter oder „Dual-Use-Güter" vornehmen. Entsprechende Güter unterliegen dann ebenfalls dem Genehmigungsverfahren des Bundesausfuhramts.

Abweichend von dieser generellen Regelung gibt es folgende Vereinfachungen bzw. Änderungen im Warenverkehr mit EU-Staaten.

1. Für einige Exportgüter (viele Dual-Use-Güter) entfällt der Antrag auf Exportgenehmigung, da das Bundesausfuhramt für diese Güter vor allem beim Export in EU-Länder eine allgemeine Genehmigung erlassen hat. Diese allgemeine Genehmigung ist aber nicht auf Dauer festgelegt, sondern sie basiert auf aktuellen Informationen des Bundesausfuhramtes, die sich auch wieder ändern können.
2. Für nicht in der Ausfuhrliste erfasste Güter entfällt ein Antrag auf Genehmigung, wenn eine Endverwendung im EU-Land nachgewiesen wird. Nicht gelistete Güter unterliegen nur einer Genehmigungspflicht, wenn sie in Länder der Länderliste K exportiert werden.

6.2 Statistische Warenerfassung

Zweck:
Zweck der Intrahandelsstatistik (Intrastat) ist die Erhebung der Daten des tatsächlichen gegenseitigen Warenverkehrs zwischen Deutschland und den anderen EU-Mitgliedsstaaten. Intrastat-Meldungen sind dabei sowohl im Versendungsland als auch im Eingangsland abzugeben. Trotz des Binnenmarktes gibt es in der EU noch keine gemeinsame Wirtschafts- und Steuerpolitik. Für diese beiden Bereiche sind Informationen über die Warenströme in andere Länder aber von entscheidender Bedeutung. Die Intrastat-Vordrucke dienen dabei zur Übermittlung der statistischen Angaben des Auskunftspflichtigen über seine innergemeinschaftlichen Warenverkehre **mit Gemeinschaftswaren**. Gemeinschaftswaren sind Waren, die in der EU hergestellt oder gewonnen werden bzw. sich im freien Verkehr der Gemeinschaft befinden.

Der innergemeinschaftliche Warenverkehr mit **Nichtgemeinschaftswaren** wird statistisch wie der Warenverkehr mit Drittlandswaren mit der Ausfuhranmeldung Exemplar Nr. 2 erhoben. Eine Intrastat-Meldung darf in diesem Fall nicht erfolgen. Werden Gemeinschaftswaren über einen anderen Mitgliedsstaat in ein Drittland ausgeführt, ist für die innergemeinschaftliche Versendung eine Intrastat in Deutschland abzugeben.

Meldepflichtig sind:
Die Meldepflicht besteht grundsätzlich für alle Unternehmen, die einen Vertrag mit einem ausländischen Unternehmer abschließen, der das Verbringen einer Gemeinschaftsware von Deutschland in einen anderen EU-Mitgliedsstaat zum Inhalt hat. Diese Unternehmen müssen über eine Umsatzsteueridentifikationsnummer verfügen. Darüber hinaus erstreckt sich die Meldepflicht auch auf besondere Versendungen wie beispielsweise Lohnveredlungen. Wird ein Dritter (z. B. ein Spediteur) mit der Intrastat beauftragt, bleibt der Auskunftspflichtige nach wie vor für die Richtigkeit der Angaben verantwortlich.

Befreiungen von der Meldepflicht:
- → Privatpersonen sind grundsätzlich von der Meldepflicht befreit;
- → Von der Meldepflicht sind auch umsatzsteuerpflichtige Unternehmer befreit, deren Versendungen im Jahr die Lieferschwelle von 300 000,00 EUR im Vorjahr nicht überschritten haben. Wird die genannte Lieferschwelle erst im laufenden Kalenderjahr überschritten, beginnt die Meldepflicht mit dem Monat, in dem die Schwelle überschritten wurde. Für diesen Monat ist die erste statistische Meldung abzugeben.

Berichtszeitraum:
Berichtszeitraum ist grundsätzlich der Monat, in dem die innergemeinschaftlichen Versendungen stattgefunden haben. Um die Bearbeitung zu erleichtern, sollten die Intrastat-Meldungen kontinuierlich wöchentlich oder monatsweise übermittelt werden. Die Meldung muss aber spätestens am 10. Arbeitstag nach Ablauf des Berichtsmonats beim Statistischen Bundesamt in Wiesbaden oder der örtlichen Zollstelle mit dem Formular „**Intrastat Versendung**" abgegeben werden.
Die Meldungen können bequem und zeitsparend auf elektronischem Weg über das Intrastat-Online-Portal oder mit dem Intrastat-Vordruck „Versendung" verschickt werden. Die Formularversion ist aufwendiger und kommt in der Praxis kaum mehr zur Anwendung. Alle abgegebenen Meldungen sollten zumindest ein Jahr aufbewahrt werden, um bei etwaigen Rückfragen Auskunft erteilen zu können.

Anzumelden sind folgende Merkmale:

Versendung

Feld 1: 1. Unterfeld: Ust.-Nr., Unternehmensteil, Adresse und Bundesland (Code) des Auskunftspflichtigen
Feld 1: 2. Unterfeld: Auskunftspflichtiger (Name und Anschrift)
Feld 2: Monat, Jahr der Versendung
Feld 3: Dieses Feld ist nicht auszufüllen
Feld 4: Drittanmelder (Bsp: Spediteur) Name und Anschrift
Feld 5: Anschrift des Statistischen Bundesamtes
Feld 6: Warenbezeichnung (Handelsübliche Bezeichnung, so genau wie möglich)
Feld 7: Positionsnummer der Ware bei mehreren Warenversendungen
Feld 8: Bestimmungsmitgliedsstaat – Länderkürzel
Feld 9: Dieses Feld ist nicht auszufüllen
Feld 10: Art des Geschäfts – (Kauf, Miete, ...) Schlüsselnummer – vgl Anhang zur Ausfuhranmeldung
Feld 11: Diese Feld ist nicht auszufüllen
Feld 12.: Dieses Feld ist nicht auszufüllen
Feld 13: 8-stellige Warennummer laut dem Warenverzeichnis für die Außenhandelsstatistik
Feld 14: Dieses Feld ist nicht auszufüllen
Feld 15: Dieses Feld ist nicht auszufüllen
Feld 16: Eigenmasse in kg = Masse der Ware ohne alle Umschließungen
Feld 17: Menge in besonderen Maßeinheiten – Bsp: Stück, Inch, ...
Feld 18: Rechnungsbetrag in vollen Euro
Feld 19: Statistischer Wert in vollen EUR = Wert frei deutsche Grenze einschließlich aller Vertriebskosten, Steuern, Abgaben, Abschöpfungen, ...
Feld 20: Ort, Datum, Unterschrift des Meldepflichtigen

EUROPÄISCHE GEMEINSCHAFT **VORDRUCK N**

Versendung X

INTRASTAT

1 Steuernummer aus der USt.-Voranmeldung: 1 7 3 9 5 4 8 1 3 0 0 | Zusatz: | Bundesl. FA: 0 8

Auskunftspflichtiger (Name und Anschrift)

Hielscher KG
Dammstr. 12–14
89176 Ulm

2 Monat: 0 1
Jahr:

3

4 Drittanmelder (Name und Anschrift)

5

– Statistische Meldung –

An das Statistische Bundesamt
Außenhandelsstatistik
D-65180 Wiesbaden

6 Warenbezeichnung	Rohre aus Stahl
7 Pos.-Nr.	0 1
8 Best.-Land a	0 0 6
Urspr.-Reg. b	0 8
9	
10 Art d. Gesch.	1 1
11	
12	
13 Warennummer	7 3 0 4 1 0 1 0
14	
15	
16 Eigenmasse in vollen kg	4 3 0 0 0
17 Menge in der Besonderen Maßeinheit	
18 Rechnungsbetrag in vollen Euro	5 4 2 1 3
19 Statistischer Wert in vollen Euro	5 2 1 7 9

6 Warenbezeichnung | 7 Pos.-Nr. | 8 Best.-Land a | Urspr.-Reg. b | 9 | 10 Art d. Gesch. | 11 | 12 | 13 Warennummer | 14 | 15 | 16 Eigenmasse in vollen kg | 17 Menge in der Besonderen Maßeinheit | 18 Rechnungsbetrag in vollen Euro | 19 Statistischer Wert in vollen Euro

6 Warenbezeichnung | 7 Pos.-Nr. | 8 Best.-Land a | Urspr.-Reg. b | 9 | 10 Art d. Gesch. | 11 | 12 | 13 Warennummer | 14 | 15 | 16 Eigenmasse in vollen kg | 17 Menge in der Besonderen Maßeinheit | 18 Rechnungsbetrag in vollen Euro | 19 Statistischer Wert in vollen Euro

6 Warenbezeichnung | 7 Pos.-Nr. | 8 Best.-Land a | Urspr.-Reg. b | 9 | 10 Art d. Gesch. | 11 | 12 | 13 Warennummer | 14 | 15 | 16 Eigenmasse in vollen kg | 17 Menge in der Besonderen Maßeinheit | 18 Rechnungsbetrag in vollen Euro | 19 Statistischer Wert in vollen Euro

Erläuterungen:
Feld 8a: Bestimmungsmitgliedstaat
8b: Ursprungsregion (Bundesland)
10: Art des Geschäfts

006 = Länderkürzel für Großbritannien

20 Ort/Datum/Unterschrift des Auskunftspflichtigen/Drittanmelders: Ulm, 03-02-..

NV 2002

StBA - 92/3, Formularverlag CWN, Hameln

7 Ausfuhrrisiken und Absicherungsmöglichkeiten

Aufgrund der fremden Währung, anderer Rechtsverhältnisse, unsicherer politischer Verhältnisse oder einfach aufgrund der größeren Entfernung entstehen bei Exportgeschäften größere Risiken als bei Inlandsgeschäften mit möglicherweise den gleichen Waren. Unternehmen, die im Auslandsgeschäft tätig sind, müssen sich auf diese Risiken einstellen und unter Umständen geeignete Vorsorgemaßnahmen treffen.

7.1 Ausfuhrrisiken

Transportrisiko

Die Entfernungen bei Exportgeschäften sind größer, bestimmte Güter können unter Umständen nur mit einer Reihe verschiedenartiger Verkehrsmittel (Schiff, Lkw, Bahn etc.) befördert werden. Aufgrund dieser Tatsachen ist das Risiko von Beschädigungen der Güter beim häufigen Be- oder Entladen auf die verschiedenen Verkehrsmittel oder aufgrund von Unfällen (Havarie etc.) sehr viel größer. Auch die Gefahr, dass Güter zu spät angeliefert werden, ist erheblich größer als bei Inlandsgeschäften.

Transportrisiken werden abgesichert, indem der Transport der Waren bei Versicherungsgesellschaften versichert wird; wessen Pflicht die Versicherung des Transports ist, wird bereits im Kaufvertrag durch die Festlegung der Lieferungsbedingung bestimmt.

Kreditrisiko

Zahlt der Importeur die im Rahmen eines Außenhandelsgeschäfts vertragsgemäß gelieferten Waren nicht, ist dies das sogenannte Kreditrisiko des Exporteurs. Kredit wird also im Sinne einer Warenlieferung ohne vorherige Bezahlung vom Exporteur an den Importeur verstanden (Warenkredit).

Politisches Risiko

Unter politischen Risiken versteht man die Vorgänge, bei denen ein Unternehmer aufgrund politischer Ereignisse in einem Land (Krieg, Bürgerkrieg, Einfuhrverbote, Devisenkontrollmaßnahmen etc.) nicht liefern oder nicht bezahlen kann. Politische Risiken betreffen folglich vor allem den Exporteur, der nach einer Warenlieferung in das Land des Importeurs bei Eintritt politischer Risiken in diesem Land um sein Geld fürchten muss.

Währungsrisiko

Währungsrisiken ergeben sich nach Abschluss eines Kaufvertrags, wenn die Währungsrelationen sich verändern. Je nachdem, wie sich die Währungsrelation (Wechselkurs) verändert, ist dies zum Nachteil des Exporteurs. Innerhalb der EU ist dieses Währungsrisiko mit dem Inkrafttreten der gemeinsamen Währung nicht mehr vorhanden. Dies ist neben dem Wegfall der Zollschranken eine der wesentlichsten Ursachen für die starke Ausweitung des Handels unter den EU-Ländern. Mit allen Ländern, die den Euro nicht als Währung haben, besteht dieses Währungsrisiko aber weiter, d. h., dass der Exporteur Maßnahmen zur Währungsabsicherung treffen muss.

7.2 Absicherungsmöglichkeiten

7.2.1 Warentransportversicherung

Warentransportversicherung bedeutet die Übernahme von Gefahren, die mit dem Transport jeder Ware verbunden sind, durch ein Versicherungsunternehmen gegen Entrichtung einer Prämie. Je nach den vereinbarten Kaufvertragsbedingungen (z. B. Incoterms) schließt entweder der Verkäufer oder der Käufer eine Transportversicherung ab, um gegen das mit dem Transport verbundene Risiko abgesichert zu sein. Es genügt nicht, sich auf die Haftung des Frachtführers zu verlassen, denn deren Umfang erreicht in der Regel nicht den der Deckung durch eine Transportversicherung.

Wird die Abwicklung des Geschäftes einem Spediteur überlassen, so ist zu beachten, dass dieser die Transport- oder Lagerversicherung gemäß § 21 AGSp bei einem Versicherer seiner Wahl und zu marktüblichen Konditionen nur besorgt, wenn ihm dazu ein Auftrag erteilt wird.

Rechtsgrundlagen:
Die gesetzlichen Bestimmungen für das Transportversicherungsgeschäft sind im VVG (Versicherungsvertragsgesetz) enthalten.

Haftung der Frachtführer und Spediteure

An einer internationalen Warenversendung sind oft viele Frachtführer (Lkw, Bahn, Schiff, Flugzeug etc.) und Spediteure (Hauptspediteur, Zwischenspediteure in anderen Ländern, Grenz- und Hafenspediteure etc.) beteiligt. Im Schadensfall wird die Frage, ob diese für die Schadensregulierung verantwortlich sind, teilweise nach gesetzlichen Bestimmungen geregelt, teilweise greifen internationale Abkommen, teilweise müssen auch die Allgemeinen Geschäftsbedingungen zugrunde gelegt werden. Auch die Höhe der Haftung für einzelne Kisten, Pakete, Container und deren Inhalt ist je nach Transporteur und Transportart verschieden. Will ein Exporteur bzw. ein Importeur seine Rechte wahrnehmen, ist ein enormes juristisches Fachwissen vonnöten, das im Regelfall nur spezialisierte Rechtsanwälte haben.

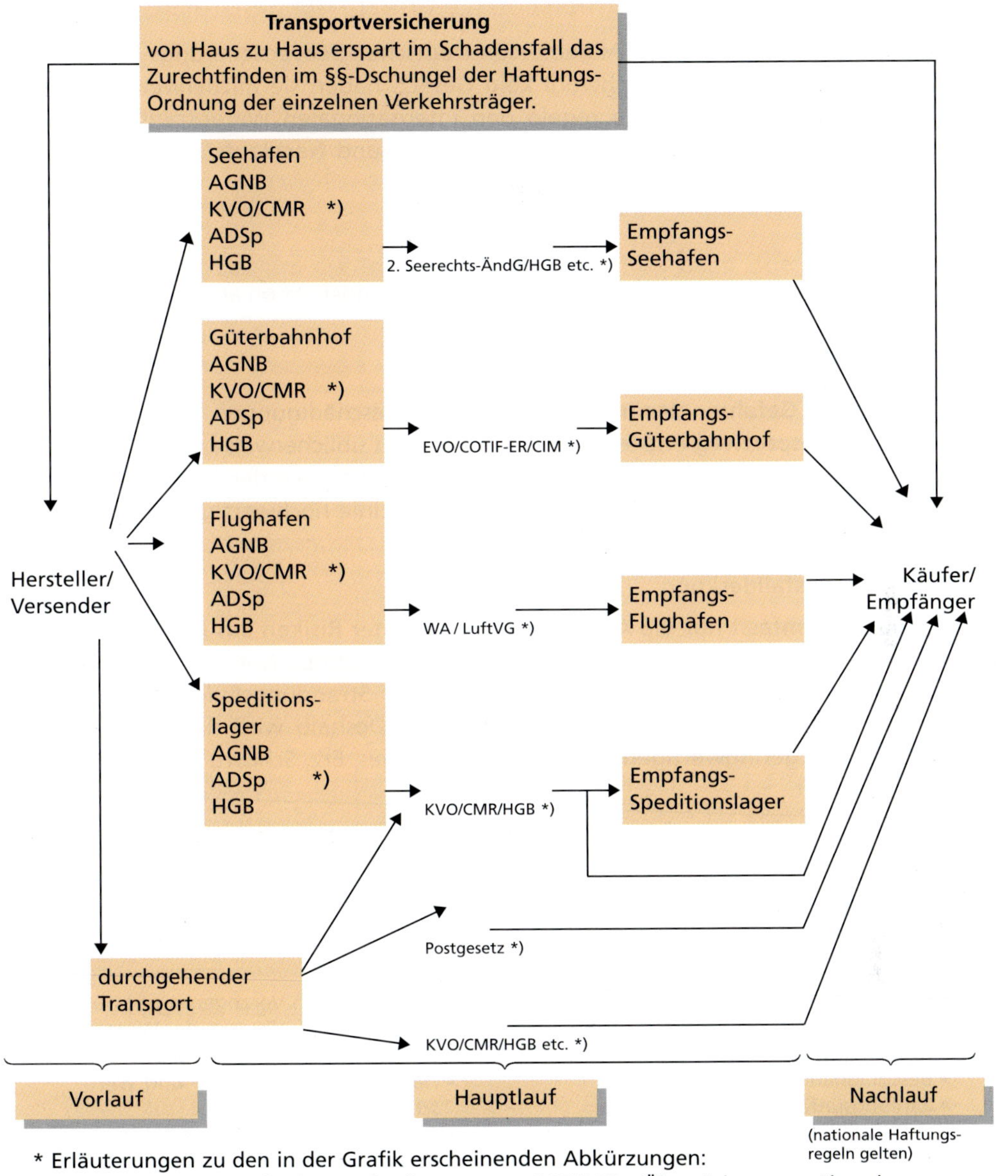

* Erläuterungen zu den in der Grafik erscheinenden Abkürzungen:

- AGNB • Allgemeine Beförderungsbedingungen für den gewerblichen Güterverkehr mit Kraftfahrzeugen
- KVO • Kraftverkehrsordnung
- CMR • Übereinkommen über den Beförderungsvertrag im internationalen Straßengüterverkehr
- ADSp • Allgemeine Deutsche Spediteur-Bedingungen
- HGB • Handelsgesetzbuch
- EVO • Eisenbahn-Verkehrsordnung
- COTIF-ER • Übereinkommen über den grenzüberschreitenden Eisenbahnverkehr
- CIM • Internationales Übereinkommen über den Bahnfrachtverkehr
- WA • Warschauer Abkommen (internationaler Luftverkehr)
- LuftVG • Luftverkehrs-Gesetz (innerdeutscher Luftverkehr)
- 2. Seerechts ÄndG • 2. Seerechts-Änderungs-Gesetz

Transportarten und ihre Rechtsgrundlagen

Umfang des Versicherungsschutzes nach ADS-Güterversicherung

Im Jahre 1919 wurden die „Allgemeinen Deutschen Seeversicherungs-Bedingungen (ADS)" ins Leben gerufen. Obwohl kein Gesetz, haben sie mittlerweile den Status eines Gewohnheitsrechts. Sie regeln den internationalen Warentransport mit Seeschiffen und Flugzeugen einschließlich des Vor- und Nachlaufs auf dem Land mit verschiedenen Verkehrsträgern.

Umfang des Versicherungsschutzes

Die ADS-Bedingungen bieten alternativ zwei Deckungsformen an, die der Versicherer abschließen kann:

1. Volle Deckung

Sie deckt **alle Gefahren des Transports** (Verluste, Beschädigungen, Diebstahl etc.), die auf dem Transportweg entstehen können. Sie wird üblicherweise gewählt, wenn die Waren durch Verpackungen, z.B. Container, geschützt werden und beschädigungs- oder diebstahlgefährdet sind. Dies sind in erster Linie hochwertige Güter und keine Massengüter.

2. Strandungsfalldeckung

Diese Form umfasst nur die Absicherung **bestimmter Risiken auf dem Transportweg**, wie bspw. Strandung eines Schiffes, Transportmittelunfall, Naturkatastrophen, Überbordspülen etc. Im Wesentlichen werden bei der Strandungsfalldeckung nur Großschadens- und Katastrophenrisiken abgesichert. Deshalb wird diese Schadensform vor allem bei geringwertigen Gütern, wie Sand, Kies, Erz, Schrott, Düngemitteln und Holz, gewählt.

Nicht versicherte Schäden und Risiken in beiden Formen

Risiken

- Krieg, Bürgerkrieg
- Streik, Aussperrung, Terror, Aufruhr
- Kernenergieunfall
- Beschlagnahme
- Zahlungsunfähigkeit der Reederei

Schäden

- Schäden durch Verzögerung des Transports
- Schäden durch Verderb der Ware
- Schäden durch Temperaturschwankungen
- Handelsübliche Mengen- und Wertschwankungen
- Schäden durch das Fehlen einer geeigneten Verpackung

Diese Risiken sind teilweise durch vertragliche Zusätze im Versicherungsvertrag und entsprechende zusätzliche Versicherungsprämien individuell zu versichern.

Dauer der Versicherung und Versicherungswert

Der Versicherungsschutz beginnt bei einer „Von-Haus-zu-Haus-Klausel" mit Verladung der versandfertigen Ware beim Versender und endet mit dem Erreichen der Ablieferungsstelle. Hat der Versender im Rahmen bspw. einer FOB-Regelung nur eine Versicherung bis Reling Schiff im Verschiffungshafen abgeschlossen, endet der Versicherungsschutz an diesem Ort.

Der **Versicherungswert** lässt sich aus folgenden Größen ermitteln:

Verkaufspreis der Ware laut Rechnung (FOB-Basis)
+ Versicherungsprämie
+ Kosten der Beförderung
+ imaginärer Gewinn vom Verkaufspreis inklusive der Beförderungskosten (nach ADS kann ohne Rücksprache mit dem Versicherer ein imaginärer Gewinn in Höhe von 10 % mitversichert werden)
+ Zollkosten (vom Transaktionswert an der Grenze, d.h. ohne imaginären Gewinn)
+ Versicherungsprämie (bei einem Schadensfall wird der gesamte Schaden, d.h. auch die bezahlte Versicherungsprämie der Versicherung in Rechnung gestellt, deshalb muss die Versicherungsprämie bei der Berechnung auch in den Versicherungswert mit eingerechnet werden)

Der imaginäre Gewinn ist der Gewinn, den der Käufer durch den Verkauf der Ware bzw. die Weiterverarbeitung erzielen möchte.

Versicherungsschutz nach Institute Cargo Clauses (ICC)

Berechnung der Versicherungsprämie am Beispiel der Transportversicherung auf Seite 166:

Warenwert FOB Hamburg:	52289,27 EUR	
+ Seefracht	827,22 EUR	
+ 10 % imaginärer Gewinn (vom Warenwert + Fracht)	5311,75 EUR	
= Summe	58428,24 EUR	= 99,85 %
Wert inklusive der Versicherungsprämie	58516,01	= 100 %
Versicherungsprämie (0,15 %) – Grenze USA	87,77 EUR	
+ Zoll (4,7 % vom Warenwert FOB Hamburg + Seefracht, + Versicherungsprämie; ohne imaginären Gewinn)	2500,60 EUR	
+ Nachlauf USA	646,40 EUR	
+ 10 % imaginärer Gewinn (auf Zoll und Fracht)	314,70 EUR	
= Summe	3461,70 EUR	= 99,85 %
	3466,90 EUR	= 100 %
Versicherungsprämie (0,15 %) – Inlandsanteil	5,20 EUR	
Versicherungsprämie – gesamt	92,97 EUR	

Zuordnung des Schadens

Wird keine „Von-Haus-zu-Haus-Versicherung" abgeschlossen, gibt es immer wieder Probleme bei der Feststellung, wo der Schaden entstanden ist. Für die Zuordnung des Schadens bei entsprechenden Lieferbedingungen ist es aber wichtig, ob der Schaden im Vor-, Haupt- oder Nachlauf entstanden ist, da die Incoterms genau festlegen, wann die Gefahr auf den Importeur übergeht. Vor allem bei Gütern, die in Kisten oder Containern verpackt sind, ist es sehr schwierig festzustellen, wo der Schaden entstanden ist (**verdeckter Schaden**). Eine Versicherung wird im Falle eines bestimmten Gefahrenübergangs und keiner genauen Schuldzuordnung die Schadensübernahme verweigern.

Aus diesem Grund ist es wichtig, dass Exporteur und Importeur sich bei Vertragsabschluss darauf einigen, dass einer von beiden eine „Von-Haus-zu-Haus-Versicherung" abschließt.

Geldkurs u. Briefkurs

7.2.2 Devisentermin- und Devisenoptionsgeschäfte

Exkurs: Währungsrechnen

Zum besseren Verständnis der folgenden Sicherungsgeschäfte für ausländische Währungen erfolgt zunächst eine kurze Einführung in das Währungsrechnen. Grundlegend für das Währungsrechnen sind folgende Begriffe:

→ **Währung:** Unter der Währung versteht man das gesetzliche Zahlungsmittel eines Landes (in der EU der EUR, in den USA der amerikanische Dollar).

→ **Wechselkurs:** Der Wechselkurs gibt das Austauschverhältnis zwischen zwei verschiedenen Währungen wieder (**Beispiel**: 1 EUR = 1,50 USD).

Die Bezeichnungen An- und Verkaufskurse verstehen sich aus der Sicht der inländischen Bank. Die Bank verkauft den EUR und kauft dafür ausländische Währungen an oder sie kauft den EUR im Tausch gegen Einheiten der ausländischen Währung an. Da die Bank an dem Geschäft mit dem Umtausch von Fremdwährungen verdienen möchte, ist der Verkaufskurs höher als der Einkaufskurs. Die Spanne zwischen dem Verkaufskurs und dem Einkaufskurs ist der Gewinn der Bank bei diesem Geschäft.

→ **Sorten:** Als Sorten bezeichnet man Banknoten oder Münzen (Bargeld) eines anderen Landes. Beim An- und Verkauf verlangt die Bank An- und Verkaufskurse für Sorten. Sortengeschäfte spielen im Zahlungsverkehr von Unternehmen praktisch keine Rolle, sie werden ausschließlich im privaten und geschäftlichen Reiseverkehr benötigt.

→ **Devisen:** Unter Devisen versteht man die unbaren Zahlungsmittel (Scheck, Guthaben, Wechsel etc.). Beim An- und Verkauf von Devisen verlangt die Bank Devisenkurse. Bei diesen ist die Spanne zwischen An- und Verkaufskurs der Bank geringer und somit sind die Kosten für den Kunden niedriger. Ursache dafür sind die niedrigeren Kosten der Bank bei Devisengeschäften (keine Lager- und Versicherungskosten der Bank für das Bargeld, keine Personalkosten beim Zählen des Geldes etc.).

Die Kursbildung auf den Devisenmärkten vollzieht sich nach den gleichen Grundregeln wie die Preisbildung auf den Gütermärkten. Angebot und Nachfrage nach den einzelnen Devisen bestimmen den Preis, der täglich in Form von Referenzkursen der Europäischen Zentralbank in den Wirtschaftsteilen der Zeitungen veröffentlicht wird. Referenzkurse sind empfohlene Preise; die von den privaten Banken verlangten Preise stimmen im Wesentlichen mit diesen Referenzkursen überein.

Umtausch von EUR in die Währungen von Drittstaaten

Beim Umtausch von EUR in eine andere Währungen geht man von der sogenannten Mengennotierung des EUR aus. Bei dieser Betrachtungsweise steht der EUR im Mittelpunkt des An- und Verkaufs von Sorten. Die Bank kauft EUR an und verkauft EUR im Tausch gegen Sorten einer anderen Währung.

Beim Verkauf ausländischer Währung **kauft die Bank EUR an**, die Lastschrift auf dem Konto des Kunden erfolgt deshalb auf der Basis des **Ankaufs- bzw. Geldkurses**. Der Ankaufskurs muss aus der Sicht der Bank deshalb niedriger sein als der Verkaufskurs, da die Bank wie jeder Händler auch beim Handel mit dem EUR verdienen möchte.

Geldkurs => Bank kauft Währung an
Briefkurs => Bank verkauft Währung

Beim Ankauf ausländischer Währung **verkauft die Bank EUR**, die Gutschrift auf dem Konto des Kunden erfolgt deshalb auf der Grundlage des **Verkaufs- bzw. Briefkurses**; der Verkaufskurs ist deshalb höher als der Ankaufskurs.

Kurstabelle: (An- und Verkauf von 1 EUR)

Datum	Währung	Ankaufs-/Geldkurs	Verkaufs-/Briefkurs
USA	USD	1,4737	1,4767
Japan	JPI	160,7500	161,2300
Schweiz	CHF	1,5890	1,5930
Norwegen	NOK	8,0957	8,1437

Devisentermingeschäfte

Devisentermingeschäfte werden abgeschlossen, um das Risiko von Währungsverlusten abzusichern. Währungsrisiken treten nur dann auf, wenn der Termin des Kaufvertragsabschlusses und der Termin der Lieferung bzw. der Bezahlung der Ware zeitlich auseinanderfallen. Je größer die Zeitspanne zwischen Kaufvertragsabschluss und Bezahlung der Ware ist, umso größer ist das Währungsrisiko und umso notwendiger wird der Abschluss eines Devisentermingeschäftes.

Kurstabelle: (An- und Verkauf von 1 EUR)

Datum	Ankaufskurs	Verkaufskurs	3 Monate – Ankaufskurs	3 Monate – Verkaufskurs	6 Monate – Ankaufskurs	6 Monate – Verkaufskurs
USA	1,4737	1,4767	1,4768	1,4828	1,4831	1,4891
Japan	160,7500	161,2300	159,9400	159,4200	159,0800	159,5600
Schweiz	1,5890	1,5930	1,5849	1,5889	1,5816	1,5856
Norwegen	8,0957	8,1437	8,1414	8,1894	8,1865	8,2345

Mögliche Währungsrisiken deutscher Ex- und Importeure bei Warengeschäften mit Unternehmen in den USA:

Kaufvertragsabschluss — **01. 03** — Kurs: 1 Euro = 1 USD

Bezahlung der Warenlieferung — **01. 09** — Alternative 1 – Kurs: 1 Euro = 0,80 USD
Alternative 2 – Kurs: 1 Euro = 1,50 USD

Liegt bei der Alternative 1 ein **Exportgeschäft** aus der Sicht eines deutschen Unternehmens zugrunde, erhält der deutsche Unternehmer für 1 USD mehr EUR, als er kalkuliert hat; dies bedeutet einen Währungsgewinn für ihn. Tritt die Alternative 2 ein, hat er einen Währungsverlust (Voraussetzung ist jeweils, dass das Geschäft auf

Dollarbasis abgewickelt wird; bei einer Fakturierung in inländischer Währung, ergibt sich kein Währungsrisiko für den Exporteur).

Geht zum gleichen Zeitpunkt ein deutsches Unternehmen ein **Importgeschäft** mit einem amerikanischen Exporteur ein (Fakturierung in USD), bedeutet die Kursentwicklung bei der Alternative 1 einen Währungsverlust für den Importeur, da er mit seinem Eurobetrag weniger amerikanische Dollar erhält, d. h. für ihn, dass er, wenn er eine Rechnung auf Dollarbasis zu begleichen hat, einen höheren EUR-Betrag bezahlen muss. Bei der Alternative 2 entsteht für ihn ein Währungsgewinn.

Devisentermingeschäft des Exporteurs

Das Währungsrisiko des Exporteurs tritt ein, wenn die ausländische Währung gegenüber der inländischen Währung an Wert verliert (Alternative 2). Zum Zeitpunkt des Kaufvertragsabschlusses lässt sich aber noch nicht vorhersagen, wie sich die Währung entwickelt. Trotzdem muss ein Exporteur dieses Risiko einkalkulieren und am Tag des Kaufvertragsabschlusses mit seiner Bank ein Devisentermingeschäft abschließen.

Auf das vorangehende Beispiel bezogen würde sich folgender Ablauf ergeben:

1. Der Exporteur verkauft seiner Bank am 01.03. per Termin 01.09. den zu diesem Zeitpunkt vom Importeur eingehenden Rechnungsbetrag in amerikanischer Währung zu dem an diesem Tag (01.03.) geltenden Terminkurs (Verkaufskurs, da die Bank dafür EUR verkauft).
2. Die Bank ist dann am 01.09. verpflichtet, den ihr vom Exporteur angedienten Dollarbetrag zum vereinbarten Terminkurs abzunehmen.
3. Die Kosten dieses Devisentermingeschäfts bestehen für den Exporteur in der Kursdifferenz zwischen dem Verkaufskurs am Kaufvertragsabschluss und dem Verkaufskurs am Tag der Bezahlung sowie möglichen Bankspesen.

Grundlage für die tägliche Festsetzung der Terminkurse ist der Kassakurs der jeweiligen Währung. Ist der Kassakurs höher als der Terminkurs, spricht man von einem **Deport**, im anderen Fall von einem **Report**. Der Handel mit diesen Termindevisen erfolgt am Devisenmarkt, ein amtlicher Handel mit einer offiziellen Kursfestsetzung durch einen amtlichen Devisenmakler erfolgt nicht.

Die Höhe des Terminkurses ist abhängig von der Höhe der Zinssätze, die in den betroffenen Ländern für Geldanlagen bezahlt werden. Kapitalanleger legen ihr Geld in dem Land an, in dem sie die höchsten Zinsen erhalten. Zur Vermeidung von Kursrisiken schließen sie gleichzeitig ein Termingeschäft ab. Sie legen ihr Geld in der Währung des betreffenden Landes an (Devisen) und verkaufen diesen Betrag per Termin gleich wieder. Bei Ländern mit höherem Zinsniveau ist die Nachfrage der Kapitalanleger nach Absicherungen mittels Devisentermingeschäften sehr hoch; der Preis für diese Absicherungen steigt folglich. Die Terminkurse von Ländern mit hohen Zinsen weisen deshalb einen Deport aus, umgekehrt weisen Terminkurse von Ländern mit niedrigen Zinsen einen Report aus. Deport und Report tendieren also dazu, die Zinsdifferenzen auszugleichen. Internationale Geldanlagen mit Terminabsicherung lohnen sich demnach nur, wenn der Zinsgewinn größer ist als die Kurssicherungskosten.

Devisenoptionsgeschäfte

Devisentermingeschäfte sind einfach abzuwickeln, kostengünstig und schließen ein Kursrisiko aus; allerdings muss ein vereinbartes Devisentermingeschäft auch abgewickelt werden, denn die Möglichkeit auszusteigen, um Kurschancen bei einer „positiven" Kursentwicklung wahrzunehmen, besteht nicht. Diese Möglichkeit besteht bei Devisenoptionsgeschäften. Eine Devisenoption ist ein Vertrag zwischen Käufer und Verkäufer, die dem Käufer das Recht einräumt,

- einen vereinbarten Fremdwährungsbetrag
- zu einem vereinbarten Kurs (Basispreis)
- zu einem vereinbarten Zeitpunkt (Fälligkeit)
- zu verkaufen und EUR zu kaufen (Call-Option) oder
- zu kaufen und EUR zu verkaufen (Put-Option).

Der Käufer der Option ist nicht verpflichtet, von dem Recht Gebrauch zu machen. Für das Recht zahlt der Käufer dem Verkäufer (Stillhalter) einen Preis, die Optionsprämie. Der Stillhalter übernimmt im Gegenzug die Verpflichtung, den vereinbarten Fremdwährungsbetrag zu liefern oder entgegenzunehmen, wenn der Käufer von der Option Gebrauch macht.

Beispiel:

Devisenoptionen
Euro/USD: Ref.kurs 1,4344

Euro Call	1 Monat	3 Monate	6 Monate	12 Monate
1,3778	5,86–6,06	6,23–6,43	6,94–7,14	8,21–8,41
1,3978	4,03–4,23	4,68–4,88	5,56–5,76	6,97–7,17
1,4178	2,44–2,64	3,34–3,54	5,16–5,36	5,85–6,05
1,4378	1,24–1,44	2,26–2,46	3,52–3,72	4,86–5,06
1,4578	0,49–0,69	1,43–1,63	2,46–2,66	3,99–4,19
1,4778	0,12–0,32	0,84–1,04	1,77–1,97	3,23–3,43
Euro Put	**1 Monat**	**3 Monate**	**6 Monate**	**12 Monate**
1,3778	–	0,42–0,62	1,20–1,40	2,41–2,61
1,3978	0,11–0,31	0,86–1,06	1,80–2,00	3,12–3,32
1,4178	0,52–0,72	1,51–1,71	2,57–2,77	3,96–4,16
1,4378	1,33–1,53	2,42–2,62	3,32–3,52	4,92–5,12
1,4578	2,58–2,78	3,59–3,79	5,42–5,62	6,00–6,20
1,4778	4,19–4,39	4,99–5,19	5,93–6,13	7,20–7,40

Für einen Export von Maschinen in die USA erwartet ein deutscher Unternehmer einen Zahlungseingang in sechs Monaten von 200000,00 USD. Für den Fall eines Anstiegs des USD-Kurses gegenüber dem EUR möchte er sich mit einer Devisenoption absichern. Das Recht zum Verkauf des USD-Betrages erwirbt er sich mit dem Kauf einer EUR-Call-Option. Bei einem Basispreis von 1,4378 USD/EUR errechnet sich ein Gegenwert bei Ausnutzung der Option von 139101,40 EUR (200000 : 1,4378). Für den Kauf einer 6-Monate-EUR-Call-Option bei der Bank wird die Optionsprämie in Höhe von 3,72 % (139101,40 × 3,72 % = 5174,57 EUR) fällig.
Sollte der Kassakurs EUR/USD in 6 Monaten über 1,4378 steigen, wird der Exporteur die Option ausnutzen, wenn die Vorteile aus der Optionsausnutzung die Kosten der Optionsprämie übersteigen.
Berechnung bei einem fiktiven EUR/USD-Kurs von 1,5347 in 6 Monaten (Kassa):
Kassaumtausch in 6 Monaten: 200000 USD : 1,3347 = 130318,62 EUR
Ausnutzung der EUR-Call-Option: 200000 : 1,4378 = 139101,40 EUR – 5174,57 EUR = 133926,83 EUR. Der Vorteil beträgt 3608,21 EUR.

7.2.3 Ausfuhrgewährleistungen des Bundes

Zur Absicherung der mit Exportgeschäften verbundenen Käuferrisiken (Delkredererisiko) und Länderrisiken (politisches Risiko) können deutsche Exporteure sowie Kreditinstitute die **Ausfuhrgewährleistungen des Bundes** zur Förderung der deutschen Ausfuhren in Anspruch nehmen. Rechtliche Grundlage für Entscheidungen über Anträge auf Gewährung von Bundesdeckungen sowie deren vertragliche Abwicklung sind in den **„Richtlinien für die Übernahme von Ausfuhrgewährleistungen“** geregelt.

I. Organisation der Ausfuhrgewährleistungen

Entscheidungen über Anträge auf Übernahme einer Ausfuhrgewährleistung	Übernahme und Abwicklung der Gewährleistung
BM[1] für Wirtschaft und Technologie mit Einwilligung des BM für Finanzen und im Einvernehmen mit dem BM des Auswärtigen und des BM für wirtschaftliche Zusammenarbeit und Entwicklung im Innerministeriellen Ausschuss für Ausfuhrgarantien und -bürgschaften	• Euler HERMES Kreditversicherungs AG • PwC Deutsche Revision AG Wirtschaftsprüfungsgesellschaft Federführend ist die Euler HERMES AG

II. Formen von Ausfuhrgewährleistungen

→ **Ausfuhrgarantien:** Ausländischer Vertragspartner ist eine privatrechtlich organisierte Firma.

→ **Ausfuhrbürgschaften:** Ausländischer Vertragspartner ist ein für das Forderungsrisiko voll haftender Staat, eine Gebietskörperschaft etc.

III. Art der Ausfuhrgeschäfte

1. Exportgeschäfte deutscher Exportunternehmen

A) Risiken vor Versand (Fabrikationsrisiko)

Darunter versteht man die Absicherung der Selbstkosten, die dem Exporteur dadurch entstehen, dass die Fertigstellung oder der Versand der Ware aufgrund politischer oder wirtschaftlicher Umstände nicht mehr möglich ist.

B) Risiken nach Versand (Ausfuhrdeckungen)

Ausfuhrdeckungen schützen den Exporteur ab Versand der Ware bis zur vollständigen Erbringung der Leistung. Übernommen werden alle Geldforderungen einschließlich der Kreditzinsen bis zur Fälligkeit.

Formen:

- Einzeldeckung: Forderung aus einem Ausfuhrvertrag
- Revolvierende Ausfuhrgarantie: Forderungen aus mehreren Bestellungen desselben ausländischen Bestellers im kurzfristigen Bereich

1 BM = Bundesministerium

- Ausfuhr-Pauschal-Gewährleistungen: Forderungen gegen eine Vielzahl von ausländischen Bestellern in verschiedenen Ländern

2. Exportkredite deutscher Kreditinstitute

Im Rahmen von Ausfuhrgewährleistungen werden deutschen Kreditinstituten, die deutschen Exporteuren Kredite für Exportsendungen zur Verfügung stellen, Garantien oder Bürgschaften angeboten.

IV. Gedeckte Risiken

Politische Risiken

- Allgemeiner politischer Schadensfall
  Beispiel: Krieg, Aufruhr, Revolution im Ausland
- KT-Fall
  Nichtkonvertierung bzw. Nichttransferierung der Landeswährung infolge von Beschränkungen des zwischenstaatlichen Zahlungsverkehrs im Importland
- Verlust der Ware vor Gefahrenübergang infolge politischer Umstände

Wirtschaftliche Risiken

- Im Rahmen von Ausfuhrgarantien:
  → Zahlungsunfähigkeit des ausländischen Schuldners
  → Nichtzahlung innerhalb einer Frist von 6 Monaten nach Fälligkeit (gilt bei Einzeldeckungen nur bei der Lieferung von Investitionsgütern)
- Im Rahmen von Ausfuhrbürgschaften:
  Grundsätzlich im Nichtzahlungsfall, d. h. 6 Monate nach Fälligkeit

V. Selbstbeteiligung

Bei Ausfuhrgarantien

- Politische Risiken = 5%
- Insolvenzrisiko = 15%
- Nichtzahlungsrisiko = 15%

Bei Ausfuhrbürgschaften

- Politische Risiken = 5%
- Nichtzahlungsrisiko = 15%

Bei Fabrikationsgarantien/-bürgschaften

- für alle Risiken = 5%

VI. Antragsverfahren

1. Antrag auf Übernahme einer Ausfuhrgewährleistung an die Euler HERMES AG vor dem endgültigen Vertragsabschluss. Mögliche Auflagen und Einschränkungen können dann im Vertragsabschluss berücksichtigt werden.
2. Voraussetzungen für eine positive Entscheidung:
   - Ausführliche Darstellung des Projekts im Antrag
   - Angemessene Zahlungsbedingung vereinbaren (maximal 6 Monate bei Konsumgütern, u. U. Vereinbarung eines Dokumentenakkreditivs bei bestimmten Ländern).
3. Eine grundsätzliche Stellungnahme zu den Aussichten einer Ausfuhrgewährleistung erhält der Antragsteller schon vor dem Vertragsabschluss aufgrund des Antrags.
4. Die endgültige Deckungszusage erhält der Antragsteller nach Vertragsabschluss.
5. Abschließend fertigt die Euler HERMES AG eine Deckungsurkunde als Nachweis der Deckungsübernahme aus.

VII. Kosten der Ausfuhrgewährleistungen

Grundsätzlich lassen sich bei den Kosten für den deutschen Exporteur bzw. das deutsche Kreditinstitut zwei Arten von Entgelten unterscheiden:

1. Bearbeitungsentgelte für die Bearbeitung von Anträgen:

Die **Antragsgebühr** wird bei der Antragstellung erhoben.

Höhe der Antragsgebühr:

bis	TEUR 25	TEUR 50	TEUR 125	TEUR 250	TEUR 500	EUR 2,5 Mio.	EUR 5 Mio.
Gebühr	EUR 100,00	EUR 200,00	EUR 400,00	EUR 600,00	EUR 800,00	EUR 1000,00	EUR 1500,00

bis	EUR 10 Mio.	EUR 15 Mio.	EUR 30 Mio.	EUR 50 Mio.	EUR 100 Mio.	über EUR 100 Mio.
Gebühr	EUR 2500,00	EUR 3500,00	EUR 4000,00	EUR 4500,00	EUR 5000,00	EUR 6000,00

Grundsätzliche Stellungnahmen sind auf sechs Monate befristet und können kostenlos auf maximal ein Jahr verlängert werden.
Für weitere Verlängerungen über ein Jahr hinaus wird eine **Verlängerungsgebühr** in Höhe von 25 % der Antragsgebühr erhoben.
Eine **Ausfertigungsgebühr** wird bei der Ausfertigung der Deckungsurkunde erhoben und beträgt 0,25 % des Auftragswerts bzw. des Darlehensbetrages, mindestens aber EUR 50,00, maximal EUR 12500,00.

2. Entgelte für die Übernahme von Deckungen:

Bei der Berechnung des Entgelts für die Übernahme von Deckungen sind folgende Einflussgrößen zu berücksichtigen:

a) Die **Höhe des gedeckten Forderungsbetrages** bzw. der Selbstkosten
b) Die **Risikokategorie des Importlandes.** Dabei werden sieben Länderkategorien unterschieden, die von 1 (sehr geringes Risiko) bis 7 (sehr hohes Risiko) reichen. Entscheidend für die Einstufung ist die Risikoklasse zum Zeitpunkt der Deckungsübernahme.
c) Je nach Art des Käufers wird ein bestimmter **Käuferzuschlag** erhoben:
   - Staatliche Besteller (Zentralbank, Ministerium) – kein Zuschlag
   - Sonstige staatliche Besteller – 5 % Zuschlag
   - Private Besteller mit Garantie einer Bank – 10 % Zuschlag
   - Private Besteller ohne Garantie einer Bank (gestaffelt nach Länderkategorien)
     - Länderkategorie 1–3: 35 % Zuschlag
     - Länderkategorie 4: 30 % Zuschlag
     - Länderkategorie 5: 25 % Zuschlag
d) Laufzeit der Forderungsdeckung:
   - Kurzfristige Forderungsdeckung (weniger als zwei Jahre zwischen Lieferung und Fälligkeit)
   - Mittel-/langfristige Forderungsdeckung (mehr als zwei Jahre zwischen Lieferung und Fälligkeit)

   Auf die Berechnung des Entgelts bei den mittel-/langfristigen Forderungen wird verzichtet, da einerseits der überwiegende Teil der Exportgeschäfte nur eine kurzfristige Forderungsdeckung benötigt, andererseits die Darstellung der Entgeltberechnung zu unübersichtlich und zu komplex wird.

e) Für die komplette Deckung von Fremdwährungsrisiken wird ein Zusatzentgelt in Höhe von 10 % auf das jeweilige Entgelt inklusive des Käuferzuschlags erhoben.

Entgeltsätze (Angaben in Prozent)

Folgende Entgeltsätze kommen für eine Risikolaufzeit von weniger als zwei Jahren zur Anwendung:

Laufzeit in Monaten	Länderkategorie 1	2	3	4	5	6	7
0	0,30	0,50	0,70	0,90	1,30	1,70	2,10
1	0,31	0,51	0,72	0,93	1,34	1,76	2,18
2	0,32	0,52	0,74	0,96	1,38	1,82	2,26
3	0,33	0,53	0,76	0,99	1,42	1,87	2,34
4	0,34	0,54	0,78	1,02	1,46	1,93	2,42
5	0,35	0,55	0,80	1,05	1,50	1,99	2,50
6	0,36	0,56	0,82	1,08	1,54	2,05	2,58
7	0,37	0,57	0,84	1,11	1,58	2,10	2,66
8	0,38	0,58	0,86	1,14	1,62	2,16	2,74
9	0,39	0,59	0,88	1,17	1,66	2,22	2,82
10	0,40	0,60	0,90	1,20	1,70	2,28	2,90
11	0,41	0,61	0,92	1,23	1,74	2,33	2,98
12	0,42	0,62	0,94	1,26	1,78	2,39	3,06
13	0,43	0,63	0,96	1,29	1,82	2,45	3,14
14	0,44	0,64	0,98	1,32	1,86	2,51	3,22
15	0,45	0,65	1,00	1,35	1,90	2,56	3,30
16	0,46	0,66	1,02	1,38	1,94	2,62	3,38
17	0,47	0,67	1,04	1,41	1,98	2,68	3,46
18	0,48	0,68	1,06	1,44	2,02	2,74	3,54
19	0,49	0,69	1,08	1,47	2,06	2,79	3,62
20	0,50	0,70	1,10	1,50	2,10	2,85	3,70
21	0,51	0,71	1,12	1,53	2,14	2,91	3,78
22	0,52	0,72	1,14	1,56	2,18	2,97	3,86
23	0,53	0,73	1,16	1,59	2,22	3,02	3,94

7.2.4 Dokumentärer Zahlungsverkehr

Zu den grundlegenden Inhalten eines Kaufvertrages mit einem ausländischen Unternehmen gehört neben der Festlegung der Lieferbedingung auch die Festlegung der Zahlungsbedingung. Bei der Inanspruchnahme **dokumentärer Zahlungsbedingungen** wird der Zahlungsverkehr mit einem Inkasso- oder einem Akkreditivgeschäft verbunden. Dokumente werden in dieser Form der Zahlungsbedingung für verschiedene Zwecke verwendet, u. a. als Beweismittel, als Nachweis der Verfügungsberechtigung über die Ware, als Dokument zur Auslösung der Zahlungspflicht etc.

Mit der Vereinbarung einer dokumentären Zahlungsbedingung sind der Zahlungsweg, die Zahlungsart, die Aufteilung der Kosten der Zahlungsabwicklung und die Bedingungen, unter denen ein Zahlungsversprechen vom Käufer geleistet wird, festgelegt. Hauptaufgabe der dokumentären Zahlungsbedingungen ist es, das Kreditrisiko für den Exporteur möglichst zu minimieren.

Dokumenteninkasso (documents against payment – d/p)

Liegt einem Handelsgeschäft ein Dokumenteninkasso als Zahlungsbedingung zugrunde, bedeutet das, das der Exporteur seine Hausbank („Einreicherbank") beauftragt, Dokumente an die Bank des Importeurs („Inkassobank") weiterzuleiten. Diese darf die Dokumente dem Importeur nur dann aushändigen, wenn dieser den Rechnungsbetrag begleicht.

Die rechtliche Grundlage für die Handlungen der Einreicher- und der Inkassobank ist der Inkassoauftrag (Geschäftsbesorgungsvertrag), den der Exporteur an seine Einreicherbank und diese dann an die Inkassobank weitergibt. Der **Inkassoauftrag** sollte folgende **Mindestinhalte** enthalten:

1. Daten über den Auftraggeber (Exporteur), den Bezogenen (Importeur), die Einreicherbank und die Inkassobank
2. Die Höhe des einzuziehenden Betrags sowie die Währung, in der bezahlt werden soll
3. Auflistung von Art und Zahl der beigefügten Dokumente
4. Bedingungen, unter denen die Zahlung zu erhalten ist
5. Bedingungen für die Aushändigung von Dokumenten
6. Höhe der Gebühren und der Zinsen
7. Art und Weise, wie der Rechnungsbetrag bezahlt werden soll
8. Anweisungen für den Fall, dass der Bezogene nicht bezahlt bzw. die Dokumente nicht annimmt

Bei den beteiligten Banken werden Dokumenteninkassi nach den **„Einheitlichen Richtlinien für Inkassi (ERI 522)"** abgewickelt. Nach diesen Richtlinien müssen die Banken prüfen, ob die erhaltenen Dokumente den im Inkassoauftrag genannten Dokumenten entsprechen. Falls Dokumente fehlen, muss sofort der Auftraggeber benachrichtigt werden. Eine weitergehende Verpflichtung der Banken zur Prüfung der Dokumente besteht nicht. Die Inkassobank muss auch eingehende Teilbeträge des Bezogenen annehmen; die Dokumente dürfen ihm aber in jedem Fall erst nach vollständiger Bezahlung ausgehändigt werden.

Wenn die Inkassobank die Dokumente präsentiert, muss der Bezogene die Dokumente bei erster Präsentation einlösen. Der Bezogene darf die Ware vorher weder besichtigen, noch darf er den Einfuhr- und Verzollungsvorgang durchführen. Auf eigenes Risiko kann die Inkassobank dem Importeur die Dokumente zu treuen Händen andienen.

Vorteile und Risiken des Dokumenteninkassos

Vorteile:

- Kostengünstiger als eine Akkreditivabwicklung, insbesondere für den Importeur
- Verfahren garantiert, dass der Importeur ohne Bezahlung auch keinen Zugang zur Ware bekommt

Risiken:

- Der Exporteur hat das Dokumentenaufnahmerisiko, d. h., es besteht die Gefahr, dass der Imprteur dem Inkassoauftrag nicht entspricht und der Aufforderung zur Zahlung nicht nachkommt. In diesem Fall muss der Exporteur auf eigene Kosten die Ware an Ort und Stelle weiterverwerten oder einen Rücktransport organisieren.

→ Der Importeur hat bei dieser Zahlungsbedingung (auch beim Akkreditiv) das Risiko der Nichtlieferung, der verspäteten Lieferung oder der mangelhaften Lieferung.

Importinkasso Avisierung

Inkasso-Nr. 18437

Ort, Datum: Hamm, . .11.-11.

MTU Motoren- und Turbinenunion GmbH
Schlossstraße 7–11
88045 Friedrichshafen

Absendende Bank
Dresdner Bank
Sedanstr. 11–13
88071 Friedrichshafen

Geschäftsstelle: Hamm

Sachbearbeiter | Telefon/Durchwahl

Wir sind beauftragt, Ihnen die in der Dokumentenspezifikation aufgeführten Dokumente zu den angekreuzten Bedingungen auszuliefern. Die Dokumente liegen an unserem Schalter zur Einsichtnahme bereit.

Fälligkeit	Betrag	
bei Vorlage	USD 35.000,–	[ ] + unsere Spesen [X] + fremde Spesen [ ] Auf Zahlung der Spesen darf nicht verzichtet werden.

Auftraggeber

Dokumente	Wechsel	Faktura	Konnossement	Luftfrachtbrief	Duplikat-Frachtbrief	CMR-Frachtbrief	Spediteur-Beschein.	Versich. Pol./Zert.	Ursprungszeugnis	Sonstiges
Erstpost		2	2					1	1	
Zweitpost		1	1					1	1	

[X] Fotokopien der Rechnungen/Frachtpapiere sind beigefügt.

[X] Gegen **Zahlung** des oben stehenden Betrags.

[ ] Gegen **Akzeptierung** der Tratte(n) per

[ ] Gegen

[ ] Die Tratte liegt zur Akzeptierung an unserem Schalter bereit.

[ ] Die Tratte ist beigefügt. Wir bitten um umgehende Rücksendung des akzeptierten Abschnitts.

[ ] Wir sind beauftragt, mangels [ ] Zahlung [ ] Annahme Protest erheben zu lassen.

[ ] Wir bitten um rechtzeitigen Auftrag auf beigefügtem Formblatt; die Durchschrift ist für Ihre Akten bestimmt.

Bitte beachten Sie die Meldebestimmungen gemäß Außenwirtschaftsverordnung: Beträge über 2.500,– EUR sind mit Vordruck „Anlage Z4 zur AWV" von Ihnen zu melden.

Eine Verantwortung für die rechtzeitige Vorlage von Dokumenten, die bei Ankunft des Schiffes/der Ware zahlbar sind, können wir nicht übernehmen.

Diese Mitteilungen geben wir Ihnen ohne Verbindlichkeit für uns, insbesondere für den Fall einer Zurückziehung bzw. Änderung des uns erteilten Auftrags. Wir übernehmen weder eine Gewähr für Echtheit, Rechtsgültigkeit und Vollständigkeit der Dokumente sowie Art, Menge und Beschaffenheit der darin erwähnten Waren noch für die Erfüllung der Verpflichtungen des Verkäufers.

Weitere Weisungen

Die Ausführung dieses Auftrags erfolgt unter Zugrundelegung der **„Einheitlichen Richtlinien für Inkassi"** (ERI 522) der Internationalen Handelskammer, Paris.

Bank: Dresdner Bank

275200 I DG VERLAG 12.96

Avisierung für den Kunden

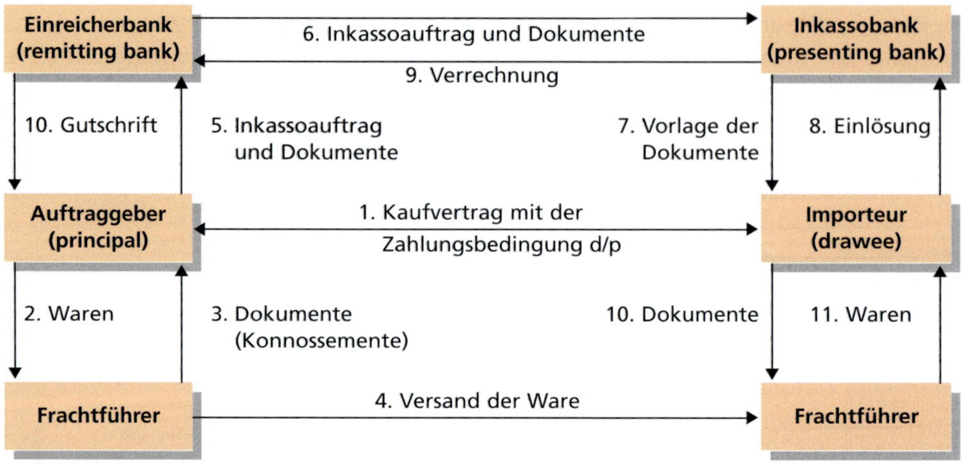

Ablauf des Dokumenteninkassos

Dokumentenakkreditiv (Letter of Credit – L/C)

Unter einem Dokumentenakkreditiv versteht man die vertragliche Verpflichtung eines Kreditinstituts im Auftrag eines Kunden, nach seinen Anweisungen und auf seine Kosten einem Begünstigten gegen Vorlage konkret bestimmter Dokumente und bei Erfüllung aller Bedingungen einen bestimmten Geldbetrag zu leisten.

Das Dokumentenakkreditiv ist ein vom Grundgeschäft völlig losgelöstes Zahlungsversprechen (**abstraktes Schuldversprechen i. S. von § 780 BGB**). Kreditinstitute, die in das Dokumentengeschäft eingebunden sind, haben mit dem Vertrag zwischen Exporteur und Importeur nichts zu tun. Darüber hinaus befassen sich alle Beteiligten bei dem Dokumentenakkreditiv nur mit den Dokumenten und nicht mit Waren, Dienstleistungen etc. Ist das Grundgeschäft nichtig bzw. mangelhaft, bleibt das abstrakte Schuldversprechen gültig.

Die Beteiligten beim Dokumentenakkreditiv sind:

- **Der Auftraggeber** (Importeur, der seine Bank beauftragt, ein Akkreditiv zu eröffnen)
- **Die Akkreditivbank** (Bank des Importeurs, die das Zahlungsversprechen gegenüber dem Begünstigten abgibt)
- **Der Begünstigte** (Exporteur, zu dessen Gunsten das Zahlungsversprechen gegeben wird)
- **Akkreditivstelle** (Bank des Exporteurs, die bei der Abwicklung des Akkreditivs mitwirkt, ohne selbst ein Zahlungsversprechen abzugeben)

Inhalte des Akkreditivs

1. Begünstigter (Name, Adresse, Bankverbindung)
2. Auftraggeber (Name, Adresse, Bankverbindung)
3. Verfalldatum des Akkreditivs
4. Akkreditivbetrag (Betrag, Währung)
5. Art des Akkreditivs
6. Übermittlung des Akkreditivs (brieflich, Telekommunikation etc.)

7. Angaben zu Details der Warenverladung (Teilverladungen, Umladungen)
8. Verladedatum
9. Vorlagedatum für die Dokumente (die Dokumente sind in der Regel einige Tage/ Wochen nach der Ausstellung des Transportdokuments, d. h. nach der Verladung der Ware, vorzulegen)
10. Beförderungsweg (Beispiel: vom Hafen Hamburg nach Miami)
11. Bezeichnung der Ware
12. Dokumente (Art, Anzahl, Ausgestaltung)
13. Lieferbedingung
14. Regelung der Bankgebühren. In der Regel zahlt der Importeur seine Kosten, der Exporteur übernimmt die Kosten der deutschen Akkreditivstelle, die bei einem unbestätigten Akkreditiv bei ca. 0,5 % des Akkreditivbetrages liegen. Für einen Bestätigungsvermerk der deutschen Bank ist mit weiteren Kosten zu rechnen.
15. Benutzbarkeit des Akkreditivs (Angabe der Bank und der Art der Akkreditivleistung, beispielsweise durch Sichtzahlung – **„Sichtakkreditiv"** – oder durch hinausgeschobene Zahlung – **„Deferred-Payment-Akkreditiv"** –, d. h., dass der Betrag nicht mit Einreichung der Dokumente, sondern eine bestimmte Zeit danach ausbezahlt werden kann).
16. Übertragbarkeit des Akkreditivbetrags. Bei Exportgeschäften mit angelsächsischen Ländern wird das beschriebene Akkreditiv durch einen **Commercial Letter of Credit (CLC)** ersetzt. Im Unterschied zum Akkreditiv wird der von der Auslandsbank eröffnete CLC nicht an die Akkreditivstelle, sondern an den Exporteur direkt adressiert. Der Begünstigte kann in diesem Fall jeder von ihm gewählten Bank die Dokumente und Tratten[1] zur Negoziierung vorlegen.

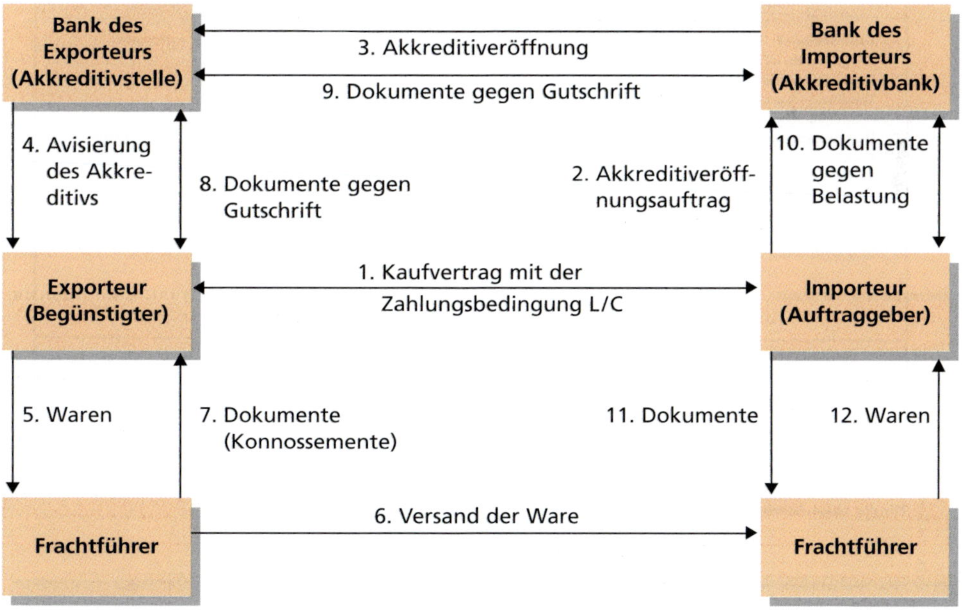

Ablauf des Dokumentenakkreditivs

1 gezogene Wechsel

Antrag zur Eröffnung eines unwiderruflichen Dokumenten-Akkreditivs

1. Ausfertigung
(Zur Weiterleitung an GZB-Bank)

An Bank
Volksbank Hamburg

Wir bitten Sie gemäß Ihren „Allgemeinen Geschäftsbedingungen" sowie den „Einheitlichen Richtlinien und Gebräuchen für Dokumenten-Akkreditive" der ICC-Paris (neueste Fassung) folgendes unwiderrufliches Akkreditiv

[ ] per SWIFT bzw. per Telex
[ ] per Eil-SWIFT
[X] übertragbar (Akkreditiv im Ausland gültig und benutzbar)

zu eröffnen

Bankverbindung des Begünstigten (soweit bekannt)
Banco BHJF, Main Office
Santiago/Chile

Datum und Ort des Verfalls (Gültigkeit):
. .-10.-08. Santiago/Chile

Auftraggeber (Importeur):
Müller GmbH
Ruppinerstr. 16, 22698 Hamburg

Begünstigter (Exporteur):
International Agricola Ltda., Luis Thayer Ojedo
0170 of 902 Providencia, Santiago/Chile

Währung/Betrag:

Das Akkreditiv soll benutzbar sein:
bei
[X] der ausländischen Korrespondenzbank
[ ] jeder Bank am Ort des Verfalls
durch [ ] Zahlung bei Sicht
[ ] Hinausgeschobene Zahlung per ________ Tage nach
[ ] Verladung [ ] Dokumentenvorlage
[ ] Akzeptierung von Tratten des Begünstigten
per ____________
gezogen auf ____________
[ ] Negoziierung
gegen Einreichung der nachstehend genannten Dokumente

Teilverladung [X] gestattet [ ] nicht gestattet
Umladung [ ] gestattet [X] nicht gestattet
Verschiffung/Versendung/Übernahme
von Valparaiso
nach Hamburg
per Containerschiff
spätestens am . .-25.-07.

Warenbeschreibung: (zu weitgehende Einzelheiten vermeiden – Kurzbezeichnung verwenden)
300 Cartons chilean walnut kernels

Lieferbedingung gemäß INCOTERMS (neueste Fassung):

Vorzulegende Dokumente

[X] unterzeichnete **Handelsrechnung,** 3 -fach
[X] Voller Satz reiner „An Bord" [X] **Seekonnossemente** mit entsprechendem Frachtvermerk
[ ] **Combined Transport Bills of Lading** mit entsprechendem Frachtvermerk
[ ] ausgestellt an Order und blanko indossiert [X] ausgestellt an Order Müller GmbH, Hamburg
[X] Notify-Adresse (Name und Anschrift) Müller GmbH, Ruppinerstr. 16, 22698 Hamburg
[ ] **Luftfrachtbrief** [ ] mit Angabe von Versandtag u. Flug-Nr. — Ware adressiert an [ ] Auftraggeber
[ ] **CMR-Frachtbrief** (LKW-Transport) [ ] ____________
[ ] **Duplikatfrachtbrief** (Bahntransport) [ ] Notify: ____________
[ ] **Spediteur-Übernahmebescheinigung** (FCR)
[ ] Anderes Transportdokument (genaue Bezeichnung):
[X] **Ursprungszeugnis** mit Angabe Ursprungsland: Chile [X] Form A ausgestellt von [X] Chamber of commerce
(falls nichts angegeben, wird ‚offizielle Stelle' eingesetzt)
[ ] **Packliste,** ______ fach
[X] **Versicherungspolice/-zertifikat** mit dem Vermerk „Prämie bezahlt" über 110 % (üblich 110% CIF/CIP-Wert) einschließlich Haus-zu-Haus-Versicherung
Deckungsumfang [ ] Institute Cargo Clauses "A" [ ] Institute War Clauses
[ ] Institute Strikes Clauses [ ] ____________
[ ] Andere Dokumente oder besondere Bedingungen

Inländische Bankgebühren gehen [X] zu unseren Lasten [ ] zulasten des Begünstigten
Ausländische Bankgebühren gehen [ ] zu unseren Lasten [X] zulasten des Begünstigten

Die Dokumente sind innerhalb von 16 Tagen nach dem Verladedatum vorzulegen, jedoch innerhalb der Gültigkeitsdauer des Akkreditivs (ohne Angabe einer Frist gelten 21 Tage – bitte beachten Sie hierbei die Zeitspanne zwischen letztem Verladetag und der Gültigkeit).

Die Eröffnung des Akkreditivs ist dem Begünstigten durch die avisierende Bank wie folgt anzuzeigen
[X] unbestätigt [ ] bestätigt [ ] mit der Möglichkeit der Bestätigung

Meldung Z 1 [ ] ist angeheftet [ ] wurde an LZB weitergeleitet
Ausnutzung z. L. [ ] EUR-Konto [ ] WHR-Konto
Für das obige Akkreditiv übernehmen wir das Obligo

Datum, Stempel und Unterschrift der Bank

Müller GmbH
Datum, Stempel und Unterschrift des Auftraggebers

276 050 I DG VERLAG

Prüfung des Akkreditivs

Prüfmerkmale:

- Ausstellungsdatum der Dokumente (z. B. Ausstellungsdatum des Konnossements)
- Fristgerechte Ausnutzung des Akkreditivs (Akkreditive sind immer befristet)
- Vollzähligkeit der Dokumente (Prüfung von Art und Menge)
- Sind die Dokumente akkreditivgemäß, d. h., enthalten sie alle im Akkreditiv geforderten Angaben? (Bereits fehlerhafte Buchstaben beispielsweise eines Namens oder einer Warenbezeichnung sind streng genommen Abweichungen vom Inhalt des Akkreditivs.)
- Entspricht die äußere Aufmachung der Dokumente den Bedingungen im Akkreditiv? (Z. B. müssen die Formulare vollständig ausgefüllt, abgestempelt und unterschrieben worden sein.)

Die Dokumentenprüfung beinhaltet nicht:

- die Überprüfung des Grundgeschäftes zwischen Exporteur und Importeur
- die Überprüfung von Qualität und Menge der Ware
- die inhaltliche Richtigkeit der Dokumente (sie müssen nur mit den Inhalten des Akkreditivs übereinstimmen, d. h., wird im Akkreditiv beispielsweise der Name des Importeurs falsch geschrieben, ist er auch in den Dokumenten so zu schreiben).

Eine Haftung für die Form, Vollzähligkeit, Echtheit oder Rechtswirksamkeit von Dokumenten übernehmen die Banken aber nicht. Ebenso wenig übernehmen sie Haftung für die Menge, das Gewicht, die Beschaffenheit, den Wert, die Verpackung etc. der Ware. Für die fristgerechte Ausnutzung des Akkreditivs ist es notwendig, dass der Begünstigte die im Akkreditiv verlangten Dokumente innerhalb der vorgegebenen Fristen, beispielsweise 20 Tage nach Ausstellung des Konnossements, bei der Akkreditivstelle vorlegt.

Auswirkungen der Dokumentenprüfung

Fehlerlose Dokumente	Fehlerhafte Dokumente
Exporteur hat Anspruch auf Zahlung durch die Akkreditivstelle	– bei kleinen Fehlern kann die Bezahlung unter Vorbehalt erfolgen – bei größeren Fehlern wird die Zahlung durch die Akkreditivstelle zurückgestellt, bis die Dokumente vom Importeur angenommen wurden

Arten des Akkreditivs

Bestätigtes und nicht bestätigtes Akkreditiv

Bei der oben beschriebenen Form des Akkreditivs handelt es sich um ein **nicht bestätigtes Akkreditiv**. Das einzige Zahlungsversprechen stammt von der Akkreditivbank und wird gegenüber dem Begünstigten abgegeben. Bei dieser Form des Akkreditivs wird nur das sogenannte wirtschaftliche Risiko abgedeckt, d.h., bei einer Zahlungsunfähigkeit bzw. einer Zahlungsunwilligkeit des Importeurs zahlt die Akkreditivbank die im Akkreditiv zugesicherte Summe. Ein politisches Risiko ist durch diese Form des Akkreditivs nicht abgesichert, da im Fall eines Krieges oder Bürgerkrieges auch eine Bank in diesem Land möglicherweise nicht mehr zahlen kann.

Wird ein bestätigtes Akkreditiv vereinbart, gibt neben der Akkreditivbank noch eine zweite Bank, in der Regel die Bank des Exporteurs, ein Zahlungsversprechen ab. Diese Bestätigung des Akkreditivs ist ebenfalls ein abstraktes Schuldversprechen, bei der die bestätigende Bank die gleichen Verpflichtungen wie die Akkreditivbank eingehen kann. Der Begünstigte hat damit Ansprüche gegen die Akkreditivbank und die bestätigende Bank. Mit der Bestätigung einer Bank aus einem anderen als dem Importland lässt sich auch das politische Risiko ausschließen. Allerdings gilt, dass je problematischer ein Land bezüglich seiner politischen Stabilität ist, umso eher die Bank des Exporteurs eine Bestätigung verweigern wird, da sie dieses Risiko nicht eingehen möchte. Im Zweifelsfall muss eine Hermes-Deckung beantragt werden.

Widerrufliches und unwiderrufliches Akkreditiv

Bei einem **unwiderruflichen Akkreditiv** besteht für die Akkreditivbank eine feststehende Verpflichtung, im Gegensatz zu einem **widerruflichen Akkreditiv**, bei dem die Bank das Zahlungsversprechen widerrufen kann. Diese Form des Akkreditivs kommt in der Praxis in aller Regel nicht vor, da der eigentliche Zweck eines Akkreditivs, nämlich die Lieferung der Ware im Vertrauen auf eine feste Zahlungszusicherung, nicht mehr gegeben ist.

Mögliche Verpflichtungen der Akkreditivbank bei einem unwiderruflichen Akkreditiv

- Zahlung bei Vorlage der Dokumente (Sichtzahlung)
- Zahlung an dem im Akkreditiv bestimmten Datum (hinausgeschobene Zahlung)
- Akzeptierung von Tratten, die auf die Akkreditivbank gezogen werden
- Bezahlung von Dokumenten bzw. Tratten ohne Rückgriff auf Aussteller bzw. Inhaber

Übertragbares und nicht übertragbares Akkreditiv

Im Rahmen eines **übertragbaren Akkreditivs** kann der Begünstigte die zur Zahlung ermächtigte Bank beauftragen, den Akkreditivbetrag als Ganzes oder teilweise auf einen anderen Begünstigten zu übertragen. Bei einem **nicht übertragbaren Akkreditiv** kann die zur Zahlung beauftragte Bank den Akkreditivbetrag nur an den Begünstigten auszahlen.

Sofern im Akkreditiv nichts anderes angegeben ist, kann ein Akkreditiv nur einmal übertragen werden.

Revolvierendes und nicht revolvierendes Akkreditv

Bei revolvierenden und nicht revolvierenden Akkreditiven kann der Begünstigte das Akkreditiv bis zum bestimmten Akkreditivbetrag mehrfach ausnutzen; das revolvierende Akkreditiv füllt sich nach der Ausnutzung automatisch wieder auf. Das nicht revolvierende Akkreditiv erlischt nach Ausnutzung.

7.2.5 Exportfinanzierung

Auf den Weltmärkten ist für einen Besteller (Auftraggeber) für die endgültige Auftragserteilung nicht nur der Preis und die Qualität der Produkte ausschlaggebend, sondern in vielen Fällen auch die Frage, wer die Finanzierung des Exportgeschäftes übernimmt. Naturgemäß ist die Finanzierung von Exportgeschäften eng mit der Absicherung der Auslandsrisiken verbunden; ohne ausreichende Absicherung ist in aller Regel eine Finanzierung nicht möglich.

Möglichkeiten der Finanzierung von Exportgeschäften

Bei der Abwicklung eines Exportauftrags kann man verschiedene Zeitphasen unterscheiden:

- → Akquisition: Zeitraum von der Abgabe des Antrags bis zur Unterschrift unter den Vertrag
- → Produktion: Zeitraum, der die Herstellung des Gutes umfasst
- → Lieferung: Zeitraum von der Verpackung der Ware bis zur Übergabe an den Kunden
- → Bezahlung: Zeitraum von der Übergabe der Ware bis zum Zahlungseingang (mit oder ohne vereinbartes Zahlungsziel)

Der typische **kurzfristige Außenhandelskredit** kann für die Finanzierung von der Auftragserteilung bis zur eingehenden Zahlung eingesetzt werden. **Langfristige Bestellerkredite bzw. Forfaitierungen** können frühestens ab dem Zeitpunkt der Lieferung verwendet werden (eine Ausnahme ist der hermesgedeckte Bestellerkredit der Euler Hermes Kreditversicherungs-AG, bei dem die Finanzierung schon während der Produktionsphase beginnen kann).

Zeitlicher Ablauf der Exportfinanzierung

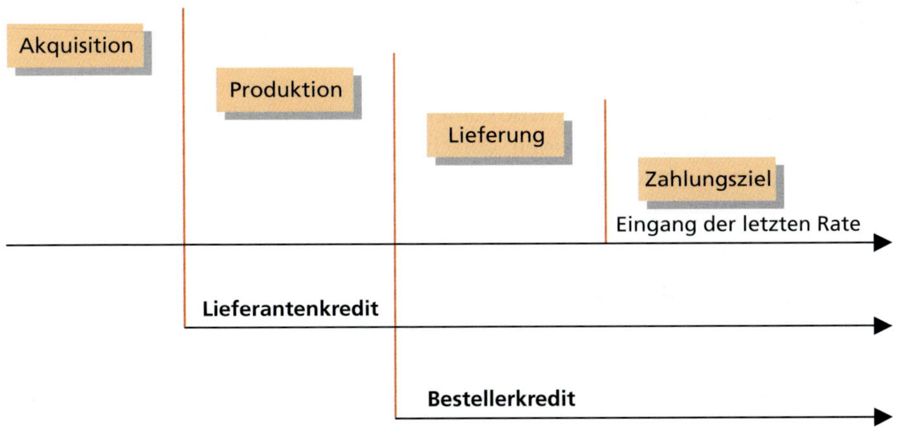

Kurzfristige Kredite

Im Rahmen von Außenhandelsgeschäften bieten sich neben den üblichen Formen der Finanzierung eine Reihe weiterer – i. d. R. kurzfristiger – Finanzierungsformen an. Kreditinstitute bieten ihren Importeuren für die Zeit vom Abschluss des Kaufvertrages bis zum Eingang der Erlöse aus dem Verkauf der Waren Finanzierungsmöglichkeiten an. Ob ein Importeur einen Finanzierungsbedarf hat, hängt neben seiner Liquidität bei Außenhandelsgeschäften vor allem auch von der mit dem Exporteur vereinbarten Zahlungsbedingung ab.

Akkreditivkredit

Bei internationalen Warengeschäften ist die Zahlungsbedingung Dokumentenakkreditiv (L/C) eine sichere Form des Zahlungs- und Kreditverkehrs (vgl. S. 222 ff.). Dabei gibt die Akkreditivbank ein abstraktes Zahlungsversprechen zugunsten des Begünstigten (i. d. R. der Exporteur) ab, sofern dieser akkreditivgemäße Dokumente abliefert.

Der Importeur muss bei seiner Bank die Akkreditiveröffnung beantragen. Für die eröffnende Bank ist die Akkreditivzusage an den Begünstigten wie eine Kreditzusage, da sie für den Zeitraum bis zur Bezahlung der Dokumente ein Kreditrisiko eingeht. Für den Importeur hat dieser Akkreditivkredit der Bank folgende Auswirkungen:

- der Betrag des Akkreditivkredits belastet die Kreditlinie bei der eröffnenden Bank
- für die Laufzeit des Akkreditivkredits verlangt die Bank Zinsen

Ist der Akkreditivbank das Risiko eines Akkreditivkredits zu hoch, kann sie vom Importeur verlangen, dass dieser einen Geldbetrag in Höhe des Akkreditivkredits auf einem Konto hinterlegt.

Dokumentenvorschuss

- Importvorschuss

  Um die Inkasso- oder Akkreditivdokumente bezahlen zu können, gewähren Kreditinstitute dem Importeur einen Vorschuss auf die Dokumente. Der Vorschuss wird nach dem Weiterverkauf der Waren an die Abnehmer wieder beglichen.

  Die Höhe des Vorschusses ist dabei abhängig

  1. von der Bonität des Importeurs,
  2. von der Art der Ware (Waren mit einem Markt- oder Börsenpreis werden mit bis zu 100% des Einstandpreises bevorschusst).

  Als Sicherheit haben die Kreditinstitute die Dokumente aus dem Inkasso- oder Akkreditivgeschäft. Solange sie im Besitz dieser Dokumente sind, haben sie ein Pfandrecht an den Waren. Mit der Übergabe der Dokumente an den Importeur geben sie dieses Pfandrecht auf.

  Zur Absicherung des Importvorschusses bestimmen die Kreditinstitute, dass der Importeur die Dokumente nur in bestimmter Weise benutzen darf.

Möglichkeiten:

1. Einlagerung der Waren im Hafen. Die Waren werden an das Kreditinstitut sicherungsübereignet. Die Dokumente befinden sich beim Kreditinstitut.
2. Verkauf der Waren an den/die Abnehmer. Die Forderungen aus dem Weiterverkauf der Waren werden an das Kreditinstitut abgetreten.

→ Exportvorschuss
Auch den Exporteuren bieten die Kreditinstitute für die Zeit vom Abschluss des Kaufvertrags bis zum Eingang der Exporterlöse bzw. der Akkreditivzahlung die Bevorschussung von Dokumenten aus Inkasso- oder Akkreditivgeschäften an.

- Die Akkreditivdokumente werden von der avisierenden Bank angekauft (negoziiert). Für die Zeit bis zur Einlösung der Dokumente durch den Importeur bzw. die Akkreditivbank erhält der Exporteur einen Kredit (Vorschuss). Die Negoziierung kann die avisierende Bank nur dann vornehmen, wenn die Dokumente absolut akkreditivgemäß sind.
- Bei der Zahlungsbedingung D/P kann das Kreditinstitut bis zu 85 % des Inkassobetrags als Vorschuss gewähren. Das Risiko für das Kreditinstitut ist bei D/P ungleich höher, da keine Akkreditivzusage eines Kreditinstituts vorhanden ist. Als Sicherheit kann u. U. die Abtretung einer Hermes-Garantie oder Bürgschaft (vgl. S. 216 ff.) verlangt werden.

Voraussetzungen für die Bevorschussung von Dokumenten:

1. Einwandfreie Beschaffenheit bzw. akkreditivgemäße Dokumente
2. Die Dokumente sind für das Kreditinstitut verwertbar. (Bsp.: Konnossement mit Blankoindossament).
3. Die Bonität des Exporteurs ist hervorragend.

Negoziierungskredit

Beim Negoziierungskredit (negotiation credit) handelt es sich um einen Diskontkredit, bei dem das Kreditinstitut des Exporteurs einen Auslandswechsel ankauft und den Barwert (Wert zum Zeitpunkt des Ankaufs) dem Exporteur auszahlt. Der Ankauf von Wechseln stellt ein Kreditgeschäft dar, weil das Kreditinstitut in der Zeit zwischen der Diskontierung und der Einlösung des Wechsels durch den Importeur oder durch das Kreditinstitut des Importeurs ein Kreditrisiko eingeht. Diese Form der kurzfristigen Außenhandelsfinanzierung kommt in der Regel in Verbindung mit einem Dokumentenakkreditiv oder einem anderen Zahlungsversprechen (z. B. „commercial letter of credit") vor.

Ablauf des Negoziierungskredits:
Der Exporteur reicht im Rahmen eines Dokumentenakkreditivs (L/C) die Dokumente bei dem avisierenden Kreditinstitut (Akkreditivstelle) ein, aber nicht wie beim L/C verbunden mit einem Inkassoauftrag, sondern mit einer Tratte gezogen auf den Bezogenen. Der Bezogene (Kreditinstitut oder Importeur) erhält die Dokumente nur dann, wenn er den Wechsel als Bezogener unterschreibt (akzeptiert). Der akzeptierte

Wechsel wird an den Exporteur zurückgeschickt. Der Bezogene bezahlt die eingegangene Wechselverbindlichkeit am Fälligkeitstag des Wechsels.

Formen des Negoziierungskredits:

1. Der Exporteur zieht einen Wechsel auf den Importeur (Bezogener) und lässt die Tratte zusammen mit den Akkreditivdokumenten bei seinem Kreditinstitut diskontieren. Voraussetzung für diese Form des Negoziierungskredits ist, dass zwischen dem Kreditinstitut des Importeurs und der diskontierenden Bank vertragliche Vereinbarungen über die Abwicklung solcher Geschäfte bestehen. In diesem Fall gibt das Kreditinstitut des Importeurs dann die Ermächtigung „authorithy to purchase".
2. Der Exporteur zieht die Tratte auf das Kreditinstitut des Importeurs (Bezogener). In diesem Fall gibt dieses Kreditinstitut dem diskontierenden Kreditinstitut die Ermächtigung „order to negotiate".
3. Das Kreditinstitut des Importeurs gibt dem Exporteur ein Zahlungsversprechen in Form eines „commercial letter of credit"(CLC). Der Wechsel wird von ihr aber nicht akzeptiert. Trotzdem kann der Exporteur dann diese Tratte zusammen mit den Dokumenten und dem „commercial letter of credit" bei jedem Kreditinstitut diskontieren lassen, weil das Zahlungsversprechen („unrestricted CLC") wie ein Akzept angesehen wird.

Dokumentenbeleihung

Unter Dokumentenbeleihung versteht man die Kreditgewährung an einen Schuldner, der dem Kreditinstitut bestimmte Dokumente als Sicherheit dafür anbietet. Kann der Schuldner seinen Kredit nicht zurückzahlen, müssen die beim Kreditinstitut hinterlegten Dokumente dem Kreditinstitut die Möglichkeit bieten, das Eigentum an bestimmten Waren zu erwerben. Im Außenhandelsgeschäft bietet sich als Dokument dafür in erster Linie das Konnossement (u. U. auch ein Lagerschein) an. Mit dem Konnossement, das das Kreditinstitut als Berechtigten ausweist, kann das Eigentum an der Ware erworben werden. Der Beleihungssatz ist ein prozentualer Wert vom Einstandswert der Waren, dessen Höhe sich nach der Art der Waren richtet. Die Beleihungsgrenze liegt bei Waren mit einem Markt- oder Börsenpreis (Bsp.: Rohstoffe) bei nahe 100% des Einstandswertes, bei anderen Waren teilweise weit darunter. Die Beleihungsgrenze muss vom Kreditinstitut so gewählt werden, dass sie auch unter ungünstigen Bedingungen bei einem Verkauf einen Erlös in Höhe des Kreditbetrages ermöglicht.

Beim gewährten Kredit kann es sich nur um einen kurzfristigen Kredit handeln, die Kreditlaufzeit richtet sich in der Regel danach, wie lange die Ware auf dem Schiff unterwegs ist.

Bankgarantien

Unter Bankgarantie versteht man eine unwiderrufliche Zahlungsverpflichtung einer Bank (Garantin) gegenüber einem Begünstigten. In diesem Vertrag verpflichtet sich die Bank dem Begünstigten eine Zahlung in einer bestimmten Höhe zu leisten, falls ein Dritter seine versprochene Leistung nicht erbringt. Die Garantie ist zahlbar auf die erste schriftliche Aufforderung des Begünstigten und seiner Erklärung, dass der Hauptschuldner eine bestimmte Leistung nicht erbracht oder seine Zahlungsverpflichtung nicht erfüllt hat.

Rechtsbeziehungen bei einem Garantiegeschäft:

→ Direkte Garantie

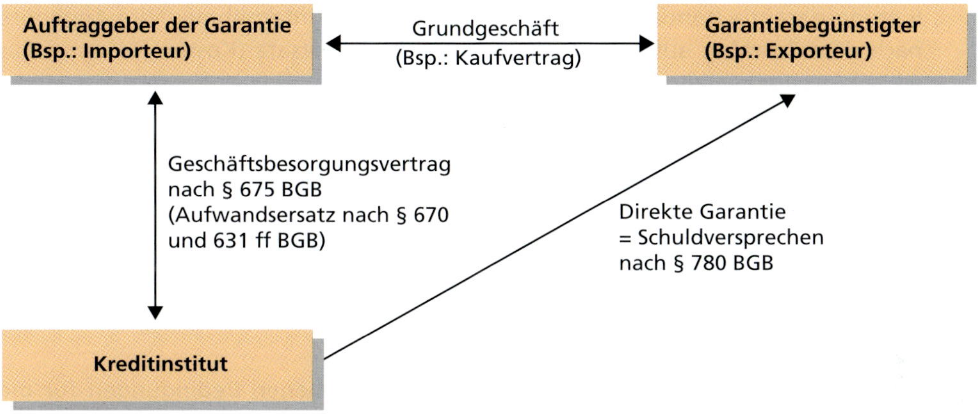

Bei einer direkten Garantie beauftragt der Kunde sein Kreditinstitut eine Garantie unmittelbar gegenüber einem (ausländischen) Begünstigten abzugeben.

→ Indirekte Garantie

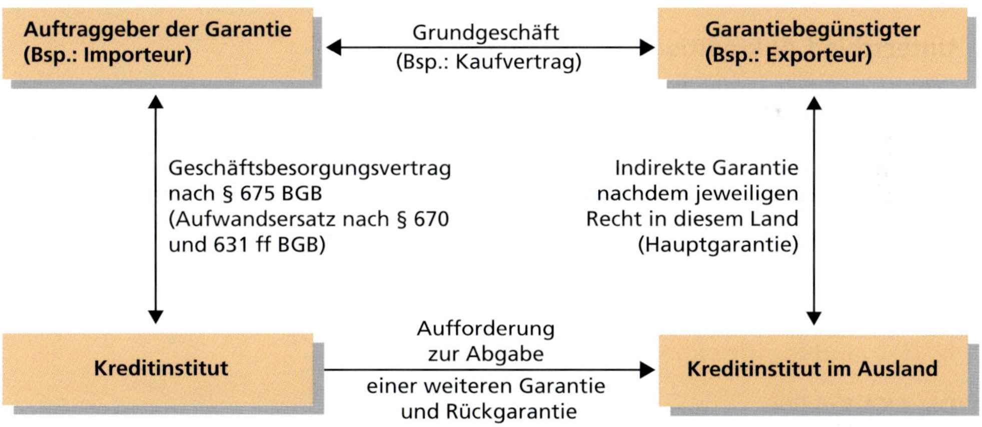

Bei der indirekten Garantie wird ein zweites Kreditinstitut eingeschaltet, das in der Regel seinen Sitz im Ausland hat. Dieses Kreditinstitut wird vom Auftrag gebenden Kreditinstitut aufgefordert, ein Garantieversprechen abzugeben. Dabei übernimmt das Auftrag gebende Kreditinstitut das Risiko eines Verlustes. Das bedeutet in der Praxis, dass das Auftrag gebende Kreditinstitut auf die erste Aufforderung des ausländischen Kreditinstitutes ihr den Betrag ersetzt, der dieser durch eine Inanspruchnahme aus der Garantie durch den Begünstigten entsteht.

Erste Aufforderung bedeutet, dass ohne Zögern bezahlt wird; eventuelle Einwendungen oder Aufrechnungen werden erst in einem Rückforderungsprozess geltend gemacht.
In der Praxis sollte versucht werden eine befristete und direkte Garantie zu vereinbaren, da bei einer indirekten Garantie zusätzliche Kosten entstehen. Daneben könnte es Probleme mit dem ausländischen Recht bei der zweiten Garantie geben.

Wichtige Garantiearten

- → Bietungsgarantie (tender guarantee): Garantie, dass Unternehmen ihre Angebote nach dem Zuschlag aufrechterhalten oder Schadensersatz (Kosten für neue Ausschreibung) bezahlen.
- → Anzahlungsgarantie (advance payment guarantee): Garantie über 100% des Anzahlungsbetrages, den der Schuldner leisten soll.
- → Zahlungsgarantie (payment guarantee): garantiert die Zahlung des Kaufpreises durch den Käufer.
- → Lieferungs- und Leistungsgarantie/Vertragserfüllungsgarantie (performance bond): Kreditinstitut garantiert Schadensersatz, falls nicht vertragsgemäß geliefert wird.

Voraussetzungen für die Ziehung einer Garantie:

- → Der Begünstigte muss alle in der Garantie vorgegebenen Bedingungen für die Garantieziehung ganz exakt einhalten (Formstrenge).
- → Zusätzlich muss er die in der Garantie vorgesehene Erklärung abgeben.
- → Oft wird die Beibringung von Dokumenten verlangt, um einer missbräuchlichen Ziehung einer Garantie vorzubeugen.

Unterschied Akkreditiv und Garantie

Akkreditiv und Garantie sind beides abstrakte Schuldversprechen; das Akkreditiv ist aber ein reines Zahlungsinstrument. Die Akkreditivbank ist zur Zahlung verpflichtet, wenn die Dokumente akkreditivgemäß sind (auch wenn die Leistung vom Exporteur ordnungsgemäß erbracht wurde). Die Garantie dagegen ist ein reines Sicherungsinstrument; die Garantie kann nur im Falle der Nichterfüllung einer Schuld in Anspruch genommen werden.

Mittel- und langfristige Lieferantenkredite

Die AKA-Kredite

Die Ausfuhrkreditanstalt (AKA) wurde 1951 von einem Konsortium deutscher Banken gegründet, um deutschen Exporteuren langfristige Exportfinanzierungen anbieten zu können.
Die AKA gewährt Lieferantenkredite an deutsche Exporteure, aber auch Bestellerkredite an ausländische Auftraggeber. Die AKA verfügt über die Plafonds A–E, wobei die Mittel aus dem Plafond A für Lieferantenkredite, die anderen Plafonds für Bestellerkredite verwendet werden. Die finanziellen Mittel werden von den Gesellschafterbanken zur Verfügung gestellt.

AKA-Plafond-A-Kredit:
AKA-Kredite aus dem Plafond A werden deutschen Exporteuren zur Refinanzierung der Aufwendungen während der Produktionszeit und/oder des Zahlungsziels, das dem Importeur eingeräumt wurde, gewährt. Die **Laufzeiten** dieser Kredite betragen mindestens ein Jahr, höchstens aber fünf Jahre. Kredite mit einer Laufzeit von mehr als zwei Jahren müssen durch eine **Hermes-Deckung** oder eine **staatliche Ausfuhrbürgschaft** abgesichert sein. Beim **Zinssatz** kann ein fester oder ein variabler Zinssatz gewählt werden.

Beispiel für ein Plafond-A-Geschäft:
Gesamtauftragswert: 2000000 EUR; Produktionsdauer 2 Monate; Verschiffung nach der Fertigstellung.
Zahlungsbedingungen des Exporteurs:
- 5 % Anzahlung bei Vertragsabschluss,
- 10 % gegen Übergabe der Verschiffungsdokumente,
- 85 % in 6 gleichen Halbjahresraten, deren erste nach 6 Monaten fällig ist.

Berechnung der Kredithöhe:

Auftragswert:	2000000,00 EUR
– 5 % Anzahlung	100000,00 EUR
– 5 % Zwischenzahlung (vom Auftragswert) gegen Verschiffungsdokumente	100000,00 EUR
	1800000,00 EUR
– 5 %/15 % Selbstfinanzierungsquote (entsprechend dem Hermes-Selbstbehalt (hier 15 %))	270000,00 EUR
Kreditbetrag aus dem Plafond A	1530000,00 EUR

Finanzierungs- und Tilgungsplan für diesen Plafond-A-Kredit:

Monate	1	2	6	12	18	24	30	36
Aufwendungen	1000000,00	1000000,00						
Zahlungseingänge bis zum Zeitpunkt der Versendung	100000,00	100000,00						
Differenz	900000,00	900000,00						
Selbstfinanzierungsquote (15 %)	135000,00	135000,00						
Kredit	765000,00	765000,00						
Kredittilgung			255000,00	255000,00	255000,00	255000,00	255000,00	255000,00

Bestellerkredite

Unter einem Bestellerkredit versteht man die Kreditgewährung an einen ausländischen Auftraggeber, wobei die Kreditmittel direkt an den inländischen Lieferanten zur Begleichung seiner Forderungen fließen. Die Laufzeit der Bestellerkredite ist mittel- bis langfristig.

Finanzierung aus Mitteln der Hausbank

Einen Großteil der Bestellerkredite stellen die Banken aus eigenen Mitteln zur Verfügung. Die **Mindestkredithöhe** beträgt in der Regel 2,5 Mio. EUR, allerdings sind im Einzelfall auch kleinere Kreditbeträge zu vereinbaren. Die Kredittilgungen erstrecken sich auf den von Hermes abgedeckten Zahlungszeitraum. Die **Zinsen** orientieren sich an den jeweils gültigen Geld- und Kapitalmarktverhältnissen. Zur Sicherstellung wird immer eine **Hermes-Deckung** verlangt. Zusätzlich haftet der Exporteur für alle durch ihn eingegangenen vertraglichen Verpflichtungen, insbesondere für die Zahlung des Hermes-Entgeltes.

AKA-Plafond-B-Kredit

Verwendungszweck	Finanzierung des Zahlungszieles für ein einzelnes Exportgeschäft, für das der ausländische Besteller einen Kredit erhält
Höchstlaufzeit	Im Rahmen des durch Hermes abgedeckten Zahlungsziels
Kredithöhe	Auftragswert – Zwischenzahlungen, Anzahlungen und Selbstbehalt
Sicherheiten	Hermes-Deckung
Zinssatz	Wahl zwischen variablen und Festzinsalternativen

AKA-Plafond-D-Kredit

Der Plafond-D unterscheidet sich vom Plafond B-Kredit dadurch, dass es sich hier um einen Margenkredit handelt, d.h. Euribor/Libor plus einer bestimmten Marge ergeben den Zinssatz für den Kredit. Zusätzlich sind bei dieser Variante auch Fremdwährungskredite darstellbar.

Bestellerkredite der Kreditanstalt für Wiederaufbau (KfW)

Die Kreditanstalt für Wiederaufbau (KfW), Frankfurt/Main, ist ein Spezialkreditinstitut, das 1948 in der Rechtsform einer Körperschaft des öffentlichen Rechts gegründet wurde. Zweck dieses Instituts ist die Förderung des deutschen Exports in Entwicklungsländer. Die Mittel der KfW kommen aus dem ERP-Sondervermögen, das vom Bundesministerium für Wirtschaft verwaltet wird. Diese Mittel stammen aus dem European Recovery Program (Marshallplan).

Verwendungszweck	Export langlebiger deutscher Investitionsgüter in Entwicklungsländer
Zahlungsbedingungen	Mindestens 15 % des Auftragswertes sind als An- und Zwischenzahlung vorgesehen
Währung	Die Ausfuhrforderung wird in EUR/USD kreditiert
Sicherheit	Hermes-Deckung und Exportgarantie des Exporteurs
Fristigkeit	In der Regel langfristig, entsprechend dem durch Hermes abgedeckten Zahlungsziel

Projektfinanzierungen

Neben den dargestellten klassischen Finanzierungsmöglichkeiten haben sich in den letzten Jahren besondere Formen der Finanzierung entwickelt, denen eine anders gelagerte Risikostruktur zugrunde liegt.

Im Rahmen einer Projektfinanzierung werden die Investitionskosten einer Wirtschaftseinheit, die Betriebskosten und der Schuldendienst für aufgenommene Kredite von dem Investitionsobjekt selbst erwirtschaftet. Die Zins- und Tilgungsleistungen werden auf den Cashflow des Investitionsobjektes abgestimmt. Grundlage für das Zustandekommen der Finanzierung ist deshalb die wirtschaftliche Tragfähigkeit des Projektes und weniger die Kreditwürdigkeit des Schuldners.

Die Finanzierung des Projektes hängt allerdings von einer Vielzahl von Faktoren ab, wie z. B. Änderung des rechtlichen Umfeldes, des lokalen Arbeitsmarktes, der Produktionsqualität, der Produktionsmenge, der Absatzmöglichkeiten und des zu erzielenden Verkaufspreises. Da die Projektfinanzierung langfristiger Natur ist, müssen diese Kriterien mehrere Jahre in die Zukunft projiziert werden. Dies erfordert von allen Beteiligen ein sehr hohes Know-how.

Forfaitierungen

Unter Forfaitierung versteht man den regresslosen Ankauf von mittel- bis langfristigen Exportforderungen. Der Forfaitierung liegt ein Kaufvertrag zwischen dem Exporteur als Forderungsverkäufer und einer Bank oder einem Spezialinstitut als Forderungskäufer zugrunde. Früher wurden nur Wechselforderungen angekauft, heute ist es üblich, neben den Wechselforderungen auch Buchforderungen oder Forderungen aus Nach-Sicht-Akkreditiven anzukaufen.

Durch die Forfaitierung der Forderung gehen alle Rechte, aber auch die Risiken auf den Forfaiteur über. Bei Zahlungsunfähigkeit des Schuldners kann er allerdings keinen Rückgriff auf den Forderungsverkäufer nehmen. Das gilt auch für politische Risiken im Land des Importeurs, wie Streiks, Unruhen oder kriegerische Auseinandersetzungen. Der Forfaiteur trägt im Übrigen auch das Währungsrisiko und somit alle politischen und wirtschaftlichen Risiken. Der Exporteur haftet nur für das Bestehen der Forderung und für mangelhafte Lieferungen aus dem Grundgeschäft.

In aller Regel wird zur Absicherung der Forderungen ein Akkreditiv einer erstklassigen Auslandsbank oder die Abtretung der Hermes-Ausfuhrdeckung verlangt. Einer Hermes-Abtretung muss allerdings der Bund zustimmen. Der Selbstbehalt muss in der Forfaitierung berücksichtigt werden. Die Kosten der Forfaitierung orientieren sich sowohl an der Laufzeit der Forderung als auch an der Risikoeinstufung des Importlandes. Die Finanzierungskosten bei der Forfaitierung für den Exporteur sind höher als bei anderen Formen der Finanzierung.

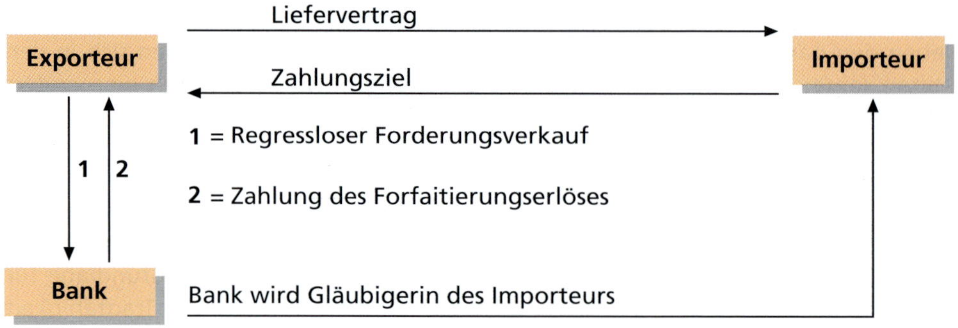
Liefervertrag
Exporteur
Importeur
Zahlungsziel
1
2
1 = Regressloser Forderungsverkauf
2 = Zahlung des Forfaitierungserlöses
Bank
Bank wird Gläubigerin des Importeurs

Aufgabe 1

Cordobes S.A.
Cant. Lievant. No. 1
E-01150 Granada
Sales tax ID no.: ESA 58770410

Fonos: 232 1879 - 2321158
Fax: (562) 2310413
e-mail: cordobes@lycos.es

Wenz KG
Sonnenstr. 12
D-89077 Ulm
Sales tax ID no.: 8800567950

FACTURA DE EXPORTACION / INVOICE

No. 001300

Granada . . – 11 – 15

Vapor (ship)	**Credito No. (L/C no.)**	**Banco Emissor (Issued Bank)**
Cap Norte		
Puerto de Embarque (Port of loading)	**Puerto Destino (Port of destination)**	**Informe Exportación (Export permit)**
Cadiz	Hamburg Freihafen	
Cantidad (Quantity)	**Descripción de Productos**	**Valor Total (Total value)**
40,000 KG NET	2 x 20 F. CONT. 5,000 CTNS ORANGES	EURO
TARE 5,000 KG	„VALENCIA LATE", FIRST-CLASS QUALITY,	
	PRICE – CIF HAMBURG	40,512.00

Cordobes S.A.
(Signature)

Erstellen Sie aus den Angaben der Rechnung

- → ein Konnossement (Formular, S. 238)
- → ein Dokumentenakkreditiv (Formular, S. 239).

MAERSK LINE

NON-NEGOTIABLE
SEA WAYBILL

Shipper/Exporter (complete name and address)	WB No.
	Booking No.
	Export references
Consignee (complete name and address)	Forwarding agent - references
	Point and Country of Origin
Notify Party (complete name and address)	Domestic routing/export instructions
*Precarriage by / *Place of Receipt	**Shipper memoranda not part of Sea Waybill**
Vessel / Voy No. / Port of Loading	Onward inland routing
Port of Discharge / *Place of Delivery	

CARRIER'S RECEIPT		PARTICULARS FURNISHED BY SHIPPER - CARRIER NOT RESPONSIBLE		
Container No./Seal No. Marks and Numbers	No. of Containers or pkgs.	Kind of packages; description of goods	Gross Weight	Measurement

Freight & Charges	Rate	Unit	Prepaid	Collect

Declared Value Charges (see clause 6) for Declared Value of US $	Total Prepaid	Received for carriage as above in apparent good order and condition, unless otherwise stated herein, the goods described in the above particulars.
	Total Collect	Delivery of the goods will be made to the consignee or his authorised representative upon proper proof of identity and authorization without the need of producing or surrendering a copy of this waybill.
Place of Issue	Date	
*Applicable only when document used as a Through Sea Waybill		For Dampskibsselskabet af 1912, Aktieselskab and Aktieselskabet Dampskibsselskabet Svendborg as carrier

By ______________________

As Agent(s) only

MAERSK DEUTSCHLAND GMBH

Antrag zur Eröffnung eines unwiderruflichen Dokumenten-Akkreditivs

1. Ausfertigung (Zur Weiterleitung an GZB-Bank)

An Bank

zur Weiterleitung an
GZB-Bank
Genossenschaftliche
Zentralbank AG Stuttgart

Wir bitten Sie gemäß Ihren „Allgemeinen Geschäftsbedingungen" sowie den „Einheitlichen Richtlinien und Gebräuchen für Dokumenten-Akkreditive" der ICC-Paris (neueste Fassung) folgendes unwiderrufliches Akkreditiv

☐ per SWIFT bzw. per Telex
☐ per Eil-SWIFT
☐ übertragbar (Akkreditiv im Ausland gültig und benutzbar)

zu eröffnen

Bankverbindung des Begünstigten (soweit bekannt)

Datum und Ort des Verfalls (Gültigkeit):

Auftraggeber (Importeur):

Begünstigter (Exporteur):

Währung/Betrag:

Das Akkreditiv soll benutzbar sein:

bei ☐ der **GZB-Bank** in Stuttgart
☐ der ausländischen Korrespondenzbank
☐ jeder Bank am Ort des Verfalls

durch ☐ Zahlung bei Sicht
☐ Hinausgeschobene Zahlung per ________ Tage nach
☐ Verladung ☐ Dokumentenvorlage
☐ Akzeptierung von Tratten des Begünstigten
per ____________________
gezogen auf ____________________
☐ Negoziierung

gegen Einreichung der nachstehend genannten Dokumente

Teilverladung ☐ gestattet ☐ nicht gestattet
Umladung ☐ gestattet ☐ nicht gestattet
Verschiffung/Versendung/Übernahme
von ____________________
nach ____________________
per ____________________
spätestens am

Warenbeschreibung: (zu weitgehende Einzelheiten vermeiden – Kurzbezeichnung verwenden)

Lieferbedingung gemäß INCOTERMS (neueste Fassung):

Vorzulegende Dokumente

☐ unterzeichnete **Handelsrechnung,** ________ -fach
☐ Voller Satz reiner „An Bord" ☐ **Seekonnossemente** mit entsprechendem Frachtvermerk
☐ **Combined Transport Bills of Lading** mit entsprechendem Frachtvermerk
☐ ausgestellt an Order und blanko indossiert ☐ ausgestellt an Order ____________________
☐ Notify-Adresse (Name und Anschrift) ____________________
☐ **Luftfrachtbrief** ☐ mit Angabe von Versandtag u. Flug-Nr. Ware adressiert an ☐ Auftraggeber
☐ **CMR-Frachtbrief** (LKW-Transport) ☐ ____________________
☐ **Duplikatfrachtbrief** (Bahntransport) ☐ Notify: ____________________
☐ **Spediteur-Übernahmebescheinigung** (FCR) ____________________
☐ Anderes Transportdokument (genaue Bezeichnung):
☐ **Ursprungszeugnis** mit Angabe Ursprungsland: ____________ ☐ Form A ausgestellt von ☐ ____________
(falls nichts angegeben, wird ‚offizielle Stelle' eingesetzt)
☐ **Packliste,** ______ fach
☐ **Versicherungspolice/-zertifikat** mit dem Vermerk „Prämie bezahlt" über ______ % (üblich 110% CIF/CIP-Wert)
einschließlich Haus-zu-Haus-Versicherung
Deckungsumfang ☐ Institute Cargo Clauses "A" ☐ Institute War Clauses
☐ Institute Strikes Clauses ☐ ____________________
☐ Andere Dokumente oder besondere Bedingungen

Inländische Bankgebühren gehen ☐ zu unseren Lasten ☐ zulasten des Begünstigten
Ausländische Bankgebühren gehen ☐ zu unseren Lasten ☐ zulasten des Begünstigten

Die Dokumente sind innerhalb von ____________ Tagen nach dem Verladedatum vorzulegen, jedoch innerhalb der Gültigkeitsdauer des Akkreditivs (ohne Angabe einer Frist gelten 21 Tage – bitte beachten Sie hierbei die Zeitspanne zwischen letztem Verladetag und der Gültigkeit).

Die Eröffnung des Akkreditivs ist dem Begünstigten durch die avisierende Bank wie folgt anzuzeigen
☐ unbestätigt ☐ bestätigt ☐ mit der Möglichkeit der Bestätigung

Meldung Z 1 ☐ ist angeheftet ☐ wurde an LZB weitergeleitet
Ausnutzung z. L. ☐ EUR-Konto ☐ WHR-Konto
Für das obige Akkreditiv übernehmen wir das Obligo

Datum, Stempel und Unterschrift der Bank

Datum, Stempel und Unterschrift des Auftraggebers

276 0501 DG VERLAG

Weitere benötigte Angaben:

- → Booking-No.: 13489
- → Ursprungsland: Spanien
- → Maersk übernimmt die Ware in Granada und bringt sie z.B. mit dem Lkw nach Cadiz.
- → Container-Nr.: 3398820/3398821; Seal-No. 2927/2928; Gesamtgewicht: 40000 kg
- → Die Orangen gehen am ..-11.-15. „clean on board".
- → Insgesamt werden von dem Konnossement 3 Originale ausgestellt.
- → Seefracht: 1320 EUR; Verladung in Cadiz (origin charge) 130 EUR, Abladekosten in Hamburg 125 EUR
- → Seefracht und Verladekosten in Cadiz sind vom Exporteur vorausbezahlt (CIF Hamburg); die Abladekosten in Hamburg sind vom Empfänger zu bezahlen.
- → Bank des Auftraggebers: Volksbank Ulm
- → Bank des Begünstigten: Banco Santander, Granada
- → Das Akkreditiv soll benutzbar sein bei der ausländischen Korrespondenzbank.
- → Datum und Ort des Akkreditivverfalls: ..-11.-30. in Granada
- → Vorzulegende Dokumente laut den Bedingungen des Akkreditivs: Handelsrechnung 2-fach, voller Satz Combined Transport Bill of Lading, ausgestellt an Order der Fa. Wenz
- → Versicherungszertifikat ausgestellt auf 110 % des Warenwertes
- → Notify-Adresse: Lothar Meyer, Oldesloherstr. 46, 22583 Hamburg
- → Inländische Bankgebühren gehen zulasten der Fa. Wenz; ausländische zulasten der Fa. Cordobes.
- → Die Dokumente sind innerhalb von 15 Tagen nach der Verschiffung vorzulegen.
- → Das Akkreditiv ist unbestätigt vorzulegen.
- → Teilverladungen und Umladungen sind nicht gestattet.

Aufgabe 2

Ein deutscher Exporteur verkauft Gartenschläuche in die Schweiz. Die Rechnung wird auf Wunsch des Kunden in Schweizer Franken (CHF) ausgestellt. Der Rechnungsbetrag lautet über 50000 CHF. Das deutsche Unternehmen wechselt diesen Betrag nach Eingang auf dem Konto in EUR um.
Welchen Betrag in EUR schreibt die Bank gut (Kurstabelle – vgl. S. 213, Spesen finden keine Berücksichtigung).

Aufgabe 3

Ein Kaffeeimporteur aus Ulm muss seinem Lieferanten in Costa Rica 450000 USD überweisen. Welcher Betrag in EUR wird von der umwechselnden Bank auf dem Konto des Kunden belastet?

Aufgabe 4

Angenommen, der deutsche Importeur (Fall 3) würde ein Devisentermingeschäft (6 Monate) zur Währungsabsicherung abschließen.

a) Beschreiben Sie die Vorgehensweise des Importeurs bei diesem Termingeschäft.
b) Zu welchem Kurs würde das Termingeschäft abgeschlossen? Begründung.

c) Welcher Betrag würde dem Unternehmen letztendlich bei der Abwicklung des Termingeschäftes von der Bank belastet (ohne Spesen) vgl. Kurstabelle S. 213)?

Aufgabe 5

Abgeschlossene Devisentermingeschäfte mit Fälligkeit Jahr 03:

Abschlussdatum	Fälligkeit	FW-Betrag	Währung	Terminkurs
27. 12. 01	25. 02. 03	1000000 USD	EUR/USD	1,45
26. 02. 02	30. 07. 03	1000000 USD	EUR/USD	1,40
26. 04. 02	31. 10. 10	1000000 USD	EUR/USD	1,40
27. 06. 02	31. 12. 03	1000000 USD	EUR/USD	1,50

Summe FW-Betrag: 4000000 USD

Tageskurse:
Tageskurs am 25. 02. 03 → 1 EUR = 1,4 USD
Tageskurs am 30. 07. 03 → 1 EUR = 1,45 USD
Tageskurs am 31. 10. 03 → 1 EUR = 1,42 USD
Tageskurs am 31. 12. 03 → 1 EUR = 1,35 USD

Situationen:
Verkauf von Reisebussen; Kundenzahlung am 25. 02. 03 von 1 000 000,00 USD

a) Was passiert am 25. 02. 03?
b) Angenommen, die restlichen für das Jahr 03 geplanten Reisebusse (Juli, Oktober, Dezember) werden nicht verkauft:
   - Was passiert mit den bestehenden Devisentermingeschäften?
   - Welches Problem ergibt sich für das Unternehmen?
   - Was hätte das Unternehmen vorsorglich tun können?

Aufgabe 6

Malaysia (Aufg. 2, S. 193 ff.) ist zum Zeitpunkt des Kaufvertragsabschlusses ein Land, das sich in der Risikostufe 5 (Länderrisiko) befindet.

a) Welche Form der Ausfuhrgewährleistung müsste hier beantragt werden (Begründung)?
b) Welche Vorgehensweise ist bei der Antragstellung zu beachten?
c) Wie hoch ist die Antragsgebühr in diesem Fall?

Die Vorauszahlung in Höhe von 20 % trifft vereinbarungsgemäß ein, anschließend verweigert der malayische Staat der Firma Dockyard die weitere Transferierung von Geldbeträgen ins Ausland.

d) Um welche Art von Risiko handelt es sich in diesem Fall?

e) Berechnen Sie die gesamten Kosten der Ausfuhrgewährleistung, wenn die letzte Rate laut Kaufvertrag vereinbarungsgemäß 3 Monate nach Lieferung der Ware eingehen soll, eine Bankgarantie vorliegt und ein eintretender Währungsverlust ebenfalls von der Ausfuhrgewährleistung mit übernommen werden soll.
f) Wie hoch ist die Ausfuhrgewährleistung, die die Euler HERMES AG der Firma RAKA überweisen würde: 1 EUR = 1,47 USD?

Aufgabe 7

a) Wovon ist die Höhe eines Importvorschusses abhängig, den ein Kreditinstitut einem Importeur gewährt?
b) In welcher Form wird dem Exporteur beim Negoziierungskredit ein Kredit gewährt?
c) Was bedeutet es, wenn ein Kreditinstitut im Rahmen einer direkten Zahlungsgarantie in Anspruch genommen wird?
d) Erklären Sie die Gemeinsamkeit und den Unterschied zwischen einer Garantie und einem Akkreditiv.

Lernfeld 3

Importprozesse planen, durchführen und kontrollieren

1 Internationale Beschaffungsmarktforschung und Lieferantenauswahl

Die zunehmende weltwirtschaftliche Verflechtung zwingt die nationalen Unternehmen, sich nicht nur mit der heimischen, sondern auch mit der internationalen Konkurrenz zu messen. Die Konkurrenzfähigkeit deutscher Unternehmen leidet zunehmend unter den vergleichsweise hohen Lohnkosten und den damit verbundenen höheren Produktionskosten am Standort Deutschland. Einen Ausweg aus dieser Kostenfalle bietet die internationale Beschaffung und Produktion, bei der Produktteile günstiger eingekauft werden können.

Ausländische Beschaffungsmärkte werden von den nationalen Unternehmen allerdings aus mehreren Perspektiven betrachtet:

- als günstige Beschaffungs-/Sourcings-Märkte zur Realisierung von Preisvorteilen durch Kosteneinsparung beim Einkauf,
- als Möglichkeit zur Ausdehnung des Lieferantenspektrums im Zuge eines Global Sourcing
- sowie als lokale Beschaffungsmärkte für Rohmaterialien, Halbfabrikate, Zubehör u.a. für die Produktionsstandorte in diesen Ländern, z.B. im Rahmen der Local-Content-Anteile.

Daneben sieht man allerdings auch die erheblich größeren Risiken, die bei einem Geschäft mit internationalen Lieferanten eingegangen werden. Dazu zählen u.a. große Qualitätsmängel lokaler Materialien, fehlende Lieferzuverlässigkeit, fehlende Management- und Einkaufskenntnisse sowie Probleme rechtlicher Art. Ausgehend von den geschilderten Chancen und Risiken sollten bei der Auswahl der Lieferanten folgende Arbeitsschritte realisiert werden:

1. Beschaffungen im Unternehmen analysieren
2. Beschaffungsmärkte lokalisieren
3. Auswahl der Lieferanten aufgrund vom Unternehmen definierter Kriterien
4. Angebote auswerten
5. Festlegung von Sourcing-Strategien

1.1 Beschaffungen im Unternehmen analysieren

Nicht alle Teile eignen sich für eine weltweite Beschaffung. Vor allem hinsichtlich der Punkte Qualität und Transportkosten sollte man genau hinschauen, welche Produkte sich für einen globalen Einkauf anbieten. Jedes Unternehmen muss dabei seine eigenen individuellen Kriterien der Entscheidung zugrunde legen.

Generell gilt, dass **standardisierte Produkte**, die in großen Mengen benötigt werden und einen hohen Lohnkostenanteil haben, am besten geeignet sind. Eine langfristige Lieferantenbindung wird hier nicht unbedingt angestrebt. Allerdings kann es unter Umständen auch sinnvoll sein, aus **technologischen Gründen** eine internationale Beschaffung durchzuführen, insbesondere dann, wenn Unternehmen in bestimmten Regionen der Welt (z.B. Asien) ein Know-how besitzen, das dem einheimischen Unternehmen einen Wettbewerbsvorteil bieten kann. In diesem Fall sollte man versuchen, mit dem Lieferanten auch eine strategische Partnerschaft einzugehen. Deshalb kann globale Beschaffung sowohl kosteninduziert als auch technologieinduziert sein.

1.2 Beschaffungsmärkte lokalisieren

In einer ersten Selektionsstufe (Grobselektion) wird der globale Beschaffungsmarkt anhand von Kriterien wie politische Stabilität, Transferrisiken und Geschäftsklima des Landes untersucht. In einer zweiten Selektionsstufe (Feinselektion) werden nun die politischen (Exportregulierungen, nichttarifäre Hemmnisse, Rechtssystem, Stand der Privatisierung etc.) und wirtschaftlichen Kriterien (BIP, Inflationsrate, Arbeitslosigkeit, Lohnniveau, Produktivitätsraten etc.) genauer untersucht.

Eine hervorragende Möglichkeit der Informationsbeschaffung für Unternehmen ist der Besuch von Messen und Ausstellungen im In- und Ausland, auf denen ausländische Unternehmen vertreten sind. Hier kann der Unternehmer die Ware in Augenschein nehmen und persönliche Kontakte zu potenziellen Lieferanten herstellen.

Eine Informationsbeschaffung auf eigene Faust zu betreiben, d.h. sich vor Ort Informationen zu beschaffen, ist sehr mühsam, bringt oft keine detaillierten Informationen und ist trotzdem für mittlere und kleinere Unternehmen kaum finanzierbar. Stattdessen bietet sich die Informationsbeschaffung über die Vielzahl an öffentlichen, halböffentlichen und privaten Institutionen an, die teils umsonst, teils gegen Honorar Informationen erteilen. Hier eine Auswahl der wichtigsten Anlaufstellen in Deutschland:

- die örtlichen Industrie- und Handelskammern mit ihren mehr oder weniger stark besetzten Außenhandelsabteilungen;
- die Verbände (u.a. der Bundesverband des Groß- und Außenhandels, der Ostasiatische Verein in Hamburg etc.);
- die Handelsabteilungen der Deutschen Botschaften im jeweiligen Land;
- die Außenhandelsabteilungen der Banken;
- die Deutsche Investitions- und Entwicklungsgesellschaft mbH (DEG) informiert über Investitionsprogramme, Fördermaßnahmen, gibt Finanzierungshilfen und berät über Kooperationen und Investitionen;
- lokale Beratungs-/Servicebüros übernehmen gegen Entgelt nicht nur die Informationsbeschaffung, sondern, wenn gewünscht, auch die komplette Auftragsabwicklung;
- eine ausgezeichnete Möglichkeit der Informationsbeschaffung bietet die Bundesstelle für Außenhandelsinformation (bfai) in Köln (vgl. S. 32f.).

1.3 Lieferantenauswahl

Nach der Informationsbeschaffung kommt die Entscheidung bezüglich der Lieferantenauswahl. Welche Kriterien sollen bei der Auswahl der Lieferanten herangezogen werden?

Wirtschaftliche Situation des ausländischen Unternehmens

- Finanz-, Umsatz- und Kostenstrukturen;
- materielle Bedingungen (Gebäude, Maschinen, Anlagen);
- Forderungen, Verbindlichkeiten, Lagerhaltung, Zulieferbeziehungen;

Management/Personal

- Unternehmensführung, Kommunikation, Flexibilität, Initiative, Kooperationsbereitschaft;

- Qualifikations- und Gehaltsstruktur der Mitarbeiter (Anteil des Verwaltungspersonals);

Produktion/Produkte
- Konstruktion, Werkzeugbau, Patente, Lizenzen, sonstiges Know-how
- Produktionstechnologie und -logistik;
- Qualität und Qualitätszertifikate (ISO-Normen);
- Vorhandene Import- und Exportstrukturen für vorhandene Produkte;

Eigentum/Rechtsstatus
- Stand der Privatisierung;
- Rechtsform des Unternehmens;
- Eigentumsverhältnisse (Beteiligungen, Staatseigentum).

1.4 Angebote auswerten

Von den übrig bleibenden Lieferanten werden Angebote eingeholt. Diese werden nach den üblichen Kriterien bei der Angebotsbewertung beurteilt: Preis, Qualität, Liefertreue, Lieferschnelligkeit etc.

1.5 Sourcing-Strategien

Nach der Überprüfung möglicher internationaler Lieferanten hinsichtlich der Erfüllung bestimmter Kriterien stellt sich die Frage nach den Sourcing-Strategien. Darunter versteht man die Art und Weise, wie ein Unternehmen seine Beschaffungsstrategie festlegt.

Sourcing-Strategien nach der Zahl der Lieferanten

Unter **Multiple Sourcing** versteht man die Beschaffung von Teilen von mehreren Lieferanten. Der Vorteil dieser Strategie ist die Versorgungssicherheit auch für den Fall, dass einer dieser Lieferanten ausfällt. Nachteilig an dieser Strategie ist die Tatsache, dass bei vielen Lieferanten auch der Aufwand für Kommunikation (Verhandlungen, Reklamationen etc.) sprunghaft ansteigt.

Beim **Double Sourcing** beschränkt sich das Unternehmen auf die Teilbeschaffung von zwei Lieferanten, wobei das Beschaffungsvolumen nicht unbedingt im gleichen Verhältnis aufgeteilt werden muss. Positiv an dieser Strategie ist die Tatsache, dass die Versorgungssicherheit besser gewährleistet ist als beim **Single Sourcing**, wobei aber die Aufwendungen für Kommunikation höher sind als bei der Beschaffung über einen Lieferanten.

Sourcing-Strategien nach Ausdehnung der Märkte

Im Unterschied zu Unternehmen, die sich bei der Produktbeschaffung ausschließlich auf lokale Lieferanten verlassen (**Local Sourcing**), wird beim **Global Sourcing** von Unternehmen der Schwerpunkt auf die weltweite Beschaffung von Teilen gelegt.

Global Sourcing ist ein systematisches Beschaffungsmarketing auf den Weltmärkten, bei dem das Unternehmensziel, die kostengünstige und hochwertige Beschaffung von Produkten, optimal erreicht werden kann. Während bei der kosteninduzierten Beschaffung in der Regel nur der operative internationale Einkauf im Vordergrund steht, geht es bei der technologieinduzierten Beschaffung um strategische Elemente zur Erlangung von Wettbewerbsvorteilen. Bei dieser strategischen Ausrichtung der Sourcing-Strategie kann es sinnvoll sein, sich ein eigenes Einkaufsbüro (International Purchasing Office – IPO) im jeweiligen Beschaffungsland einzurichten. Dieses IPO kann die notwendige Abstimmung mit dem Lieferanten verbessern und sich mit Themen wie Vertragsrecht, Qualitätssicherung und kulturellen und politischen Gegebenheiten befassen.

Chancen und Risiken des Global Sourcing:

Chancen	Risiken
Rendite: Kostengünstigerer Einkauf steigert die eigene Rendite. **Produktkenntnisse:** Unternehmen in bestimmten Regionen haben oft spezielle Kenntnisse. Durch den weltweiten Einkauf nutzen Unternehmen dieses Know-how für das eigene Produkt. **Vertriebsunterstützung:** Durch den Einkauf in bestimmten Regionen kann man auch den Bedarf in diesen Regionen besser entdecken; damit entstehen neue Absatzmärkte. **Flexibilität:** Ausländische Lieferanten dienen als Puffer, wenn es Probleme mit den heimischen Lieferanten gibt.	**Recht:** Andere Länder haben in aller Regel andere Rechtsvorschriften. Die gerichtliche Durchsetzung von Ansprüchen wird schwierig und teuer. **Sicherheit:** Längere Transportwege erhöhen das Lieferrisiko. Streiks, soziale Konflikte und kriegerische Auseinandersetzungen können zum Ausfall der Lieferungen führen. **Reparatur:** Reparaturen und Nachbesserungen sind in fernen Regionen erheblich aufwendiger als im heimischen Markt. **Währung:** Wechselkursänderungen sind nur in Standardwährungen abzusichern.

Sourcing-Strategien nach dem Wertschöpfungsanteil der Lieferanten

- **Teilelieferanten** liefern nur ein oder mehrere Teile. Sie haben für das Gesamtkonzept nur eine untergeordnete Bedeutung und sind u. U. auch jederzeit zu ersetzen.
- **Modullieferanten** liefern ganze Baugruppen. Dadurch soll die Entwicklung und die Fertigung von Modulen zum Lieferanten verlagert werden. Durch dieses Outsourcing erfolgt eine prozessorientierte Arbeitsteilung zwischen dem Hersteller und dem Lieferanten. Der Lieferant spielt bei dieser Strategie eine wichtigere Rolle.
- **Systemlieferanten** liefern ein Gesamtsystem. Darin enthalten sind die Forschungs- und Entwicklungsleistung, die Produktion und die Logistik. Systemlieferanten werden u. a. in der Automobilindustrie eingesetzt, wo beispielsweise Achsen, Reifen und Bremssystem von einem Lieferanten komplett zusammengebaut geliefert werden. Durch diese Beschaffungsstrategie lassen sich erhebliche Kosteneinsparungen (Abbau von Kosten der Forschung und Entwicklung, Verkürzung der Durchlaufzeiten etc.) erzielen, die Komplexität der Lieferbeziehungen wird ebenfalls verringert, allerdings entstehen starke Abhängigkeiten und die Versorgungssicherheit ist ebenfalls nicht optimal gewährleistet.

2 Internationale Logistikprozesse und -netzwerke

2.1 Begriff und Umfang der Logistik

Logistik wird im Folgenden als Unternehmenslogistik verstanden, d.h., es geht um logistische Prozesse und Funktionen, die in einem Industrie- oder Handelsunternehmen im Rahmen der Erfüllung der unternehmerischen Gesamtaufgabe anfallen.

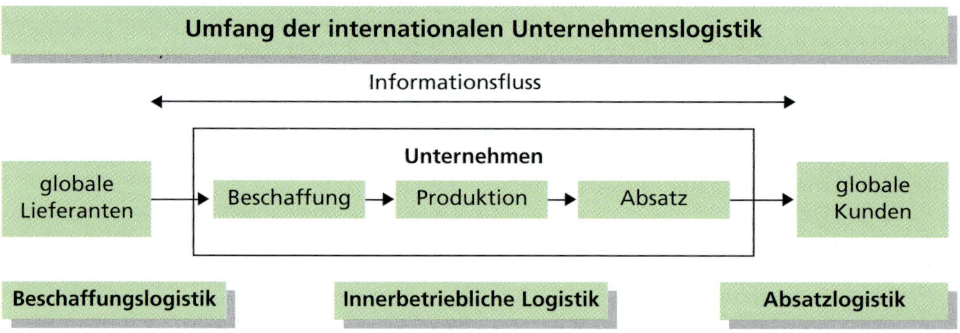

Internationale Logistik beschäftigt sich mit der Beschaffung von Material/Gütern von ausländischen Lieferanten (**internationale Beschaffungslogistik** im Rahmen des Global Sourcing) und dem Absatz von Material/Gütern an ausländische Kunden (**internationale Distributionslogistik**). Daneben sorgt die Logistik für die Entsorgung der Rückstände.

Aufgabenbereiche der internationalen Logistik

Internationale Beschaffungslogistik	Internationale Distributionslogistik
→ **Planung**: Mengen-, Zeit- und Preisplanung (Einkauf durch den Logistiker), Planung des Einfuhrvorgangs (Einfuhrkontrolle, Einfuhranmeldung usw.), Transportwegeplanung → **Steuerung**: Überwachung der Liefertermine, Preis- und Rechnungskontrolle, Überwachung der Lagerbewegungen → **Physische Behandlung**: Physischer Transport der Waren, Einlagerung, Entsorgung der Rückstände, Ausfüllen und Abgabe der Zollpapiere, Zahlung der Eingangsabgaben, Zolllager für die importierten Waren	→ **Planung**: Mengen- und Zeitplanung, Planung des Ausfuhrvorgangs (Ausfuhrkontrolle, Ausfuhranmeldung), Planung der Transportwege → **Steuerung**: Überwachung der Liefertermine an Kunden, Überwachung der Lagerbewegungen → **Physische Behandlung**: Entnahme der Waren aus dem Lager, Kommissionierung, Transport vom Händler zum ausländischen Kunden, Entsorgung der Rückstände, Ausfüllen und Abgabe der Zollpapiere bei der Ausfuhr

Informationsfluß

Voraussetzung für das Funktionieren dieser logistischen Prozesse ist, daß allen Beteiligten sämtliche Informationen zur Verfügung stehen.

Ursachen des Megatrend Logistik

1. Globalisierung

Unter Absatzlogistik versteht man die Planung, Steuerung und die physische Behandlung der fertigen Erzeugnisse vom Unternehmen bis hin zum Abnehmer.

Unter Globalisierung versteht man das Zusammenwachsen und die Vernetzung der weltweiten Märkte (Kapitalmärkte, Gütermärkte, Dienstleistungsmärkte, Arbeitsmärkte, Infomationsmärkte, Technologiemärkte). Die Möglichkeiten der Logistik sind eine wesentliche Voraussetzung für diesen Prozess der zunehmenden Vernetzung der Weltwirtschaft.

2. Recycling und Kreislaufwirtschaft

Die Logistik entwickelt intelligente Konzepte der Bündelung und Optimierung der Güterströme.

3. Sofortreaktion auf Kundenwünsche – zeitbasierter Wettbewerb

Der Unternehmenserfolg hängt immer mehr davon ab, wie schnell ein Unternehmer auf Kundenwünsche reagieren kann. Die Konzepte der Logistik tragen dazu bei, dass die Auftragsabwicklungszeiten und damit die Reaktionsschnelligkeit der Unternehmen erhöht wird.

4. Konzentration auf Kernkompetenzen

Durch die stärker vernetzte globalisierte Wirtschaft, den zeitbasierten Wettbewerb, den neuen ökologischen Anforderungen und immer komplizierter werdende Systeme der Planung und Steuerung und Kontrolle versuchen die Unternehmen sich immer mehr auf Kernkompetenzen zu konzentrieren.

Nicht als Kernkompetenzen erkannte Aktivitäten werden ausgelagert („outgesourct"). Dadurch erhöht sich die Zahl der Schnittstellen und die Bedeutung der Koordination dieser Module. Aufgabe der Logistik ist in die Module dieser Wertschöpfungsketten einzugreifen.

5. Struktur- und Prozessorganisation – „Supply Chain" Prozesse

Die Verknüpfung der Aktivitäten der Wirtschaft (Einkauf, Transport, Kommissionierung, Lagerhaltung, Verpackung, ...) führen zu einem „Supply-chain-Denken". Die Logistik greift sehr stark in diese Supply-Chain-Kette (Beschaffung, Distribution) ein.

6. Ständiger Zwang zur Kostenreduzierung

Der ständige Zwang zur Kostenreduzierung führt zur Auslagerung, z. B. der Lagerhaltung, der Beschaffung, Teilen der Fertigung, etc., die dann auf Dienstleister, wie den Logistiker übertragen werden.

2.2 Logistik – Teilprozess in internationalen Netzwerken

2.2.1 Internationale Wertschöpfungsketten

Ein Konsum- oder auch ein Produktionsgut besteht in der Regel aus vielen Einzelteilen, die produziert, eingekauft, zusammengebaut, transportiert und gelagert werden müssen. Jede dieser Aktivitäten verursacht einerseits Kosten, im Wesentlichen Arbeits- und Kapitalkosten, andererseits werden durch diese unternehmerischen Aktivitäten Werte geschaffen bzw. vorhandene Werte erhöht. Jedes Unternehmen, das positiv, d. h. im Sinne der Zielsetzung, in diesen Leistungsprozess eingreift, erhöht somit den Wert des Produktes, wirkt wertschöpfend. Volkswirtschaftlich betrachtet ist diese **Wertschöpfung** der Betrag, den ein Unternehmen zum Bruttoinlandsprodukt (BIP) beiträgt (Mehrwert).

Werden die Werte in verschiedenen Ländern geschaffen, nehmen in der Regel auch verschiedene, rechtlich selbstständige Unternehmen am Wertschöpfungsprozess teil. Ausgehend von einem bzw. mehreren Materialien, die in verschiedenen Ländern bezogen werden, durchlaufen die Materialien verschiedene Fertigungsstufen in diesen Unternehmen und Ländern bis hin zum fertigen Produkt. In diesem Fall spricht man von einem internationalen vertikalen Wertschöpfungsprozess bzw. einer internationalen vertikalen Wertschöpfungskette. Ziel einer Wertschöpfungskette ist die kosten- und nutzenmäßige Optimierung des Wertschöpfungsprozesses. Zu diesem Zweck werden überbetriebliche Wertschöpfungspartnerschaften gegründet.

Modell eines Wertschöpfungsprozesses

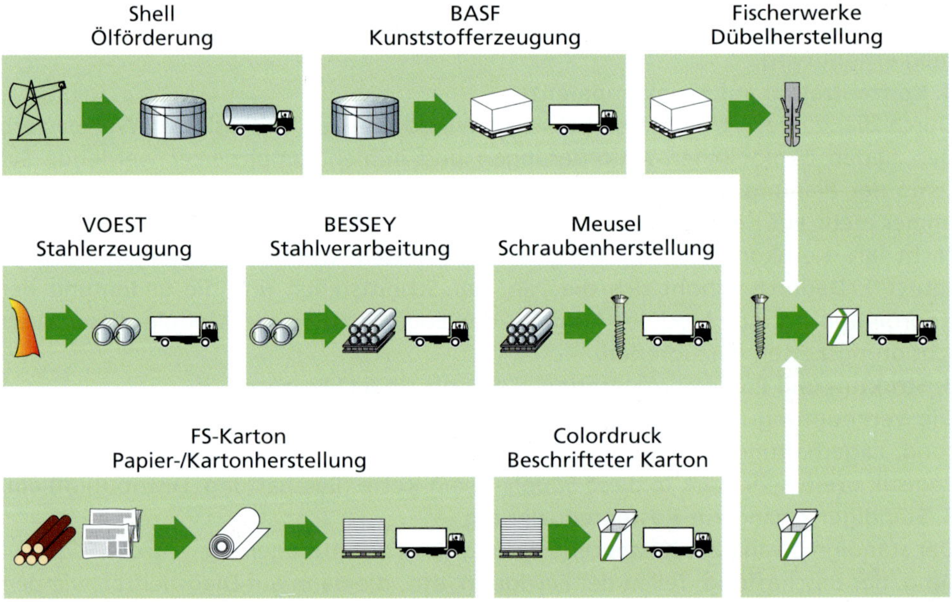

Ursachen für die Gründung von Wertschöpfungspartnerschaften

Seit Jahren beobachtet man sowohl in den Produktions- als auch in den Handelsbetrieben die Tendenz, dass bestimmte Tätigkeiten nicht mehr im eigenen Unternehmen erledigt werden, sondern auf andere, unabhängige Unternehmen verlagert werden (Outsourcing). Ursachen dafür sind u. a.:

- die immer schwieriger werdende Technologie, die eine zunehmende Spezialisierung der Unternehmen auf sogenannte Kernkompetenzen notwendig macht;
- der enorme Kapitaleinsatz für diese Technologie, der in immer schnelleren Zeitabständen erbracht werden muss;
- die zunehmende Komplexität (Stichwort: Internationale Wertschöpfungsketten), die von einem Unternehmen kaum mehr optimal und flexibel organisiert werden kann.

Beurteilung der Auslagerung von Unternehmensprozessen durch die Bildung von Wertschöpfungsketten

Vorteile:

1. Geringere Kosten (Arbeits-, Organisationskosten etc.)
2. Steigerung der Produktivität
3. Nutzung von fremdem Know-how
4. Reduzierung von Vorratsvermögen
5. Reduzierung der Risiken

Nachteile:

1. Verringerung des eigenen Einflusses
2. Größere Abhängigkeiten
3. Durch die Auslagerung von Tätigkeiten geht Wissen verloren.
4. Notwendigkeit externer Verhandlungen statt interner Anweisungen

2.2.2 Logistische Ketten

Wie aus dem oben dargestellten Modell eines Wertschöpfungsprozesses hervorgeht, ist die Logistik ein Teilprozess in dieser internationalen Wertschöpfungskette. Die Logistik beschäftigt sich mit Versorgen, Verteilen und Entsorgen oder in Prozessen ausgedrückt, mit Versorgungsprozessen, Verteilungsprozessen und Entsorgungsprozessen.

Aufgaben der Logistik in diesem internationalen Wertschöpfungsprozess:
- → die richtigen Materialien bzw. Produkte
- → in der richtigen Menge und Qualität
- → am richtigen Ort im System
- → zum richtigen Zeitpunkt und
- → zu den richtigen Kosten bereitzustellen.

Werden nun alle logistischen Tätigkeiten, die im Rahmen der internationalen Beschaffungsoder Distributionslogistik anfallen, nach der Idee eines „Fließsystems" optimiert, spricht man von einer **„internationalen logistischen Kette"**. Merkmale einer logistischen Kette sind u. a.
- → die Vermeidung unnötiger Transportbewegungen,
- → die Minimierung/Vermeidung von Lager- und Liegezeiten,
- → die Gestaltung optimaler Verpackungseinheiten für Transport- und Lagerung,
- → ein umfassender Informationsfluss für alle Beteiligten (Kunde weiß z. B. bei einem kombinierten Transport jederzeit über den Ort Bescheid, an dem sich die Waren gerade befinden),
- → die Verbesserung der Logistikqualität (Kennzahlen: Falscheingaben/Auftrag, Zahl nicht bevorrateter Artikel, Terminüberschreitungen je 100 Sendungen, Anzahl der Falschkommissionierungen, schadhafte Sendungen je 100 Sendungen usw.),
- → die Verkürzung der Liefertermine,
- → eine Kostensenkung bei den logistischen Prozessen (Kennzahlen: EUR/Tonne, EUR/Sendung, EUR/Palette usw.).

Bei der Planung und Steuerung der logistischen Kette geht es dem betroffenen Unternehmen natürlich in erster Linie um einen reibungslosen **Materialfluss**, d. h., dass das richtige Material zum richtigen Zeitpunkt am richtigen Ort im System ist. Ein reibungsloser Materialfluss ist aber nur dann möglich, wenn die dazu notwendige inner- und außerbetriebliche **Transportkette** optimal geplant und gesteuert wurde. Unter Transportkette versteht man die optimale Aneinanderreihung von Transportmitteln (Lkw, Schiff, Flugzeug, innerbetriebliche Transportmittel etc.), die einen reibungslosen Materialfluss erst ermöglichen.

Beispiel: Auslieferung von Autoersatzteilen durch Logistik-Unternehmen

Der Vorgang von der Bestellung des Autoersatzteils bis zur Auslieferung durch das Logistikunternehmen stellt sich folgendermaßen dar.

Ein Auto-Händler in Paris bestellt bei einem deutschen Autohersteller in Bayern Ersatzteile für einen Pkw, die er dringend benötigt, da er dem Kunden eine schnellstmögliche Reparatur seines Wagens zugesichert hat. Geht diese Bestellung bis spätestens um 16:00 Uhr abends („Deadline") beim Werk in Bayern ein, ist garantiert, dass die Ersatzteile am nächsten Morgen beim Händler in Paris sind.

Dieser und andere Ersatzteilaufträge werden von dem Autohersteller in Bayern erfasst und im Lager zusammengestellt. Lkw der Logistikfirma, sogenannte Versorgerfahrzeuge, nehmen die Ersatzteile im Lager des Autoherstellers auf und fahren sie zu den Niederlassungen des Logistikers. Diese Niederlassungen sind maximal 100 km von der Niederlassung des Autoherstellers entfernt; dadurch ist garantiert, dass die Ersatzteile bis spätestens 21:30 Uhr durch die Versorgerfahrzeuge abgeliefert werden. In der Niederlassung werden die Teile abgeladen und neue Collis (Verpackungseinheiten) nach Routen zusammengestellt.

Die eigentliche Zufuhr der Ersatzteile erfolgt dann durch Lkw, die die einzelnen Touren, u.a. die Tour nach Paris, fahren. Der Fahrer fährt die auf seiner Tour liegenden Auto-Händler an und lädt die Teile aus. Bis spätestens 8:00 Uhr morgens garantiert der Logistiker die Anlieferung der Teile bei allen Händlern auf den einzelnen Touren. Den Zugang zum Hof bzw. zum Lager hat der Fahrer mit einer codierten Händlerkarte, die ihm auch bei Nacht den Zugang zum Gelände ermöglicht.

Logistik-Kette

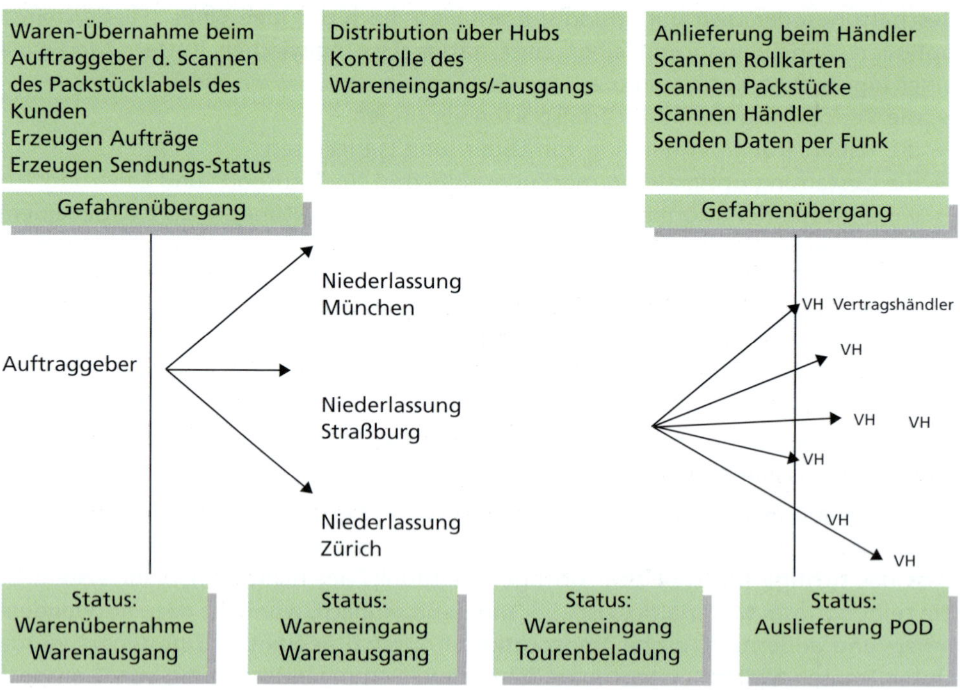

2.2.3 Supply-Chain-Management (SCM)

Der Zwang zur ständigen Kostensenkung und die zunehmende Komplexität der Wertschöpfungsprozesse führen, wie bereits erwähnt, dazu, dass Unternehmen sich zusehends auf ihre Kernkompetenzen konzentrieren. Unternehmensprozesse werden zusehens auf andere Unternehmen, u. a. auch auf Logistikunternehmen, übertragen. Dies führt einerseits zu einer Reduzierung des Wertschöpfungsanteils des betroffenen Industrie- oder Handelsunternehmens, andererseits muss eine sehr starke Partnerschaft zwischen dem auslagernden Unternehmen und z. B. dem Logistikpartner stattfinden. Das Denken in Funktionen wird abgelöst durch ein Prozessdenken, bei dem alle Beteiligten Verantwortung übernehmen müssen.

Durch die Auslagerung von Wertschöpfungsanteilen auf andere Unternehmen wird derAufwand zur Planung und Steuerung der nun komplexer werdenden Wertschöpfungsketten immer größer. Neue Konzepte sind notwendig. Der Wertschöpfungsprozess von der Beschaffung über die Produktion bis hin zum Absatz muss über die vielen beteiligten Unternehmen hinweg geplant und gesteuert werden (Supply-Chain-Denken).

Unter **Supply-Chain-Management (SCM)** versteht man die optimale Gestaltung einer nationalen oder internationalen Wertschöpfungskette, an der mehrere Unternehmen (Logistiker, Handels-, Dienstleistungs- und/oder Produktionsbetriebe) beteiligt sind.

Voraussetzungen einer erfolgreichen SCM-Lösung:

- → Zu Beginn der Zusammenarbeit müssen die **Wirkungszusammenhänge und Schnittstellen** mit allen beteiligten Unternehmen **analysiert und optimiert** werden.
- → Dazu müssen Arbeitsgruppen mit Mitarbeitern aller beteiligten Unternehmen rechtzeitig vor dem Start der SCM-Lösung eingerichtet werden. Unterschiedliche Prozessabläufe, unterschiedliche Software usw. müssen angepasst werden. Eine einheitliche Sprache muss festgelegt werden.
- → Sämtliche **Informationen** für die Planung und Steuerung des Prozesses müssen **allen beteiligten Unternehmen** zur Verfügung gestellt werden, d. h., Prozesse müssen **für alle Beteiligten transparent und übersichtlich** gestaltet werden (**unternehmensübergreifendes Informationssystem**).
- → Ein **unternehmensübergreifendes Prozesskosten- und Controllingsystem** sollte eingeführt werden.
- → Ein Unternehmen übernimmt die **Systemführerschaft in der Prozesskette.**

Ziele des Supply-Chain-Managements im Überblick:

- → Wertschöpfungsprozesse beschleunigen (keine Schnittstellen, Anpassung der Abläufe).
- → Selbstregelung (Unternehmenspartner erkennen Fehler selbst und stellen sie ab).
- → Wertschöpfungsprozesse werden übersichtlicher und durchsichtiger für alle Beteiligten.
- → Qualitätssteigerung (einheitliche Abläufe, vollständiger Informationsfluss usw.).

- → Vermeidung von Paralleltätigkeiten, Reduzierung der Fehlerpotenziale.
- → Kostensenkungen in den Wertschöpfungsketten.

Supply-Chain-Management-Lösung am Beispiel einer „Part by Part Delivery"

Moderne Wertschöpfungsketten werden heute nach dem „Pull-Prinzip" organisiert. Ausgangspunkt der Wertschöpfungskette ist hier der Kunde und nicht das produzierende Unternehmen (Push-Prinzip). Der Kunde ruft die Produkte noch vor ihrer Entstehung im Unternehmen durch den Einsatz von E-Commerce oder E-Business ab. Immer wichtiger wird in diesem Prozess die optimale Steuerung des inner- und außerbetrieblichen Materialflusses. Hier bietet sich dem Logistiker ein interessantes Aufgabenfeld, in den Wertschöpfungsprozess einzugreifen.

Dabei stellt sich für Logistiker die Frage nach der optimalen Wertschöpfungstiefe. Immer mehr taucht in diesem Zusammenhang der Begriff der Supply-Chain-Management-Lösung auf. Ein konkretes Beispiel soll diese logistische Systemlösung verdeutlichen. Zur Belieferung des Produktionsstandortes Juiz de Fora, Brasilien, durch Daimler hat die Firma Schenker die ganzheitliche Gestaltung, Durchführung und Kontrolle des Material- und Informationsflusses übernommen.

Den Ausgangspunkt bildet der Materialbedarf für die Produktion in Brasilien, hier wurde also das Pull-Prinzip verwirklicht. Die Autoteilezulieferer in Deutschland senden die benötigten Teile an ein Consolidation-Center (CC) in Bremerhaven. Ein CC ist ein Logistikzentrum, in dem Fahrzeugteile der verschiedenen Zulieferer gebündelt und dann gemeinsam versandt werden. Auf der Basis elektronisch übergebener Aufträge übernimmt das CC in Deutschland die Bedarfsplanung für das Werk in Brasilien. Kontinuierlich wird die Verfügbarkeit der Materialien im CC geprüft, bei Engpässen wird sofort Kontakt mit dem Lieferanten aufgenommen, damit die termingerechte Lieferung sichergestellt werden kann. Den Transport vom Lieferanten zum CC übernimmt der Logistiker ebenfalls. Lediglich den anschließenden Seetransport übernimmt eine Reederei, die von Schenker beauftragt wird.

Über den ganzen Transportweg ist eine lückenlose Sendungsverfolgung möglich. An allen relevanten Stellen des Materialflusses können die Materialbestände mittels Internet abgerufen werden. Dazu wurden Identifikationspunkte, sogenannte Statuspunkte, festgelegt. Statuspunkte sind z. B. beim Verpacken, Kommissionieren und bei der Verzollung eingerichtet. Diese Informationen stehen nicht nur dem Logistiker, sondern auch dem Kunden zur Disposition und Steuerung der Supply-Chain zur Verfügung.

Güterbewegungen wie beispielsweise die Verladung im Hafen oder der Transit auf dem Landweg werden durch Zeitmarken dokumentiert. Die Bearbeitungs-, Liege- und Transportzeiten werden festgehalten und später analysiert. Alle Informationen werden in einem zentralen System gespeichert. Alle Informationen sind in einer Datenbank (Information Warehouse) gespeichert und können über Internet eingesehen und ausgewertet werden.

In Brasilien kommen die Teile dann in einem Deconsolidation-Center (DC) an. In einem DC werden die Teile nach dem Seetransport wieder von dem Logistiker vereinnahmt und ausgepackt. Das DC ist auch dafür verantwortlich, dass die Teile zur richtigen Zeit und möglichst in unmittelbarer Nähe des „Point of Use" dem Empfänger zur Verfügung gestellt werden.

Diese Supply-Chain-Lösung ist also ein perfekter „Haus-zu-Haus-Service", der eine lückenlose Verfolgung der Materialströme über alle Transportstationen hinweg ermöglicht. Dabei erfolgen Planung, Überwachung und Optimierung durch den kontinuierlichen Einsatz von Methoden und Werkzeugen zur Visualisierung und Optimierung der Lieferkette.

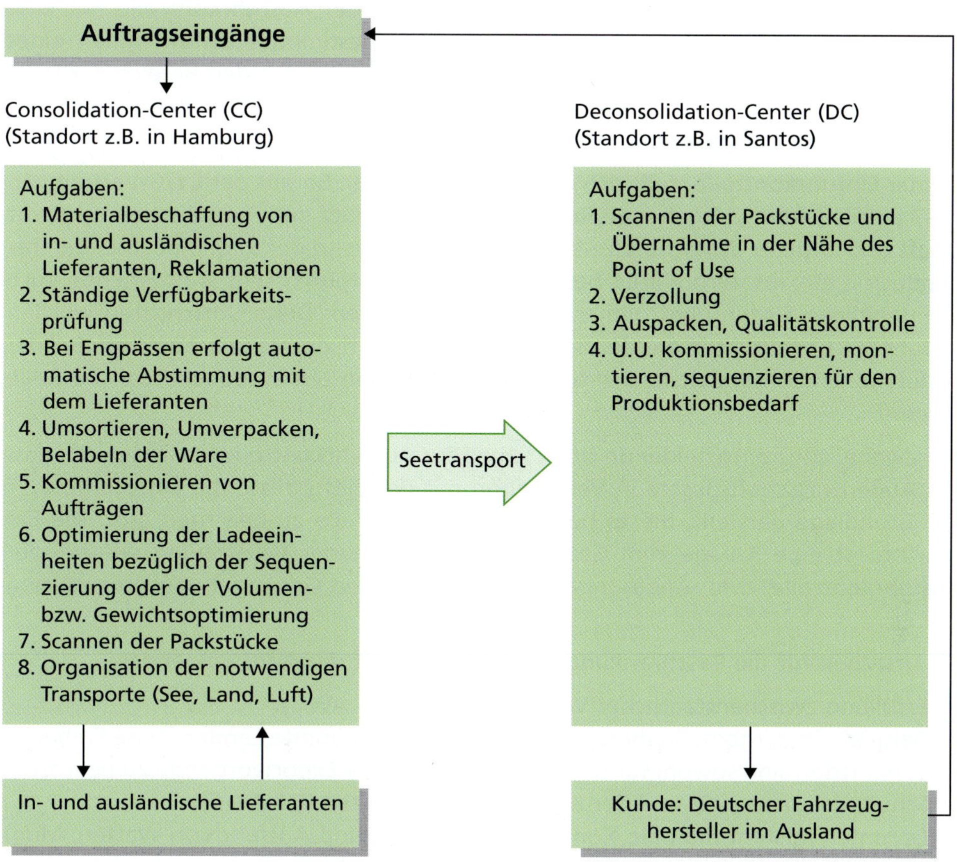

Leistungsspektrum der SCM-Lösung:

1. Door-to-Door-Service für den Kunden
2. Lückenlose Verfolgung der Materialströme (Internet)
3. Ständige Überwachung und Optimierung der Lieferkette
4. Störungen, wie beispielsweise das Unterschreiten von Mindestbeständen, werden automatisch erkannt und Korrekturen eingeleitet

3 Einfuhrkontrolle

3.1 Rechtsgrundlagen bei der Einfuhrkontrolle

Rechtliche Grundlagen der Einfuhrkontrolle sind das Außenwirtschaftsgesetz und die Einfuhrliste.

Bei der **Ausfuhrkontrolle** werden im Wesentlichen Güter, Waren und Dienstleistungen erfasst, die entweder direkt im militärischen Bereich verwendet werden können oder zumindest bei der Herstellung, Reparatur etc. von militärischen Gütern oder Anlagen zum Einsatz kommen. Eine strenge Form der Ausfuhrkontrolle hat eine starke Beeinträchtigung der Exportmöglichkeiten bestimmter Unternehmen eines Landes zur Folge. Deshalb konnten sich die EU-Länder bis auf den Bereich der Dual-Use-Güter noch auf keine weitreichenderen europaeinheitlichen Regelungen zur Exportkontrolle einigen.

Bei der **Einfuhrkontrolle** stellt sich dies ganz anders dar. Bereits der EWG-Vertrag von 1957 enthielt sehr weitgehende Regelungen zum Schutz der europäischen Landwirtschaft und anderer Wirtschaftszweige, wie beispielsweise der Stahlindustrie, der Textilindustrie etc. Insofern waren bereits zu diesem Zeitpunkt sehr weitgehende europaeinheitliche Einfuhrkontrollmechanismen vorhanden. Diese Vorschriften wurden im Jahr 1961 komplett in das deutsche Außenwirtschaftsgesetz übernommen. Bei der Einfuhrkontrolle handelt es sich also im Wesentlichen um europaeinheitliche Regelungen.

Der zweite, ganz entscheidende Unterschied zur Ausfuhrkontrolle besteht darin, dass das Außenwirtschaftsgesetz in Verbindung mit der Einfuhrliste die einzige gesetzliche Grundlage darstellt, die es bei der Einfuhrkontrolle zu beachten gibt. Die Einfuhrliste ist eine Anlage zum Gesetz und nicht zu einer Verordnung wie bei der Ausfuhrkontrolle, d.h., Änderungen sind nur über den Gesetzgebungsprozess möglich.

Als **Ursachen für die Beschränkung der Einfuhr** nennt das AWG Folgendes:

- Erfüllung zwischenstaatlicher Vereinbarungen (§ 5 AWG)
  Beispiel: Embargomaßnahmen der UNO gegen bestimmte Länder. Diese Embargovorschriften sind sowohl für die Import- als auch die Exportvorgänge zu beachten.
- Schutz der Sicherheit und der auswärtigen Interessen (§ 7 AWG)
  Darunter versteht man die Kontrolle bei der Ein- und Ausfuhr von Waffen, Munition und Kriegsgerät.
- Abwehr schädigender Einwirkungen aus fremden Wirtschaftsgebieten (§ 6 AWG)
  Darunter versteht man den Schutz des einheimischen Wirtschaftsgebietes, insbesondere den Schutz bestimmter Wirtschaftszweige und die Sicherung von Arbeitsplätzen. Diese Abwehrmechanismen gelten europaweit einheitlich.
  Zusätzlich wurde diese Regelung getroffen, um die Einhaltung bestimmter Qualitätsvorschriften (tierische Erzeugnisse, Pflanzen, Saatgut etc.) besser kontrollieren zu können.

3.2 Beschränkungen bei der Einfuhr

Verbote

Einfuhrverboten liegen ähnlich wie bei der Ausfuhrkontrolle im Regelfall länderbezogene Teil- oder Totalembargos, beispielsweise der UNO, zugrunde. Liegt ein Einfuhrverbot für eine bestimmte Ware oder ein bestimmtes Land vor, ist eine Einfuhr aus diesem Land bzw. für diese Ware nicht mehr möglich.

Weitere Gründe für Einfuhrverbote sind:
- → Maßnahmen zum Schutz der menschlichen Gesundheit (**Beispiele**: Verbot der Einfuhr von genmanipuliertem Getreide, Verbot der Einfuhr von kranken Tieren etc.)
- → Maßnahmen zum Schutz der Tier- und Pflanzenwelt (**Beispiel**: Verbot der Einfuhr von Tieren nach dem Artenschutzabkommen)

Weitere Beschränkungsmöglichkeiten

Als wesentliche Ursachen für Beschränkungen bei der Einfuhr nennt das Außenwirtschaftsgesetz den Schutz der eigenen Wirtschaft sowie die Einhaltung bestimmter qualitativer Vorschriften. Mit diesen Regelungen werden im Prinzip alle Waren erfasst, auch Güter des täglichen Bedarfs, wie beispielsweise Schuhe, Kleider und Haushaltsartikel.

Zur Feststellung, ob irgendwelche Waren Einfuhrbeschränkungen unterliegen, muss die Einfuhrliste herangezogen werden. Die Einfuhrliste gibt für jede Ware an, ob die Einfuhr dieser Ware irgendwelchen Beschränkungen unterliegt. Das bedeutet, dass man allein mit der Einfuhrliste sämtliche Beschränkungen bei der Einfuhr erkennen kann.

Aufbau der Einfuhrliste

Die Einfuhrliste (Umfang mehrere Hundert Seiten) besteht aus zwei Teilen:

1. Einer kurzen Anleitung zum Umgang mit der Einfuhrliste (Umfang ca. zwei Seiten)
2. Der eigentlichen **Warenliste**, in der die Waren mit Warennummern im Einzelnen aufgeführt werden. Die Warenliste ist wie folgt aufgebaut:

Warennummer	Warenbenennung	Zuständigkeitsbereich	Genehmigungs- oder Lizenzerfordernis	Bemerkungen
63031100	Gardinen, Vorhänge und Innenrollos, ... – aus Gewirken oder Gestricken – aus Baumwolle	09	5(1) 66) 71) 75) 89) 90)	UE U72)

Die Einfuhrliste besteht aus fünf Spalten:

- → **Spalte 1** enthält die Warennummer entsprechend dem Warenverzeichnis für die Außenhandelsstatistik. Dabei handelt es sich um eine achtstellige Nummer, mit der die Waren in der Außenhandelsstatistik erfasst werden.
- → **Spalte 2** enthält die Warenbenennung entsprechend dem Warenverzeichnis für die Außenhandelsstatistik.
- → **Spalte 3** nennt die zuständige Behörde für die Einfuhr dieser Ware. In diesem Fall ist das Bundesamt für Wirtschaft und Ausfuhrkontrolle die zuständige Behörde.
  (Nummer 01–20: zuständige Behörde ist das Bundesamt für Wirtschaft;
  Nummer 51–60: zuständige Behörde ist die Bundesanstalt für Landwirtschaft und Ernährung)
- → **Spalte 4** enthält unter Umständen bestimmte Ziffern. Diese Ziffern tauchen in der Warenliste wieder auf. Hinter jeder Ziffer verbirgt sich eine Beschränkung für die Einfuhr von Waren aus einem bestimmten Land.
  Beispiel: 51 – Die Einfuhr ist genehmigungsbedürftig, wenn das Ursprungsland Südkorea ist.
  Beispiel: 66 – Die Einfuhr ist genehmigungsbedürftig, wenn das Ursprungsland Russland, Ukraine oder Weißrussland ist.
- → **Spalte 5** nennt weitere Bedingungen, die bei der Einfuhr dieser Waren aus diesem Land verlangt werden:
  U = Ursprungszeugnis von einer berechtigten Behörde aus dem Ausfuhrland
  UE = Ursprungserklärung des Lieferanten auf der Rechnung oder einem anderen geschäftlichen Beleg
  ÜD = Überwachungsdokument
  L = Einfuhrlizenz

Einfuhrgenehmigung

Einfuhrgenehmigungen werden von der EU dann verlangt, wenn der Schutz bestimmter Wirtschaftszweige bzw. bestimmter Warengruppen besonders notwendig erscheint. Dies ist dann der Fall, wenn es um den Erhalt bestimmter Wirtschaftszweige und die Sicherung der Arbeitsplätze geht. Einer der Wirtschaftsbereiche, die ganz stark von Einfuhrgenehmigungen geschützt werden, ist der Textilsektor.

Vorgehensweise des Importeurs

1. Ermittlung der achtstelligen Nummer der Ware aus dem Warenverzeichnis für die Außenhandelsstatistik.
2. Ergibt sich in der Warenliste, Spalte 4, ein Hinweis auf die Genehmigungspflicht der Ware (Ziffern verweisen auf die Genehmigungspflicht bei der Einfuhr bestimmter Waren aus bestimmten Ländern), muss die Genehmigung der zuständigen Behörde mit dem Vordruck „Antrag auf Erteilung einer Einfuhrgenehmigung und Ausstellung eines Überwachungsdokuments" beantragt werden.

Zusätzliche Bestimmungen:

- Den Antrag darf nur der Einführer stellen.
- Ein Ursprungszeugnis aus dem Ursprungsland muss unter Umständen vorgelegt werden.
- Die Genehmigung ist auf eine bestimmte Laufzeit befristet.

BUNDESREPUBLIK DEUTSCHLAND

☐ Antrag auf Erteilung einer Einfuhrgenehmigung
☐ Antrag auf Ausstellung eines Überwachungsdokumentes

Vordruck E 3c

1 — Original für die zuständige Behörde — 1

1. Name und vollständige Anschrift des Einführers/Inhabers *Stahl KG* *Import/Export* *Lederstr. 16* *88212 Ravensburg*	**2. Zollnummer des Einführers/Inhabers** *2632594* **Telefon** *0751/362319* **Telefax** *0751/362372*
3. Name und vollständige Anschrift des Anmelders/Vertreters *Einführer/Inhaber*	**4. Zollnummer des Anmelders/Vertreters** **Telefon** **Telefax**
5. Länder-Code *400* **Ursprungsland** *USA*	**6. Länder-Code** *400* **Herkunfts-/Versendungsland** *USA*
7. Ausschreibungs-/Verfahrensnummer	**8. Zuständigkeitsbereich** **9. Warenkategorie/Erzeugnisgruppe**
10. Warenbezeichnung gemäß Einfuhrliste *Tafeltrauben der Sorte „Empereur"*	
11. Waren-Nr. der Einfuhrliste (KN-Code) *08061021*	**12. Serien-Nr. und der Ausfuhrlizenz/Handarbeitsbescheinigung** **Datum** *. .-05.-03.*
13. Menge *1000* **14. Maßeinheit lt. Ausschreibung** *Kilo*	**15. Einfuhr** ☒ nach Kauf ☐ nach passiver Veredelung ☐ ☐ ☐ ☐
17. Gesamtwert in Euro *16.453,37* **18. Veredelungslohn in Euro**	**16. Anlagen** ☐ Ausfuhrlizenz ☐ Handarbeitsbescheinigung ☐ Einfuhr-/Veredelungsvertrag ☐ Handelsrechnung ☐ Beförderungspapier ☐ Ausfuhrbescheinigung
19. cif-Preis frei Gemeinschaftsgrenze in Euro *18.546,18*	**20. Ort und Tag der Antragstellung** *Ravensburg, . .-01.-04.*
21. Zusätzliche Angaben *Ausführer:* *Clipper Company* *Sheffield Road 3* *638 Miami/USA*	**22. Firmenstempel und Unterschrift des Einführers/Anmelders** *Stahl KG* **23. Eingangsstempel des Bundesamtes für Wirtschaft und Ausfuhrkontrolle (BAFA)**

Dieses Formular ist vom Bundesamt für Wirtschaft und Ausfuhrkontrolle, Eschborn, erstellt worden und wird im Internet bereit gestellt. Für die Zwecke der Antragsstellung darf das Dokument nicht geändert werden.

Einfuhrlizenz

Einfuhrlizenzen werden nur bei der Einfuhr von landwirtschaftlichen Gütern verlangt. Grundlage dafür ist die Vereinbarung der EU-Länder für eine gemeinsame Agrarpolitik, bei der u.a. eine Stabilisierung der Märkte, die Sicherstellung der Versorgung und die Belieferung der Verbraucher zu angemessenen Preisen Ziele sind. Diese Ziele lassen sich nach Ansicht vieler EU-Länder nur mit einer gemeinsamen Marktordnung für landwirtschaftliche Güter erreichen. Diese europäische Marktordnung ist auch die Ursache für das Lizenzsystem bei der Einfuhr von landwirtschaftlichen Waren.

Vorgehensweise des Importeurs

1. Ermittlung der achtstelligen Nummer der Ware aus dem Warenverzeichnis für die Außenhandelsstatistik.
2. Ergibt sich in der Warenliste, Spalte 4, ein Hinweis auf eine Lizenzpflicht der Ware („L"), muss eine Einfuhrlizenz bei der Bundesanstalt für Landwirtschaft und Ernährung mit dem Vordruck „Einfuhrlizenz – Agrim" beantragt werden.

Zusätzliche Bestimmungen:

- → Die Lizenzerteilung kann nur erfolgen, wenn neben dem Antrag auch eine Kaution geleistet wird. Damit wird der Importeur verpflichtet, die beantragte Warenmenge auch tatsächlich einzuführen. Die Bezahlung der Kaution kann durch Scheck, Überweisung, Bargeld oder Bankbürgschaft erfolgen.
- → Die Lizenzen haben eine Geltungsdauer von 30 Tagen bis zu 6 Monaten.

Überwachungsdokument

Ein Überwachungsdokument verlangt die EU dann, wenn sie Einfuhrentwicklungen bei bestimmten Waren beobachten will.

Warenarten:

- → Schuhe (Einfuhrliste – Kapitel 64)
- → Glaswaren (Einfuhrliste – Kapitel 70)
- → Eisen/Stahl (Einfuhrliste – Kapitel 72, 79)
- → Spielzeug (Einfuhrliste – Kapitel 95)

Vorgehensweise des Importeurs

1. Ermittlung der achtstelligen Nummer der Ware aus dem Warenverzeichnis für die Außenhandelsstatistik.
2. Ergibt sich in der Warenliste, Spalte 4, ein Hinweis auf die Notwendigkeit einer Überwachung dieser Ware („ÜD"), muss der Einführer mit dem Vordruck „Antrag auf Erteilung einer Einfuhrgenehmigung und auf Ausstellung eines Überwachungsdokuments" die Einfuhr bei der zuständigen Behörde melden.

In diesen Fällen der Einfuhr sind keine zusätzlichen Bestimmungen mehr zu beachten.

4 Wareneinfuhr

4.1 Zollrechtliche Einfuhrbestimmungen für Nichtgemeinschaftswaren

Werden Nichtgemeinschaftswaren in das Zollgebiet der Gemeinschaft gebracht, müssen die Waren gemäß den Artikeln 48 und 49 des Zollkodexes (ZK) innerhalb von 20 bis 45 Tagen nach Gestellung bei der Eingangszollstelle eine zollrechtliche Bestimmung erhalten. Die Art der zollrechtlichen Bestimmung bestimmt ausschließlich der Wirtschaftsbeteiligte. Einfuhrabgaben werden nur erhoben, wenn die Nichtgemeinschaftswaren in den Wirtschaftskreislauf der EU eingehen. Die Erhebung von Eingangsabgaben ist deshalb nicht zwangsläufig gegeben, wenn die Nichtgemeinschaftswaren sich in der EU befinden.

Überblick über die Möglichkeiten der zollrechtlichen Bestimmung für Nichtgemeinschaftswaren (Art. 4 Nr.15,16 ZK)

Überführung in ein Zollverfahren	Verbringen in eine Freizone	Wiederausfuhr aus dem Zollgebiet der EU
→ Überführung in den zoll- und steuerrechtlich freien Verkehr → Versandverfahren → Zolllagerverfahren → Aktive Veredlung → Umwandlungsverfahren → Vorübergehende Verwendung	→ Insel Helgoland → Alle deutschen Freihäfen	Die Ware befindet sich zwar in Deutschland, soll aber nicht in Deutschland be- oder verarbeitet, sondern wieder ausgeführt werden.

Erhalt einer zollrechtlichen Bestimmung

Mit der Zollanmeldung bestimmt der Unternehmer, welche zollrechtliche Bestimmung er für seine Ware haben möchte. Die Zollanmeldung ist damit eine Willenserklärung gegenüber dem Zollamt. Der Zollanmeldung sind alle Unterlagen beizufügen, die für die jeweilige Bestimmung notwendig sind, dazu zählen u.a. die Rechnung, die Einfuhrgenehmigung, die Präferenznachweise, Transportpapiere, Versicherungspapiere, etc.

Überführung in ein Zollverfahren

Möchte der Anmelder die Nichtgemeinschaftswaren in der EU irgendeiner Verwendung (Bearbeitung, Verkauf im Inland, Lagerung, ...) zuführen, muss er ein Zollverfahren beantragen.

1. Überführung in den zoll- und steuerrechtlich freien Verkehr

Mit der Bestimmung „Überführung in den zoll- und steuerrechtlich freien Verkehr" erklärt der Anmelder, dass er die Nichtgemeinschaftsware in eine Gemeinschaftsware umwandeln möchte. Dadurch wird die bisher ausländische Ware der inländischen Ware gleichgestellt; der Anmelder kann die Ware frei verwenden. Voraussetzung dafür ist, dass der Anmelder den Einfuhrzoll und die nationalen Verbrauchssteuern einschließlich der Einfuhrumsatzsteuer bezahlt hat.

2. Versandverfahren

Wird vom Anmelder eine Abfertigung der Zollstelle an seinem Firmensitz gewünscht, muss die Ware unverzollt und unversteuert von der Eingangszollstelle (Eingang in das Zollgebiet der EU) zum Firmensitz des Anmelders befördert werden. Die Gründe, warum keine Abfertigung bei der Eingangszollstelle gewünscht wird, können vielfältig sein:

- Der Anmelder möchte die Ware vor der Abfertigung begutachten. Bei Mängeln besteht z. B. die Möglichkeit der sofortigen Wiederausfuhr.
- Der Anmelder hat vom zuständigen Hauptzollamt an seinem Ort Vereinfachungen beim Einfuhr- oder anderen Verfahren erhalten, die ihm beispielsweise die Einfuhr von Waren erheblich erleichtern.
- Aufgrund der unterschiedlichen Höhe der Verbrauchssteuern in den einzelnen Ländern der EU ist es sinnvoll für einen Anmelder in seinem Heimatland abzufertigen.
- Die Durchführung der gesamten Zollförmlichkeiten und -kontrollen würde eine zügige Einfuhrabfertigung bei der Fülle an Importvorgängen völlig unmöglich machen. Die einzelnen Eingangszollstellen an der EU-Außengrenze könnten aus Kapazitätsgründen die Einfuhrabfertigung nicht leisten.
- Die Zollanmeldung müsste je nach Land, in dem die Ware angemeldet wird, in der Sprache des jeweiligen Landes abgegeben werden.

Externe gemeinschaftliche Versandverfahren

Auch bei den Versandverfahren gibt es unterschiedliche Formen. Die am häufigsten beantragte Form ist der Versand von Nichtgemeinschaftswaren in der Gemeinschaft, das sogenannte „externe gemeinschaftliche Versandverfahren", auch T1-Verfahren genannt.

Beim externen gemeinschaftlichen Versandverfahren erfolgt an der Eingangszollstelle keine Abfertigung.

Um der Gefahr vorzubeugen, dass die Ware nach dem Verlassen der Eingangszollstelle in der Gemeinschaft verkauft oder verarbeitet wird, ohne dass die Eingangsabgaben geleistet wurden, wird die Ware an der Eingangszollstelle nur dann zur weiteren Beförderung durch die Gemeinschaft zugelassen, wenn folgende Förmlichkeiten vorgenommen wurden:

- Die Ware bzw. der Container wird verplombt. Die Plombe darf nur vom zuständigen Zollamt des Importeurs gelöst werden. Damit wird sichergestellt, dass dieselbe Ware dem Zollamt gestellt wird (Nämlichkeitssicherung).

→ An der Eingangszollstelle wird ein eigenes Zollverfahren, das gemeinschaftliche Versandverfahren, eröffnet. Notwendig ist dazu die Abgabe der Versandanmeldung T1. Kommt die Ware ordnungsgemäß bei der Zollstelle am Firmensitz des Anmelders an, gibt diese der Eingangszollstelle darüber Bescheid. Für die Eingangszollstelle ist damit der Fall erledigt, die Einfuhrabfertigung übernimmt nun die Zollstelle am Ort des Anmelders.

→ Der Hauptverpflichtete hat Sicherheiten zu leisten. Der Hauptverpflichtete ist die Person, die durch Abgabe einer Versandanmeldung ein gemeinschaftliches Versandverfahren beantragt. Dies geschieht in der Regel in Form einer Bürgschaft, kann aber auch eine Barsicherheit sein. Bürge kann eine natürliche oder juristische Person sein, die in dem jeweiligen Mitgliedsstaat ansässig und dort als Bürge für Steuern und Abgaben zugelassen ist.

  Die Bürgschaft kann alternativ geleistet werden als
  - Gesamt- oder Pauschalbürgschaft für mehrere Versandverfahren oder als Einzelbürgschaft für jedes einzelne Versandverfahren.
  - Der Bürge verpflichtet sich schriftlich den Betrag der Zollschuld bei Fälligkeit zu entrichten. Die Bürgschaft wird in aller Regel beim zuständigen Hauptzollamt am Ort des Hauptverpflichteten geleistet. Waren mit hohem Betrugsrisiko (Alkohol, Zigaretten, ...) können vom Versandverfahren ausgeschlossen sein.

Nach dem Abschluss des Versandverfahrens entscheidet der Anmelder über die weitere zollrechtliche Bestimmung. Bei einer endgültigen Einfuhr in die Gemeinschaft, muss der Anmelder mit einer Einfuhrzollanmeldung die „Überführung in den zoll- und steuerrechtlich freien Verkehr" beantragen; hat er nur den Auftrag die Ware zu veredeln oder umzuwandeln, müssen diese Bestimmungen beantragt werden.

Internes gemeinschaftliches Versandverfahren

Das interne gemeinschaftliche Versandverfahren findet Anwendung bei der **Beförderung von Gemeinschaftswaren** innerhalb der Gemeinschaft. Gemeinschaftswaren sind Ursprungswaren der Gemeinschaft oder Drittlandswaren, die zum freien Verkehr der Gemeinschaft abgefertigt wurden.

Dieses Verfahren kommt nur noch in folgenden Fällen vor:

→ Beförderung von Gemeinschaftsware über EFTA-Länder (Beispiel: Beförderung von deutschen Waren über die Schweiz nach Italien).

→ Beförderung von Gemeinschaftswaren von und nach Griechenland.

→ Beförderung von Gemeinschaftswaren von und in die folgenden Gebieten: Kanarische Inseln, britische Kanalinseln, San Marino, Andorra, französische überseeische Departements und dem griechischen Berg Athos.

In all diesen Fällen wird beim Abgangszollamt ein internes Versandverfahren mit der Versandanmeldung T2 beantragt. Vergleichbar zum T1-Verfahren werden die Zollförmlichkeiten und Kontrollen dann nur noch an der Bestimmungszollstelle vorgenommen.

Voraussetzungen für die Durchführung des internen gemeinschaftlichen Versandverfahrens sind genau wie beim T1-Verfahren

1. die Nämlichkeitssicherung der Ware
2. eine Sicherheitsleistung durch den Hauptverpflichteten

3. Zolllagerverfahren

Beim Zolllagerverfahren kann der Anmelder Nichtgemeinschaftswaren, in Verbindung mit einem Versandverfahren, in die EU bringen und diese dann unverzollt und unversteuert in ein Zolllager legen. Die Waren können dort maximal bis zu 5 Jahren gelagert werden, danach muss eine andere zollrechtliche Bestimmung der Zollstelle angemeldet werden. Im Zolllager darf die Ware nicht be- oder verarbeitet werden. Anschließend ist eine Wiederausfuhr möglich, in diesem Fall wurde das Zolllager als Transitlager benutzt.

Werden die Waren einer anderen zollrechtlichen Bestimmung zugeführt, sind Eingangsabgaben zu entrichten. Die Abgabenbelastung soll die Ware erst dann treffen, wenn sie dem Wirtschaftskreislauf der EU zugeführt wird. Wertbemessungsgrundlage für die Abgaben ist der Wert der Waren zum Zeitpunkt der Einlagerung. Wird die Ware eingelagert und später erst mit Einfuhrabgaben belastet, handelt es sich bei dieser Art der Einlagerung um ein Kreditlager.

Der Regelfall ist in der Praxis das offene Zolllager, bei dem der Unternehmer an seinem Firmensitz ein Zolllager eingerichtet hat, das er, ohne ständige Aufsicht durch den Zoll, selbstständig bewirtschaftet. Die Voraussetzung für die Erlangung eines offenen Zolllagers sind:

- persönliche Voraussetzungen des Anmelders (ordnungsgemäße Buchführung, kein Vorliegen von Zolldelikten, ...)
- sachliche Voraussetzungen (Notwendigkeit eines Zolllagers, geeignete Lagerstätte, ...)
- Antrag auf Bewilligung eines offenen Zolllagers; wird durch das Hauptzollamt genehmigt.
- In der Regel wird eine Zollbürgschaft (selbstschuldnerische Bankbürgschaft) in Höhe des durchschnittlichen jährlichen Zollabgabenbetrages verlangt.

4. Aktive Veredlung

Beim Zollverfahren der aktiven Veredlung werden Nichtgemeinschaftswaren in die EU eingeführt, dort veredelt, d.h. in einen höherwertigen Zustand gebracht (Beispiel: Korrosionsschutz durch Verzinken der Oberfläche) und wieder ausgeführt. Die veredelten Waren verbleiben folglich nur für den Zeitraum der Veredlung in der Gemeinschaft. Sowohl die Einfuhr der Waren zur aktiven Veredlung als auch die spätere Wiederausfuhr ist in der EU abgabenbefreit.

5. Umwandlungsverfahren

Genau gleich wie beim Verfahren der aktiven Veredlung werden Nichtgemeinschaftswaren in die EU eingeführt und be- oder verarbeitet. Im Unterschied zur aktiven Veredlung werden die umgewandelten Waren aber nicht wieder ausgeführt, sondern nach der Umwandlung in den zoll- und steuerrechtlich freien Verkehr der Gemeinschaft überführt und dort weiter verwendet oder verarbeitet. Mit dieser Einfuhr entstehen Eingangsabgaben. Die Eingangsabgaben werden von den umgewandelten Erzeugnissen erhoben.

Beispiel: Ein Halbzeughersteller in Deutschland benötigt für die Herstellung seiner Erzeugnisse (Rohre, Bänder, Stangen, ...) u.a. Kupfer. Der Einkauf von Kupferschrottteilen und die Umwandlung dieses Kupferschrotts in reines Kupfer sind günstiger, als der Bezug von reinem Kupfer aus dem Ausland. Nach der Umwandlung in Kupfer wird das Kupfer der eigentlichen Produktion von Rohren, Stangen, etc. zugeführt.
Rein zolltechnisch muss der Kupferschrott an der EU-Außengrenze über ein Versandverfahren zum Hersteller gebracht werden, anschließend beantragt der Hersteller in Deutschland ein Umwandlungsverfahren beim zuständigen Zollamt. Zollanmeldung, Rechnungen, Präferenz- und Transportnachweise müssen mit eingereicht werden.

6. Vorübergehende Verwendung

Für Waren, die nach der Einfuhr nicht endgültig in den zoll- und steuerrechtlichen Verkehr der EU überführt werden, sondern nur vorübergehend in der EU verbleiben sollen, wird die zollrechtlichen Bestimmung „vorübergehende Verwendung" beantragt. Für diese Waren werden – soweit sie nicht, auch nicht zeitweise, dem Wirtschaftsverkehr der EU zugeführt wurden – keine Einfuhrabgaben erhoben.

Beispiele:
- → Berufsausrüstung eines ausländischen Journalisten in der EU (Kameras, ...)
- → Ausstellungsware auf Messen und Ausstellungen

4.2 Das elektronische Einfuhrverfahren ATLAS

Alle am gemeinschaftlichen/gemeinsamen Versandverfahren beteiligten Länder haben sich darauf verständigt das Versandverfahren T1 und T2 mithilfe der elektronischen Datenverarbeitung abzuwickeln. Dazu haben sie das NCTS-Verfahren („New Computerized Transit System") eingeführt. Das NCTS-Verfahren ersetzt also die vorher papiergebundene Abwicklung des Versandverfahrens. In Deutschland wird das NCTS-Verfahren mit der ATLAS-Software (Automatisiertes Tarif- und Lokales Zollabwicklungssystem) realisiert.
Mit ATLAS werden folglich die bisher schriftlich erfolgten Zollanmeldungen der Importeure durch elektronische Nachrichten ersetzt.

Voraussetzungen für die Teilnahme am Atlas-Verfahren:

1. Kauf der Software „ATLAS"
2. Erhalt einer Zollnummer vom Hauptzollamt (unter dieser Zollnummer werden unternehmensspezifische Daten beim Zollamt hinterlegt)
3. Anmeldung bei der koordinierenden Stelle ATLAS
4. Erhalt einer Beteiligten-Identifikationsnummer (BIN). Diese ersetzt beim elektronischen Datenaustausch mit den Zollbehörden die handschriftliche Unterschrift.

Mit der ATLAS-Software lässt sich sowohl das Versandverfahren (i. d. R. das T1-Verfahren) als auch die anschließende Einfuhranmeldung elektronisch durchführen. Dabei sind neben den Normalverfahren – der Einzelzollanmeldung – noch mehrere vereinfachte Verfahren möglich. Im Folgenden wird von den vereinfachten Verfahren ausschließlich die vorzeitige, vereinfachte Zollanmeldung beschreiben.

Einzelzollanmeldung (ATLAS – EZA)

Die Einzelzollanmeldung ist das Normalverfahren bei der Einfuhr, bei dem der Importeur keinerlei Vereinfachungen beim zuständigen Hauptzollamt beantragt hat bzw. ihm keine Vereinfachungen zugestanden wurden. Diese Form des Imports kommt nur für solche Importeure infrage, die nur wenige Importvorgänge in einem bestimmten Zeitraum, z. B. einem Monat, haben.

Vorgehensweise:

1. Ist die Ware an der Eingangszollstelle (Hafen, Flughafen, Grenzzollstelle auf dem Landweg, ...) eingetroffen, muss der Frachtführer, der die Ware über die Grenze fährt, bei einem an der Grenze niedergelassenen Grenzspediteur ein Versanddokument T1 ausstellen lassen. Mit diesem Dokument beantragt er bei der Eingangszollstelle die Durchführung eines NCTS-Versandfahrens. Bei NCTS („New Computerized Transit System") handelt es sich um ein Verfahren zur Abwicklung des gemeinschaftlichen/gemeinsamen Versandverfahrens mithilfe der elektronischen Datenverarbeitung. Mit der Vorlage des T1-Papiers bei der deutschen Eingangszollstelle wird dieser Zollgutversand registriert.
   Der Hauptverpflichtete beim Versandverfahren hat Sicherheiten zu leisten. Der Hauptverpflichtete ist die Person, die durch die Abgabe der Versandanmeldung ein Zollgutversandverfahren beantragt. Dies geschieht in der Regel in Form einer Bürgschaft, kann aber auch als Barsicherheit hinterlegt werden. Bürge kann eine natürliche oder juristische Person sein, die in dem jeweiligen Mitgliedsstaat der EU ansässig und dort als Bürge für Steuern und Abgaben zugelassen ist. Der Bürge verpflichtet sich schriftlich den Betrag der Zollschuld bei Fälligkeit zu entrichten. Die Bürgschaft wird in aller Regel beim zuständigen Hauptzollamt am Ort des Hauptverpflichteten geleistet. Ware mit hohem Betrugsrisiko (Alkohol, Zigaretten, ...) kann vom Versandverfahren ausgeschlossen sein.

2. Danach werden die Daten dieses Zollgutversands an die zuständige Einfuhrzollstelle in Deutschland elektronisch weitergeleitet. In der Regel wird die Nämlichkeit der Ware durch die Anbringung eines Zollsiegels (Plombe) gesichert.
3. Ist die Sendung bei der Einfuhrzollstelle angekommen, erhält die Eingangszollstelle elektronisch einen Erledigungsvermerk. Die Waren sind immer noch Zollgut, d. h. sie können vom Importeur/Empfänger nicht frei verwendet werden.
4. Der Empfänger der Ware in Deutschland/EU kann nun zwischen drei Zollverfahren wählen:
   a. dem Zolllagerverfahren
   b. der Wiederversendung/Ausfuhr
   c. der endgültigen Einfuhr

   Werden die Waren endgültig eingeführt, muss der Einführer auf elektronischem Weg (ATLAS-Einfuhr) eine Einfuhrzollanmeldung (EZA) an das zuständige Hauptzollamt abgeben. Bei vereinfachten Verfahren ist dies auch gesammelt zum Monatsende möglich. Mit dem Eintreffen der EZA beim Einfuhrzollamt wird die Ware vom Zollgut zum Freigut; sie gelangt in den zoll- und steuerrechtlich freien Verkehr.
5. Abschließend schickt das zuständige Zollamt den Zoll- bzw. Einfuhrbescheid an den Importeur.

Übersicht: Ablauf der Einzelzollanmeldung mit NCTS-Versandverfahren

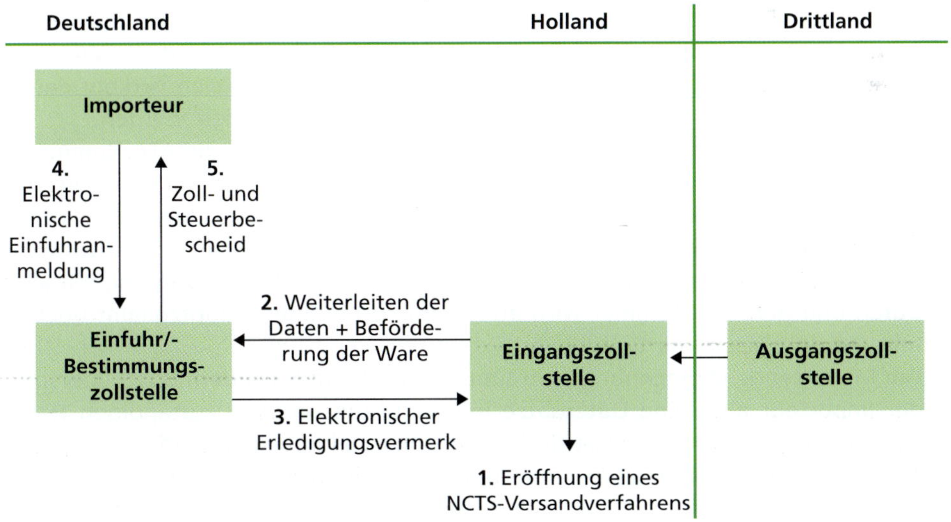

Vorzeitige, vereinfachte Zollanmeldung (ATLAS – VAV)

Der Ablauf des vorzeitigen, vereinfachten Zollverfahrens (VAV) wird im Folgenden am Beispiel eines Warenimports aus der Schweiz in die EU (Lkw-Transport) dargestellt:

1. Der Lieferant (Exporteur in einem Drittland) übermittelt nach Beladung des Lkw per Fax die Handelsrechnung und die Ausfuhranmeldung des jeweiligen Staates an den Importeur.
2. Gleichzeitig fährt der Lkw mit der Ware Richtung vorab festgelegter Ausgangszollstelle. Dabei führt der Lkw-Fahrer folgende Dokumente mit sich:
   - ein Exemplar der Handelsrechnung
   - ein Exemplar der Ausfuhranmeldung des Exportlandes
   - den Lieferschein
   - einen CMR-Frachtbrief
3. Aufgrund der eingegangenen Daten erstellt der Importeur eine vorzeitige, vereinfachte Zollanmeldung. Diese wird per Internet via Datentunnel an das Zollrechenzentrum Frankfurt und von da an die festgelegte Eingangszollstelle geschickt.
4. Sind die vom Importeur gemeldeten Daten schlüssig und korrekt, sendet die Eingangszollstelle über den vorgenannten Datentunnel eine ATA – Nummer (Vorgangs- und Bearbeitungsnummer einer noch nicht abgefertigten Ware) an den Importeur zurück. Diese ATA-Nummer wird von der beauftragten Spedition dem Fahrer per Handy weitergeleitet.
5. An der Grenze angekommen, gibt der Fahrer beim Ausgangszollamt des Exportlandes die Ausfuhranmeldung ab. Der Exporteur im Drittland erhält vom Zollamt einen elektronischen Ausgangsvermerk zurück als Nachweis, dass die Ware das Land verlassen hat. Anschließend meldet sich der Fahrer beim nur wenige Meter entfernten Eingangszollamt mit der erhaltenen ATA-Nummer und allen restlichen Begleitpapieren (Rechnung, Frachtbrief, CMR-Frachtbrief). Das Eingangszollamt vergleicht nun die vom Importeur geschickte, vereinfachte Zollanmeldung mit den mitgeführten Begleitpapieren. Ergeben sich keine Differenzen, ist die Ware freigegeben; d.h. sie befindet sich im zoll- und steuerrechtlich freien Verkehr der EU und kann ohne Versandverfahren anschließend weiterbefördert werden.
6. Nach der Freigabe der Ware durch das Eingangszollamt wird die ATA-Nummer in eine ATD-Nummer umgewandelt (Vorgangs- und Bearbeitungsnummer im Rahmen einer vereinfachten Zollanmeldung), die der Importeur ca. 30 Minuten später erhält. Dem Importeur wird damit die ordnungsgemäße Einfuhrzollabwicklung vor dem Eintreffen der Ware mit dem Lkw bestätigt. Der ganze Vorgang mit allen Daten und der ATD-Nummer wird auch dem zuständigen Hauptzollamt übermittelt und dort gespeichert.
7. Am Monatsende (Abrechnungszeitraum ist jeweils ein Kalendermonat) überspielt der Importeur alle seine Datensätze mit ATD-Nummer dem zuständigen Hauptzollamt. Diese Meldung nennt sich ergänzende Zollanmeldung (EGZ). Das Hauptzollamt vergleicht die EGZ des Importeurs mit den vom Eingangszollamt übermittelten ATD-Datensätzen. Nach dem Abgleich versendet das Hauptzollamt ebenfalls auf elektronischem Weg einen Steuerbescheid mit Zahlungsaufforderung. Der Steuerbescheid enthält summiert den Zollbetrag und auch den Betrag

für die Einfuhrumsatzsteuer des vergangenen Monats. Zusätzlich wird für jede einzelne Sendung ein Abgabenbescheid erstellt. Die Zahlung der Eingangsabgaben durch den Importeur muss bis zum 16. des Folgemonats erfolgen. Die Zahlung erfolgt unmittelbar an das Hauptzollamt. (Eine Abgabe der Einfuhranmeldung durch den Importeur ist nicht mehr notwendig).

Vorteile des ATLAS-Verfahrens:

1. Vorgänge werden beschleunigt, der Arbeitsaufwand und die Kosten werden reduziert.
2. Reduzierung der Papiermengen.
3. Wegfall von Wegezeiten, z. B. der Gang zur Zollstelle.
4. Wirksamere Verhinderung von Betrugsversuchen beim Versandverfahren.
5. Bei der vorzeitigen, vereinfachten Zollanmeldung entfällt das Versandverfahren.

Übersicht: Ablauf der vereinfachten, vorzeitigen Zollanmeldung (VAV – ATLAS)

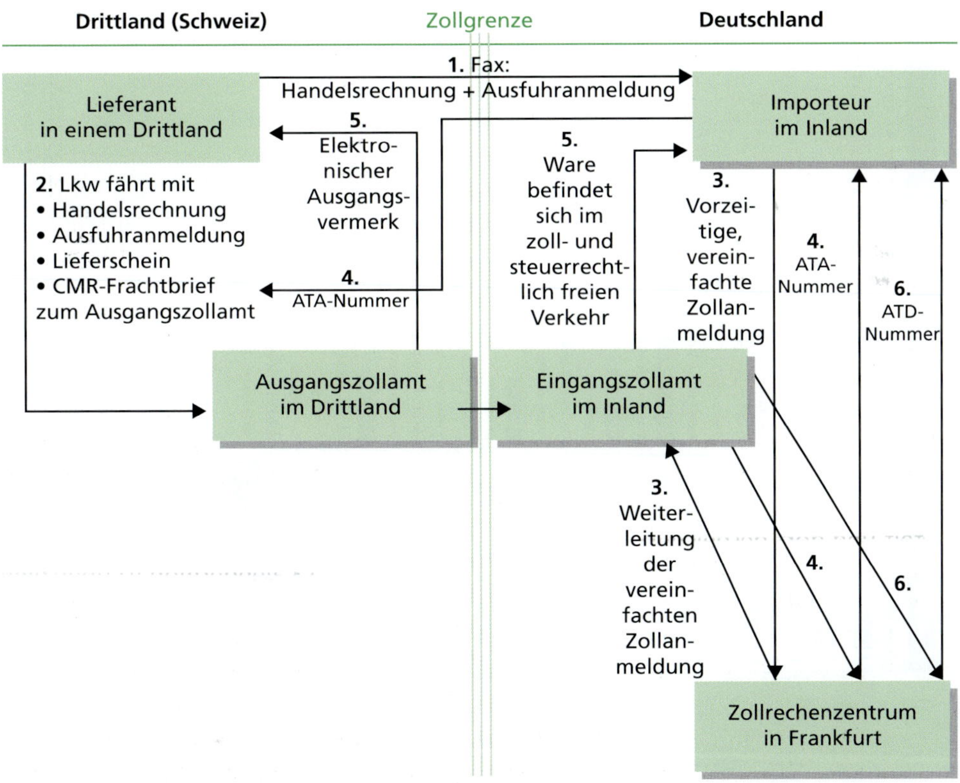

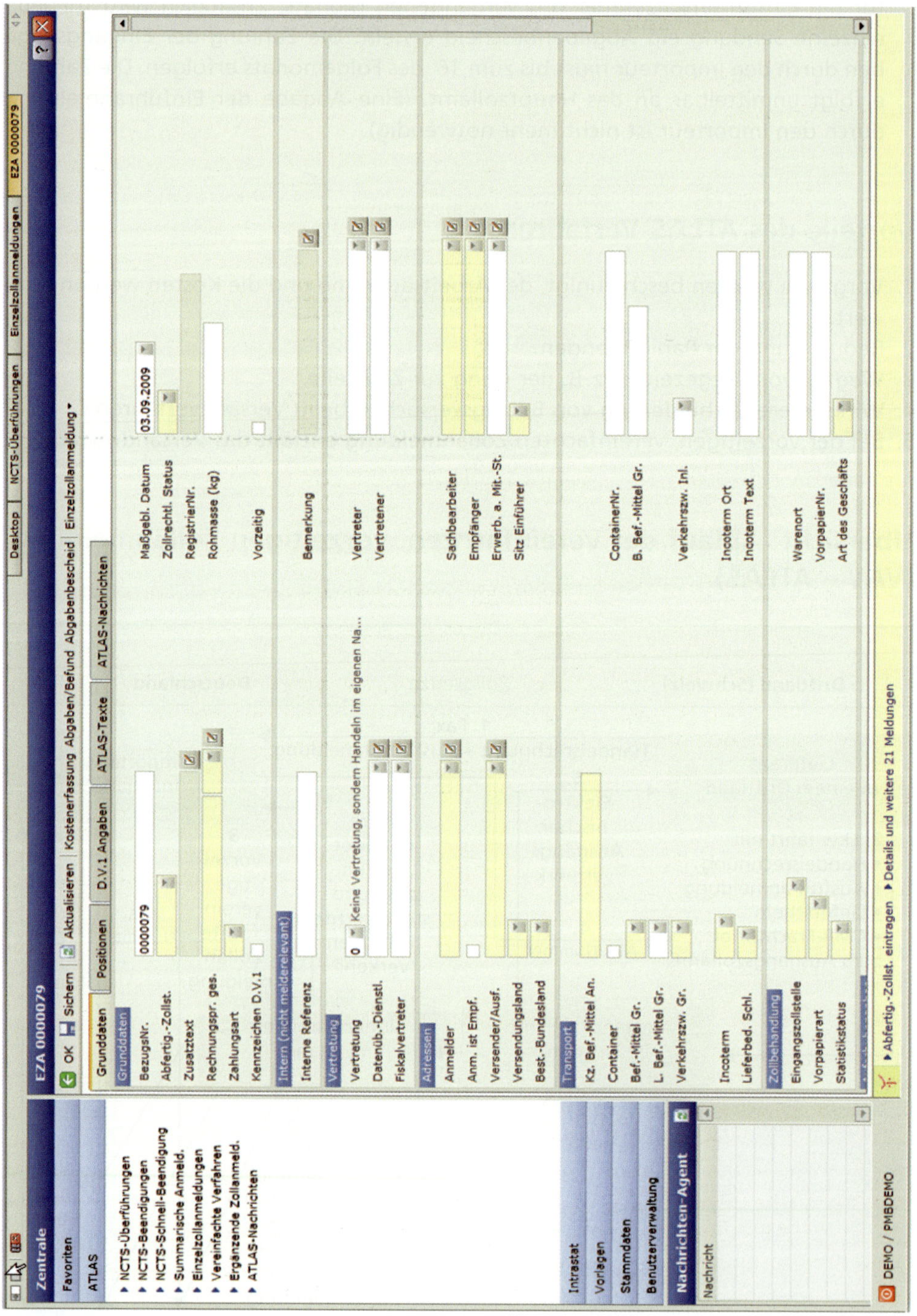
Zentrale
Favoriten
ATLAS
NCTS-Überführungen
NCTS-Beendigungen
NCTS-Schnell-Beendigung
Summarische Anmeld.
Einzelzollanmeldungen
Vereinfachte Verfahren
Ergänzende Zollanmeld.
ATLAS-Nachrichten
Intrastat
Vorlagen
Stammdaten
Benutzerverwaltung
Nachrichten-Agent
Nachricht
DEMO / PMBDEMO
EZA 0000079
OK
Sichern
Aktualisieren
Kostenerfassung
Abgaben/Befund
Abgabenbescheid
Einzelzollanmeldung
Grunddaten
Positionen
D.V.1 Angaben
ATLAS-Texte
ATLAS-Nachrichten
Desktop
NCTS-Überführungen
Einzelzollanmeldungen
EZA 0000079
Grunddaten
BezugsNr.
0000079
Abfertig.-Zollst.
Zusatztext
Rechnungspr. ges.
Zahlungsart
Kennzeichen D.V.1
Maßgebl. Datum
03.09.2009
Zollrechtl. Status
RegistrierNr.
Rohmasse (kg)
Vorzeitig
Intern (nicht melderelevant)
Interne Referenz
Bemerkung
Vertretung
Vertretung
0 Keine Vertretung, sondern Handeln im eigenen Na...
Datenüb.-Dienstl.
Fiskalvertreter
Vertreter
Vertretener
Adressen
Anmelder
Anm. ist Empf.
Versender/Ausf.
Versendungsland
Best.-Bundesland
Sachbearbeiter
Empfänger
Erwerb. a. Mit.-St.
Sitz Einführer
Transport
Kz. Bef.-Mittel An.
Container
Bef.-Mittel Gr.
L. Bef.-Mittel Gr.
Verkehrszw. Gr.
ContainerNr.
B. Bef.-Mittel Gr.
Verkehrszw. Inl.
Incoterm
Lieferbed. Schl.
Incoterm Ort
Incoterm Text
Zollbehandlung
Eingangszollstelle
Vorpapierart
Statistikstatus
Warenort
VorpapierNr.
Art des Geschäfts
Abfertig.-Zollst. eintragen
Details und weitere 21 Meldungen

5 Innergemeinschaftlicher Wareneingang

Mit der Einführung des Binnenmarktes fielen die Zollschranken und damit auch die Erfassung der Aus- und Einfuhren mittels Ausfuhr- und Einfuhranmeldung weg. Allerdings gibt es trotz des Binnenmarktes noch keine gemeinsame Wirtschafts- und Steuerpolitik der EU-Länder. Für diese beiden Bereiche sind Informationen über die Warenströme in andere Länder aber von Bedeutung.

Deshalb wurde mit der Intrahandelsstatistik (Intrastat) ein Erhebungskonzept eingeführt, bei dem die Unternehmen diese Daten regelmäßig dem Statistischen Bundesamt melden. Der Wareneingang wird mit dem Formular **„Intrastat – Eingang"** gemeldet.

Auskunftspflichtig sind:
Alle natürlichen und juristischen Personen, die unmittelbar am Warenverkehr mit anderen EU-Ländern teilnehmen. Die Meldung muss spätestens am 10. Arbeitstag nach Ablauf des Berichtsmonats beim Statistischen Bundesamt oder der örtlichen Zollstelle abgegeben werden.

Nicht auskunftspflichtig sind:

- Privatpersonen
- Auskunftspflichtige, deren jährlicher Gesamtwert an innergemeinschaftlichen Sendungen (Eingang oder Versendung) 300000,00 EUR nicht überschreitet.

Anzumelden auf dem Formular „Intrastat – Eingang" sind folgende Merkmale:
(Die Codenummern sind dem Anhang aus der Anleitung zum Ausfüllen der Ausfuhranmeldung zu entnehmen)

	Eingang
1.	Ust.-Nr., Unternehmensteil, Adresse und Bundesland des Auskunftspflichtigen
2.	Monat, Jahr des Eingangs
3.	–
4.	Drittanmelder
5.	–
6.	Warenbeschreibung
7.	Positionsnummer
8.a	Versendungsmitgliedsstaat
8.b	Bestimmungsregion (Bundesland)
9.	–
10.	Art des Geschäfts
11.	–
12.	–
13.	Statistische Warennummer
14.	Ursprungsland
15.	–
16.	Eigenmasse in kg
17.	Menge in besonderen Maßeinheiten
18.	Rechnungsbetrag in vollen EUR
19.	Statistischer Wert in vollen EUR
20.	Ort/Datum/Unterschrift

EUROPÄISCHE GEMEINSCHAFT **VORDRUCK N**

INTRASTAT

1 Steuernummer aus der USt.-Voranmeldung	1 6 2 4 5 8 3 6 2 0 0
Zusatz	0 0 1
Bundesl. FA	0 3
Eingang	X
2 Monat	1 2
Jahr	
3	
Auskunftspflichtiger (Name und Anschrift)	Müller AG Kontorstr. 13 21339 Lüneburg
4 Drittanmelder (Name und Anschrift)	
5	– Statistische Meldung – An das Statistische Bundesamt Außenhandelsstatistik D-65180 Wiesbaden

6 Warenbezeichnung	Puzzles aus Holz
7 Pos.-Nr.	0 1
8 Vers.-Land a	0 0 6
Best.-Reg. b	0 3
9	
10 Art d. Gesch.	1 1
11	
12	
13 Warennummer	9 5 0 3 6 0 1 0
14 Urspr.-Land	0 1 1
15	
16 Eigenmasse in vollen kg	2 3 0 0
17 Menge in der Besonderen Maßeinheit	
18 Rechnungsbetrag in vollen Euro	2 6 3 0 0
19 Statistischer Wert in vollen Euro	2 6 3 0 0

(Drei weitere, leere Positionsblöcke mit den Feldern 6 Warenbezeichnung, 7 Pos.-Nr., 8 Vers.-Land a, Best.-Reg. b, 9, 10 Art d. Gesch., 11, 12, 13 Warennummer, 14 Urspr.-Land, 15, 16 Eigenmasse in vollen kg, 17 Menge in der Besonderen Maßeinheit, 18 Rechnungsbetrag in vollen Euro, 19 Statistischer Wert in vollen Euro)

StBA – 92/3, Formularverlag CWN, Hameln

Erläuterungen:
Feld 8a : Versendungsmitgliedstaat
8b : Bestimmungsregion (Bundesland)
10 : Art des Geschäfts
14 : Ursprungsland

NE 2002

20 Ort/Datum/Unterschrift des Auskunftspflichtigen/Drittanmelders

Lüneburg, 20 . .-12-03 Müller

6 Einfuhrabgaben

Werden Nichtgemeinschaftswaren in die EU importiert, müssen sie dem Zoll mithilfe eines bestimmten Zollverfahrens gemeldet werden. Dieses Zollverfahren umfasst zwei Schritte:

1. **Zollanmeldung:** Notwendig ist dazu die Abgabe der **Einfuhranmeldung** (Ex. Nr. 6, 7, 8), in der u. a. das gewünschte Zollverfahren beantragt wird, sowie der **Zollwertanmeldung**.
2. **Zollbefund und Leistung der Eingangsabgaben**.

Sollen Nichtgemeinschaftswaren endgültig in der EU verbleiben und dort dem Konsum oder der Verarbeitung zugeführt werden, muss der Zollpflichtige bei der zuständigen Zollstelle als Zollverfahren die Überführung der Waren in den zoll- und steuerrechtlich freien Verkehr beantragen. Dies ist das in der Praxis am häufigsten angewandte Verfahren.

Nach Beendigung dieses Verfahrens und der Bezahlung der Eingangsabgaben wird die Ware zur Gemeinschaftsware.

Eingangsabgaben in der EU

- **Zölle**
- **Abschöpfungen**
- **Verbrauchs-steuern**
- **Umsatzsteuer**

6.1 Zölle

Einfuhrzölle sind Abgaben, die heute im Wesentlichen zum Schutz der europäischen Wirtschaft vor der preisgünstigeren ausländischen Konkurrenz erhoben werden. Durch die Vereinbarungen im Rahmen des GATT bzw. der WTO (u. a. der Meistbegünstigungsklausel) sind die Zölle allerdings in den letzten Jahren weltweit gesenkt worden.

Im EU-Zolltarif sind fast ausschließlich **Wertzollsätze** festgelegt worden. Dazu muss zuerst der Wert der Ware festgelegt werden. Grundlage dafür ist der sogenannte **Transaktionswert** der Ware. Dies ist der Preis, den der Importeur tatsächlich für die eingeführte Ware zu bezahlen hat, sofern Käufer und Verkäufer nicht miteinander verbunden sind. Alle Waren-, Transport- und Versicherungskosten bis EU-Grenze bilden die Bemessungsgrundlage für die Berechnung der Zollschuld. Alle Transport- und Versicherungskosten innerhalb der EU gehen nicht in die Berechnung des Zollwertes mit ein.

Berechnung des Zollwertes:

Rechnungspreis der Ware (Bsp.: FoB Miami

– Beförderungs- und Versicherungskosten bis zur Eingangsgrenze der EU

Zollwert

6.1.1 Zollwertanmeldung

Die Zollwertanmeldung (Formular: „Anmeldung der Angaben über den Zollwert D.V.1“ bzw. „Ergänzungsblatt D.V.1 bis“ bei Anmeldung von mehr als zwei Warenpositionen) muss bei der zuständigen Einfuhrzollstelle abgegeben werden. Die Zollwertanmeldung ist nicht notwendig, wenn der Zollwert der Waren 5000,00 EUR je Sendung nicht überschreitet, bei Waren, die keinem Wertzoll unterliegen, und bei Waren, die aufgrund einer Präferenzregelung zollfrei sind.

Anmeldepflichtig ist der Käufer oder ein Stellvertreter. Bei der Abgabe der Zollwertanmeldung sind Unterlagen beizufügen, anhand derer sich der Zollwert ermitteln lässt (z.B. eine Ausfertigung der Rechnung und Belege über die Vertriebskosten, wie z.B. der Frachtbrief). Die Zollwertanmeldung ist eine Steuererklärung. Unrichtige Angaben können als Steuerstraftat oder -ordnungswidrigkeit bestraft werden.

6.1.2 Zolltarif

Der Zolltarif ist eine Auflistung aller Waren (Zolltarifschema) und der verschiedenen Zollsätze für die einzelnen Waren. In der EU existiert ein gemeinsamer Zolltarif, der für alle Mitgliedsländer verbindlich ist. Deutschland hat auf der Basis des gemeinsamen Zolltarifs den Deutschen Gebrauchs-Zolltarif entwickelt, in dem alle Waren mit 12-stelligen Codenummern aufgelistet und bestimmten Zollsätzen zugeordnet werden.

Codenummer	**Zollsätze**		**Besondere Zollsätze**	
	Drittländer	**Zollaussetzung Kontingent**	**Allgemeine Zollpräferenz**	**Besondere Zollpräferenz**
62011100900 (Textilkategorie 14)	13,2 %	M 02	2,4 %	frei

Aufbau des Deutschen Gebrauchs-Zolltarifs

Erläuterungen:

- M 02: Mengenmäßige Beschränkungen bei der Einfuhr der Waren zum zollrechtlich freien Verkehr sind zu beachten (laut Waren-/Einfuhrliste sind Importe aus Taiwan, China, Südkorea, Nordkorea und Vietnam betroffen).
- Allgemeine Zollpräferenz: Dies betrifft Einfuhren aus den APS-Staaten (vgl. S. 170).
- Besondere Zollpräferenz: Dies betrifft Einfuhren aus AKP-Staaten, EFTA-Staaten, etc. (vgl. S. 170).

Aus dem Aufbau des Deutschen Zolltarifes wird deutlich, dass für die Festlegung des Zollsatzes die **genaue Angabe einer Ware** (mit Codenummer) nicht ausreicht, viel-

EUROPÄISCHE GEMEINSCHAFT

ANMELDUNG DER ANGABEN ÜBER DEN ZOLLWERT D. V. 1

1 Verkäufer (Name oder Firma, Anschrift)

International Agricola Ltda.,
Luis Thayer Ojedo 0170 of 902,
Providencia, Santiago/Chile

FÜR AMTLICHE ZWECKE

2 (a) Käufer (Name oder Firma, Anschrift)

Meyer KG
Hans lorenserstr. 36
89089 Ulm

2 (b) Zollwertanmelder (Name oder Firma, Anschrift)

s. Käufer

3 Lieferungsbedingung (z. B. FOB New York)

LiF Hamburg

WICHTIGER HINWEIS

Mit Unterzeichnung und Vorlage dieser Anmeldung übernimmt der Zollwertanmelder die Verantwortung bezüglich der Richtigkeit und Vollständigkeit der auf diesem Vordruck und sämtlichen mit ihm zusammen vorgelegten Ergänzungsblättern gemachten Angaben und bezüglich der Echtheit aller als Nachweis vorgelegten Unterlagen. Der Zollwertanmelder verpflichtet sich auch zur Erteilung aller zusätzlichen Informationen und zur Vorlage aller weiteren Unterlagen, die für die Ermittlung des Zollwerts der Waren erforderlich sind.

4 Nummer und Datum der Rechnung

Nr. 10432 vom . .-07.-07.

5 Nummer und Datum des Vertrags

Nr. 1276 vom . .-04.-05.

6 Nummer und Datum der früheren Zollentscheidungen zu den Feldern 7 bis 9

Zutreffendes ankreuzen ☒

7 (a) Sind Käufer und Verkäufer VERBUNDEN im Sinne von Artikel 143 der Verordnung (EWG) Nr. 2454/93 ?*) – Falls NEIN, weiter zu Feld 8 — ☐ JA ☒ NEIN

(b) Hat die Verbundenheit den Preis der eingeführten Waren BEEINFLUSST? — ☐ JA ☐ NEIN

(c) (Antwort freigestellt) Kommt der Transaktionswert der eingeführten Waren einem der Werte in Artikel 29 Abs. 2b der Verordnung (EWG) 2913/92 SEHR NAHE? — ☐ JA ☐ NEIN
Falls JA, Einzelheiten angeben

8 (a) Bestehen EINSCHRÄNKUNGEN bezüglich der Verwendung und des Gebrauchs der Waren durch den Käufer, ausgenommen solche, die
- durch das Gesetz oder von den Behörden in der Gemeinschaft auferlegt oder gefordert werden,
- das Gebiet abgrenzen, innerhalb dessen die Waren weiterverkauft werden können,
- sich auf den Wert der Waren nicht wesentlich auswirken?

☐ JA ☒ NEIN

(b) Liegen hinsichtlich des Kaufgeschäfts oder des Preises BEDINGUNGEN vor oder sind LEISTUNGEN zu erbringen, deren Wert im Hinblick auf die zu bewertenden Waren nicht bestimmt werden kann? — ☐ JA ☒ NEIN
Art der Einschränkungen, Bedingungen oder Leistungen angeben.
Falls der Wert im Hinblick auf die zu bewertenden Waren bestimmt werden kann, Betrag im Feld 11b angeben.

9 (a) Hat der Käufer unmittelbar oder mittelbar LIZENZGEBÜHREN für die eingeführten Waren nach den Bedingungen des Kaufgeschäfts zu zahlen? — ☐ JA ☒ NEIN

(b) Ist das Kaufgeschäft mit einer Vereinbarung verbunden, nach der ein Teil der Erlöse aus späteren WEITERVERKÄUFEN, sonstigen ÜBERLASSUNGEN oder VERWENDUNGEN unmittelbar oder mittelbar dem Verkäufer zugutekommt? — ☐ JA ☒ NEIN

Falls JA zu (a) oder auch (b): Die Umstände angeben und, wenn möglich, die Beträge in den Feldern 15 und 16 angeben.

*) PERSONEN GELTEN NUR DANN ALS VERBUNDEN, WENN
(a) sie der Leitung des Geschäftsbetriebs der jeweils anderen Person angehören;
(b) sie Teilhaber oder Gesellschafter von Personengesellschaften sind;
(c) sie sich in einem Arbeitgeber-/Arbeitnehmerverhältnis zueinander befinden;
(d) eine beliebige Person unmittelbar oder mittelbar 5% oder mehr der im Umlauf befindlichen stimmberechtigten Anteile oder Aktien beider Personen besitzt oder kontrolliert;
(e) eine von ihnen unmittelbar oder mittelbar die andere kontrolliert;
(f) beide von ihnen unmittelbar oder mittelbar von einer dritten Person kontrolliert werden;
(g) sie zusammen unmittelbar oder mittelbar eine dritte Person kontrollieren oder
(h) sie Mitglieder derselben Familie sind.
Die Tatsache, daß ein Käufer und ein Verkäufer miteinander verbunden sind, schließt die Anwendung des Transaktionswerts nicht unbedingt aus (siehe Artikel 29 Abs. 2 der Verordnung (EWG) Nr. 2913/92 und Anhang 23 zu der VO (EWG) Nr. 2454/93).

Auf das Merkblatt „Zollwert" (Vordruck 0466) wird hingewiesen.

Hinweis nach § 9 Abs. 2 Bundesdatenschutzgesetz
Zu den Angaben in diesem Vordruck sind Sie nach Artikel 178 der Verordnung (EWG) Nr. 2454/93 und nach § 11 Abs. 1 Umsatzsteuergesetz verpflichtet.

10 (a) Anzahl der beigefügten Ergänzungsblätter D. V. 1 BIS

———

10 (b) Ort, Datum, Unterschrift

Ulm, . .-08.-03.

Wenz

0464 Anmeldung der Angaben über den Zollwert + – III B 4 – **(1994)**

FORMULARVERLAG CW NIEMEYER
31789 Hameln, Walter-von-Selve-Str. 6
Tel. (0 51 51) 98 93-0, Fax 98 93-93
Email: info@formularverlag.de
Internet: www.formularverlag.de

Auslieferungsläger:
42283 Wuppertal, Carnaper Straße 28, Tel. (02 02) 50 20 31, Fax 50 19 92
60599 Frankfurt a. M., Wiener Str. 120-124, Tel. (0 69) 69 71 17-0, Fax 69 71 17-78
71263 Weil der Stadt, Glemsweg 17, Telefon (0 70 33) 3 49 40, Fax 3 48 42
39167 Hohendodeleben, Matthissonstr. 26, Tel. (03 92 04) 54 47, Fax 6 01 79

		Ware (Pos.)	Ware (Pos.)	Vermerke der Zollstelle
A. Grundlage der Berechnung	11 (a) Nettopreis in der RECHNUNGSWÄHRUNG (Tatsächlich gezahlter Preis oder Preis im maßgebenden Bewertungszeitpunkt)	USD 69.300		
	Nettopreis in NATIONALER WÄHRUNG (Umrechnungskurs 0,95)	EUR 72.947,37		
	(b) Mittelbare Zahlungen (siehe Feld 8b) (Umrechnungskurs)	–		
	12 Summe A in NATIONALER WÄHRUNG EUR	72.947,37		
B. HINZURECHNUNGEN: Kosten in NATIONALER WÄHRUNG, die NICHT in A enthalten sind*) Gegebenenfalls NACHSTEHEND frühere Zollentscheidungen hierzu angeben	13 Kosten, die für den Käufer entstanden sind (a) Provisionen (ausgenommen Einkaufsprovisionen)	–		
	(b) Maklerlöhne	–		
	(c) Umschließungen und Verpackung	–		
	14 Gegenstände und Leistungen, die vom Käufer unentgeltlich oder zu ermäßigten Preisen für die Verwendung im Zusammenhang mit der Herstellung und dem Verkauf zur Ausfuhr der eingeführten Waren geliefert werden Die aufgeführten Werte sind ggf. entsprechend aufgeteilt (a) In den eingeführten Waren enthaltene Materialien, Bestandteile und dergleichen	–		
	(b) Bei der Herstellung der eingeführten Waren verwendete Werkzeuge, Gussformen und dergleichen	–		
	(c) Bei der Herstellung der eingeführten Waren verbrauchte Materialien	–		
	(d) Für die Herstellung der eingeführten Waren notwendige Techniken, Entwicklungen, Entwürfe, Pläne und Skizzen, die außerhalb der Gemeinschaft erarbeitet wurden	–		
	15 Lizenzgebühren (siehe Feld 9a)	–		
	16 Erlöse aus Weiterverkäufen, sonstigen Überlassungen oder Verwendungen, die dem Verkäufer zugutekommen (siehe Feld 9 b)	–		
	17 Lieferungskosten bis (Ort des Verbringens)	–		
	(a) Beförderung	–		
	(b) Ladekosten und Behandlungskosten	–		
	(c) Versicherung	–		
	18 Summe B	–		
C. ABZÜGE: Kosten in NATIONALER WÄHRUNG, die in A ENTHALTEN sind*)	19 Beförderungskosten nach Ankunft am Ort des Verbringens	–		
	20 Zahlungen für den Bau, die Errichtung, Montage, Instandhaltung oder technische Unterstützung nach der Einfuhr	–		
	21 Andere Zahlungen (Art)	–		
	22 Zölle und Steuern, die in der Gemeinschaft wegen der Einfuhr oder des Verkaufs der Waren zu zahlen sind	–		
	23 Summe C	–		
24 ANGEMELDETER WERT (A + B – C)		72.947,37		

*) Wenn Beträge in AUSLÄNDISCHER WÄHRUNG zu zahlen sind, hier den Betrag in ausländischer Währung und den Umrechnungskurs unter Bezug auf jede Ware und Zeile angeben.

Bezug	Betrag	Umrechnungskurs
Zeile 11(a)	USD 69.300,–	0,95

Zusätzliche Angaben

mehr spielt auch das **Ursprungsland** eine ganz entscheidende Rolle. Ursache dafür sind die vielen Vorzugszölle (Zollpräferenzen), die die EU-Staaten mit anderen Staaten vereinbart haben. Bei den Zollpräferenzen handelt es sich einerseits um gegenseitige Zollpräferenzen, die dazu dienen sollen, den gegenseitigen Warenaustausch anzukurbeln, andererseits um einseitige Zollpräferenzen, die die EU bestimmten Ländern als eine Form der Entwicklungshilfe gewährt.

6.2 Umsatzsteuer im internationalen Warenverkehr

6.2.1 Wesen der Umsatzsteuer

1. Die Umsatzsteuer ist grundsätzlich eine **Verbrauchssteuer**, d.h., sie besteuert den Verbrauch des privaten Konsumenten. Dieser wird durch die Umsatzsteuer belastet, deshalb ist er auch der Steuerträger. Steuerschuldner ist der Unternehmer. Deshalb ist die Umsatzsteuer eine **indirekte Steuer**.
2. Gleichzeitig ist der Tatbestand der Steuerpflicht bei der Umsatzsteuer an einen wirtschaftlichen Umsatz geknüpft. Deshalb ist die Umsatzsteuer gleichzeitig auch eine Verkehrssteuer.
3. Fasst man beide Wesensmerkmale der Umsatzsteuer zusammen, kann man die Umsatzsteuer als eine **Verkehrssteuer mit Verbrauchssteuercharakter** definieren.

Steuerbare Umsätze

Folgende Umsätze sind nach § 1 (1) UStG steuerbar.

Lieferungen und sonstige Leistungen	**Einfuhr**	**Innergemeinschaftlicher Erwerb**
eines Unternehmers im Inland im Rahmen seines Unternehmens	von Gütern aus dem Drittlandsgebiet in das Inland	von Waren aus anderen EU-Ländern in das Inland

Merkmale eines steuerbaren Umsatzes

1. Unternehmereigenschaft

Umsatz i.S. des UStG ist nur der wirtschaftliche Umsatz, d.h., es muss ein Leistungsaustausch zwischen einem anderen Unternehmer und einem Unternehmer bzw. einem Konsumenten stattfinden. Unternehmer ist, wer eine gewerbliche Leistung selbstständig ausübt. Eine gewerbliche Leistung ist jede nachhaltige Leistung zur Erzielung von Einnahmen; Gewinnerzielung ist nicht unbedingt notwendig. Nachhaltig ist die Tätigkeit sowohl bei einer sich wiederholenden Tätigkeit als auch bei einer einmaligen Tätigkeit, wenn sie dauerhafte Einnahmen nach sich zieht.

Beispiele für eine Unternehmertätigkeit:
- Natürliche Personen (Einzelunternehmer, Arbeitnehmer, der ein Gewerbe nebenher betreibt)
- Personengesellschaften (OHG, KG etc.)
- Juristische Personen (GmbH, AG, Körperschaften etc.)

Ein steuerbarer Umsatz liegt nicht vor, wenn der Leistungsaustausch zwischen Personen, beispielsweise den Gesellschaftern einer GmbH, oder einer herrschenden und einer beherrschten Unternehmung stattfindet.

Beispiel:
Lieferungen zwischen der Muttergesellschaft A in Deutschland und der Tochtergesellschaft B in den USA sind keine steuerbaren Umsätze, da dies ein Umsatz innerhalb eines Unternehmens ist. (Eine Ausnahme sind die Umsätze zwischen zusammengehörenden Unternehmen in der EU.)

2. Inland

Wirtschaftliche Umsätze im Inland sind umsatzsteuerpflichtig. Inland ist das Gebiet der Bundesrepublik Deutschland mit Ausnahme des Gebiets von Büsingen, der Insel Helgoland, der Freihäfen, der Gewässer und Watten zwischen der deutschen Hoheitsgrenze und der jeweiligen Strandlinie sowie der deutschen Schiffe und der deutschen Luftfahrzeuge in Gebieten, die zu keinem Zollgebiet gehören (§§ 1, 2 UStG).

<table>
<tr><th rowspan="2">Übriges Gemeinschaftsgebiet</th><th colspan="4">Gebiet der Bundesrepublik Deutschland</th></tr>
<tr><th>Inland</th><th colspan="3">Drittlandsgebiete</th></tr>
<tr>
<td>EU-Länder:
– Frankreich
– Italien
– Großbritannien</td>
<td>Zum umsatzsteuerrechtlichen Inland gehören auch:
– Ausl. Botschaften in Deutschland
– Einrichtungen ausl. Streit kräfte in Deutschland
– Duty-free-Shops in Deutschland
– Ausl. Schiffe und Flugzeuge im Gebiet der BRD</td>
<td>Deutsches Hoheitsgebiet, aber kein umsatzsteuer-rechtliches Inland:
– Büsingen
– Insel Helgoland
– Alle deutschen Freihäfen Gewässer und Watten zwischen dem deutschen Hoheitsgebiet und der Strandlinie
– Deutsche Schiffe und Flugzeuge in Gebieten, die zu keinem Zollgebiet gehören</td>
<td>Hoheitsgebiete anderer EU-Länder, aber umsatzsteuerrechtlichtliche Drittlandsgebiete:
– Kanarische Inseln
– Andorra
– San Marino
– Gibraltar
– Vatikan
– Grönland</td>
<td>Hoheitsrechtliche und umsatzsteuerrechtliche Drittlandsgebiete:
– Schweiz
– USA
– Japan</td>
</tr>
<tr>
<td colspan="2">– Umsätze im jeweiligen Inland werden mit der nationalen Ust. erfasst.
– Umsätze zwischen den Ländern sind innergemeinschaftliche Umsätze und werden mit dem Ust.-Satz des Erwerbslandes besteuert.</td>
<td>– Umsätze sind nicht steuerpflichtig.</td>
<td>– Umsätze werden mit dem nationalen USt.-Satz des Einfuhrlands besteuert.</td>
<td>– Umsätze mit diesen Ländern werden mit dem nationalen USt.-Satz besteuert.</td>
</tr>
</table>

6.2.2 Innergemeinschaftliche Umsätze

Innergemeinschaftlicher Erwerb (§ 1 a UStG)

Ein innergemeinschaftlicher Erwerb liegt vor, wenn

1. ein Abnehmer in einem EU-Staat einen Gegenstand von einem Lieferanten in einem anderen EU-Staat erhält und
2. der Gegenstand für das Unternehmen des Erwerbers bestimmt ist und
3. Lieferant und Erwerber regelbesteuerte Unternehmer sind.

Erwerber kann auch eine juristische Person sein, die kein Unternehmer ist oder die den Gegenstand nicht für ihr Unternehmen erwirbt; allerdings gilt hier eine Erwerbsschwelle von 12500,00 EUR, ab der erst ein innergemeinschaftlicher Erwerb vorliegt.

Der Erwerber schuldet die Erwerbssteuer (§ 13 (2) Nr. 2 UStG). Er kann die bezahlte Steuer jedoch wieder als Vorsteuer geltend machen (§ 15 (1) Nr. 3 UStG).

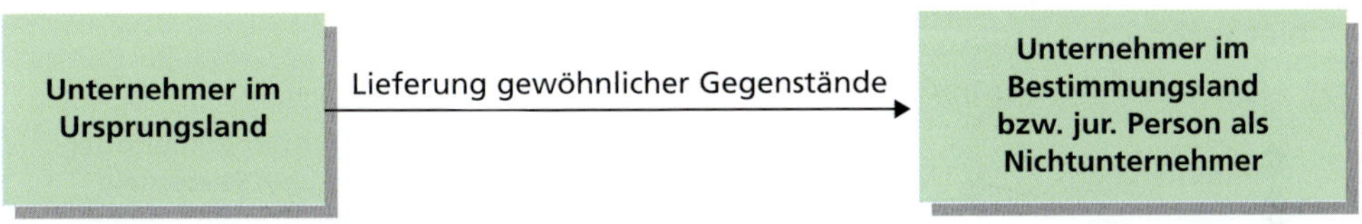

Innergemeinschaftlicher Erwerb

Prinzip: Die Besteuerung erfolgt im Bestimmungsland durch den Erwerb **(Bestimmungslandprinzip)**.

Das innergemeinschaftliche Verbringen (Bsp.: Mutter-/Tochter-Gesellschaft) eines Gegenstandes wird wie ein innergemeinschaftlicher Erwerb angesehen.

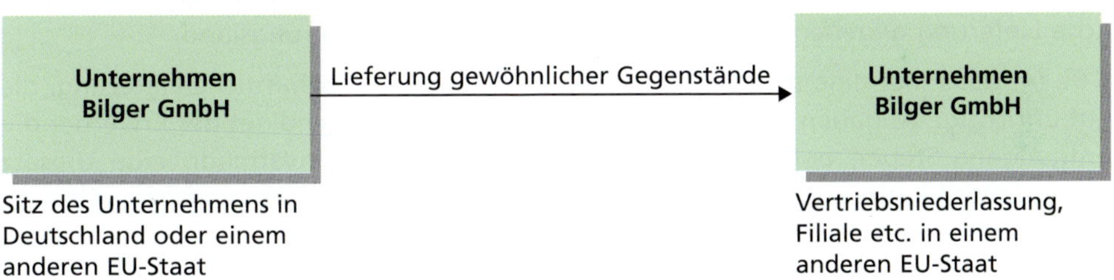

Innergemeinschaftliches Verbringen

Innergemeinschaftliche Lieferung

Eine innergemeinschaftliche Lieferung liegt vor, wenn

1. ein Lieferant einen Gegenstand von einem EU-Land zu einem Erwerber in einem anderen EU-Land befördert und
2. der Gegenstand für das Unternehmen des Erwerbers bestimmt ist und
3. Lieferant und Erwerber regelbesteuerte Unternehmen sind.

Bei der Lieferung eines neuen Fahrzeugs gilt das Verfahren der innergemeinschaftlichen Lieferung, auch wenn der Erwerber kein Unternehmer ist. Ebenfalls als innergemeinschaftliche Lieferung gilt das Verbringen eines Gegenstandes in ein anderes EU-Land.

Die innergemeinschaftliche Lieferung ist im Ursprungsland steuerfrei (§ 4 Nr. 1b UStG), wenn die erforderlichen Belege und Nachweise erbracht worden sind (§§ 17a; 17c UStDV). Sie unterliegt beim Abnehmer in einem anderen EU-Staat der Erwerbsbesteuerung.

Nachweise (Belege) zur Inanspruchnahme der Steuerbefreiung bei innergemeinschaftlichen Lieferungen:

- → Doppel der Rechnung mit Angabe der USt.-Id-Nr. des Käufers und des Verkäufers sowie einem Hinweis auf die Steuerfreiheit
- → Lieferschein, Frachtbrief, Konnossement oder anderes handelsübliches Dokument, aus dem sich der Bestimmungsort ergibt
- → Empfangsbestätigung des Empfängers bei eigener Beförderung oder in Abholfällen die Versicherung des Kunden, dass die Gegenstände in das Gemeinschaftsgebiet verbracht werden

Innergemeinschaftliche Lieferung

Für den liefernden Unternehmer gilt, dass die Lieferung im Ursprungsland steuerfrei ist.

§ 6a (3) UStG: Den Nachweis, dass die Voraussetzungen für eine innergemeinschaftliche Lieferung gegeben sind, erbringt der Lieferant im Ursprungsland.

§ 6a (4) UStG: Für eine steuerfrei ausgeführte innergemeinschaftliche Lieferung, die auf unrichtige Angaben des Erwerbers zurückzuführen ist, schuldet der Erwerber die entgangene Steuer, beispielsweise wenn der Käufer als Privatmann eine Umsatzsteuer-Identifikationsnummer (Ust-Id-Nr.) verwendet.

Zusammenfassende Meldung

Lieferungen an Unternehmen in anderen EU-Ländern müssen monatlich der Finanzverwaltung im eigenen Land mit Angabe der jeweiligen USt.-Id-Nr. gemeldet werden. Über ein Datenaustauschsystem können die Finanzverwaltungen in den einzelnen Ländern dann überprüfen, ob der jeweilige Käufer seine Erwerbssteuer für seine Bezüge aus anderen Ländern bezahlt hat.

Die Angabe der Daten erfolgt auf dem Formular „Zusammenfassende Meldung".

Bundeszentralamt für Steuern

Hilfe

Zur elektronischen Abgabe ist die Teilnehmernummer einzutragen, die der USt.-IdNr (Feld 01) zugewiesen wurde.

Umsatzsteuer-Identifikationsnummer (USt-IdNr.) Bitte 9 Ziffern eintragen

01 DE

Zusammenfassende Meldung

über innergemeinschaftliche Warenlieferungen
und innergemeinschaftliche sonstige Leistungen
und innergemeinschaftliche Dreiecksgeschäfte

Bundeszentralamt für Steuern
- Dienstsitz Saarlouis -
66738 Saarlouis

Meldezeitraum

vgl. Textziffer III.1 und III.2 der Anleitung

02

Angaben zum Unternehmen (Art, Anschrift, Telefon, E-Mail)

Name

Art des Unternehmens

Strasse | Hausnummer

Postleitzahl und Ort

Telefon

E-Mail-Adresse

Berichtigung

(falls ja, bitte ankreuzen)

03 ☐

Anzeige nach § 18a Abs. 1 UStG

☐ Die in § 18a Abs. 1 Satz 2 enthaltene Regelung nehme ich nicht in Anspruch. Ich gebe die ZM künftig monatlich ab. Diese Anzeige bindet mich bis zum Zeitpunkt des Widerrufes, mindestens aber für die Dauer von 12 Kalendermonaten.

☐ Widerruf meiner Anzeige nach § 18a Abs. 1 UStG

Ich versichere, die Angaben in dieser Zusammenfassenden Meldung (ZM) wahrheitsgemäß nach bestem Wissen und Gewissen gemacht zu haben.

Hinweis

Wer vorsätzlich oder leichtfertig entgegen seinen Verpflichtungen gem. § 18 a Umsatzsteuergesetz (UStG) eine Zusammenfassende Meldung nicht, nicht richtig, nicht vollständig oder nicht rechtzeitig abgibt oder nicht bzw. nicht rechtzeitig berichtigt, handelt ordnungswidrig. Die Ordnungswidrigkeit kann mit einer Geldbuße bis zu fünftausend Euro geahndet werden (§ 26a UStG).

Zur elektronischen Abgabe der ZM benötigen Sie eine Teilnehmernummer. Weitere Informationen dazu, erhalten Sie hier

Teilnehmernummer gem. § 6 StDÜV (elektronische Übermittlung)

Bei der Anfertigung der ZM hat mitgewirkt:

Name

Art des Mitwirkenden (Steuerberater, Wirtschaftsprüfer etc.)

Strasse | Hausnummer

Postleitzahl und Ort

Telefon

E-Mail-Adresse

Datum und Unterschrift des Unternehmers bei Abgabe der ZM in Papierform

Hinweis nach den Vorschriften der Datenschutzgesetze:

Die mit der Zusammenfassenden Meldung angeforderten Daten werden aufgrund der §§ 149 ff Abgabenordung (AO) und § 18 a UStG erhoben.
Die Angaben der Telefonnummern und E-Mail-Adressen sind freiwillig.

010001 v.1.1

Wer ist zur Abgabe einer Zusammenfassenden Meldung verpflichtet?

Meldepflichtig ist jeder Unternehmer, der während eines Meldezeitraums

a. steuerfreie innergemeinschaftliche Warenlieferungen mit Ausnahme der Lieferung neuer Fahrzeuge an Abnehmer ohne USt-IdNr. oder
b. Lieferungen im Rahmen von innergemeinschaftlichen Dreiecksgeschäften (nach § 25 b Abs. 2 UStG) ausgeführt hat.

   Ein innergemeinschaftliches Dreiecksgeschäft liegt vor, wenn

   - drei in verschiedenen EG-Mitgliedsstaaten für Zwecke der Umsatzsteuer erfasste Unternehmer (Erstlieferer, Erstabnehmer und Letztabnehmer) über einen Gegenstand ein Umsatzgeschäft abschließen,
   - eine direkte Beförderung oder Versendung des Gegenstandes unmittelbar vom Ort der Lieferung des Erstlieferers an den Letztabnehmer erfolgt,
   - der Liefergegenstand von dem Gebiet eines Mitgliedstaates in das Gebiet eines anderen Mitgliedsstaates gelangt, und
   - der Liefergegenstand durch den Erstlieferer oder den Erstabnehmer befördert oder versendet wird.

Bei einem derartigen innergemeinschaftlichen Dreiecksgeschäft hat der Erstlieferer in der ZM – insoweit ohne jede Besonderheit – eine innergemeinschaftliche Warenlieferung an den Erstabnehmer zu melden. Der Erstabnehmer bewirkt indes nicht nur eine einfache innergemeinschaftliche Lieferung, sondern regelmäßig eine Dreieckslieferung i. S. d. § 25b Abs. 2 UStG. Er hat deshalb bereits in der Rechnung auf das Vorliegen eines innergemeinschaftlichen Dreiecksgeschäftes und die Steuerschuld des letzten Abnehmers hinzuweisen und zudem neben seiner eigenen USt-IdNr. auch diejenige des Leistungsempfängers anzuführen (§ 14 a Abs. 1a und 2 UStG). Darüber hinaus hat er in der ZM auf das Dreiecksgeschäft hinzuweisen, indem er bei Meldung seiner innergemeinschaftlichen Lieferung in Spalte 3 des ZM-Vordrucks eine „1" einsetzt.

c. alle grenzüberschreitenden sonstigen Leistungen an Unternehmer, für die der in einem anderen Mitgliedstaat ansässige Leistungsempfänger die Steuer dort schuldet. Betroffen sind aber nur diejenigen Leistungen, die aufgrund der neuen Grundregel des § 3a Abs. 2 UStG in der EU steuerbar sind. Sie sind gesondert in der Zusammenfassenden Meldung und in der Zeile 41 der Umsatzsteuervoranmeldung zu melden.

Ausgenommen von der Meldepflicht sind Kleinunternehmer i. S. d. § 19 Abs. 1 UStG (Umsatz i. S. d. § 19 Abs. 1 Satz 2 UStG im vorangegangenen Geschäftsjahr kleiner 17.500 EUR und im laufenden Geschäftsjahr voraussichtlich kleiner 50000 EUR).

Welche Fristen sind bei der Abgabe der ZM einzuhalten?

Die Leistungen sind in dem Meldezeitraum anzugeben, in dem der Unternehmer die Rechnung hierüber ausgestellt hat, spätestens in dem auf den Monat der Ausführung der Dienstleistung folgenden Monat, d. h. die Meldung muss jeden Monat abgeben werden.

Angaben auf der zusammenfassenden Meldung

- Ust.-Id-Nr. des Unternehmers
- Ust.-Id-Nr. des Erwerbers bei innergemeinschaftlichen Lieferungen (6a (1) UStG) und die Bemessungsgrundlagen
- Ust.-Id-Nr. der Unternehmensteile bei Verbringen in das übrige Gemeinschaftsgebiet (§ 6a (2) UStG) und die Bemessungsgrundlagen
- Ust.-Id-Nr. der Abnehmer bei innergemeinschaftlichen Dreiecksgeschäften gemäß § 25b (2) UStG und die Bemessungsgrundlagen sowie Hinweise auf Dreiecksgeschäfte

Nichtkommerzieller Warenverkehr (Umsätze mit Nichtunternehmern)

Bei innergemeinschaftlichem Warenverkehr zwischen Nichtunternehmern gilt das Ursprungslandprinzip, d.h., dass Umsätze im Ursprungsland der Steuerpflicht unterliegen. Seine Anwendung findet dieses Prinzip in folgenden Fällen:

Abholung durch den privaten Endverbraucher (Abholfall) (§ 3c (3) UStG)

Bringt der private Endverbraucher Waren aus einem anderen EU-Land mit, bezahlt er die Umsatzsteuer im Ursprungsland und unterliegt damit im Bestimmungsland keiner Umsatzsteuerpflicht.

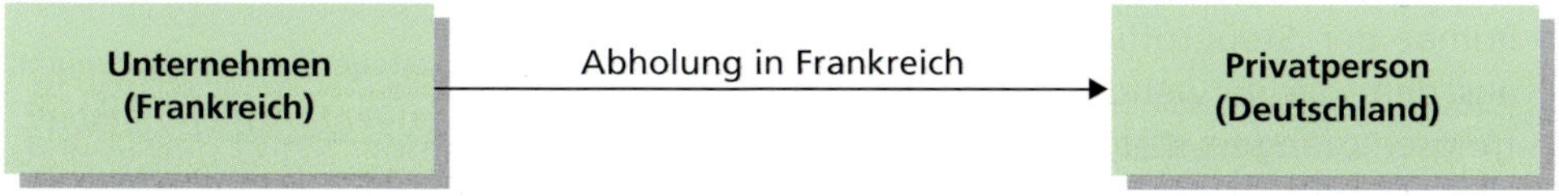

Versandhandel

Unter Versandhandel versteht man jede Art von Warenversendung an Privatkunden in einem anderen EU-Land.

Alternative 1: Der Umfang der Warenversendungen in ein bestimmtes EU-Land, die der Verkäufer im Vorjahr tätigt, bleibt unter einer bestimmten Lieferschwelle.

→ Der Verkäufer hat die Option, die Umsatzsteuer in Deutschland oder im Empfängerland zu versteuern. Optiert der deutsche Versender auf eine Besteuerung im Ausland – immer dann, wenn der Mehrwertssteuersatz dort niedriger ist als in Deutschland – braucht er im Ausland, beispielsweise in Frankreich, einen Fiskalvertreter, der für ihn dort die Mehrwertssteuer abführt.

Alternative 2: Der Umfang der Warenlieferungen mit einem anderen EU-Land, die der Verkäufer im Vorjahr tätigt, überschreitet eine bestimmte Lieferschwelle.

→ Der Verkäufer muss seine Lieferungen im Empfängerland versteuern.

Die Lieferschwelle aus Deutschland in andere EU-Mitgliedsstaaten beträgt einheitlich 100000,00 EUR.

Ein Unternehmer kann eine Ust.-IdNr. in mehreren EU-Ländern beantragen.

Umsatzsteueridentifikationsnummer

Aufbau der USt-IdNr.

Ländercode und laufende Nummer (zwischen 8 und 12 Stellen in den einzelnen EU-Ländern). Beispiel für eine Ust.-Id-Nr. in Deutschland: DE 125436789

Funktion/Bedeutung der Ust.-Id-Nr.

- Ust.-Id-Nr. berechtigt zur Teilnahme am innergemeinschaftlichen Warenverkehr.
- Lieferer erkennt, dass der Abnehmer Unternehmer ist und die Lieferung für sein Unternehmen verwendet.
- Lieferung ist im Lieferland steuerfrei; im Erwerberland steuerpflichtig.
- Primat der Steuerpflicht aus dem EU-Land, aus dem die verwendete USt-IdNr. des Leistungsempfängers stammt.

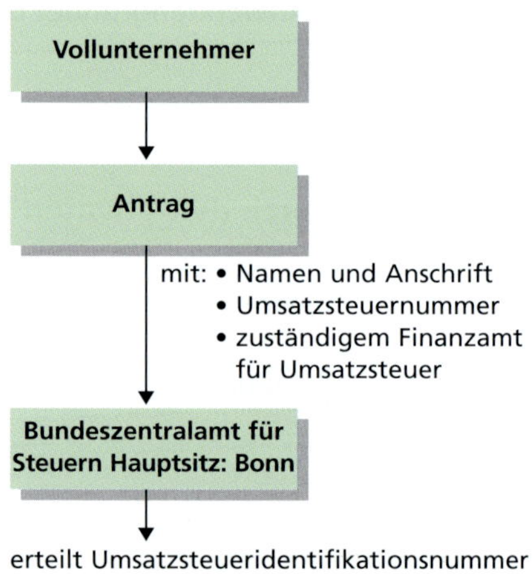

Umsatzsteueridentifikationsnummer (Ust.-Id-Nr.)

6.2.3 Einfuhr aus Drittlandsgebieten

Eine Einfuhr liegt vor, wenn Gegenstände aus Drittländern in das Inland oder in die Zollanschlussgebiete Jungholz und Mittelberg gelangen (§ 1 (1) Nr. 4 UStG).

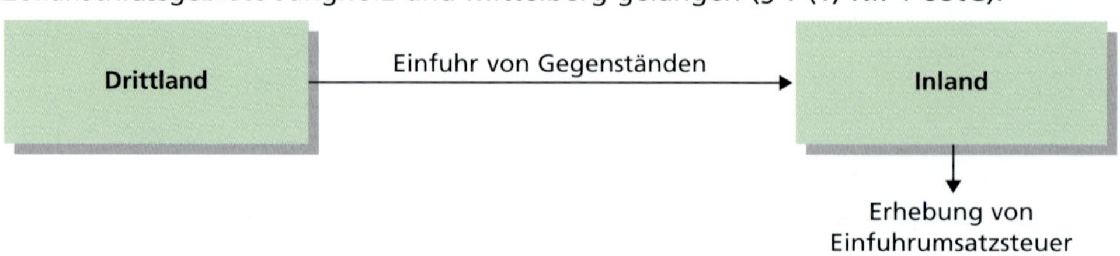

Mit der Erhebung des nationalen Einfuhrumsatzsteuersatzes wird gewährleistet, dass eine steuerliche Gleichstellung von gleichartigen Gegenständen aus dem Inland mit aus Drittländern importierten Gegenständen erreicht wird. Im Exportland wird der Gegenstand steuerbefreit ausgeführt.

Die Einfuhrumsatzsteuer wird von der Zollverwaltung erhoben und verwaltet. Mit der Abgabe der Einfuhranmeldung reicht der Importeur die entsprechenden Dokumente bei der örtlichen Zollstelle ein (Rechnung, Frachtpapiere etc.), mit denen die Zollverwaltung die Bemessungsgrundlage für die Einfuhrumsatzsteuer berechnen kann.

Berechnung der Bemessungsgrundlage für die Einfuhrumsatzsteuer:

Grenzübergangswert an der EU-Außengrenze (Transaktionswert)
\+ Zollbetrag
\+ Transport- und Versicherungskosten bis zum ersten inländischen Bestimmungsort

= Bemessungsgrundlage für die Berechnung der Einfuhrumsatzsteuer

Schuldner der Einfuhrumsatzsteuer

Grundlage für die Klärung, wer Schuldner der Einfuhrumsatzsteuer ist, sind die vereinbarten Lieferungsbedingungen.

Bei der Lieferungsbedingung „DDP – Delivered Duty Paid" ist der Exporteur oder sein Beauftragter der Schuldner der Einfuhrumsatzsteuer. Es liegt dann ein Liefertatbestand nach § 1 (1) Nr. 1 UStG vor.

Bei allen anderen Lieferungsbedingungen ist der Importeur oder sein Beauftragter der Schuldner der Einfuhrumsatzsteuer. In diesem Fall liegt ein Einfuhrtatbestand nach § 1 (1) Nr. 4 UStG vor.

Ein Vorsteuerabzug ist in beiden Fällen möglich (§ 15 (1) Nr. 2 UStG). Der Tatbestand der Einfuhr kann auch für Nichtunternehmer vorliegen. Ein Vorsteuerabzug für die entrichtete Einfuhrumsatzsteuer ist in diesem Fall aber nicht möglich.

Vergleich: Erwerbssteuer – Einfuhrumsatzsteuer

Erwerbssteuer	**Einfuhrumsatzsteuer**
1. Kommerzieller Warenverkehr – Bestimmungslandprinzip; nichtkommerzieller Warenverkehr – im Wesentlichen Ursprungslandprinzip	1. Kommerzieller Warenverkehr – Bestimmungslandprinzip
2. Höhe der Steuer: nationaler Umsatzsteuersatz	2. Höhe der Steuer: nationaler Umsatzsteuersatz
3. Umsatzsteueridentifikationsnummer für alle Unternehmen, die an diesem innergemeinschaftlichen Warenverkehr teilnehmen; Nachweis der Unternehmereigenschaft.	3. –
4. Zuständige Behörde: Finanzamt	4. Zuständige Behörde: Zollamt

Erwerbssteuer	Einfuhrumsatzsteuer
5. Unternehmen berechnet die Höhe der Erwerbssteuer selbstständig im Rahmen der Umsatzsteuervoranmeldung	5. Zollamt berechnet die Höhe der Umsatzsteuer im Rahmen der Einfuhranmeldung
6. Begriff: Erwerbssteuer	6. Begriff: Einfuhrumsatzsteuer

Innergemeinschaftliche Güterbeförderung

Eine **innergemeinschaftliche Güterbeförderung** liegt dann vor, wenn die **Güterbeförderung** in **einem EU-Land beginnt** und in einem **anderen EU-Land endet**. Dabei ist es unerheblich, ob die Beförderungsstrecke ausschließlich über Gemeinschaftsgebiet oder auch über Drittlandgebiet führt.

Die innergemeinschaftliche Beförderung von Gegenständen ist als eine **eigenständige sonstige Leistung** zu betrachten, wenn sie durch einen Spediteur oder Frachtführer ausgeführt wird.

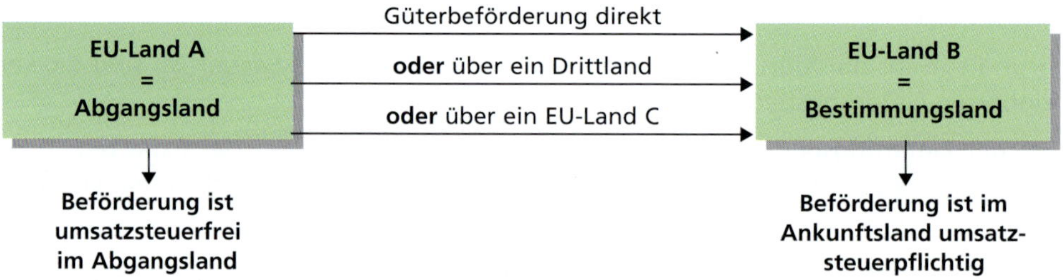

Ort der Leistung (Neuregelung ab 2010)

Lieferungen an Unternehmer § 3a(2) UStG: Eine sonstige Leistung, die an einen Unternehmer für dessen Unternehmen ausgeführt wird, wird ... an dem Ort ausgeführt, von dem aus der Empfänger sein Unternehmen betreibt.
Grundsätzlich stellt der Beförderer die Rechnung im Unterschied zur bisherigen Regelung mit der Umsatzsteuer des Empfängerlandes aus.
Ausnahmen von dieser Regelung gibt es nicht.

6.2.4 Ausfuhrlieferungen

Merkmale einer Ausfuhrlieferung:

- Der Gegenstand wird von einem Unternehmer aus dem Inland in ein Drittland befördert bzw. versendet oder
- der Gegenstand wird von einem Unternehmer in einen Freihafen befördert bzw. versendet.

Die Ausfuhrlieferung ist im Ursprungsland steuerfrei (§ 4 Nr. 1 a UStG), wenn der entsprechende Ausfuhrnachweis (Ausfuhranmeldung Exemplar Nr. 3 an der Grenzzollstelle abgestempelt) und der Buchnachweis (§ 13 UStDV) erbracht worden sind.

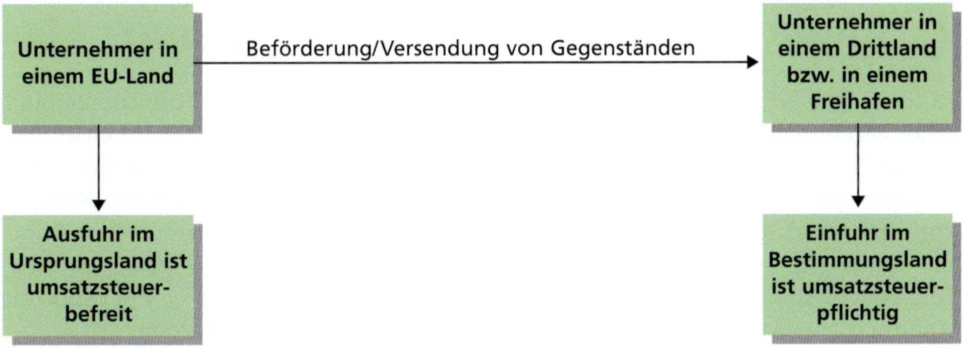

Weitere Abgaben

Abschöpfungen

Für den Bereich der landwirtschaftlichen Produkte bestehen bei der EU sogenannte Marktordnungen, die gewährleisten sollen, dass in der EU ein einheitliches Preisniveau herrscht. Bei der Einfuhr billigerer Weltmarktprodukte aus dem landwirtschaftlichen Bereich werden deshalb Abschöpfungen erhoben, die die Differenz zwischen niedrigeren Weltmarktpreisen und höheren EU-Preisen ausgleichen sollen.

Verbrauchssteuern

Bei der Gründung des EU-Binnenmarktes konnten sich die betroffenen Länder im Bereich Zölle auf eine einheitliche Regelung einigen. Bei den Verbrauchssteuern konnte man sich nur auf Mindeststeuersätze für Alkohol und alkoholische Getränke, Mineralöl und Tabakwaren einigen. Für andere Verbrauchssteuern (Beispiel: Kaffeesteuer) wurde keine Einigung erzielt. Die Richtlinie sieht nur vor, dass die Mitgliedsländer Verbrauchssteuern erheben dürfen.

Die Verbrauchssteuern fallen an

1. bei der Herstellung verbrauchssteuerpflichtiger Waren im Inland und
2. beim Import verbrauchssteuerpflichtiger Waren in die Gemeinschaft.

Im gewerblichen Bereich erfolgt die Beförderung dieser unversteuerten Waren grundsätzlich zwischen Steuerlagern; das sind Orte, an denen die Waren nach nationalem Recht unter Aussetzung der Steuern bleiben dürfen. Für dieses Steuerlager ist eine Sicherheit zu leisten. Mit dem Empfang der Ware entsteht der Verbrauchssteueranspruch des Staates. Die Anmeldung dieser Waren beim Import erfolgt mit dem Formular „Europäische Gemeinschaft verbrauchssteuerpflichtige Waren".

Bezahlung der Einfuhrabgaben

Im Regelfall sind die Einfuhrabgaben zehn Tage nach Feststellung der Höhe der Abgaben fällig. Durch ein vom Hauptzollamt bewilligtes Aufschubverfahren ist der Zollschuldner berechtigt, seine Schulden erst bis zum 16. des Folgemonats zu leisten.

7 Importrisiken und ihre Absicherung

Aufgrund der fremden Währung, der anderen Rechtsverhältnisse, unsicherer politischer Verhältnisse oder einfach aufgrund der größeren Entfernung entstehen ähnlich wie bei den Export- auch bei den Importgeschäften größere Risiken als bei Inlandsgeschäften mit möglicherweise den gleichen Waren. Allerdings ist die Sichtweise des Importeurs bezüglich der Risiken eine völlig andere als beim Exporteur. Dem Importeur nützt z. B. ein Anstieg des Eurowechselkurses gegenüber dem Dollar, da er als Folge davon seine Waren aus dem Dollarraum billiger beziehen kann. Dem Exporteur schadet dieser Anstieg, da seine Produkte im Dollarraum teurer werden.

7.1 Außenhandelsrisiken

Transportrisiko

Unter Transportrisiko versteht man die Risiken, die auf dem Transportweg vom Exporteur zum Importeur entstehen können. Darunter fallen vor allem die Beschädigungen der Güter beim häufigen Be- oder Entladen auf die verschiedenen Verkehrsmittel oder aufgrund von Unfällen (Havarie etc.). Auch die Gefahr, dass Güter zu spät angeliefert werden, ist erheblich größer als bei Inlandsgeschäften.

Transportrisiken werden über Transportversicherungen abgesichert, die je nach Vereinbarung der Lieferbedingung im Kaufvertrag vom Ex- oder Importeur abzuschließen sind. Insofern kann das Transportrisiko auch den Importeur oder dessen Versicherung betreffen.

Kreditrisiko

Zahlt der Importeur die im Rahmen eines Außenhandelsgeschäfts vertragsgemäß gelieferten Waren nicht, ist dies das sogenannte Kreditrisiko des Exporteurs. Das Kreditrisiko ist somit fast ausschließlich ein Risiko des Exporteurs und tritt für den Importeur in der Regel nicht auf. Werden im Kaufvertrag allerdings vom Importeur größere Anzahlungsbeträge oder gar eine komplette Vorauszahlung vor der eigentlichen Warenlieferung verlangt, trägt auch der Importeur das Risiko, dass der Exporteur die Ware, trotz Vorauszahlung, nicht liefert.

Politisches Risiko

Unter politischen Risiken versteht man die Vorgänge, bei denen ein Unternehmer aufgrund politischer Ereignisse in einem Land (Krieg, Bürgerkrieg, Einfuhrverbote, Devisenkontrollmaßnahmen etc.) nicht liefern oder nicht bezahlen kann. Politische Risiken betreffen folglich vor allem den Exporteur, der nach einer Warenlieferung in das Land des Importeurs bei Eintritt politischer Risiken in diesem Land um sein Geld fürchten muss. Den Importeur betrifft das politische Risiko insofern, dass er kaufvertraglich zugesicherte Ware bei Eintritt politischer Risiken im Land des Exporteurs nicht geliefert bekommt.

Währungsrisiko

Währungsrisiken ergeben sich nach Abschluss eines Kaufvertrags, wenn die Währungsrelationen sich verändern. Fällt der EUR gegenüber anderen Währungen, geht das auf Kosten des Importeurs aus dem EU-Raum. Innerhalb der EU ist dieses Währungsrisiko mit dem Inkrafttreten der gemeinsamen Währung nicht mehr vorhanden. Mit allen Drittstaaten besteht dieses Währungsrisiko aber weiter, d.h., dass der Importeur Maßnahmen zur Währungsabsicherung treffen muss.

7.2 Absicherungsmöglichkeiten

7.2.1 Warentransportversicherung

Ist der Importeur aufgrund der vereinbarten Lieferbedingung im Kaufvertrag verpflichtet, den Warentransport zu organisieren, muss er unter anderem auch eine Warentransportversicherung abschließen. Für den Umfang der Warentransportversicherung, ihre gesetzlichen oder vertraglichen Grundlagen, gelten dieselben Regelungen wie auf Seite 199 ff. bereits dargelegt.

7.2.2 Währungsrisiko

Devisentermingeschäft des Importeurs

Das Kursrisiko des Importeurs tritt ein, wenn die ausländische Währung gegenüber der inländischen Währung an Wert gewinnt. Um Kursverluste zu vermeiden, kauft der Importeur den Rechnungsbetrag in der jeweiligen ausländischen Währung von seiner Bank am Tag des Kaufvertragsabschlusses per Termin zum Terminkurs. Die Bank ist dann verpflichtet, die benötigten Devisen an dem bestimmten Termin zum vereinbarten Kurs zu liefern (Ankaufskurs, da die Bank den EUR ankauft und z.B. den Dollar verkauft, vgl. Devisentermingeschäfte bei der Ausfuhr, S. 204 ff.).

7.2.3 Politisches Risiko

Das politische Risiko ist zwar für den Importeur, wie oben beschrieben, vorhanden, aber nicht über staatliche „Einfuhrgewährleistungen" abzusichern, da staatliche Hilfen nur für den Exporteur zur Verfügung stehen. Dabei wird davon ausgegangen, dass die Risiken bei einer Warenversendung in eine Krisenregion im Normalfall höher sind als das Risiko des Importeurs, eine Ware aus dieser Region nicht zu erhalten.

Allerdings sind auch hier schlimmere Szenarien vorstellbar, z.B. dass der Importeur die nicht gelieferte Ware aus anderen Regionen nicht oder nur mit großen Preisaufschlägen bekommt und seinerseits in Lieferschwierigkeiten gerät. Eine private Versicherung für Krisengebiete scheidet aufgrund der viel zu hohen Prämien aus.

7.2.4 Kreditrisiko

Mithilfe dokumentärer Zahlungsbedingungen lässt sich das Kreditrisiko des Importeurs nicht absichern, da dies ausschließlich Instrumente zur Absicherung des Kreditrisikos des Exporteurs sind. Ähnliche Regelungen zur Absicherung des Importeurs gibt es nicht. Allerdings hat der Importeur beispielsweise die Möglichkeit, den vorausbezahlten Betrag auf ein Sperrkonto bei einer Bank einzuzahlen und der Bank den Auftrag zu geben, diesen Betrag nur auszuzahlen, wenn der Wareneingang vom Importeur bestätigt wird.

Aufgabe 1

Elektronische Chips folgen der Sonne auf ihrem Weg

Die Firma Bosch GmbH löst ein schier unlösbares Problem, indem sie in Australien Chips für elektronische Bauteile produzieren lässt, die jeden Tag just in time bei den großen Automobilherstellern in Deutschland benötigt werden. Dies funktioniert folgendermaßen: Das Transportunternehmen Schenker transportiert jeden Tag eine Palette mit vier Tonnen Fracht vom Bosch-Werk in Melbourne mit dem Lkw zur Fracht-Linienmaschine der Quantas Airline, die die Palette um 17:00 Uhr Ortszeit in Australien (zehn Stunden vor unserer Zeit) nach London fliegt. Dort wird die Fracht auf ein anderes Flugzeug umgeladen. Um 5:00 Uhr deutscher Ortszeit am nächsten Tag landet dieses Flugzeug dann in Frankfurt; die Ware geht ins Bosch-Lager. Von dort erfolgt die Zulieferung just in time zu den großen Produktionsstätten der deutschen Automobilhersteller.

Trotz der riesigen Entfernung sprechen die Daten für sich: In den vergangenen Jahren gab es nur zweimal eine Verspätung und die Frachtkosten für die Palette betragen etwa 3000,00 australische Dollar, dies entspricht dem Preis eines Business-Class-Tickets in der Kabine. Ein Schiffscontainer wäre sechs Wochen unterwegs und müsste dann noch mit dem Lastwagen vom Hafen Hamburg nach Frankfurt gefahren werden.

Wie kommt Bosch auf den Produktionsstandort Australien? Dafür gibt es mehrere Gründe: Zum einen sind es Kostengründe; für das Gehalt eines deutschen Entwicklungsingenieurs bekommt man in Australien zwei Ingenieure mit denselben Qualitäten. Bosch hat aus diesem Grund bei Melbourne ein weltweites Kompetenzzentrum für Karosserie-Elektronik aufgebaut. Andererseits wollte man einen zweiten Produktionsstandort neben der Fabrik in Reutlingen aufbauen, um bei Katastrophen oder bei Streiks einen unabhängigen und sicheren Zweitstandort zu haben.

Bei Bosch in Deutschland war dieser Produktionsstandort anfangs verständlicherweise nicht leicht zu vermitteln. „Viel zu weit entfernt“ lauteten die Kommentare. Doch das Projekt passte in die neue Bosch-Strategie der Globalisierung: Nicht nur der Produktabsatz, sondern auch die Produktion und die Entwicklung von Produkten wird weltweit durchgeführt. Wenn die Ingenieure in Reutlingen abends ihren Computer abschalten, beginnen in Melbourne die australischen Ingenieure und arbeiten an denselben Projekten weiter. Bosch Australien ist zum Entwicklungszentrum für die Autosicherheits- und Zentralverriegelungstechnik geworden.

a) Welche Ziele will die Firma Bosch mit der Produktion am Standort Australien erreichen?

b) Beschreiben Sie die logistische Kette, die in diesem Fall notwendig ist.

Aufgabe 2

Globalisierte Wertschöpfung und Beschaffung – ein Tagesgeschäft!

Die Drostek GmbH ist ein mittelständisches Unternehmen, das komplette Brems- und Lenkssysteme, u.a. Bremsscheiben, Bremsbeläge etc., für die Automobilindustrie fertigt. Die Firma produziert bisher ausschließlich in Deutschland und hat ihren Sitz in der Nähe von Stuttgart. In den Rahmenverträgen hat die Automobilindustrie in harten Verhandlungen mit der Drostek GmbH für die Lieferung von Bremssystemen in den nächsten vier Jahren eine jährliche Preissenkung von 3 % durchgesetzt. Die Drostek GmbH ist dieses „Preisdiktat" eingegangen, weil man sehr stark von den Lieferungen an die Automobilindustrie abhängig ist, allerdings sind diese Preise mit der Kostenstruktur, insbesondere mit den Lohnkosten in Deutschland, nicht mehr zu vereinbaren. Deshalb wird überlegt, ob Teile der Fertigung, wie beispielsweise die Bremsscheiben, nicht von Lieferanten aus dem Ausland bezogen oder alternativ von einer eigenen Tochterfirma im Ausland gefertigt werden sollen. Aufgrund der geringen Entfernung werden diese Überlegungen zunächst einmal nur auf die EU-Länder in Ost- und Mitteleuropa hin genauer untersucht.

Beim Fremdbezug würden die enormen Kosten einer Produktionsverlagerung ins Ausland nicht anfallen, auf der anderen Seite ist es fraglich, ob man Lieferanten in diesen Ländern findet, die diese Teile in der geforderten Qualität und Zuverlässigkeit fertigen können. Diese Entscheidung soll im Anschluss an die Länder- bzw. Lieferantenanalyse getroffen, werden. Erfahrungen mit ausländischen Teilelieferanten (Schrauben, Dichtungen, ...) hat man bereits seit vielen Jahren, aber ganze Baugruppen wurden bisher noch nicht aus dem Ausland bezogen.

Politische, rechtliche und wirtschaftliche Analyse der mittel- und osteuropäischen EU-Staaten:

Bei den EU-Ländern Estland, Lettland, Litauen, Polen, Tschechien, Slowakei, Slowenien und Ungarn kann auf eine Grobanalyse bezüglich der politischen Stabilität, der Transferrisiken oder einer Beachtung der Menschenrechte weitgehend verzichtet werden, weil diese Kriterien Voraussetzungen für den Beitritt zur EU waren. Ohne diese grundlegenden Bedingungen darf kein Land in die EU aufgenommen werden.

Bei der Feinanalyse der Regulierungen, der administrativen Hemmnisse etc. zeigen sich aber in fast allen Beitrittsländern teilweise erhebliche Defizite. So reklamiert die Brüsseler Kommission die fehlende gegenseitige Anerkennung beruflicher Fähigkeitsnachweise und fordert eine stärkere Kontrolle bei der Vergabe der öffentlichen Aufträge, der Geldwäsche, einen besseren Schutz des geistigen Eigentums, gewerbliche Schutzrechte im Gesellschaftsrecht sowie eine bessere Kontrolle über die staatlichen Beihilfen für bestimmte Firmen. Auch im Bereich der Justiz und der Verwaltung müsse es noch Verbesserungen geben.

Abschließend muss es eine Umschichtung und eine deutliche Senkung der öffentlichen Ausgaben geben.

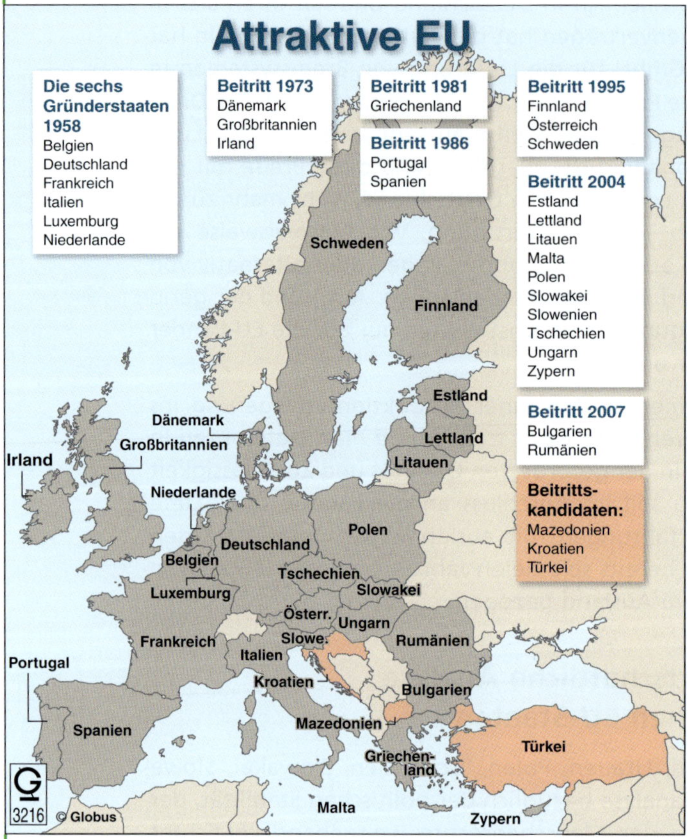

Entfernungen: Stuttgart–Riga = 1400 km; Stuttgart–Bratislava = 600 km; Stuttgart–Warschau = 900 km)

Der Schwerpunkt bei der Länderanalyse soll auf die Analyse der wirtschaftlichen Bedingungen in den einzelnen Beitrittsländern gelegt werden.

Zwar sind die Märkte in Ost- und Westeuropa längst verwoben, doch gelten jährliche Steigerungsraten von 6 % im Handel zwischen den alten EU-Staaten und den EU-Ländern im Osten als realistisch. Davon profitiert besonders Deutschland. Die geografische Nähe, die geringen Sprachbarrieren, vor allem in den Grenzgebieten, und häufig vorhandene kulturelle Gemeinsamkeiten erleichtern den Handel ungemein. Deutschland ist für fünf dieser Länder der wichtigste Handelspartner. Schwerpunkte der deutschen Exporte sind Kraftfahrzeuge, Maschinen und Anlagen, chemische Erzeugnisse, Elektotechnik/Elektronik sowie Informations- und Kommunikationstechnologie. Autos und Kraftfahrzeugteile führen auch die Liste der deutschen Einfuhren aus diesen Ländern an.

Veraltete Straßennetze fast ohne Autobahnen, marode Bahnsysteme und eine leistungsschwache Telekommunikation, das ist die Situation der Infrastruktur in diesen östlichen EU-Ländern. Die Erneuerung und Erweiterung des Verkehrs- und Kommunikationssystems wird Investitionen in Höhe von ca. 400 Mrd. Euro erfordern. Um zumindest die Erneuerung und Erweiterung des Verkehrsnetzes zu ermöglichen, werden „Paneuropäische Verkehrsnetze" geplant, bei denen vorhandene Verkehrswege in den alten EU-Ländern in die östlichen EU-Länder verlängert werden. Von Deutschland führen vier Autobahnen in Richtung Oder, nur an einer Verbindung, Berlin–Warschau, wird auch auf polnischer Seite gebaut. Neben den Ost-West-Verbindungen fehlen in den Beitrittsländern aber auch moderne Nord-Süd-Verbindungen, wie beispielsweise Warschau–Prag bzw. Budapest. Problematisch ist die Finanzierung dieser Ausbaupläne, da die EU nur bescheidene Mittel beisteuert. Insofern ist auch auf absehbare Zeit mit einer maroden Infrastruktur zu rechnen, und das bei einem explosionsartig wachsenden Individualverkehr.

Bei der Telekommunikation liegt die Zahl der Festnetzanschlüsse teilweise dramatisch unter den Zahlen in Deutschland, bei der Zahl der Mobiltelefone liegen Länder wie

Slowenien oder Tschechien schon weit über der Pro-Kopf-Zahl in Deutschland. Allerdings sind die Netze bei Weitem nicht so gut ausgebaut, Störungen sind die logische Folge.

Betrachtet man die Direktinvestitionen, so herrscht bereits seit dem Fall des Eisernen Vorhangs Goldgräberstimmung unter Europas Unternehmen. Erst kamen Textil- und Baufirmen, danach zogen Autobauer, Telekommunikations-Firmen und zuletzt auch die Banken und die IT-Industrie in den Osten. Insbesondere die Großindustrie folgte diesem Trend. Nach dem Beitritt folgen nun die kleinen und mittelständischen Unternehmen, während die Großunternehmen bereits in China oder Indien Fuß fassen. Vor allem die lohnintensive Produktion zieht es aber nach wie vor in die neuen Beitrittsländer. Motor der Verlagerung ist die Automobilindustrie; die Ursachen sind fast ausschließlich in den Kosten der Arbeit zu suchen. Bei Löhnen, die sich in etwa zwischen 15 und 35 % des deutschen Lohnniveaus bewegen, werden auch in den nächsten Jahren noch vor allem niedrig qualifizierte Jobs in den Osten exportiert. Sollten die Löhne in den östlichen EU-Ländern in den nächsten Jahren zu stark steigen, ist eine Verlagerung der Investitionen in die Ukraine angedacht.

Um die ausländischen Direktinvestitionen anzulocken, haben sich die neuen Beitrittsländer in Ost- und Mitteleuropa zu einem neuen Niedrigsteuergebiet für Unternehmensgewinne entwickelt. Besonders krass ist der Unterschied zwischen Deutschland und seinen östlichen Nachbarn. Während in Deutschland die effektive Steuerbelastung von Unternehmensgewinnen, unter der Voraussetzung, dass die Gewinne dauerhaft im eigenen Land bleiben und unter Berücksichtigung der Gewinnermittlungsvorschriften, bei ca. 36 % liegt, beträgt der entsprechende Steuersatz in Litauen ca. 13 %. Bedenklich an dem Vergleich ist, dass Deutschland einerseits als größter Nettozahler der EU mit großem finanziellem Einsatz hilft, die Infrastruktur in diesen Ländern auszubauen, und andererseits Unternehmen, die den eigenen Betrieb oder Teile davon ins Ausland verlagern, hilft, diese Verlagerungskosten einschließlich der Zinskosten der Verlagerung in ihrer Steuererklärung in Deutschland geltend zu machen.

Kriterien Länder	Effektive Steuerbelastung der Unternehmergewinne	Arbeitsproduktivität je Erwerbstätigem in EUR/Jahr	Arbeitskosten je Stunde in EUR	Hochschulabschluss in Prozent	Entfernung in km (von Stuttgart bis zur Grenze des Landes)
Litauen	13,1 %	15700	2,71	21,9 %	1160
Lettland	17,8 %	17000	2,42	19,6 %	1400
Slowakei	16,7 %	18300	3,06	10,8 %	600
Polen	17,5 %	21900	4,48	12,2 %	500
Ungarn	18,4 %	22000	3,83	14,1 %	580
Slowenien	21,6 %	30400	8,98	14,8 %	440
Estland	22,5 %	17000	3,03	29,7 %	1560
Tschechien	25,5 %	21900	3,90	11,8 %	280
Vergleich: Deutschland	30 %	60000	26,9	t20 %	0

Hinweis: Benutzen Sie zur Bewertung der Standorttauglichkeit der neuen Beitrittsländer im Vergleich mit der Standorttauglichkeit Deutschlands folgende Entscheidungsbewertungstabelle:

Länder Kriterien	Gewichtung der Kriterien	Lit. B P								
1. Arbeitskosten										
Summe										

Bei der **Gewichtung** der einzelnen Kriterien sollen die beiden Kriterien Arbeitskosten und Arbeitsproduktivität zusammen mit 60 % gewichtet werden. Die restlichen Kriterien können individuell gewichtet werden.
Bewertungsskala: 100 = bester Wert, die einzelnen Werte sollten in Relation zum besten Wert, der gleich 100 gesetzt wird, bewertet werden.

B = Bewertung; P = Punkte (Produkt aus Bewertung und Gewichtung)

Berechnung:
- Arbeitsproduktivität und Hochschulabschluss: Prozentrechung; bester Wert = 100 %
- Steuerbelastung und Arbeitskosten: Kehrbruch × 100; (Zähler = bester Wert)
- Entfernung: Deutschland – bester Wert = 100 %, je 10 km Entfernung 0,5 % Abzug

Als Alternative zur Gründung einer Tochterfirma im Ausland soll auch der Bezug von Bremsscheiben von fremden Unternehmen in Betracht gezogen werden (Menge = 100 000 St./Jahr). Wesentliche Voraussetzungen bei der Analyse sind der Preis, die vergleichbare Produktqualität und die unbedingte Einhaltung der Liefertermine.
Verkaufspreise (Produktion in Deutschland – ab Lager Stuttgart) = 24 EUR. Rabatte werden nur auf den Einkaufspreis, nicht aber auf die Bezugskosten gewährt.
Dazu werden 3 mögliche Lieferanten in 3 verschiedenen Ländern genauer auf ihre Liefertauglichkeit hin untersucht.

1. Egpol, Seinkieswicza 17, PL 00-010 Warszawa

Das Unternehmen ist aus einem ehemaligen Kombinat zur Herstellung von Maschinen hervorgegangen. Das Unternehmen ist vollständig privatisiert und wird geleitet von den ehemaligen Direktoren dieses Kombinats. Auch die Mitarbeiter sind weitgehend dieselben, wobei ca. die Hälfte des Personals entlassen wurde. Das Management genügt, was Flexibilität, Initiative und Kooperationsbereitschaft angeht, westlichen Ansprüchen. Die Leistungsbereitschaft des übrig gebliebenen Personals ist hoch, auch ist die Qualifizierung für die Herstellung von Bremsscheiben für so einen anspruchsvollen Kunden, wie es die Automobilindustrie ist, durchaus ausreichend. Der Betrieb ist noch nicht zertifiziert und wird diese Zertifizierung aufgrund der vorhandenen Produktions- und Verwaltungabläufe auch in absehbarer Zeit nicht erhalten. Der vorhandene Maschinenpark und die vorgefundene Produktionstechnologie sind für die Produktion der geforderten Teile ausreichend. Die Qualität der hergestellten Bremsscheiben ist ausreichend. Ein großes Problem stellt die derzeit vorhandene Infrastruktur, insbesondere die maroden Straßen, dar. Eine rechtzeitige Lieferung könnte nicht immer garantiert werden. Entfernung Stuttgart–Warschau ca. 900 km.

Kostensituation:
Einkaufspreis ab Lager Warschau = 16,00 EUR; Rabatt bei einer Abnahme von 100000 Stück pro Jahr = 10 %, Bezugskosten pro Scheibe und pro 100 km = 0,1 EUR.

2. Danevia spol.s.r.o., Sturova 6, 81102 Bratislava

Das Unternehmen besteht erst seit 5 Jahren. Gegründet wurde das Unternehmen von 2 slowakischen Ingenieuren, die mit Fördermitteln des Staates die Gründung finanzierten. Das Unternehmen lebte in den Anfangsjahren hauptsächlich von den Bestellungen der tschechischen Automobilindustrie, hauptsächlich vom Unternehmen Skoda. Die Gründer und Eigentümer des Unternehmens sind sehr gut ausgebildet und haben bereits einige Erfahrung in der Zulieferung für die Automobilindustrie. Das Personal ist im Durchschnitt sehr jung und weitgehend in diesem Unternehmen gut ausgebildet worden. Der Betrieb ist ebenfalls noch nicht zertifiziert, will dies aber in den nächsten 2 Jahren durchführen. Erste Gespräche darüber wurden bereits geführt. Der vorhandene Maschinenpark ist allerdings etwas veraltet, eine Modernisierung war aufgrund der knappen finanziellen Mittel bisher noch nicht möglich. Das Unternehmen hat in den vergangenen Jahren sämtliche Liefertermine äußerst exakt eingehalten; auch die Qualität der Produkte genügte den Ansprüchen der bisherigen Kunden. Entfernung Stuttgart–Bratislava ca. 600 km.

Kostensituation:
Einkaufspreise ab Lager Bratislawa = 14,00 EUR; Rabatt bei einer Abnahme von 80000 Stück pro Jahr 15 %, Bezugskosten pro Bremsscheibe und pro 100 km = 0,1 EUR.

3. Latvias, Brivibas bvl. 24, 1849 Riga

Das Unternehmen ist ebenfalls noch sehr jung und aus einem ehemaligen Stahlkombinat hervorgegangen. Das Unternehmen hat bisher kleinere Zulieferungen, vor allem Bremsscheiben, für einen finnischen Automobilzulieferer vorzuweisen. Diese Bremsscheiben sind allerdings von hervorragender Qualität, da der finnische Zulieferer im Wesentlichen für eine deutsche Premiummarke arbeitet. Die Qualifizierung des Personals und die des Managements genügen den höchsten Anforderungen. Auch die maschinelle Ausstattung lässt kaum Wünsche offen. Auch eine Zertifizierung wurde bereits durchgeführt, da dies eine wesentliche Voraussetzung dafür war, dass man die finnische Firma als Kunden gewinnen konnte. Nach Finnland gab es bisher überhaupt keine Lieferprobleme; allerdings ist der Weg nach Deutschland doch sehr weit. Erfahrungen mit Lieferanten, die ähnlich weit weg lagen, waren bisher nicht allzu gut. Entfernung Stuttgart–Riga ca. 1400 km.

Kostensituation:
Einkaufspreise ab Lager Riga = 14,50 EUR, keine Rabattgewährung, Bezugskosten pro Bremsscheibe und pro 100 km = 0,1 EUR.

Hinweis: Benutzen Sie zur Lieferantenanalyse folgende Entscheidungsbewertungstabelle:

Lieferanten Kriterien	Gewichtung der Kriterien	Egpol		Danevia		Latvias	
		B	P	B	P	B	P
Summe							

Globalisierte Wertschöpfung gehört für viele Unternehmen aus der Zulieferbranche für die Automobilbranche bereits zum Tagesgeschäft. Auch 90 % der Maschinen- und Anlagenbauer in Deutschland werden in den kommenden fünf Jahren Teile der Produktion ins Ausland verlagern. Ausschlaggebend für diese Produktionsverlagerungen sind vor allem die geringeren Produktionskosten, die sich laufend verbessernde Fertigungsqualität und die Tatsache, dass man zunehmend in neuen Absatzmärkten, insbesondere in den asiatischen Märkten, nur dann noch verkaufen kann, wenn man dort auch produziert. Weitere Gründe sind die politische Stabilität in vielen Ländern und das gute Ausbildungsniveau der dortigen Mitarbeiter. Nicht zuletzt verringern Unternehmen das Währungsrisiko, wenn sie die Produktion auf mehrere Währungsräume verteilen. Der Wechselkursanstieg in einer Region führt zu einer Verringerung der Produktionskosten in einer anderen Region.
Die Verlagerungen heute haben auch eine andere Qualität als frühere Verlagerungen, z. B. von Deutschland nach Portugal. Der Gang nach Ost- und Mitteleuropa ist für deutsche Unternehmen auch deshalb interessant, weil mehrere Standorte in dieser Region mittlerweile die gleiche Fertigungsqualität wie deutsche Unternehmen aufweisen. Lediglich die Produktivität ist in Deutschland noch wesentlich höher.

Ein Konkurrent der Drostek GmbH, die Dirr AG, ist diesem Trend bereits Ende der 90er-Jahre gefolgt und hat eine Fertigungsstätte für Bremsscheiben in China in einem Joint Venture mit einer chinesischen Firma aufgebaut. Die Bremsscheiben können in China aufgrund der sehr geringen Lohnkosten für 11,20 USD (FOB Shanghai) hergestellt werden. Die Bremsscheiben wurden ursprünglich nur für den lokalen Fahrzeugmarkt produziert, mittlerweile wurde die Fertigungskapazität erhöht und man beliefert von China aus auch teilweise den europäischen Markt.
Für einen 40-Fuß-Container, der 3 000 Bremsscheiben enthält, kostete die Frachtrate für den Transport von China nach Europa vor einigen Jahren noch 500,00 Dollar Kurs EUR – USD = 1,2). In den darauffolgenden Jahren stieg die Frachtrate auf bis zu

3600,00 Dollar Kurs EUR – USD = 1,5). Die Frachtrate für einen 40-Fuß-Container von Europa nach China beträgt aber nur ca. 480,00 USD. Der Grund liegt in der unterschiedlichen Verkehrsauslastung der Schiffswege; während aufgrund der mangelnden Auslastung der Route von Europa nach Asien die Reedereien zu größeren Zugeständnissen bereit sind, stapeln sich die Container in Asien, hauptsächlich in China, was sich im Preis der Frachtraten widerspiegelt.
Die chinesische Währung, der Renmimbi, ist faktisch an den amerikanischen Dollar gekoppelt. Entsprechend hat er in den letzten Jahren gegenüber dem Euro gut 30 % Wertverlust erlitten.

1. Nehmen Sie mithilfe einer Entscheidungsbewertungstabelle eine Länderanalyse vor.
   Entscheiden Sie, ob und wenn ja, in welchem der Länder die Drostek GmbH eine Tochtergesellschaft gründen kann.
2. Nehmen Sie mithilfe einer Entscheidungsbewertungstabelle eine Lieferantenanalyse vor.
   Entscheiden Sie, ob und wenn ja, welche der beschriebenen Unternehmen als Lieferanten infrage kommen könnten.
3. a) Vergleichen Sie das Für und Wider einer Beschaffungs-/Sourcing-Strategie mit und ohne Kapitaltransfer.
   b) Welche anderen Sourcing-Strategien können Sie bei der Drostek GmbH erkennen? Erläutern Sie diese Sourcing-Strategien.
4. a) Welche Ursachen sind dafür verantwortlich, dass „globalisierte Wertschöpfungsketten heute bereits zur Tagesordnung für Zulieferbetriebe gehören"?
   b) Berechnen Sie die Kosten einer in China gefertigten Bremsscheibe, Basis CIF Hamburg.
   - mit hohem Dollarkurs und niedriger Fracht
   - mit niedrigem Dollarkurs und hoher Fracht.
   c) Welche Konsequenzen ergeben sich aus diesen Sachverhalten für die globale Beschaffung?

Aufgabe 3

Die Firma Meyer KG ist eine Großhandlung für Trockenfrüchte und Kaffee mit Sitz in Ulm. Das Unternehmen bietet im Sortimentsbereich „Trockenfrüchte" ausschließlich qualitativ äußerst hochwertige Produkte, u. a. Feigen, Äpfel, Apfelsinen, Pflaumen, Erdnüsse und Pistazien, an. Abnehmer sind Drogeriemärkte und ausgewählte Lebensmitteleinzelhändler. Die Früchte stammen nur aus ausgesuchten Anbaugebieten und von Lieferanten, mit denen man teilweise schon seit Jahrzehnten aufgrund ihrer bekannt guten Erzeugnisse zusammenarbeitet. Bei der Preisgestaltung liegt man in der Regel erheblich über den Preisen der Konkurrenzprodukte, allerdings sind die Anforderungen an die Qualität der Früchte bei den meisten Konkurrenten auch nicht annähernd so hoch.

Damit die Abhängigkeiten von den alten Lieferanten nicht zu stark werden und weil man auch neue Lieferanten und deren Erzeugnisse testen möchte, werden immer wieder Früchte von neuen Lieferanten bezogen und getestet. Auch bei der folgenden Lieferung handelt es sich um einen neuen Lieferanten, der mit der Firma Meyer ins Geschäft kommen möchte.

a) Beschreiben Sie die im Kaufvertrag auf S. 299 getroffenen Regelungen. Erläutern Sie dabei insbesondere die Vereinbarungen über die Art der Ware, den Preis, die Lieferungs- und Zahlungsbedingungen sowie die verlangten Dokumente.

b) Ermitteln Sie die Warennummer mithilfe des Warenverzeichnisses für die Außenhandelsstatistik (Mandeln sind nicht bitter).
   - Überprüfen Sie, ob für die Einfuhr dieser Waren im vorliegenden Fall eine Einfuhrgenehmigung notwendig ist.
   - Aus welchen Überlegungen heraus fordert das Außenwirtschaftsrecht bei der Einfuhr von Waren eine Genehmigungspflicht?
   - Welche Behörde ist zuständig bei der Erteilung von Einfuhrgenehmigungen?

c) - Nennen Sie zwei Voraussetzungen für die Gewährung einer Zollpräferenz.
   - Gibt es im vorliegenden Fall entsprechend dem Zollrecht irgendwelche Präferenzregelungen?
   - Erstellen Sie für die Firma Meyer eine vollständige Einfuhranmeldung (Datum 10.10. d. J., Rechnungsnummer 3667, Container-Nr. MSCU 33988201, inländische Beförderung erfolgt mit dem Lkw, Eingangszollstelle: Hamburg Waltershof, Datum der Rechnung von Stewart & Jasper: 25.09.; inländische Frachtkosten = 350,00 EUR).
   - Berechnen Sie die Höhe der Zollschuld im vorliegenden Fall (Zolltarif = 4,7 %).
   - Berechnen Sie die Höhe der Umsatzsteuer für diesen Import.

FELD 2
VERSENDER

STEWARD & JASPER
MARKETING INC

3500 Shields Road · Newman, California 95360
Phone: 209-862-9600 · Fax: 209-862-9611
e-mail: sales@stewardandjasper.com

Contract/Kontrakt
No. 14368/23

FELD 8
Empfänger

Purchaser/Käufer Meyer KG, Hans-Lorenser-Str. 36, 89089 Ulm

Commodity/Ware:	California shelled almonds; first-class quality, specially selected and sized; moisture content of almonds not higher than 6%
Quantity/Menge:	17,500 kg shelled almonds
Commodity No./ Warennummer:	
Price/Preis:	87.536,84 USD, FOB Oakland
Shipment/ Abladung:	End of August 20... from Oakland to Hamburg preferably with Maersk B/L.
Destination/ Bestimmungsort:	Hamburg (Walterhof)
Payment/Zahlung:	By irrevocable and confirmed letter of credit payable at sight, to be opened by August 10, 20... in favour of the shipper.
Other Conditions/ Sonstige Vereinbarungen:	Certificate of origin must be attached to the documents.
Datum/Date:	.. – 09 – 12

Versicherungsnehmer

Meyer KG
Hans Lorenser Str. 36
89077 Ulm, Germany

Original

Wuppesahl Co.
Assekuranzmakler
Postfach 20 20 25
80020 München

Vertragsnummer: 15848
Kundennummer: 201940

Datum: .. – 10 – 10

Versicherungszertifikat

Versicherungszertifikat Nr.:	243

Fall-Nr.:	63/1	
Menge:	700 Ktn./50 lb	
Warenbezeichnung:	Mandeln ohne Schale	
Lieferant:	Steward & Jasper, Newman/California	
Ladehafen/-ort:	Oakland/USA	
Schiff/Lkw:	OOCL Fidelity	
Warenwert in USD:	87 536,84 USD	EUR/USD-Kurs: 1,5
Warenwert in Euro:	58 631,58 EUR	
Warenwert:	58 631,58 EUR	
Seefracht:	+ 1 324,07 EUR	
Versicherungsprämie:	+ 122,55 EUR	
Zoll:	60078,20 EUR	
Inlandsfracht:	350,00 EUR	
Versicherungsprämie:	7,08 EUR	
Versicherungssumme: (11% des Transaktionswertes am Bestimmungsort)	63 246,09 EUR	
Prämienbetrag: (0,15 % der Versicherungssumme)	129,63 EUR	

Auszug aus dem Warenverzeichnis für die Außenhandelsstatistik:

II I 08.02

Warenbezeichnung	Warennummer	Besondere Maßeinheit
Andere Schalenfrüchte, frisch oder getrocknet, auch ohne Schalen oder enthäutet:		
– **Mandeln:**		
–– In der Schale:		
––– bittere Mandeln	08021110	–
––– andere	08021109	–
–– **ohne Schale:**		
––– bittere Mandeln:	08021210	–
––– andere	08021290	–
– **Haselnüsse (Corylus-Arten):**		
–– **In der Schale**	08022100	–
–– **ohne Schale**	08022200	–
– **Walnüsse:**		
–– **In der Schale**	08023100	–
–– **ohne Schale**	08023200	–
– **Esskastanien (Castanea-Arten)**	08024000	–
– **Pistazien**	08025000	–
– **andere:**		
–– Pekan-(Hickory-)Nüsse	08029010	–
–– Areka-(Betel-)Nüsse und Kolanüsse	08029030	–
→ –– Pinienkerne	08029050	–
–– Queensland-Nüsse	08029060	–
–– andere	08029085	–
Bananen, einschließlich Mehlbananen, frisch oder getrocknet:		
– frisch:		
–– Mehlbananen	08030011	–
–– andere	08030019	
– getrocknet	08030090	–
Datteln, Feigen, Ananas, Avcocadofrüchte, Guaven, Mangofrüchte und Mangostanfrüchte, frisch oder getrocknet:		
– **Datteln**	80041000	–
– **Feigen:**		
–– frisch	08042010	–
–– getrocknet	08042090	–
– **Ananas**	08043000	–
– **Avocadofrüchte:**		
→ –– vom 01.01. bis 31.05.	08044020	–
–– vom 01.06. bis 30.11.	08044090	–
→ –– vom 01.12. bis 31.12.	08044095	–
– **Guaven, Mangofrüchte und Mangostanfrüchte**	08045000	–
Zitrusfrüchte, frisch oder getrocknet:		
– **Orangen:**		
–– Süßorangen, frisch:		
––– vom 01.01. bis 31.03.:		
–––– Blut- und Halbblutorangen	08051001	
–––– andere:		

––––– Navel, Navelinen, Navelate, Salustiana, Verna, Valencia late, Maltaise, Shamoutis, Ovalis, Trovita und Hamlins	08051005
––––– andere	08051009
––– vom 01.04. bis 30.04.:	
–––– Blut- und Halbblutorangen	08051011
–––– andere:	
––––– Navel, Navelinen, Navelate, Salustiana, Verna, Valencia late, Maltaise, Shamoutis, Ovalis, Trovita und Hamlins	08051015
––––– andere	08051019
––– vom 1.05. bis 15.05.:	
–––– Blut- und Halbblutorangen	08051021
–––– andere:	
––––– Navel, Navelinen, Navelate, Salustiana, Verna, Valencia late, Maltaise, Shamoutis, Ovalis, Trovita und Hamlins	08051025
––––– andere	08051029

Auszug aus der Einfuhrliste:

Warennummer	Warenbezeichnung	Zuständigkeitsbereich	Genehmigungs oder Lizenzerfordernis	Bemerkungen
1	2	3	4	5
	Kapitel 8			
	Genießbare Früchte; Schalen von Zitrusfrüchten oder von Melonen			
	Kokosnüsse, Paranüsse und Kaschu-Nüsse, frisch oder getrocknet, auch ohne Schalen oder enthäutet:			
	– **Kokosnüsse:**			
08011100	–– getrocknet	60		MO 2
08011900	–– andere	60		MO 2
	– **Paranüsse:**			
08012100	–– in der Schale	60		MO 2
08012200	–– ohne Schale	60		MO 2
	– **Kaschu-Nüsse:**			
08013100	–– in der Schale	60		MO 2
08013200	–– ohne Schale	60		MO 2
	Andere Schalenfrüchte, frisch oder getrocknet, auch ohne Schalen oder enthäutet:			
	– **Mandeln:**			
	–– **in der Schale**			
08021110	––– bittere Mandeln	60		MO 6
08021190	––– andere	60		MO 6
	–– **ohne Schale:**			
08021210	––– bittere Mandeln	60		MO 6
08021290	––– andere	60		MO 6
	Haselnüsse (Corylus-Arten):			
08022100	–– **in der Schale**	60		MO 6
08022200	–– **ohne Schale**	60		MO 6
	– **Walnüsse:**			
08023100	–– **in der Schale**	60		MO 6
08023200	–– **ohne Schale**	60		MO 6
08024000	– **Esskastanien (Castanea-Arten)**	60		MO 6
08025000	– **Pistazien**	60		MO 6

	– **andere:**			
08029010	–– Pekan-(Hickory-)Nüsse	60		MO 6
08029030	–– Areka-(Betel-)Nüsse und Kolanüsse	60		MO 2
08029050	–– Pinienkerne	60		MO 6
08029060	–– Queensland-Nüsse	60		MO 6
08029085	–– andere	60		MO 6
	Bananen, einschließlich Mehlbananen, frisch oder getrocknet:			
	– frisch:			
08030011	–– Mehlbananen	60	EKM	MO 6
08030019	–– andere	60	EKM	
08030090	– getrocknet	60		
	Datteln, Feigen, Ananas, Avocadofrüchte, Guaven, Mangofrüchte und Mangostanfrüchte, frisch oder getrocknet:			
08041000	– **Datteln**	60		MO 2
	– **Feigen:**			
08042010	–– frisch	60		MO 6
08042090	–– getrocknet	60		MO 17
08043000	– **Ananas**	60		MO 6
	– **Avocadofrüchte:**			
08044020	–– vom 01.01. bis 31.05.	60		MO 6
08044090	–– vom 01.06. bis 30.11.	60		MO 6
08044095	–– vom 01.12. bis 31.12.	60		MO 6
08045000	– **Guaven, Mangofrüchte und Mangostanfrüchte**	60		MO 6
	Zitrusfrüchte, frisch oder getrocknet:			
	– **Orangen:**			
	–– Süßorangen, frisch:			
	––– vom 01.01. bis 31.03.:			
08051001	–––– Blut- und Halbblutorangen	60	L[12])	MO 6

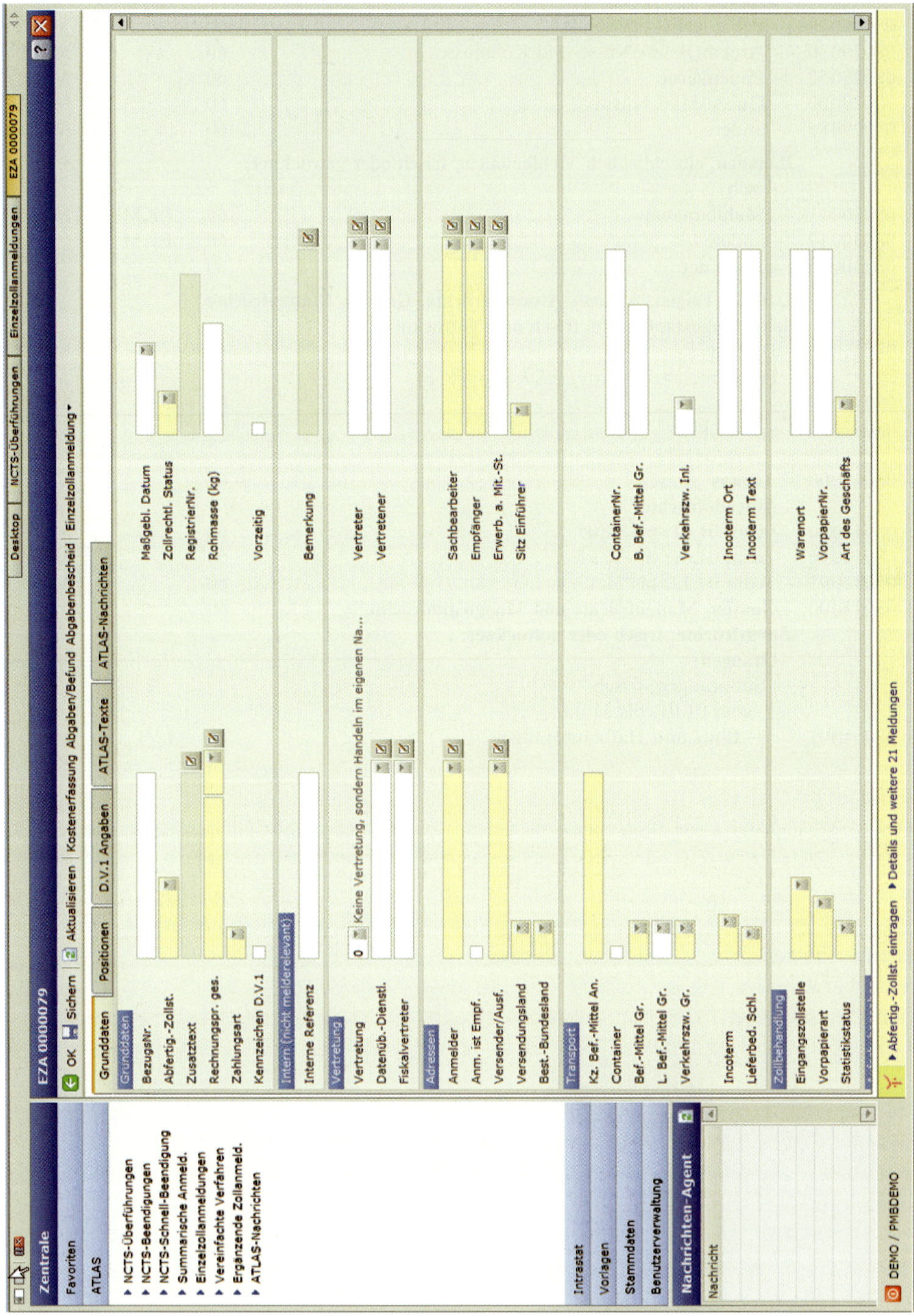
Zentrale
Favoriten
ATLAS
NCTS-Überführungen
NCTS-Beendigungen
NCTS-Schnell-Beendigung
Summarische Anmeld.
Einzelzollanmeldungen
Vereinfachte Verfahren
Ergänzende Zollanmeld.
ATLAS-Nachrichten
Intrastat
Vorlagen
Stammdaten
Benutzerverwaltung
Nachrichten-Agent
Nachricht
DEMO / PMBDEMO
EZA 0000079
Desktop
NCTS-Überführungen
Einzelzollanmeldungen
EZA 0000079
OK
Sichern
Aktualisieren
Kostenerfassung
Abgaben/Befund
Abgabenbescheid
Einzelzollanmeldung
Grunddaten
Positionen
D.V.1 Angaben
ATLAS-Texte
ATLAS-Nachrichten
Grunddaten
BezugsNr.
Abfertig.-Zollst.
Zusatztext
Rechnungspr. ges.
Zahlungsart
Kennzeichen D.V.1
Maßgebl. Datum
Zollrechtl. Status
RegistrierNr.
Rohmasse (kg)
Vorzeitig
Intern (nicht meldrelevant)
Interne Referenz
Bemerkung
Vertretung
Vertretung
Keine Vertretung, sondern Handeln im eigenen Na...
Datenüb.-Dienstl.
Fiskalvertreter
Vertreter
Vertretener
Adressen
Anmelder
Anm. ist Empf.
Versender/Ausf.
Versendungsland
Best.-Bundesland
Sachbearbeiter
Empfänger
Erwerb. a. Mit.-St.
Sitz Einführer
Transport
Kz. Bef.-Mittel An.
Container
Bef.-Mittel Gr.
L. Bef.-Mittel Gr.
Verkehrszw. Gr.
ContainerNr.
B. Bef.-Mittel Gr.
Verkehrszw. Inl.
Incoterm
Lieferbed. Schl.
Incoterm Ort
Incoterm Text
Zollbehandlung
Eingangszollstelle
Vorpapierart
Statistikstatus
Warenort
VorpapierNr.
Art des Geschäfts
Abfertig.-Zollst. eintragen
Details und weitere 21 Meldungen

EUROPÄISCHE GEMEINSCHAFT

ANMELDUNG DER ANGABEN ÜBER DEN ZOLLWERT D. V. 1

1 Verkäufer (Name oder Firma, Anschrift)

FÜR AMTLICHE ZWECKE

2 (a) Käufer (Name oder Firma, Anschrift)

2 (b) Zollwertanmelder (Name oder Firma, Anschrift)

3 Lieferungsbedingung (z. B. FOB New York)

WICHTIGER HINWEIS

Mit Unterzeichnung und Vorlage dieser Anmeldung übernimmt der Zollwertanmelder die Verantwortung bezüglich der Richtigkeit und Vollständigkeit der auf diesem Vordruck und sämtlichen mit ihm zusammen vorgelegten Ergänzungsblättern gemachten Angaben und bezüglich der Echtheit aller als Nachweis vorgelegten Unterlagen. Der Zollwertanmelder verpflichtet sich auch zur Erteilung aller zusätzlichen Informationen und zur Vorlage aller weiteren Unterlagen, die für die Ermittlung des Zollwerts der Waren erforderlich sind.

4 Nummer und Datum der Rechnung

5 Nummer und Datum des Vertrags

6 Nummer und Datum der früheren Zollentscheidungen zu den Feldern 7 bis 9

Zutreffendes ankreuzen ☒

7 (a) Sind Käufer und Verkäufer VERBUNDEN im Sinne von Artikel 143 der Verordnung (EWG) Nr. 2454/93 ?*) – Falls NEIN, weiter zu Feld 8 ☐ JA ☐ NEIN

(b) Hat die Verbundenheit den Preis der eingeführten Waren BEEINFLUSST? ☐ JA ☐ NEIN

(c) (Antwort freigestellt) Kommt der Transaktionswert der eingeführten Waren einem der Werte in Artikel 29 Abs. 2b der Verordnung (EWG) 2913/92 SEHR NAHE? ☐ JA ☐ NEIN
Falls JA, Einzelheiten angeben

8 (a) Bestehen EINSCHRÄNKUNGEN bezüglich der Verwendung und des Gebrauchs der Waren durch den Käufer, ausgenommen solche, die
- durch das Gesetz oder von den Behörden in der Gemeinschaft auferlegt oder gefordert werden,
- das Gebiet abgrenzen, innerhalb dessen die Waren weiterverkauft werden können,
- sich auf den Wert der Waren nicht wesentlich auswirken? ☐ JA ☐ NEIN

(b) Liegen hinsichtlich des Kaufgeschäfts oder des Preises BEDINGUNGEN vor oder sind LEISTUNGEN zu erbringen, deren Wert im Hinblick auf die zu bewertenden Waren nicht bestimmt werden kann? ☐ JA ☐ NEIN
Art der Einschränkungen, Bedingungen oder Leistungen angeben.
Falls der Wert im Hinblick auf die zu bewertenden Waren bestimmt werden kann, Betrag im Feld 11b angeben.

9 (a) Hat der Käufer unmittelbar oder mittelbar LIZENZGEBÜHREN für die eingeführten Waren nach den Bedingungen des Kaufgeschäfts zu zahlen? ☐ JA ☐ NEIN

(b) Ist das Kaufgeschäft mit einer Vereinbarung verbunden, nach der ein Teil der Erlöse aus späteren WEITERVERKÄUFEN, sonstigen ÜBERLASSUNGEN oder VERWENDUNGEN unmittelbar oder mittelbar dem Verkäufer zugutekommt? ☐ JA ☐ NEIN

Falls JA zu (a) oder auch (b): Die Umstände angeben und, wenn möglich, die Beträge in den Feldern 15 und 16 angeben.

*) PERSONEN GELTEN NUR DANN ALS VERBUNDEN, WENN
(a) sie der Leitung des Geschäftsbetriebs der jeweils anderen Person angehören;
(b) sie Teilhaber oder Gesellschafter von Personengesellschaften sind;
(c) sie sich in einem Arbeitgeber-/Arbeitnehmerverhältnis zueinander befinden;
(d) eine beliebige Person unmittelbar oder mittelbar 5% oder mehr der im Umlauf befindlichen stimmberechtigten Anteile oder Aktien beider Personen besitzt oder kontrolliert;
(e) eine von ihnen unmittelbar oder mittelbar die andere kontrolliert;
(f) beide von ihnen unmittelbar oder mittelbar von einer dritten Person kontrolliert werden;
(g) sie zusammen unmittelbar oder mittelbar eine dritte Person kontrollieren oder
(h) sie Mitglieder derselben Familie sind.
Die Tatsache, daß ein Käufer und ein Verkäufer miteinander verbunden sind, schließt die Anwendung des Transaktionswerts nicht unbedingt aus (siehe Artikel 29 Abs. 2 der Verordnung (EWG) Nr. 2913/92 und Anhang 23 zu der VO (EWG) Nr. 2454/93).

Auf das Merkblatt „Zollwert" (Vordruck 0466) wird hingewiesen.

Hinweis nach § 9 Abs. 2 Bundesdatenschutzgesetz
Zu den Angaben in diesem Vordruck sind Sie nach Artikel 178 der Verordnung (EWG) Nr. 2454/93 und nach § 11 Abs. 1 Umsatzsteuergesetz verpflichtet.

10 (a) Anzahl der beigefügten Ergänzungsblätter D. V. 1 BIS

10 (b) Ort, Datum, Unterschrift

0464 Anmeldung der Angaben über den Zollwert + – III B 4 – **(1994)**

FORMULARVERLAG CW NIEMEYER
31789 Hameln, Walter-von-Selve-Str. 6
Tel. (0 51 51) 98 93-0, Fax 98 93-93
Email: info@formularverlag.de
Internet: www.formularverlag.de

Auslieferungsläger:
42283 Wuppertal, Carnaper Straße 28, Tel. (02 02) 50 20 31, Fax 50 19 92
60599 Frankfurt a. M., Wiener Str. 120-124, Tel. (0 69) 69 71 17-0, Fax 69 71 17-78
71263 Weil der Stadt, Glemsweg 17, Telefon (0 70 33) 3 49 40, Fax 3 48 42
39167 Hohendodeleben, Matthissonstr. 26, Tel. (03 92 04) 54 47, Fax 6 01 79

		Ware (Pos.)	Ware (Pos.)	**Vermerke der Zollstelle**
A. Grundlage der Berechnung	11 (a) Nettopreis in der RECHNUNGSWÄHRUNG (Tatsächlich gezahlter Preis oder Preis im maßgebenden Bewertungszeitpunkt)			
	Nettopreis in NATIONALER WÄHRUNG (Umrechnungskurs ……)			
	(b) Mittelbare Zahlungen (siehe Feld 8b) (Umrechnungskurs ……)			
	12 Summe A in NATIONALER WÄHRUNG			
B. HINZURECHNUNGEN: Kosten in NATIONALER WÄHRUNG, die NICHT in A enthalten sind*) Gegebenenfalls NACHSTEHEND frühere Zollentscheidungen hierzu angeben	13 Kosten, die für den Käufer entstanden sind (a) Provisionen (ausgenommen Einkaufsprovisionen)			
	(b) Maklerlöhne			
	(c) Umschließungen und Verpackung			
	14 Gegenstände und Leistungen, die vom Käufer unentgeltlich oder zu ermäßigten Preisen für die Verwendung im Zusammenhang mit der Herstellung und dem Verkauf zur Ausfuhr der eingeführten Waren geliefert werden Die aufgeführten Werte sind ggf. entsprechend aufgeteilt (a) In den eingeführten Waren enthaltene Materialien, Bestandteile und dergleichen			
	(b) Bei der Herstellung der eingeführten Waren verwendete Werkzeuge, Gussformen und dergleichen			
	(c) Bei der Herstellung der eingeführten Waren verbrauchte Materialien			
	(d) Für die Herstellung der eingeführten Waren notwendige Techniken, Entwicklungen, Entwürfe, Pläne und Skizzen, die außerhalb der Gemeinschaft erarbeitet wurden			
	15 Lizenzgebühren (siehe Feld 9a)			
	16 Erlöse aus Weiterverkäufen, sonstigen Überlassungen oder Verwendungen, die dem Verkäufer zugutekommen (siehe Feld 9 b)			
	17 Lieferungskosten bis (Ort des Verbringens)			
	(a) Beförderung			
	(b) Ladekosten und Behandlungskosten			
	(c) Versicherung			
	18 Summe B			
C. ABZÜGE: Kosten in NATIONALER WÄHRUNG, die in A ENTHALTEN sind*)	19 Beförderungskosten nach Ankunft am Ort des Verbringens			
	20 Zahlungen für den Bau, die Errichtung, Montage, Instandhaltung oder technische Unterstützung nach der Einfuhr			
	21 Andere Zahlungen (Art)			
	22 Zölle und Steuern, die in der Gemeinschaft wegen der Einfuhr oder des Verkaufs der Waren zu zahlen sind			
	23 Summe C			
24 ANGEMELDETER WERT (A + B – C)				

*) Wenn Beträge in AUSLÄNDISCHER WÄHRUNG zu zahlen sind, hier den Betrag in ausländischer Währung und den Umrechnungskurs unter Bezug auf jede Ware und Zeile angeben.

Bezug | Betrag | Umrechnungskurs

Zusätzliche Angaben

Ausfüllanleitung (verkürzt) für die Einfuhranmeldung

1. Abfertigungszollstelle
   Zollstelle, bei der der Anmelder die Abfertigung zu einem bestimmten Zollverfahren beantragt.
2. Gesamter Rechnungspreis
   Preis der eingeführten Waren, der sich für den Empfänger aus der Rechnung und der vereinbarten Lieferbedingung ergibt.
3. Maßgebliches Datum
   Datum, an dem die Einfuhranmeldung vom Anmelder bei der zuständigen Zollstelle abgegeben wird.
4. Rohmasse in kg
   Unter Rohmasse versteht man die Masse der Ware mit sämtlichen Umschließungen mit Ausnahme von Beförderungsmaterial und insbesondere Behältern (Container).
5. Anmelder
   Natürliche oder juristische Person, die die Abfertigung zu einem bestimmten Zollverfahren bei der entsprechenden Zollstelle beantragt.
6. Anmelder ist Empfänger
   Kennzeichnung, ob der Anmelder gleichzeitig auch der Empfänger der Ware ist.
7. Versender/Ausführer
   Anzugeben ist die vollständige Bezeichnung der Firma, die die Waren in die Gemeinschaft ausführt.
8. Versendungsland
   Einzutragen ist hier der Versendungslandcode entsprechend dem Länderverzeichnis für die Außenhandelsstatistik (vgl. S. 187ff.).
9. Bestimmungsbundesland
   Code des Bundeslandes, in das die Ware letztendlich verbracht werden soll.
10. Sachbearbeiter
    Name des Sachbearbeiters, der die Einfuhranmeldung bearbeitet hat.
11. Empfänger
    Anzugeben ist die vollständige Bezeichnung der Firma, die die Waren in die Gemeinschaft einführt.
12. Sitz des Einführers
    Angabe des Bundeslandes (Code), in dem der Einführer seinen Firmensitz hat (Länderverzeichnis für die Außenhandelsstatistik).
13. Kennzeichen des Beförderungsmittels bei der Ankunft
    Anzugeben ist mindestens die Art des Beförderungsmittels bei der Ankunft der Waren (Kennzeichen ist nicht unbedingt notwendig.)
14. Container
    Kennzeichnung, ob die Waren in Containern befördert wurde.
15. Verkehrszweig an der Grenze
    Mit welchem Verkehrsmittel gelangte die Ware über die Grenze der Gemeinschaft? (Codenummer vgl. Anhang 5).
16. Incoterm
    Angabe der im Kaufvertrag und in der Rechnung vereinbarten Lieferbedingung.
17. Containernummer
    Einzutragen ist die genaue Bezeichnung des Containers, mit dem die Ware in die Gemeinschaft gelangt ist.
18. Verkehrszweig im Inland
    Mit welchem Verkehrsmittel wurde die Ware in der Gemeinschaft befördert? (Angabe der Codenummer vgl. Anhang 5)
19. Incoterm Ort
20. Eingangszollstelle
    Ort der Zollstelle, an dem Ware in das Gemeinschaftsgebiet gelangt.
21. Warenort
    Ort, an dem sich die Ware zu dem Zeitpunkt befindet, zu dem der Anmelder die Abfertigung zu einem bestimmten Zollverfahren beantragt.
22. Art des Geschäfts
    Art des zugrundeliegenden Geschäfts laut Anhang 2.

Aufgabe 4

Erstellen Sie für die nachfolgende Rechnung eine korrekte Intrahandelsstatistik.

Cordobes S.A.
Cant. Lievant. No. 1
E-01150 Granada
Sales tax ID no.: ESA 58770410

Fonos: 232 1879 - 2321158
Fax: (562) 2310413
e-mail: cordobes@lycos.com

Mayer KG
Sonnenstr. 12
D-89077 Ulm
Sales tax ID no.: 8800567950

FACTURA DE EXPORTACION / INVOICE
No. 001300

Granada .. – 11 – 15

Vapor (ship)	**Credito No. (L/C no.)**	**Banco emissor** (Issued bank)
Cap Norte		
Puerto de embarque (Port of loading)	**Puerto destino (Port of destination)**	**Informe exportación** (Export permit)
Cadiz	Hamburg Freihafen	
Cantidad (Quantity)	**Descripción productos** (Description of Products)	**Valor total** (Total value)
40,000 KG NET	2 x 20 F. CONT. 5,000 CTNS ORANGES	EUR
TARE 5,000 KG	„VALENCIA LATE“, FIRST-CLASS QUALITY,	
	PRICE – CIF HAMBURG	40,512.00

Cordobes S.A.
(Signature)

Zusätzliche Informationen:
Warennummer in der Außenhandelsstatistik 08051047. Die Waren sind zum Weiterverkauf in Deutschland bestimmt. Die Umsatzsteuernummer der Mayer KG ist 1624583620. Der Ländercode für Spanien ist 011.

EUROPÄISCHE GEMEINSCHAFT **VORDRUCK N**

INTRASTAT

1 Steuernummer aus der USt.-Voranmeldung | Zusatz | Bundesl. FA

Auskunftspflichtiger (Name und Anschrift)

Eingang **X**

2 Monat | 3

Jahr

4 Drittanmelder (Name und Anschrift)

5

– Statistische Meldung –

An das Statistische Bundesamt
Außenhandelsstatistik
D-65180 Wiesbaden

6 Warenbezeichnung | 7 Pos.-Nr. | 8 Vers.-Land a | Best.-Reg. b | 9 | 10 Art d. Gesch. | 11 | 12
13 Warennummer | 14 Urspr.-Land | 15
16 Eigenmasse in vollen kg | 17 Menge in der Besonderen Maßeinheit
18 Rechnungsbetrag in vollen Euro | 19 Statistischer Wert in vollen Euro

6 Warenbezeichnung | 7 Pos.-Nr. | 8 Vers.-Land a | Best.-Reg. b | 9 | 10 Art d. Gesch. | 11 | 12
13 Warennummer | 14 Urspr.-Land | 15
16 Eigenmasse in vollen kg | 17 Menge in der Besonderen Maßeinheit
18 Rechnungsbetrag in vollen Euro | 19 Statistischer Wert in vollen Euro

6 Warenbezeichnung | 7 Pos.-Nr. | 8 Vers.-Land a | Best.-Reg. b | 9 | 10 Art d. Gesch. | 11 | 12
13 Warennummer | 14 Urspr.-Land | 15
16 Eigenmasse in vollen kg | 17 Menge in der Besonderen Maßeinheit
18 Rechnungsbetrag in vollen Euro | 19 Statistischer Wert in vollen Euro

6 Warenbezeichnung | 7 Pos.-Nr. | 8 Vers.-Land a | Best.-Reg. b | 9 | 10 Art d. Gesch. | 11 | 12
13 Warennummer | 14 Urspr.-Land | 15
16 Eigenmasse in vollen kg | 17 Menge in der Besonderen Maßeinheit
18 Rechnungsbetrag in vollen Euro | 19 Statistischer Wert in vollen Euro

20 Ort/Datum/Unterschrift des Auskunftspflichtigen/Drittanmelders

Erläuterungen:
Feld 8a : Versendungsmitgliedstaat
8b : Bestimmungsregion (Bundesland)
10 : Art des Geschäfts
14 : Ursprungsland

NE 2002

StBA - 92/3, Formularverlag CWN, Hameln

Aufgabe 5

Die Bilger GmbH in Stuttgart erwirbt im Januar von einem englischen Lieferanten eine Werkzeugmaschine im Wert von 60000,00 EUR, Rechnungsbetrag „frei Stuttgart". Die Rechnung enthält die Umsatzsteuer-Identifikationsnummer des englischen Lieferanten und die Umsatzsteuer-Identifikationsnummer des deutschen Erwerbers sowie den Hinweis auf die Steuerfreiheit der Lieferung.

Prüfen Sie, ob ein innergemeinschaftlicher Erwerb vorliegt, und berechnen Sie die Höhe der Umsatzsteuerschuld.

Aufgabe 6

Die Stadt Stuttgart erwirbt von einem irischen Hersteller Möbel zur Einrichtung eines Asylbewerberheims im Wert von 80000,00 EUR. Die Stadt Stuttgart gehört zu den nichtunternehmerischen Personen bzw. erwirbt die Möbel nicht für einen unternehmerischen Zweck (Bsp.: städtischer Bauhof).

a) Prüfen Sie, ob ein innergemeinschaftlicher Erwerb vorliegt.
b) Kann die Stadt Stuttgart die Umsatzsteuer als Vorsteuer geltend machen?

Aufgabe 7

Die Bilger GmbH in Stuttgart liefert im Januar Waren im Wert von 110000,00 EUR mit dem eigenen Lkw an einen Unternehmer nach Spanien. Beide Unternehmer haben eine Umsatzsteuer-Identifikationsnummer, unter der das Geschäft abgewickelt wird. Die Rechnung des deutschen Lieferanten ist ordnungsgemäß ausgestellt und enthält den Hinweis auf die Steuerfreiheit der Lieferung.

a) Liegt eine innergemeinschaftliche Lieferung vor?
b) Wie lautet der Buchungssatz für diese Warenlieferung des deutschen Lieferanten?

Aufgabe 8

1. Buchen Sie die Vorgänge aus der Sicht des deutschen Unternehmens.
   a) Eine Privatperson aus Italien kauft in einem Ulmer Fachgeschäft einen Schreibtisch für 1000,00 EUR, netto gegen Barzahlung.
   b) Ein deutsches Versandhaus versendet Textilien im Wert von 50000,00 EUR/Jahr an einen privaten Abnehmer in Frankreich.
   c) Ein anderes deutsches Versandhaus versendet elektronische Bauteile im Wert von 400000,00 EUR in die Niederlande an einen privaten Kunden.
2. In welchem Land sind die unter Punkt 1. geschilderten Vorgänge jeweils umsatzsteuerpflichtig? Begründung.

Aufgabe 9

Die Bilger GmbH kauft im Januar beim amerikanischen Unternehmen Jason Ltd. mehrere Prozessoren im Wert von 50000,00 USD. Die Kosten für Fracht und Versicherung vom Ort des Exporteurs bis zum Hafen Hamburg betragen 2000,00 USD. Die Lieferbedingung lautet „CIF Hamburg". Für den Transport nach Stuttgart verlangt ein Frachtführer 150,00 EUR zzgl. Umsatzsteuer. Der Zollsatz für die Einfuhr dieser Waren in das Gemeinschaftsgebiet beträgt 5 %.
Kurs: 1 EUR = 1,5011/1,5111

Wie hoch sind die Abgaben in Deutschland?

Aufgabe 10

Die Bilger GmbH in Stuttgart liefert im Januar mehrere Elektrogeräte mit der Post nach Bern in die Schweiz. Der Gesamtwert der Lieferung beträgt 30000,00 EUR netto. Die Frachtkosten bis zur schweizerischen Grenze sind enthalten. Die restlichen Frachtkosten übernimmt der Importeur in der Schweiz. Die Ausfuhr- und Buchnachweise sind erbracht.

Wie wird diese Lieferung umsatzsteuerrechtlich behandelt?

Aufgabe 11

Ein deutscher Importeur aus Dortmund bezieht aus Japan Schuhe zum FCA-Preis von 1875000,00 YEN. Die Lieferungsbedingung ist „FCA Flughafen Tokio". Für Fracht- und Versicherungskosten von Japan nach Deutschland fallen insgesamt 117187,50 YEN an. Der Kurs für Yen lautet: 1 EUR = 160/162 YEN. Für den Transport vom Flughafen Düsseldorf nach Dortmund stellt der deutsche Spediteur 300,00 EUR zzgl. Umsatzsteuer in Rechnung. Der Zollsatz beträgt 8 %, der Umsatzsteuersatz 19 %.
Berechnen Sie die Höhe der Zoll- und Umsatzsteuerschuld.

Aufgabe 12

Ein Unternehmen aus Ulm bezieht aus Israel Waren im Wert von 19210,50 Schekel. Die Lieferungsbedingung ist „FCA Flughafen Tel Aviv". Für Transport- und Versicherungskosten bis zum deutschen Flughafen werden 1069,93 Schekel, für den Transport bis Ulm 500 Schekel jeweils netto in Rechnung gestellt. Der Zollsatz beträgt 9 %; die Einfuhrumsatzsteuer 19 %; der Kurs für Schekel beträgt: 1 EUR = 1,60/1,62 Schekel.

Berechnen Sie die Höhe des Zollbetrages und der Einfuhrumsatzsteuer.

Aufgabe 13

Tragen Sie die Umsatzsteuerbeträge für die Aufgaben 5, 7, 9 und 10 in die UST-Voranmeldung ein.

- Bitte weiße Felder ausfüllen oder ☒ ankreuzen, Anleitung beachten -

2010

Fallart	Steuernummer	Unterfallart
11		56

30 Eingangsstempel oder -datum

Umsatzsteuer-Voranmeldung 2010

Finanzamt

Unternehmer – ggf. abweichende Firmenbezeichnung – Anschrift – Telefon – E-Mail-Adresse

Voranmeldungszeitraum

bei monatlicher Abgabe bitte ankreuzen

10 01	Jan.		10 07	Juli	
10 02	Feb.		10 08	Aug.	
10 03	März		10 09	Sept.	
10 04	April		10 10	Okt.	
10 05	Mai		10 11	Nov.	
10 06	Juni		10 12	Dez.	

bei vierteljährlicher Abgabe bitte ankreuzen

10 41	I. Kalender-vierteljahr	
10 42	II. Kalender-vierteljahr	
10 43	III. Kalender-vierteljahr	
10 44	IV. Kalender-vierteljahr	

Berichtigte Anmeldung (falls ja, bitte eine „1" eintragen) 10

Belege (Verträge, Rechnungen, Erläuterungen usw.) sind beigefügt bzw. werden gesondert eingereicht (falls ja, bitte eine „1" eintragen) 22

I. Anmeldung der Umsatzsteuer-Vorauszahlung

Zeile		Kz	Bemessungsgrundlage ohne Umsatzsteuer volle EUR	Kz	Steuer EUR	Ct
19	**Lieferungen und sonstige Leistungen**					
20	**(einschließlich unentgeltlicher Wertabgaben)** **Steuerfreie Umsätze mit Vorsteuerabzug**					
21	**Innergemeinschaftliche Lieferungen** (§ 4 Nr. 1 Buchst. b UStG) an Abnehmer **mit** USt-IdNr.	41				
22	neuer Fahrzeuge an Abnehmer **ohne** USt-IdNr.	44				
23	neuer Fahrzeuge außerhalb eines Unternehmens (§ 2a UStG)	49				
24	**Weitere steuerfreie Umsätze mit Vorsteuerabzug** (z.B. **Ausfuhrlieferungen**, Umsätze nach § 4 Nr. 2 bis 7 UStG)	43				
25	**Steuerfreie Umsätze ohne Vorsteuerabzug** Umsätze nach § 4 Nr. 8 bis 28 UStG	48				
26	**Steuerpflichtige Umsätze** (Lieferungen und sonstige Leistungen einschl. unentgeltlicher Wertabgaben)					
27	zum Steuersatz von 19 %	81				
28	zum Steuersatz von 7 %	86				
29	zu anderen Steuersätzen	35		36		
30	Lieferungen land- und forstwirtschaftlicher Betriebe nach § 24 UStG an Abnehmer **mit** USt-IdNr.	77				
31	Umsätze, für die eine Steuer nach § 24 UStG zu entrichten ist (Sägewerkserzeugnisse, Getränke und alkohol. Flüssigkeiten, z.B. Wein)	76		80		
32	**Innergemeinschaftliche Erwerbe**					
33	**Steuerfreie innergemeinschaftliche Erwerbe** Erwerbe nach § 4b UStG	91				
34	**Steuerpflichtige innergemeinschaftliche Erwerbe** zum Steuersatz von 19 %	89				
35	zum Steuersatz von 7 %	93				
36	zu anderen Steuersätzen	95		98		
37	**neuer Fahrzeuge** von Lieferern **ohne** USt-IdNr. zum allgemeinen Steuersatz	94		96		
38	**Ergänzende Angaben zu Umsätzen**					
39	Lieferungen des ersten Abnehmers bei **innergemeinschaftlichen Dreiecksgeschäften** (§ 25b Abs. 2 UStG)	42				
40	Steuerpflichtige Umsätze im Sinne des § 13b UStG, für die der **Leistungsempfänger** die **Steuer schuldet**	60				
41	**Nicht steuerbare sonstige Leistungen** gem. § 18b Satz 1 Nr. 2 UStG	21				
42	**Übrige nicht steuerbare Umsätze** (Leistungsort nicht im Inland)	45				
43	**Übertrag** … zu übertragen in Zeile 45					

USt 1 A – Umsatzsteuer-Voranmeldung 2010 –

- 2 -

		EUR	Ct
Steuernummer:			
Übertrag			

Umsätze, für die als Leistungsempfänger die Steuer nach § 13b Abs. 2 UStG geschuldet wird

		Bemessungsgrundlage ohne Umsatzsteuer volle EUR			EUR	Ct
Im Inland steuerpflichtige sonstige Leistungen von im übrigen Gemeinschaftsgebiet ansässigen Unternehmern	46		47			
Andere Leistungen eines im Ausland ansässigen Unternehmers (§ 13b Abs. 1 Satz 1 Nr. 1 und 5 UStG)	52		53			
Lieferungen sicherungsübereigneter Gegenstände und Umsätze, die unter das GrEStG fallen (§ 13b Abs. 1 Satz 1 Nr. 2 und 3 UStG)	73		74			
Bauleistungen eines im Inland ansässigen Unternehmers (§ 13b Abs. 1 Satz 1 Nr. 4 UStG)	84		85			

		EUR	Ct
Steuer infolge Wechsels der Besteuerungsform sowie Nachsteuer auf versteuerte Anzahlungen u. ä. wegen Steuersatzänderung	65		
Umsatzsteuer			
Abziehbare Vorsteuerbeträge			
Vorsteuerbeträge aus Rechnungen von anderen Unternehmern (§ 15 Abs. 1 Satz 1 Nr. 1 UStG), aus Leistungen im Sinne des § 13a Abs. 1 Nr. 6 UStG (§ 15 Abs. 1 Satz 1 Nr. 5 UStG) und aus innergemeinschaftlichen Dreiecksgeschäften (§ 25b Abs. 5 UStG)	66		
Vorsteuerbeträge aus dem innergemeinschaftlichen Erwerb von Gegenständen (§ 15 Abs. 1 Satz 1 Nr. 3 UStG)	61		
Entrichtete Einfuhrumsatzsteuer (§ 15 Abs. 1 Satz 1 Nr. 2 UStG)	62		
Vorsteuerbeträge aus Leistungen im Sinne des § 13b UStG (§ 15 Abs. 1 Satz 1 Nr. 4 UStG)	67		
Vorsteuerbeträge, die nach allgemeinen Durchschnittssätzen berechnet sind (§§ 23 und 23a UStG)	63		
Berichtigung des Vorsteuerabzugs (§ 15a UStG)	64		
Vorsteuerabzug für innergemeinschaftliche Lieferungen neuer Fahrzeuge außerhalb eines Unternehmens (§ 2a UStG) sowie von Kleinunternehmern im Sinne des § 19 Abs. 1 UStG (§ 15 Abs. 4a UStG)	59		
Verbleibender Betrag			
Andere Steuerbeträge			
In Rechnungen unrichtig oder unberechtigt ausgewiesene Steuerbeträge (§ 14c UStG) sowie Steuerbeträge, die nach § 4 Nr. 4a Satz 1 Buchst. a Satz 2, § 6a Abs. 4 Satz 2, § 17 Abs. 1 Satz 6 oder § 25b Abs. 2 UStG geschuldet werden	69		
Umsatzsteuer-Vorauszahlung/Überschuss			
Anrechnung (Abzug) der festgesetzten **Sondervorauszahlung** für Dauerfristverlängerung (nur auszufüllen in der letzten Voranmeldung des Besteuerungszeitraums, in der Regel Dezember)	39		
Verbleibende Umsatzsteuer-Vorauszahlung (bitte in jedem Fall ausfüllen) **Verbleibender Überschuss** - bitte dem Betrag ein Minuszeichen voranstellen -	83		

II. Sonstige Angaben und Unterschrift

Ein Erstattungsbetrag wird auf das dem Finanzamt benannte Konto überwiesen, soweit der Betrag nicht mit Steuerschulden verrechnet wird.

Verrechnung des Erstattungsbetrags erwünscht / Erstattungsbetrag ist abgetreten (falls ja, bitte eine „1" eintragen) **29**

Geben Sie bitte die Verrechnungswünsche auf einem besonderen Blatt an oder auf dem beim Finanzamt erhältlichen Vordruck „Verrechnungsantrag".

Die **Einzugsermächtigung** wird ausnahmsweise (z.B. wegen Verrechnungswünschen) für diesen Voranmeldungszeitraum **widerrufen** (falls ja, bitte eine „1" eintragen) **26**

Ein ggf. verbleibender Restbetrag ist gesondert zu entrichten.

Hinweis nach den Vorschriften der Datenschutzgesetze:
Die mit der Steueranmeldung angeforderten Daten werden auf Grund der §§ 149 ff. der Abgabenordnung und der §§ 18, 18b des Umsatzsteuergesetzes erhoben.
Die Angabe der Telefonnummern und der E-Mail-Adressen ist freiwillig.

Bei der Anfertigung dieser Steueranmeldung hat mitgewirkt:
(Name, Anschrift, Telefon, E-Mail-Adresse)

Datum, Unterschrift

- nur vom Finanzamt auszufüllen -

11 | 19

| 12

Bearbeitungshinweis

1. Die aufgeführten Daten sind mit Hilfe des geprüften und genehmigten Programms sowie ggf. unter Berücksichtigung der gespeicherten Daten maschinell zu verarbeiten.
2. Die weitere Bearbeitung richtet sich nach den Ergebnissen der maschinellen Verarbeitung.

Datum, Namenszeichen

Kontrollzahl und/oder Datenerfassungsvermerk

Aufgabe 14

Die Firma Mayer, Großhandlung für Trockenfrüchte und Kaffee aus Ulm, holt sich für eine Lieferung Feigen zwei Angebote ein: ein Angebot von ihrem langjährigen Lieferanten Cordobes aus Spanien und ein Angebot eines neuen potenziellen Lieferanten aus Israel.

1. Erstellen Sie einen Angebotsvergleich
   a) Vergleichen Sie in tabellarischer Darstellung die Inhalte der beiden Angebote miteinander. Erklären Sie die einzelnen Punkte.
   b) Ermitteln Sie den Preis Werk Ulm inklusive Umsatzsteuer für beide Angebote aufgrund der Ihnen zur Verfügung stehenden Materialien.
   Zusatzinfomationen:
   → Die EU hat mit Israel seit vielen Jahren ein Präferenzabkommen, das die Einfuhr von israelischen Waren zu einem bevorzugten Zolltarif erlaubt (Feigen: 4 %).
   → Die Fracht- und Versicherungskosten (Lkw) von Triest nach Ulm betragen 367,15 EUR; die Seefracht von Cadiz bis Hamburg inklusive der Versicherungskosten 839,13 EUR und die Fracht- und Versicherungskosten (Lkw) von Hamburg bis Ulm 413,92 EUR. Die Angaben sind jeweils netto.
   → Die Fa. Mayer verwendet bei der Auftragserteilung gegenüber dem deutschen Beförderungsunternehmer seine deutsche Umsatzsteuer-Identifikationsnummer.
   → Kurs USD: 1 EUR = 1,50/1,55
2. Die Firma Mayer entschließt sich, von beiden Anbietern die angebotene Menge an Feigen zu beziehen, und schließt entsprechende Kaufverträge ab, die mit den Inhalten der Angebote übereinstimmen. Welches ist der nächste Schritt, den die Firma Mayer beim Einfuhrvorgang aus Israel unternehmen muss? Begründen Sie Ihre Antwort.
3. Unterliegt dieser Einfuhr- bzw. Erwerbsvorgang in irgendeiner Form der Einfuhrgenehmigung?
4. Unter welcher Voraussetzung wird das zuständige Zollamt den günstigeren Zolltarif in Rechnung stellen? Begründen Sie Ihre Antwort.
5. Welche weiteren Dokumente/Tätigkeiten müssen von der Firma Mayer bearbeitet werden, damit der Einfuhr- bzw. Erwerbsvorgang beendet werden kann?
6. Welches Vorgehen empfiehlt sich für die Firma Mayer bei folgenden Vorkommnissen:
   a) Das Konnossement, das in Tel Aviv ausgestellt wurde, enthält den Vermerk „g.b.o." (goods in bad order).
   b) Der dokumentäre Teil des Geschäfts ist in Ordnung, aber bei der Eingangskontrolle wird festgestellt, dass der Feuchtigkeitsgehalt der Früchte zu hoch ist und ein Teil der Früchte bereits schimmelt.

Cordobes S.A.
29 Avenida 31–45
01150 Granada
Sales tax ID no.: ESA 58770410

Fonos: 0034 - 958 - 2321158
Fax: 0034 - 958 - 2310413
e-mail: cordobes@lycos.com

Mayer KG
Sonnenstr. 12
89077 Ulm
Germany
Sales tax ID no.: DE 174354689

Date: . . – 11 – 15

Quotation

Dear Sir or Madam,

Thank you for your recent enquiry regarding our wide range of products.
We would like to make you the following offer:

Pos.	Article	Quantity	Price per kg/EUR	Total EUR
01	Figs, first-quality	40,000	1.53	61.200,00

As terms of delivery we offer CiF Hamburg.

Payment is due upon arrival of the goods at the buyer's headquarters. This offer is valid for two months.

We hope that this offer will meet your expectations.

Yours faithfully,
J. Ferrer

Export Manager

Tel Aviv Trade Ltd.
84 Ha'hashmonaim Street
68125 Tel Aviv
Israel

Phone: 00972 / 3 - 762 1324
Fax: 00972 / 3 - 764 9345
e-mail: TA-trade@aol.com

Mayer KG
Sonnenstr. 12
89077 Ulm
Germany

Sales tax ID no.: DE 174354689

Date: .. – 11 – 15

Quotation

Dear Sir or Madam,

Thank you for your recent enquiry regarding our wide range of products.
We would like to make you the following offer:

Pos.	Article	Quantity	Price per kg/USD	Total USD
01	Figs, first-quality	40,000	1,83	93,000.00

As terms of delivery we offer CIF Triest.

Payment by irrevocable letter of credit.
This offer is valid till the end of the month.

We hope that this offer will meet your expectations.

Yours faithfully,
Ben Yahuda

Export Manager

Cordobes S.A.
29 Avenida 31–45
01150 Granada
España
Sales tax ID no.: ESA 58770410

Fonos: 0034 - 958 - 2321158
Fax: 0034 - 958 - 2310413
e-mail: cordobes@lycos.com

Mayer KG
Sonnenstr. 12
89077 Ulm
Germany
Sales tax ID no.: DE 174354689

FACTURA DE EXPORTACION / INVOICE
No. 001300

Granada .. – 02 – 04

Vapor (ship)	**Credito no.** (L/C no.)	**Banco emissor** (Issued bank)
Cap Norte		
Puerto de embarque (Port of loading)	**Puerto destino** (Port of destination)	**Informe exportación** (Export permit)
Cadiz	Hamburg Freihafen	
Cantidad (Quantity)	**Descripción Productos** (Description Products)	**Valor total** (Total value)
40,000 KG NET	2 x 20 F. CONT. 5,000 CTNS Figs FIRST-CLASS QUALITY PRICE – FOB Cadiz	EUR 61.200,00

Lopez
Cordobes S.A.
(Signature)

Tel Aviv Trade Ltd.
84 Ha'hashmonaim Street
68125 Tel Aviv
Israel

Phone: 00972 / 3 - 762 1324
Fax: 00972 / 3 - 764 9345
e-mail: TA-trade@aol.com

Mayer KG
Sonnenstr. 12
89077 Ulm
Germany
Sales tax ID no.: DE 174354689

INVOICE

No. 001300

Tel Aviv .. – 02 – 04

Ship	**L/C No.**	**Issued bank**
Sun Express		
Port of loading	**Port of destination**	**Export permit**
Tel Aviv	Triest	
Quantity	**Description products**	**Total value**
15,200 KG NET	1 x 20 F. CONT. 2,000 CTNS Figs FIRST-CLASS QUALITY PRICE – CIF Triest	USD 93.000,00

Weinrib

Tel Aviv Trade Ltd.
(Signature)

Auszug aus der Einfuhrliste

Warennummer	Warenbezeichnung	Zuständigkeitsbereich	Genehmigungs- oder Lizenzererfordernis	Bemerkungen
	Kapitel 8			
	Genießbare Früchte; Schalen von Zitrusfrüchten oder von Melonen			
	Kokosnüsse, Paranüsse und Kaschu-Nüsse, frisch oder getrocknet, auch ohne Schalen oder enthäutet:			
	– **Kokosnüsse:**			
08011100	–– getrocknet	60		MO 2
08011900	–– andere	60		MO 2
	– **Paranüsse:**			
08012100	–– in der Schale	60		MO 2
08012200	–– ohne Schale	60		MO 2
	– **Kaschu-Nüsse:**			
08013100	–– in der Schale	60		MO 2
08013200	–– ohne Schale	60		MO 2
	Andere Schalenfrüchte, frisch oder getrocknet, auch ohne Schalen oder enthäutet:			
	– **Mandeln:**			
	–– **in der Schale**			
08021110	––– bittere Mandeln	60		MO 6
08021190	––– andere	60		MO 6
	–– **ohne Schale:**			
08021210	––– bittere Mandeln	60		MO 6
08021290	––– andere	60		MO 6
	– **Haselnüsse (Corylus-Arten):**			
08022100	–– in der Schale	60		MO 6
08022200	–– ohne Schale	60		MO 6
	– **Walnüsse:**			
08023100	–– **in der Schale**	60		MO 6
08023200	–– **ohne Schale**	60		MO 6
08024000	– **Esskastanien (Castanea-Arten)**	60		MO 6
08025000	– **Pistazien**	60		MO 6
	– **andere:**			
08029010	–– Pekan-(Hickory-)Nüsse	60		MO 6
08029030	–– Areka-(Betel-)Nüsse und Kolanüsse	60		MO 2
08029050	–– Pinienkerne	60		MO 6
08029060	–– Queensland-Nüsse	60		MO 6
08029085	–– andere	60		MO 6
	Bananen, einschließlich Mehlbananen, frisch oder getrocknet:			
	– frisch:			
08030011	–– Mehlbananen	60	EKM	MO 6
08030019	–– andere	60	EKM	
08030090	– getrocknet	60		
	Datteln, Feigen, Ananas, Avocadofrüchte, Guaven, Mangofrüchte und Mangostanfrüchte, frisch oder getrocknet:			
08041000	– **Datteln**	60		MO 2
	– **Feigen:**			
08042010	–– frisch	60		MO 6
08042090	–– getrocknet	60		MO 17
08043000	– **Ananas**	60		MO 6
	– **Avocadofrüchte:**			
08044020	–– vom 01.01. bis 31.05.	60		MO 6
08044090	–– vom 01.06. bis 30.11.	60		MO 6
08044095	–– vom 01.12. bis 31.12.	60		MO 6
08045000	– **Guaven, Mangofrüchte und Mangostanfrüchte**	60		MO 6

Bildquellenverzeichnis

dpa-infografik GmbH, Hamburg: Seite 12, 13, 14, 292
Elisabeth Galas, Bad Breisig/BV 1, Köln: Seite 111
GARDENDA GmbH, Ulm: Seite 92, 93, 94, 95

Sachwortverzeichnis